Arabische Halbinsel

Länder und Städte

Eingang am: 08.05.2012
Eigentümer: Dieter Reiter

Kiki Baron

Arabische Halbinsel
Länder und Städte

© KOMET Verlag GmbH, Köln
www.komet-verlag.de
© der Karten: Artifex Computerkartographie GbR
Text: Kiki Baron
Bildredaktion: Hans-Joachim Schneider, Köln
Lektorat und Herstellung: Hans-Joachim Schneider, Köln
Gesamtherstellung: KOMET Verlag GmbH, Köln
ISBN 978-3-89836-815-5
Alle Rechte vorbehalten

INHALT

ARABISCHE HALBINSEL 6

DIE ÜBERLAGERUNG DER KULTUREN 50

DIE ROLLE DER FRAU IM ISLAM 104

BAHRAIN 118

JEMEN 138

KUWAIT 256

OMAN 272

QATAR 400

SAUDI-ARABIEN 416

VEREINIGTE ARABISCHE EMIRATE 504

UNTER KAMELEN 608

VOLLBLUTARABER 622

BILDNACHWEIS 638

6 Arabische Halbinsel

Arabische Halbinsel

ARABISCHE HALBINSEL

Direkt am Ufer der Bucht von Dubai steht die große Moschee.

REICHER HAUFEN SAND

Die Arabische Halbinsel mit ihren sieben Staaten erstreckt sich wie eine umgekehrte Axt zwischen dem 32. und 12. Grad nördlicher Breite und dem 36. und 60. Grad östlicher Länge. Umgeben vom Arabischen bzw. Persischen Golf, dem Golf von Oman, dem Indischen Ozean, dem Golf von Aden, dem Roten Meer und dem Golf von Akaba erstreckt sie sich über eine Landfläche von rund 3,5 Millionen Quadratkilometern. Damit bildet sie die größte Halbinsel der Erde. Geografisch wird sie zu Südwestasien gezählt. Im allgemeinen Sprachgebrauch wird sie dem Mittleren Osten zugeordnet.

Die Halbinsel und die vorgelagerten Inseln teilen sich die Staaten Bahrain, Jemen, Qatar, Kuwait, Oman, Saudi-Arabien und Vereinigte Arabische Emirate (VAE) mit zusammen 44 Millionen Einwohnern. Im Norden haben Jordanien und der Irak einen Anteil am Gebiet der Halbinsel.

Das Königreich Saudi-Arabien belegt mit 2,15 Millionen Quadratkilometern gut zwei Drittel der Fläche. Kleinstes Land ist der Inselstaat Bahrain, eine konstitutionelle Monarchie auf 706 Quadratkilometern. Staatsrechtlich ist Jemen im Süden eine islamische Republik mit Präsidialregime, Oman im Osten ein Sultanat (absolute Monarchie), die restlichen Staaten am Golf sind Emirate (erbrechtliche Monarchien).

Vor der Küste Dubais befinden sich künstliche Inseln, einige mit Villen, die auch schon mal zum Verkauf stehen.

Arabische Halbinsel 9

Auf Satellitenbildern erscheint die Arabische Halbinsel wie ein Haufen Sand und Steine, nicht zuletzt, weil sie die größten Wüsten der Erde beherbergt: Rub Al-Khali im Südosten und die Nefud-Wüste im Norden. Bei näherer Betrachtung entdeckt man – vor allen Dingen an den Rändern im Südosten und Südwesten – Gebirgslandschaften, die die Sand- und Geröllwüsten streckenweise begrenzen. Trockenheißes Klima bestimmt die Region.

Nur wenige Orte verzeichnen mehr als 178 mm Niederschlag im Jahr. Die Temperaturen können in den Sommermonaten auf über 50 °C ansteigen.

Wirtschaftlich betrachtet sind es überwiegend die Erdöl- und Erdgaslager, die einigen der Staaten in den letzten vier Dekaden zu immensem Reichtum verhalfen. So ist Saudi-Arabien der weltweit größte Erdölexporteur, Abu Dhabi innerhalb der Vereinigten Arabischen Emirate besitzt 10 % der Ölreserven der Welt, und auch Kuwaits Einnahmen sind zu 94 % vom Erdöl abhängig. Jemen hingegen zählt mit einem Bruttoinlandsprodukt von etwa 1200 US$ und ca. 760 US$ Jahreseinkommen pro Kopf zu den ärmsten Ländern der Welt.

Sanddünen wie in der Wüste Ramla Al-Wahiba im Oman beherrschen die Landschaft der Arabischen Halbinsel weitgehend.

GEOLOGISCHE ENTWICKLUNG

Zwar bildet die Arabische Halbinsel geografisch einen Teil Asiens, geologisch gehört sie jedoch zur afrikanischen Landmasse. Bis auf die Landenge von Suez ist sie durch den Grabenbruch des Roten Meeres von ihr getrennt.

Im Tertiär, erdgeschichtlich die Spanne, die 66 bis 1,8 Millionen Jahre zurückliegt, grenzte die Halbinsel an Eurasien. Es war das Ende des Tethys-Ozeans, dessen letzte Reste das heutige Mittelmeer bilden.

Tektonisch betrachtet spricht man von der Arabischen Platte. Sie ist 2700 km lang und zwischen 1400 und 2400 km breit und ist von sogenannten Wendekreiswüsten im Gebiet der Passatwinde geprägt. Ihre Randgebirge entstanden beim Auseinanderdriften der Kontinentalplatten, als unter gewaltigem Druck Gestein in riesigen Scheiben nacheinander auf die bereits vorhandene Landmasse geschoben wurde. Es sind überwiegend Kalk, Lava und die aus den durch tektonischen Verwerfungen entstandenen geomorphologischen Verbindungen.

Die Kalkschichten hatten sich vor etwa 38 Millionen Jahren im Tethys-Ozean durch Ablagerungen von Sand, Salzen und Muschelschalen gebildet. Vulkanisches Gestein entstand ebenfalls während der „Unterwasserepoche", als sich der Meeresboden öffnete und von unten flüssige Lava zwischen die Kalkschichten floss und sich verhärtete. Je nachdem, welche Metalle darin gelöst sind, besitzen die Schichten unterschiedliche Farben.

Das ist besonders gut im Jebel (arabisch für Gebirge, Berg) Hajar im Nordosten der Arabischen Halbinsel zu beobachten. Auch Saudi-Arabien ist reich an metallischen und nichtmetallischen Mineralien.

Zunächst war die Wirtschaft auf das Erdöl konzentriert, doch nun rücken die vernachlässigten Bodenschätze langsam ins Blickfeld wirtschaftlichen Interesses. Vorhanden sind Gold, Silber, Eisenerz, Kupfer, Zink, Bauxit, Uran, Blei, Magnesit, Kohle, Wolfram und Blei sowie Phosphat, Quarzsand, Feldspat, Kaolin, Basaltgestein, Gips, Kalkstein, Dolomit, Ziersteine und Quarz.

Touristen durchqueren das Hajar-Gebirge im Oman mit Geländefahrzeugen. Die kargen Schluchten bieten ein faszinierendes Panorama.

Auch Erdöl entstand vor vielen Millionen Jahren aus abgestorbenen Kleinstlebewesen im Urmeer. Mithilfe von Bakterien setzte sich daraus ein Faulschlamm aus Kohlenwasserstoffen in Tonschichten fest. Darunter muss zur Ölbildung Sedimentgestein gelegen haben, das sehr porös ist und Höhlen bildet.

Durch spätere tektonische Verwerfungen legten sich weitere Gesteinsschichten über den Ton und pressten mit ihrem Gewicht die Kohlenwasserstofftropfen durch Poren in das Sedimentgestein. Dort sammelten sie sich und bildeten Seen. Undurchdringliche Gesteinsschichten wie Granit hinderten den Schlamm am weiteren Durchsickern. Stattdessen wanderte er unter Druckeinwirkung in horizontaler Richtung oder auch nach oben, bis er in großen unterirdischen Becken aufgefangen wurde.

Unter der Wüste sowie im Persischen bzw. Arabischen Golf liegen diese Becken so dicht unter der Oberfläche, dass das Öl unter dem eigenen Druck nach oben schoss, als man ihre Decken anbohrte.

In den unendlichen Weiten der Wüste finden sich immer wieder Oasen, die voller Leben sind.

Arabische Halbinsel 15

RECHTE SEITE:
Sand so weit das Auge reicht

GROSSLANDSCHAFTEN

Grob betrachtet findet man auf der Arabischen Halbinsel, die wie eine schiefe Platte von Westen nach Osten abfällt, vornehmlich zwei Landschaftsformen: einerseits Ebenen aus Geröll oder Sand, die sich hier und dort zu Hügeln aufschichten oder von steinigen Auswürfen gespickt sind.

Andererseits karge Gebirgszüge wie den Jebel Hajar, der sich von Omans Musandam-Halbinsel in Küstennähe etwa 700 km gen Südosten erstreckt, das Jebel Haraz in Jemen und das sich anschließende Asir-Gebirge Saudi-Arabiens entlang dem Roten Meer, die insgesamt knapp 1000 km lang sind.

Die weiter nördlichen, zum Teil steil zur Küstenwüste bzw. Plateaus abfallenden Klippen des Jebel Hejaz sind nicht weniger spektakulär als das unruhige Dünenmeer des Rub Al-Khali im Herzen der Halbinsel oder der Nefud-Wüste im Norden. Nicht umsonst heißt Ersteres „Leeres Viertel".

Mit einer Fläche von 780 000 Quadratkilometern, 500 km lang und bis zu 1300 km breit, reicht das Becken der größten Sandwüste der Erde von Saudi-Arabien bis nach Oman, nach Jemen und Abu Dhabi hinein. Hier gibt es so gut wie keine natürliche Vegetation, und es werden weniger als 50 mm Niederschläge im Jahr gemessen.

Das einzige überwiegend hügelige bis bergige Land ist der Jemen. Dank seiner Topografie fängt es zweimal im Jahr die Niederschläge des Monsuns ab. Sie verwandeln Teile der Region in üppig grüne Landschaften. So ist es auch in der südlichsten Provinz Omans, in Dhofar.

Die Ölförderung ist seit einigen Jahrzehnten die wichtigste Einnahmequelle der arabischen Staaten.

Nur wenige Pflanzen können in den Dünen im Oman überleben.

FLÜSSE, GEWÄSSER, WASSER

Es gibt kein permanentes System von Flüssen auf der Halbinsel. Stattdessen spricht man von Wadis, trockene Flussbetten, die hin und wieder von reißenden Strömen gefüllt werden. Wenn sich regenschwangere, vom Meer kommende Wolken über den Bergen ergießen, können diese Wassermassen auf ihrem Weg bergab tonnenschwere Felsbrocken in Bewegung setzen.

Das bedeutet größte Gefahr für Menschen, die in solchen Furten campen oder darin mit dem Geländewagen unterwegs sind. „Wadi bashing" ist ein beliebtes Freizeitvergnügen. Es sind angeblich schon mehr Menschen in der Wüste ertrunken als verdurstet.

In manchen Wadis sammelt sich kühles Nass aus Quellen und bildet kleine Teiche. Über Grundwasserressourcen entwickelten sich Oasen, von Dattelpalmen überschattet und früher von Beduinen-Sippen als zeitweiliger Aufenthaltsort gern genutzt. In entlegenen, weniger modernisierten Regionen wie in Bergen und Wüsten Saudi-Arabiens, in Jemen und zum Teil auch noch in Oman sind diese Oasen noch immer Stützpunkte der Nomaden.

Wasser ist abgesehen vom Rub Al-Khali an mehr Stellen zu finden, als man glaubt. Das Grundwasser liegt nicht selten so nah an der Oberfläche, dass man sich leicht mit der Hand hinabgraben kann. Das Wissen um diese Stellen wurde unter den Beduinen über viele Generationen weitergegeben. Es war und ist zum Teil heute immer noch Grundlage ihres Überlebens in der Wüste, z. B. als Trinkwasser und zur Bewässerung von kleinen Gersten- und Sorghum-Äckern.

Heutzutage werden Quellen und Grundwasser extensiv mittels Pumpen angezapft, was zur Folge hat, dass der Grundwasserspiegel in manchen Regionen dramatisch gesunken ist, wenn er nicht gar völlig versiegte, wie in Bahrain. In Saudi-Arabien – so prophezeien Wissenschaftler – werden die Wasserressourcen schneller ausgetrocknet sein als die Ölquellen.

In der Hochebene von Sanaa im Jemen sind die Felder terrassenartig angelegt. So kann das wenige Wasser ökonomisch genutzt werden.

RECHTE SEITE:
Das Wadi Nakhar bei Al-Hamra westlich von Nizwa im Oman

UNTEN:
Im Emirat Fujairah in den Vereinigten Arabischen Emiraten hat man einen Brunnen in Form einer Teekanne errichtet.

Aus dem Flugzeugfenster entdeckt man große runde Grünflächen mitten in der saudischen Wüste, wo beispielsweise Weizen angebaut wird. Die VAE und Oman produzieren am Fuße des Jebel Hajar Mineralwasser, bewässern großflächig Grünanlagen, Gemüsefelder und Erdbeerplantagen.

Typisch für omanische Oasen indes ist das Falaj, ein System von zum Teil unterirdisch verlaufenden Kanälen, die von weit entfernten Quellen in den Bergen gespeist werden. Diese traditionelle Bewässerungsmethode, die noch heute in einigen Dörfern und Oasen zu sehen ist, stammt aus dem alten Persien. Auch große Teile von Jemen werden künstlich bewässert. Der Ursprung der Technik reicht etwa 3000 Jahre zurück.

KLIMA

Extrem trockenes und heißes Klima zeichnet die Arabische Halbinsel aus. In den Sommermonaten erreichen die Temperaturen leicht 45–50 °C. Für Nord- und Mitteleuropäer ist diese Hitze nur schwer zu ertragen.

Zudem ist sie an den Küsten mit hoher Luftfeuchtigkeit verbunden. Die intensive Sonneneinstrahlung sorgt außerdem für gefühlte Temperaturen, die noch weitaus höher liegen. Im Winterhalbjahr, das in vereinzelten Jahren z. B. in den VAE hin und wieder größere Niederschläge verzeichnet, steigt das Thermometer selten über 30 °C. Die Durchschnittstemperatur liegt zwischen November und Januar bei 18 °C, was auch daran liegt, dass es nachts merklich abkühlt.

Im späten Frühjahr, wenn die Luft heißer wird, liegen die Küstenregionen am Golf frühmorgens oft unter einer dicken Nebeldecke. Sie löst sich allerdings zu schnell auf, um Pflanzen als Nahrungsquelle zu dienen.

Selbst in der Wüste blühen Blumen, allerdings müssen sie mit sehr harten Bedingungen zurechtkommen.

VEGETATION

Vegetationsarmut, in den Sandwüsten sogar Vegetationsmangel, zeichnet die Ebenen aus. Pflanzen in diesen Regionen müssen extrem widerstandsfähig sein und über lange Zeiträume mit wenig oder gänzlich ohne Wasser auskommen. Es sind an die Trockenheit angepasste Gräser, Sträucher oder auch tiefwurzelnde Bäume, die es schaffen, in diesem lebensfeindlichen Raum zu überdauern.

Dazu gehören beispielsweise Akazien, Ghaf (Khejribaum) oder Nabag (Kameldistel) und natürlich Dattelpalmen. In deren Schatten wachsen nicht selten Aprikosen-, Zitrus- oder auch Feigenbäume. Hinzu kommen Pflanzen mit kurzer Vegetationsperiode, denen es gelingt, nach etwaigen Niederschlägen zu blühen und Samen zu produzieren.

Ausnahmen bilden einige Regionen in Oman und Jemen, die von Monsunregen bewässert werden. Dort wachsen in Trockenzeiten Myrrhe, Sansevierien, Aloen und Weihrauch, während nach den sommerlichen Niederschlägen blühende Wiesen emporsprießen.

In den letzten 20 Jahren haben sich einige Wüstengebiete mit viel Grund- bzw. Quellwasser zu wahren Kulturlandschaften entwickelt, in denen großflächig Nutzpflanzen angebaut werden. Interessante Beispiele dafür sind die Liwa-Oasen und Al-Ain in Abu Dhabi, Al-Daid in Sharjah oder die Batinah-Küste westlich von Omans Hauptstadt Muscat.

Der Geschmack treibt zuweilen eigentümliche Blüten: Diese Palme aus stilisierten Goldbarren ist am Flughafen von Dubai zu bewundern.

FOLGENDE DOPPELSEITE:
Ein Schwarm Rosaflamingos fliegt über das Meer vor der Küste Dubais.

Arabische Halbinsel 23

Arabische Halbinsel

WALD

Man denkt nicht unbedingt an Wald, wenn man von Wüsten spricht. Die Begrünung der Trockenzone hatte sich Scheich Zayed (gestorben 2004) von Abu Dhabi ins Regierungsprogramm geschrieben. Zuerst standen die Bäume nur entlang aller Straßen im größten Emirat der VAE, dann aber wurde in großem Stil aufgeforstet. Man schätzt, dass es heute ca. 3400 Quadratkilometer sind, die bepflanzt und künstlich bewässert sind.

Manche ehemaligen Oasen wie Al-Ain in Abu Dhabi oder Buraimi in Oman besitzen noch heute einen derart großen Bestand an Dattelpalmen, dass man eher von einem Wald als einem Hain sprechen kann, ebenso wie in der saudi-arabischen Oase Al-Hasa. In einigen Bergregionen von Jemen wachsen zudem Wacholderwälder.

Die Korallenriffe im Roten Meer sind farbenprächtig und ein Paradies für jeden Taucher. Meeräschen und viele andere Fische bevölkern das Wasser.

\ Das Dromedar, also das arabische Kamel, kann man von seinem Verwandten, dem Trampeltier, eindeutig unterscheiden: Das bis zu 700 kg schwere Tier hat nur einen Höcker.

FAUNA

Trotz der lebensfeindlichen Bedingungen kann man in einigen Regionen der Arabischen Halbinsel von großem Artenreichtum sprechen – vor allen Dingen wenn es um Vögel, Reptilien und Fische geht. Besonders begünstigt sind Jemen und Oman mit 400 Vogelspezies, darunter viele Zugvögel, aber auch 13 südarabische Arten, die hier leben.

Dazu begegnet man mehr als 85 Reptilienarten. Und Saudi-Arabien dürfte in seinen Korallenriffen im Roten Meer noch erheblich mehr Arten aufweisen als andere Küstengewässer, die unter starker Verschmutzung leiden.

Beide Länder zählen knapp 100 Säugetierarten, wobei einige wie der Arabische Leopard, der Arabische Wolf, der Arabische Oryx sowie der Nubische Steinbock fast ausgestorben sind. Antilopen, Paviane, Füchse, Schakale, Stachelschweine, Wildkatzen und einige mehr sind zwar selten zu sehen, aber vorhanden.

Alle Staaten der Halbinsel haben Nationalparks oder Schutzzonen eingerichtet, Saudi-Arabien beispielsweise auf mehr als 5000, Dubai immerhin auf 25 Quadratkilometern. In Abu Dhabi ist das 500 Quadratkilometer große Al-Wathba Wetland Reserve bemerkenswert, ständiges oder zeitweiliges Habitat von 250 Vogelarten, darunter Flamingos, die zum Brüten bleiben. Oder auch das 425 Quadratkilometer große Schutzgebiet Al-Yasat an der westlichen Küste des Emirats, Lebensraum unter anderem von acht Korallenarten, Seekühen und verschiedenen Schildkrötenspezies.

Auch in Oman sind die Eiablageplätze von Schildkröten streng geschützt. Die Insel Masirah ist weltweit einer der größten Nistplätze für die Unechte Karettschildkröte.

WIRTSCHAFT

Auf der Arabischen Halbinsel wurde in den 1930er Jahren Erdöl entdeckt, seit den 1970ern in großem Stil gefördert und das damit verbundene Business zum wichtigsten Wirtschaftszweig erkoren. Saudi-Arabien, Abu Dhabi und Kuwait gehören zu den weltweit größten Exporteuren. Ihre Ökonomie ist zu mehr als 95 % vom Schwarzen Gold abhängig und hat den Staaten unglaublichen Reichtum beschert.

Noch in den 1990er Jahren machte in Dubai die Erdölindustrie 22 % des Bruttoinlandsproduktes aus, inzwischen sind es nur noch 6 %. Tourismus, Handel und Bauindustrie gehören jetzt zu den bedeutendsten Geldbringern. Mit seinen begrenzten Ölvorräten hat sich Oman auf die Herstellung von Agrarprodukten und die Ausweitung seiner Wirtschaft auf andere Zweige konzentriert. Dazu gehören die Förderung von Gas und der Tourismus.

Qatar ist heute der drittgrößte Erdgasexporteur der Welt. Jemen hingegen ist der ärmste Staat auf der Halbinsel, obwohl seine Wirtschaft, die zu 70 % auf dem Ölgeschäft basiert, in den letzten Jahren durchschnittlich um 3,5 % gewachsen ist. Korruption und zu hohe Ausgaben stehen größerem Wachstum bislang entgegen. Das Land ist von der Entwicklungshilfe westlicher und arabischer Staaten abhängig.

Nicht nur Erdöl wird in der Wüste gefördert, auch der Abbau von Gold wird seit einiger Zeit vorangetrieben.

BODENSCHÄTZE

Der Anteil der Arabischen Halbinsel an den Welterdölreserven beträgt 43 %. Grund genug, um anderen Bodenschätzen nicht allzu viel Aufmerksamkeit zu schenken. Aber in Hinblick auf das Versiegen dieser Quellen hat man, vor allem in Saudi-Arabien, damit begonnen Kalkstein, Gips, Marmor, Salz und Gold abzubauen. Gefunden wurden ebenfalls große Vorkommen an Kupfer-, Zink-, Eisen- und Silbererz, Phosphat und Bauxit. Auch Oman ist dabei, seine Bodenschätze auszubeuten, speziell Kupfer, ein Metall, welches bereits vor 3000 Jahren ein wichtiges Handelsgut war.

ISLAM

In allen Ländern der Arabischen Halbinsel ist der Islam Staatsreligion. Im Unterschied zum Christentum ist er allerdings nicht nur Religion, sondern Ausdruck der Lebensart an sich. Auch Politik und Wirtschaft sind durch den Islam geprägt. Eine der Grundlagen ist der Koran. Dieser schlägt vor, welche Kleidung Moslems tragen und was sie essen bzw. nicht essen sollten, wie z. B. Schweinefleisch oder das Fleisch von nicht geschächteten Tieren. Er legt klare ökonomische Richtlinien fest, verbietet „unverdientes" Einkommen beispielsweise aus Wucher, Glücksspiel, Handelsmonopolen und dem Einsatz von Mittelsmännern wie Maklern oder Pfandleihern.

Händler bieten in Muscat im Oman am Tag vor dem islamischen Opferfest Tiere zum Kauf an.

Im Gegensatz zu westlichen Kulturen, in denen Kirche und Staat getrennt sind, durchfließt der islamische Glaube nahtlos alle Lebensbereiche. Die Strenge in der Ausübung der Richtlinien unterscheidet sich jedoch in den einzelnen Ländern.

Der islamische Glaube beruht auf der Ergebung seiner Gläubigen in den Willen des einen Gottes (Arabisch al-il-lah steht für Allah). So bedeutet „Islam" denn auch, „sich Gott ergeben". Auf der Arabischen Halbinsel breitete sich der Islam bereits zur Zeit Mohammeds (Mitte des 7. Jahrhunderts) aus. Mohammed wurden die Offenbarungen des Islams zuteil. Der Engel Gabriel soll zu ihm gesprochen und die ersten Suren des Korans verkündet haben. Er sah sich beauftragt, das Volk Mekkas von ihrem heidnischen Götterglauben abzuwenden und das geschriebene Wort – den Koran – des einzig wahren Gottes unter die Menschen zu bringen. Dabei war derselbe Gott gemeint wie der der Christen und Juden.

Mit dem allergrößten Respekt begegnet man in den islamischen Ländern dem heiligen Buch, dem Koran.

Mohammed ist der letzte Prophet des Islams, Vorbild für seine Gemeinde, aber weder Heiliger noch Sohn Gottes. Viele Propheten der jüdischen und christlichen Religion finden sich auch im Koran wieder, weswegen die Akzeptanz der Moslems gegenüber diesen Glaubensrichtungen allgemein und im historischen Rückblick recht hoch ist.

Als Fehler der Christen betrachten sie allerdings, dass Mohammed nicht als letzter Prophet anerkannt ist und dass Jesus zum Gottessohn erhoben wurde. Ein Fehler ist es aus ihrer Sicht auch, Maria als Jungfrau zu bezeichnen und an den Heiligen Geist zu glauben. Denn dadurch wichen die Christen nach Meinung der Moslems vom Monotheismus ab.

Nach Mohammeds Tod 632 breitete sich islamischer Glaube und damit das islamische Reich im Westen bis nach Spanien (711), im Osten bis ins Industal aus.

FOLGENDE DOPPELSEITE:
Arabische Gewürze lassen das Wasser im Munde zusammenlaufen.

Arabische Halbinsel 33

Jeder gläubige Moslem soll einmal in seinem Leben eine Pilgerreise nach Mekka unternehmen. So beten jedes Jahr mehrere Millionen Menschen an der Al-Haram Sharif-Moschee.

Der Moslem erfüllt mindestens fünf Gebote, auch Pfeiler des Glaubens genannt.
- Das Glaubensbekenntnis: Es gibt keinen Gott außer Gott, und Mohammed ist sein Prophet.
- Die täglichen Gebete: Sie werden fünfmal am Tag vollzogen.
- Das Fasten im Ramadan: Der neunte Monat im islamischen Kalender soll dazu dienen, in sich zu gehen und Gott neu zu erfahren. In die Tat umgesetzt heißt das, von Sonnenauf- bis Sonnenuntergang weder Nahrung noch Getränke zu sich zu nehmen, keinen Sex zu haben und nicht zu rauchen.
- Die Almosen: Besitz soll geteilt, das „Entbehrliche" laut Koran abgegeben werden.
- Die Pilgerfahrt nach Mekka, arabisch Hadj: Einmal im Leben soll der Gläubige an den Wirkungsort Mohammeds reisen.

Innerhalb des Islams gibt es, wie im Christentum auch, zwei unterschiedliche Glaubensrichtungen, die der Schiiten und die der Sunniten, zu denen wiederum zahlreiche Schulen und Sekten wie die der Ibaditen (Oman) und Wahhabiten (Saudi-Arabien) gehören. Die Unterschiede beruhen unter anderem auf einer abweichenden Auslegung des Korans und der Wahl ihres Glaubensführers.

Während für die Sunniten nur ein direkter Nachfahre Mohammeds als Glaubensoberhaupt infrage kommt (Arabisch „Sunna" bedeutet „der Pfad des Propheten"), halten die Schiiten die Nachkommen von Mohammeds Schwiegersohn Ali Ibn Abi Talib (Schiat Ali = Partei Alis) für die Richtigen.

Die Bezeichnung der sunnitischen Wahhabiten geht auf Mohammed Ibn Abd Al-Wahhab zurück, den sie nicht als Gründergestalt, sondern als wichtigste Autorität in der Auslegung der ursprünglichen Lehre des Islams sehen. Bei den Ibaditen ist es Abd Allah Ibn Ibad al-Murri, der ursprünglich den gewählten Imam als islamisches Oberhaupt mit weltlichen und religiösen Machtbefugnissen einführte.

RAMADAN

Reisenden in arabische Länder wird gern ans Herz gelegt, nicht unbedingt den Fastenmonat Ramadan für die Tour zu wählen. Das hat mit praktischen Überlegungen zu tun. Das Leben in diesen 30 Tagen von Neumond zu Neumond ist eingeschränkt. Büros und Geschäfte sind nicht immer regelmäßig besetzt, Restaurants tagsüber geschlossen, die Einheimischen oft müde und nicht selten mürrisch.

Der Konsumverzicht im Namen Gottes kann in manchen Ländern die gesamte Wirtschaft bremsen – zumindest solange die Sonne scheint. Kaum dass sie sich dem Horizont nähert, sterben selbst Großstädte für ein, zwei Stunden geradezu aus. Jeder möchte zum Iftar, zum Fastenbrechen, zu Hause sein. Ist jedoch das Mahl nach Sonnenuntergang eingenommen, streben alle nach draußen. Dann trifft man sich zum Bummel in Shopping-Malls und auf Promenaden und greift um Mitternacht in Restaurants und Hotels noch mal ausgiebig zu. Die nächtliche Völlerei ist somit auch ein Grund, warum das Leben am nächsten Tag im Zeitlupentempo dahinplätschert.

Da der Ramadan in den nächsten Jahren im brütend heißen Hochsommer liegt, dürfte der Verzicht auf Getränke noch erschwerend hinzukommen. Der letzte Tag des Fastenmonats, der Id Al-Fitr, ist Höhepunkt des Ramadan. Große Festessen finden statt, man feiert auf den Straßen, Kinder sind neu ausstaffiert, Musik tönt in vielen Wüstenstädten.

Die Kaaba ist das zentrale Heiligtum des Islams. Sie befindet sich im Innenhof der großen Moschee in Mekka. Außerdem wird für Muslime durch die Kaaba die Gebetsrichtung (Qibla) an jedem Ort der Erde festgelegt. In jeder Moschee ist deshalb die Qibla erkennbar hervorgehoben.

OPFERFEST

In seiner Bedeutung steht das Opferfest noch über dem Ramadan. Durch das Schlachten eines Schafes am 10. Tag des Pilgermonats huldigt man symbolisch der Güte Gottes. Der Ursprung des Id Al-Adha geht darauf zurück, dass Gott Ibrahim (dem christlichen Abraham) befahl, seinen Sohn Ismail zu töten. Ibrahim gehorchte, aber als er zum tödlichen Schlag ansetzte, stoppte Gott die Tat und ließ ihn stattdessen ein Lamm schlachten.

Heutzutage lassen einige Millionen Schafe für dieses Festessen ihr Leben. Man verspeist den Braten gemeinsam mit der Familie, mit Freunden und verteilt auch reichlich unter denen, die sich ein Schaf nicht leisten können.

Die Kaaba in Mekka ist von der Kiswah, einem schwarzen Brokatstofftuch, umhüllt. Prächtige Ornamente sowie Koran-Suren aus Gold- und Silberdrähten verzieren die Kiswah in etwa drei bis vier Metern Höhe.

ISLAMISCHER KALENDER

Die Zählung des Kalenders beginnt mit Hidrja, mit der Auswanderung Mohammeds und seiner Helfer (Ansar) von Mekka nach Medina. Es entspricht im gregorianischen Kalender dem Jahr 622 nach der Zeitwende. Außer in Saudi-Arabien richtet man sich heutzutage allerdings im Allgemeinen nach der christlichen Zeitrechnung.

Die Feiertage, also der Geburtstag des Propheten, der Ramada, der Id Al-Fitr und der Id Al-Adha oder auch der Pilgermonat Hadj basieren jedoch weiterhin auf dem islamischen Kalender, der sich nach dem Mondzyklus richtet. Er ist in zwölf Monate mit jeweils 29 oder 30 Tagen unterteilt, weswegen sich Feste und Feiertage nach dem gregorianischen Kalender jährlich um zehn bis elf Tage verschieben.

سورة فاتحة الكتاب

بِسْمِ اللَّهِ الرَّحْمَٰنِ الرَّحِيمِ
الْحَمْدُ لِلَّهِ رَبِّ الْعَالَمِينَ الرَّحْمَٰنِ الرَّحِيمِ
مَالِكِ يَوْمِ الدِّينِ إِيَّاكَ نَعْبُدُ وَإِيَّاكَ نَسْتَعِينُ
اهْدِنَا الصِّرَاطَ الْمُسْتَقِيمَ صِرَاطَ الَّذِينَ أَنْعَمْتَ
عَلَيْهِمْ غَيْرِ الْمَغْضُوبِ عَلَيْهِمْ وَلَا الضَّالِّينَ

سبع آيات مكية

SCHRIFT, SPRACHE UND TITEL

Da die arabische Schrift keine Buchstaben für die Mitlaute kennt und es keine offizielle Transkription gibt, stößt man in lateinischer Schrift ständig auf unterschiedliche Schreibweisen arabischer Namen und Begriffe, wie Said bzw. Sayed oder Zayed.

Es kommt hinzu, dass ins Englische „übersetzte" Namen – dies ist beispielsweise bei geografischen Bezeichnungen oft der Fall – entsprechend der englischen Aussprache ihrer Vokale und Laute geschrieben werden, wie es bei Sharjah, Muscat oder Riyadh auftritt.

Was im Deutschen Schardschah, Mascat oder Riad wäre, findet man wiederum in dieser Schreibweise auf Landkarten nicht wieder. Den Titel Scheich liest man in englischsprachigen Zeitungen in Arabien als Sheik oder Sheikh, aber auch Shayk oder Shaikh; ausgesprochen wird es wie Scheeik. Ehefrauen der Scheiche heißen Sheika.

LINKE SEITE:
Die Suren des Korans, hier in einer wunderschönen arabischen Buchmalerei aus dem Jahr 1389 mit ornamentaler Umrahmung, bestimmen das eben vieler Muslime.
(München, Bayerische Staatsbibliothek, cod. arab. 1113 fol. 4v.)

UNTEN:
Die Transkriptionen aus dem Arabischen machen eine exakte Bezeichnung von Orten und Namen in lateinischen Lettern schwierig.

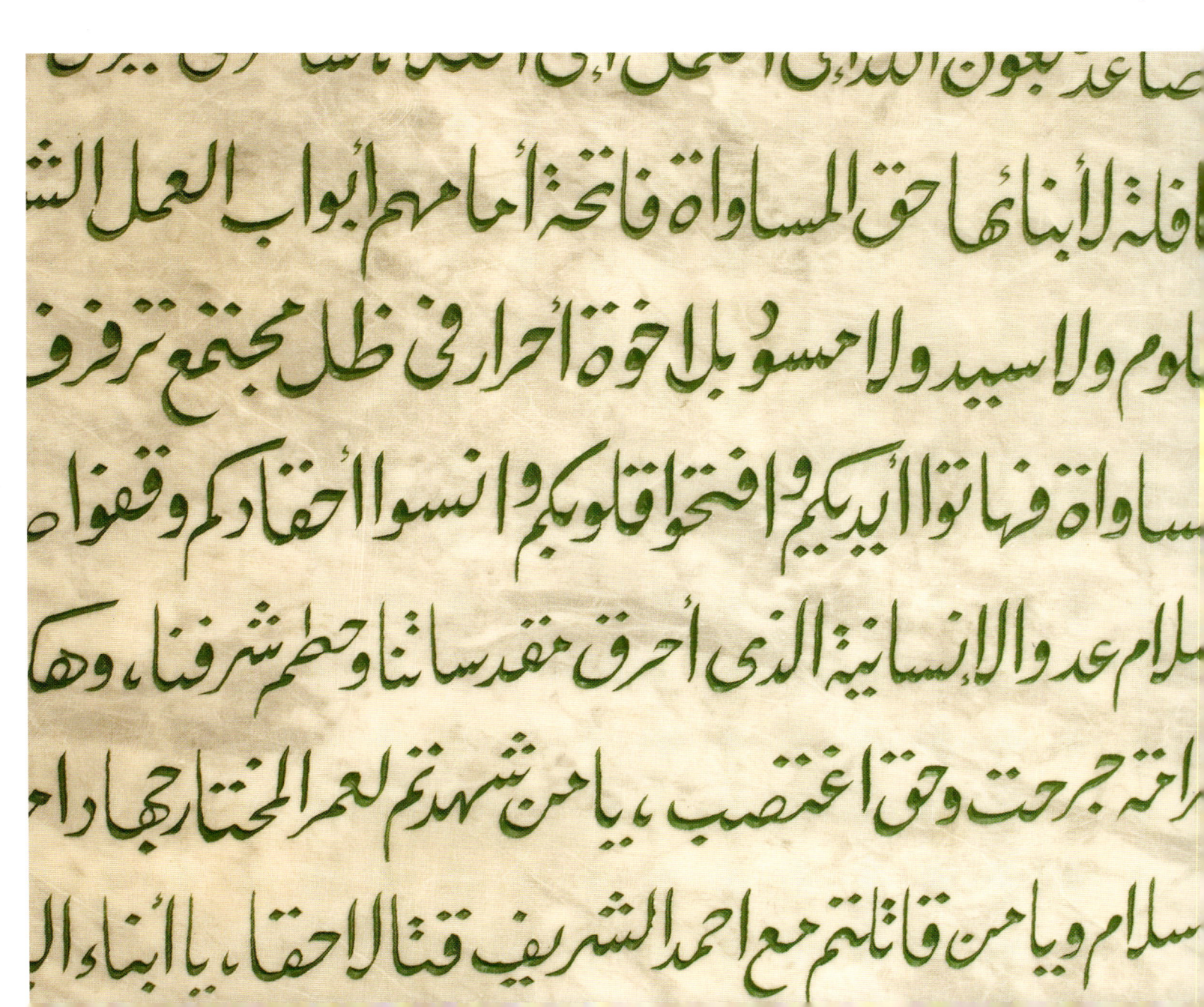

In allen Ländern der Arabischen Halbinsel ist Arabisch mit den jeweiligen Dialekten die Nationalsprache, ähnlich wie in Deutschland mit seinen unterschiedlichen Ausprägungen der Sprache. Ägyptische, libanesische oder iranische Einwanderer brachten auch ihre eigenen Dialekte mit. Daneben gibt es zahlreiche Beduinen-Sprachen.

Auch Urdu und Farsi sind geläufig, weil sich viele Fremdarbeiter vom Indischen Subkontinent auf der Arabischen Halbinsel niedergelassen haben. Unter internationalen Geschäftspartnern verhandelt man meist in Englisch, ebenso im touristischen Business.

Die einzelnen Länder werden von Herrschern mit unterschiedlichen Titeln regiert. In Saudi-Arabien ist es ein König, in Oman ein Sultan, in den Golfstaaten ein Emir. Früher sprach man auch noch von Kalifen. Letztere waren zu Beginn der Islamisierung Oberhaupt der arabischen Welt. Als Nachfolger des Propheten Mohammed vereinigten sie in sich die weltliche und geistliche Macht. Im Laufe der Zeit verlor der Titel immer mehr an Bedeutung und verschwand später völlig.

Die Rolle der Frauen in der arabischen Gesellschaft sorgt immer wieder für Zündstoff in den Diskussionen – sowohl in der westlichen Welt, als auch in den islamischen Ländern.

Der Begriff „Sultan" stammt aus dem Aramäischen: „shultana" steht für Herrschaft, Macht. Die Kalifen der Abbasiden wurden als Sultane bezeichnet, die ihre Macht nach und nach vom geistlichen auf den weltlichen Sektor ausdehnten. Als Emire wurden hingegen mit Beginn der islamischen Kriegszüge die Militärführer bezeichnet. Sie besetzten nach der Eroberung in der Regel den Posten des Statthalters. Später wurden Gebietsgouverneure oder Provinzfürsten mit diesem Titel geehrt.

Der Islam verbietet die Darstellung des unverhüllten Antlitzes von Mohammed, dem Stifter des Islams (Gemälde von Gerhard von Kügelgen, um 1808, Leipzig, Museum der Bildenden Künste).

Einen Ölscheich kann sich jeder Tourist mit nach Hause nehmen und in einer Vitrine ausstellen.

Arabische Halbinsel 43

„The Palm" ist eines der gigantischsten Projekte, die zurzeit in Dubai vorangetrieben werden: Eine künstliche Insel, die aus der Luft aussieht wie eine Palme, wird vor der Küste aufgeschüttet.

Der offizielle Titel Emir wird außer von ausländischen Medien überhaupt nicht benutzt. Man spricht in den VAE, Kuwait, Bahrain und Qatar von „Sheikh", kombiniert mit dem Vornamen. Als persönliche Anrede benutzt man bei Familienmitgliedern des Herrschers „Your Highness", beim Herrscher selbst „Your Royal Highness", wenn über ihn gesprochen wird in der dritten Person von „His Highness", beim Sultan oder König von „His Majesty", bei hochrangigen Familienmitgliedern oder Ministern von „His Excellency".

Diese Titel werden nicht nur von einheimischen Medien benutzt, sondern auch im täglichen Gebrauch, wenn von diesen Respektspersonen die Rede ist. Im Umgang mit normalen Bürgern benutzt

44 Arabische Halbinsel

man ausschließlich den Vornamen; spricht man allerdings mit Arabern über Araber, so kommt bei allgemein anerkannten Respektspersonen, beispielsweise einem Familienoberhaupt, wieder der Titel Sheikh ins Spiel.

Der Scheich, der „Alte", war ursprünglich ein von den Beduinen gewählter Stammesfürst und zugleich der oberste Richter. Im Laufe der Zeit stellten sich die Söhne eines verstorbenen Scheichs zur Nachfolgerwahl. Das führte schließlich zum erblichen Adelstitel und dazu, dass auch alle Söhne und Enkel diesen Titel tragen.

TOURISMUS

RECHTE SEITE:
Das „Burj al Arab" in Dubai, hier der Eingangsbereich mit seinen vergoldeten Fahrstuhltüren, gilt als das bekannteste und teuerste Hotel der Welt und wird neben dem „Emirates Palace" im benachbarten Abu Dhabi als Sieben-Sterne-Hotel geführt.

SEITEN 48/49:
Die Souks brodeln vor Leben

UNTEN:
Das luxuriöse Hotel „Le Meridien" liegt zwischen den Bergen des Hajar-Gebirges und dem Indischen Ozean bei Al Aqah im Emirat Fujayrah der VAE.

Fast alle Staaten der Arabischen Halbinsel haben im Tourismus einen vielversprechenden Wirtschaftszweig entdeckt und machen es Fremden heutzutage leicht, ihr Land zu bereisen. Sharjah war in den 1970er Jahren das erste Emirat, das Touristenhotels am Strand eröffnete. Dubai zog in den 1980ern nach und platzierte sich spätestens mit Eröffnung des spektakulären „Burj al Arab" (Arabischer Turm), das sich selbst als einziges Sieben-Sterne-Hotel der Erde bezeichnet, auf der touristischen Weltkarte.

Mit Großprojekten wie den drei künstlichen Inseln „The Palm" im Golf und dem aufgeschütteten Archipel „The World" verlängerte Dubai seine Küste um Hunderte Kilometer Strand und vergrößert sein Angebot um mehrere Tausend Feriendomizile in Form von Hotels, Appartements und Villen. Oman rüstete um die Jahrtausendwende ebenfalls auf, Qatar zog kurze Zeit später nach.

Als Nachzügler gilt Abu Dhabi, welches erst mit dem pompösen Kempinski-Hotel „Emirates Palace" deutliche Zeichen setzte. Den vorgelagerten Sandbänken wird derzeit eine touristische Infrastruktur auferlegt. Das potenziell interessanteste Reiseland Jemen hingegen kämpft gegen Entführungen von Touristen, die regelmäßig die Medien beschäftigen. Die Geheimnisse Saudi-Arabiens sind momentan für Individualtouristen noch tabu. Genehmigungen für Reisen im Land erhalten nur Gruppen ab vier Personen und diese auch nur sehr verhalten.

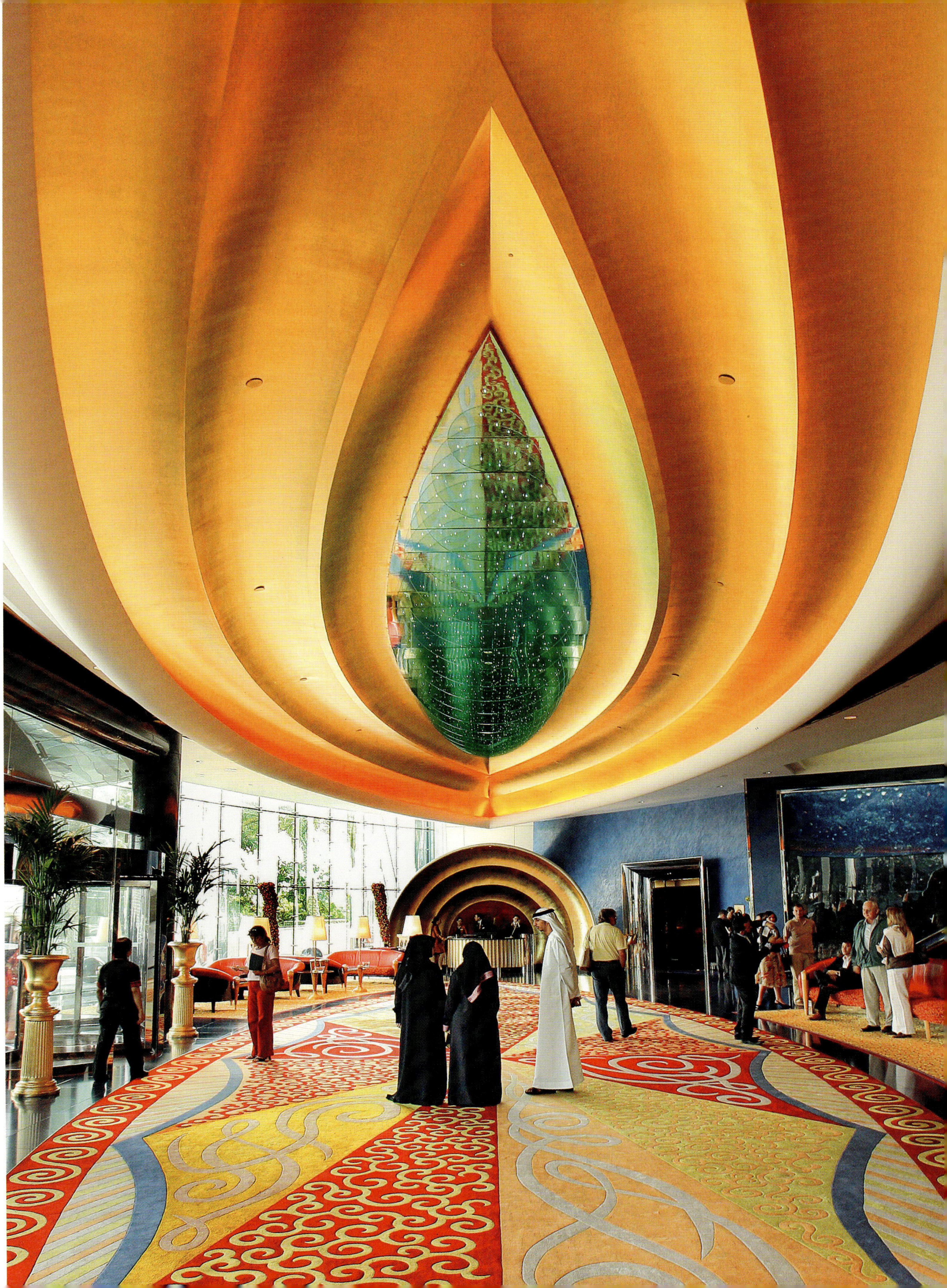

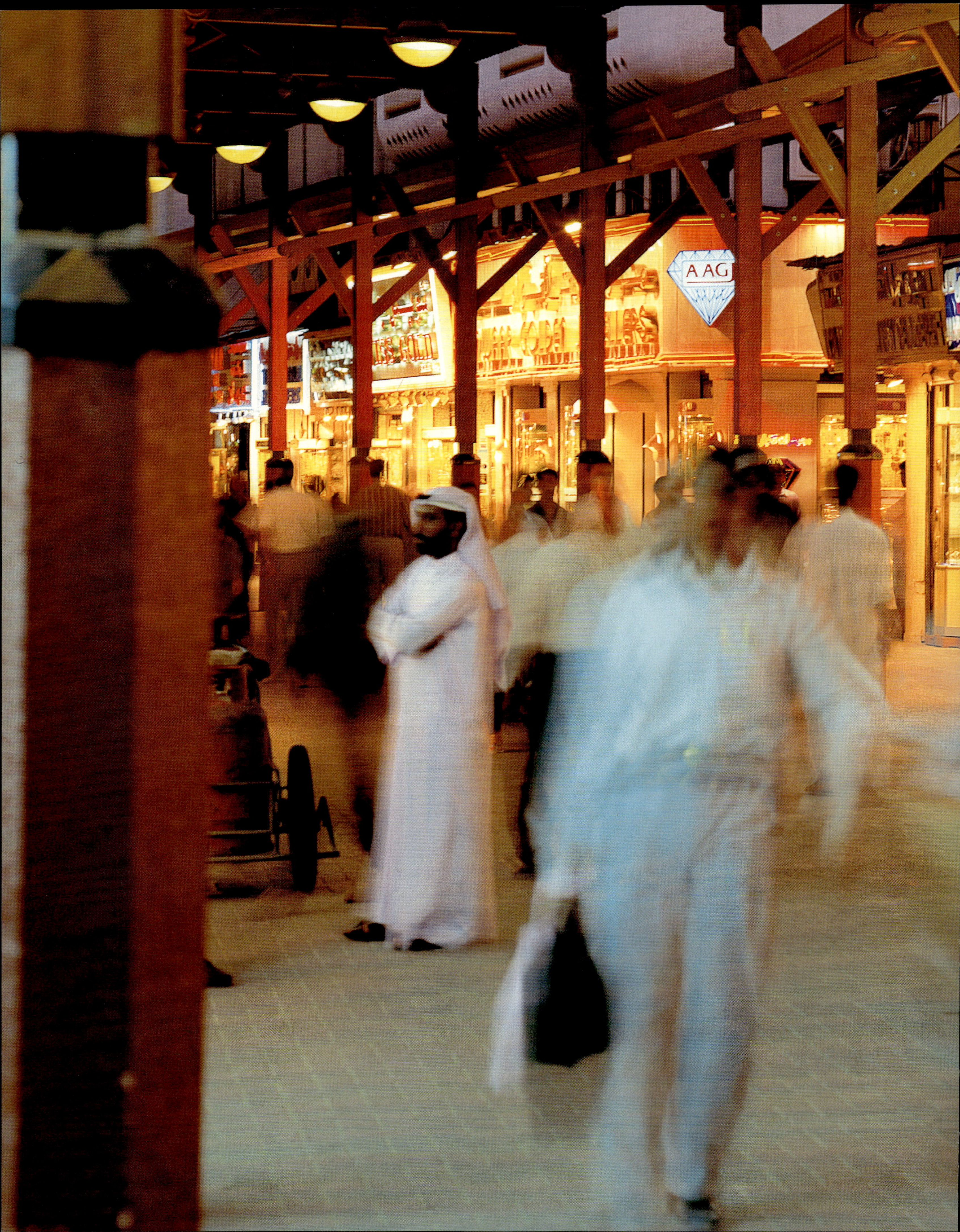
AAG

مجوهرات
الصائغ جگجیون رانچود
LIMAR
JAGJIVAN RANCHHOD
ELLERS
GOLD SMITH
BAHAR
ELLERS

50 Überlagerung der Kulturen

DIE ÜBERLAGERUNG DER KULTUREN

Von Arnold Hottinger

Der Mythos vom Zusammenprall der Kulturen ist falsch, aber er hält sich zäh, obgleich viele Fachleute ihm immer wieder laut widersprechen. Das kommt wohl daher, dass es scheint, der Mythos bestätige sich in der Praxis – es gibt heute Einwanderer aus anderen Kulturen in die westlichen Industriestaaten, die ihre Kultur mit sich bringen, und dies führt zwangsläufig zu kleineren oder größeren Reibungen und Zusammenstößen.

Es gibt auch Terroranschläge von Leuten, die sich auf „den Islam" berufen und die deshalb leicht als die Vorkämpfer eines „Zusammenstoßes mit dem Islam" gesehen und stilisiert werden können. Doch dabei handelt es sich nicht um „den Islam", und schon gar nicht um eine, wie auch immer geartete, „islamische Kultur", sondern um das besondere Islamverständnis bestimmter, stark minoritärer, dem Fanatismus verfallener Randgruppen, die sowenig für „den Islam" stehen können, wie die RAF für „den Sozialismus".

LINKE SEITE:
Der Bauwut ist in den Emiraten keine Grenze gesetzt. Auch die Fantasie der Bauherren und die Geduld der Architekten scheint noch nicht am Ende zu sein.

Das allgegenwärtige Tasbih ist die im Islam gebräuchliche Gebetskette, die aus 33 oder wahlweise aus 99 Perlen besteht. Sie symbolisieren die 99 Namen Allahs.

Eine kuwaitische Auszubildende mit Kopftuch schminkt im Berufsbildungsprojekt der Deutschen Gesellschaft für technische Zusammenarbeit (GTZ) in Kuwait-Stadt eine unverschleierte Mitschülerin.

ÜBERLAGERUNG, NICHT ZWEI BLÖCKE

Damit sei nicht behauptet, dass das Verhältnis der sogenannten westlichen Welt zu ihren islamischen Nachbarländern unbedingt ein harmonisches sei. Doch das Bild des Politikwissenschaftlers Samuel Huntington, das dem Begriff „Zusammenstoß" innewohnt, ist verkehrt. Es vermittelt die Vorstellung von zwei Blöcken, die eisbergartig aufeinanderprallen. In Wirklichkeit geht etwas ganz anderes vor sich. Eine Überlagerung findet statt.

Es sind die als „westlich" geltenden industrialisierten europäischen und amerikanischen Kulturen christlicher Wurzel, die heute ihre islamischen Nachbarkulturen immer noch beständig zunehmend überlagern. Der Vorgang ist schon alt. Er begann am Anfang des 19. Jahrhunderts, als die europäischen Heere die islamische Welt von allen Seiten her, zuerst an der Peripherie, später immer mehr auch in ihren zentralen Gebieten, angriffen, eroberten, unterjochten, so lange, bis nach dem 1. Weltkrieg beinahe die gesamte islamische Welt unter die koloniale Herrschaft der Europäer gelangt war.

Um sich dieser Angriffe zu erwehren, sahen die islamischen Reiche und ihre Herrscher sich gezwungen, ihrerseits europäische Waffen, ein europäisches Heereswesen einzuführen. Bald stellte sich heraus, dass diesem ersten Schritt der militärischen Anpassung an den Westen weitere folgen mussten: Man brauchte nicht nur Soldaten im westlichen Stil, sondern auch Uniformen, Stiefel, Pulver für sie.

Die militärische Technologie: Kanonen, Maschinengewehr, Automobile, Kampfflugzeuge, Sanitätswesen, Kartografie, Ballistik, musste Schritt für Schritt eingeführt werden. Dafür brauchte man neue Geldquellen. Dies erforderte die Umformung der Verwaltung nach europäischem Vorbild, die Einführung des ausländischen Bankenwesens, die Gründung von Fabriken im europäischen Stil, den Anbau neuer Feldfrüchte, die nach Europa exportiert werden konnten, und später eine beginnende Industrialisierung, immer nach europäischen Mustern, oft mit der Hilfe von fremden Fachleuten und Geldgebern. Der gleiche Prozess setzte auch neue Bildungsanstalten voraus: von der staatlichen Volksschule nach französischem Vorbild bis zu den Universitäten nach europäischem Modell und anfänglich von europäischen Professoren geleitet.

Das kuwaitische Parlament besteht aus 50 Mitgliedern. Bei der Wahl 2006 schaffte keine Frau den Einzug in die Nationalversammlung, obwohl es seitdem das Frauenwahlrecht gibt.

FOLGENDE DOPPELSEITE:
Inmitten der so streng reglementierten arabischen Welt sind in den vergangenen Jahren Freizeitparadiese für Urlauber aus dem Westen entstanden.

Überlagerung der Kulturen 53

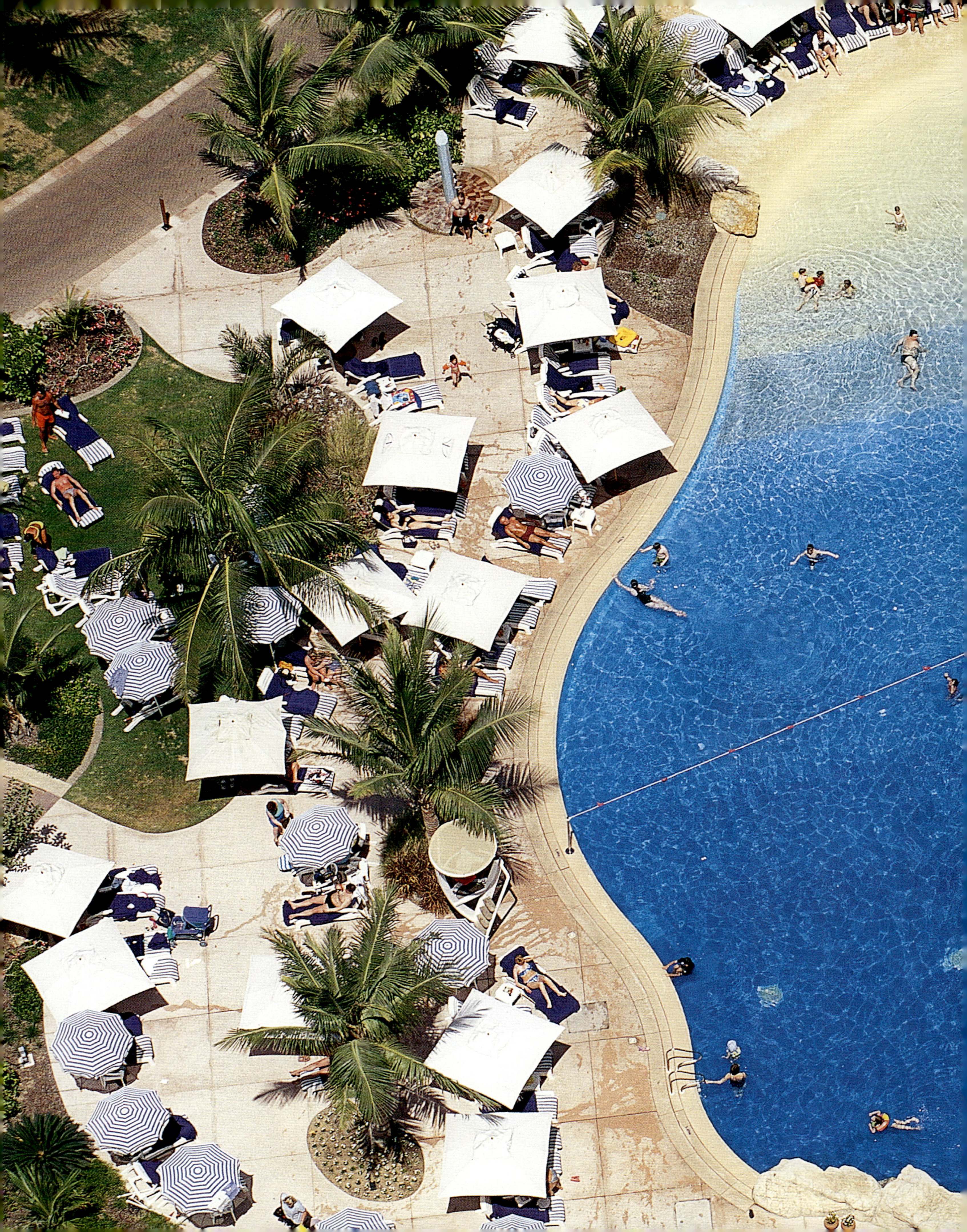

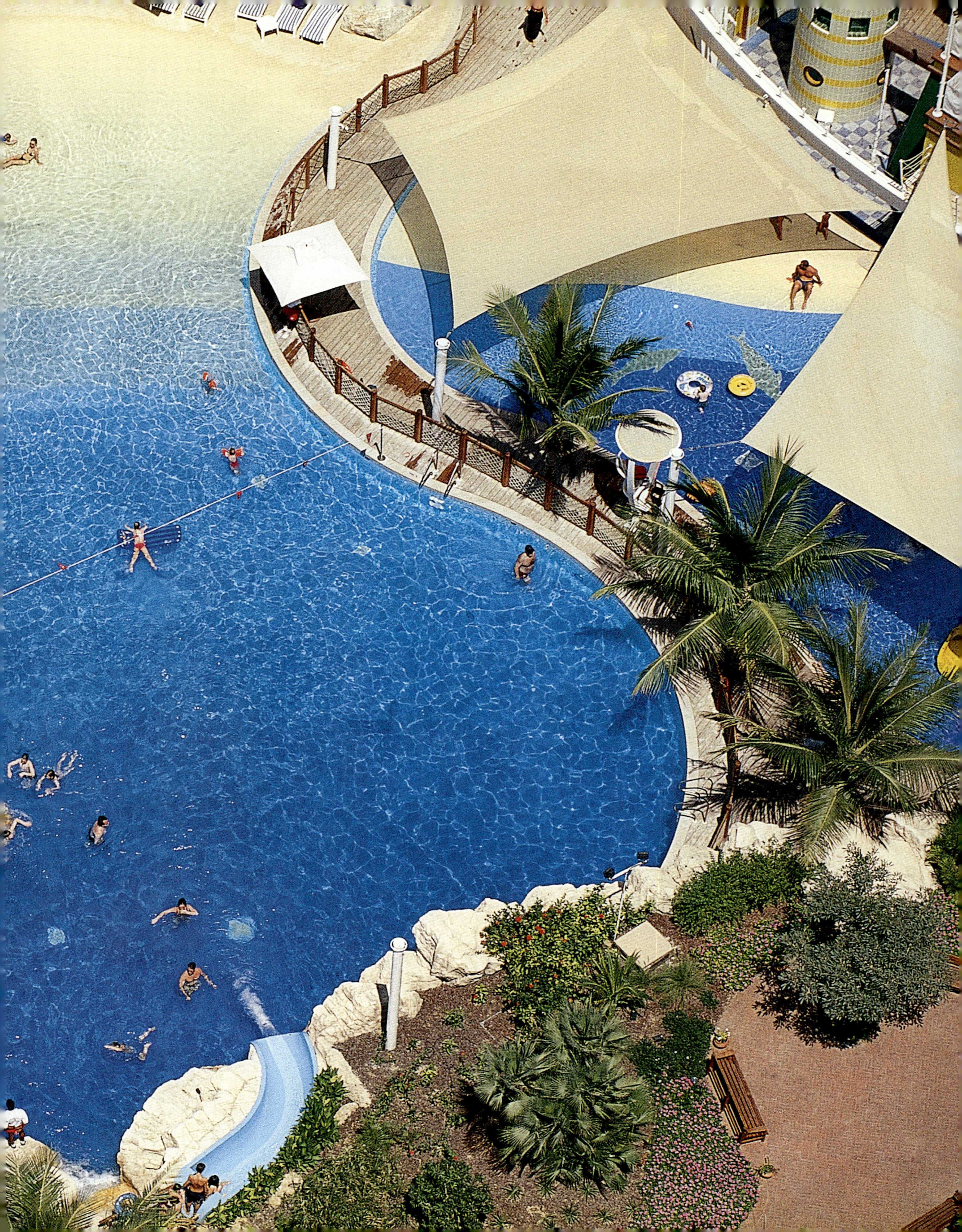

Trotz diesen Anpassungsbemühungen der islamischen Länder wuchs der Machtunterschied zwischen dem Westen und Osten immer weiter an. Nach dem 1. Weltkrieg war beinahe die gesamte islamische Welt unter verschiedene Formen europäischer Kolonialherrschaft gefallen.

Nach dem 2. Weltkrieg sind die fremden Kolonialtruppen abgezogen; in Algerien erst 1962, in den Golfstaaten nach 1972. Doch die Abhängigkeit von westlicher Technologie im militärischen und im zivilen Bereich, von Verwaltungs-, Finanz-, Wirtschafts- und Bildungsmethoden blieb und wuchs immer weiter an, bis zum heutigen Tag.

In Dubais Shopping-Malls treffen schon mal unterschiedliche Welten aufeinander.

ZUERST KOLONIALISMUS, DANN GLOBALISIERUNG

Weil die Importe und die Modelle der Übernahmen heute nicht mehr alleine aus Europa kommen, sondern auch zunehmend aus den Vereinigten Staaten, aus Japan, dem Fernen Osten, spricht man heute nicht mehr von „Verwestlichung" der islamischen Welt, sondern von „Globalisierung". Es bleibt aber der Umstand, dass es sich um Importe und Übernahmen handelt, die nicht der einheimischen, „islamischen" Kultur angehören, sondern der fremden westlichen entstammen.

Insgesamt gehen diese Kulturimporte heute so weit, dass man von einer „Fremdbestimmung" der islamischen Kulturen sprechen kann. Diese entsteht nicht freiwillig. Sie kommt unter Zwang zustande. Man muss immer mehr von den Fremden übernehmen, um ihrem Druck widerstehen zu können. Der Druck kann militärischer, wirtschaftlicher oder kultureller Natur sein.

Die „Importe" führen zu einem Paradox für die Muslime – um sich der Fremden zu erwehren, müssen sie sich ihnen immer mehr angleichen. Dabei laufen sie Gefahr, ihre eigene Identität schrittweise aufzugeben. Doch sie haben keine andere Wahl, wenn sie nicht selbst kulturell, moralisch, wirtschaftlich, gelegentlich sogar physisch (wie heute im Irak und in den besetzten Gebieten) liquidiert werden wollen.

Die einzige staatliche Hochschule des Oman, die Sultan-Qabus-Universität, wurde 1986 in Muscat gegründet.

Überlagerung der Kulturen

Trotz enger Kleidervorschriften gibt es auch in der arabischen Welt Modenschauen, die im Rahmen ihrer Möglichkeiten neue Trends setzen.

*RECHTE SEITE:
Hochhäuser an der Sheikh Zayed Road Dubai, Vereinigte Arabische Emirate*

DIE PROFITEURE UND DIE ZURÜCKGEBLIEBENEN

Zu den Eigenheiten der Lage gehört, dass die Dinge der Fremden, die man zu übernehmen gezwungen ist, immer die erfolgreichen sind; die Dinge und Belange der eigenen Kultur regelmäßig und immer mehr die erfolglosen. Man sieht dies an der heute bestehenden sozialen Schichtung.

Die wohlhabenden Oberschichten leben weitgehend und beständig zunehmend im Stil der westlichen Welt. Mit deren technologischen und kulturellen, wirtschaftlichen, wissenschaftlichen „Errungenschaften". Viele ihrer Vertreter gründen ihre Existenz darauf, dass sie Verbindungen zum westlichen Ausland unterhalten, dorther Güter, Ideen, Methoden, Vorstellungen, Bildungsbegriffe und Bildungsinhalte importieren und sie in ihrem eigenen Land zur Anwendung bringen. Dadurch werden sie reich und mächtig.

Wer dies nicht vermag, verarmt zusehends. Dies ist die große Masse der muslimischen Völker, welcher der Zugang zu den Fremdsprachen, dem Wissen der Ausländer, deren Technologie und Wirtschaftsmethoden fehlt.

Überlagerung der Kulturen

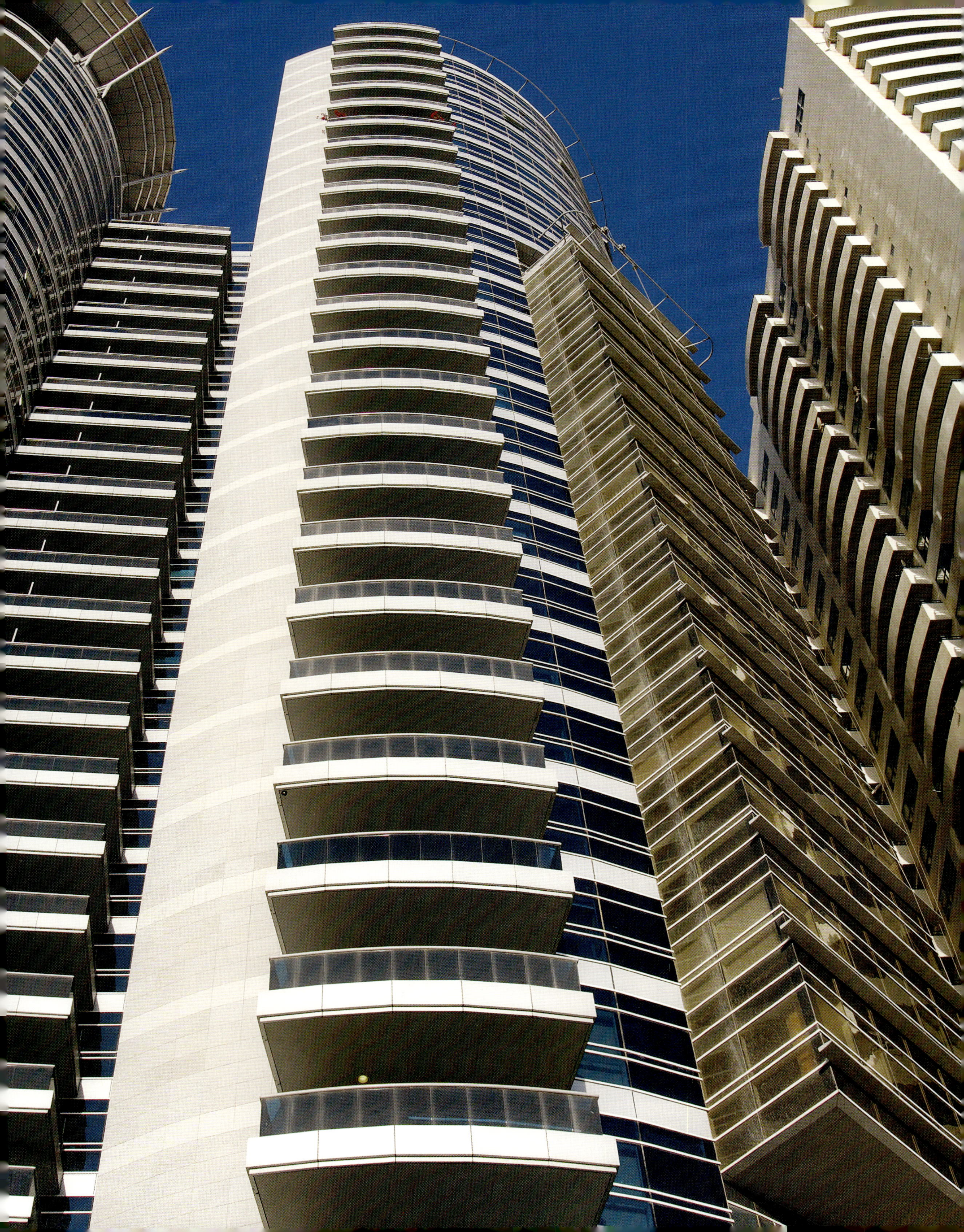

Blick in ein Einkaufszentrum im italienischen Stil in Qatars Hauptstadt Doha

60   Überlagerung der Kulturen

Überlagerung der Kulturen 61

RECHTE SEITE:
Einkaufsbummel in Dubai

„GLOBALISIERTE" METROPOLEN DER ISLAMISCHEN WELT

Wer eine der heutigen Metropolen in der islamischen Welt besucht, kann dies hautnah erleben. Es gibt noch die alten, historischen Stadtkerne, mit einigen ihrer alten Paläste, Moscheen und Basaren. Doch viele zerfallen unter dem Druck der stetig wachsenden und zunehmend verarmenden Bevölkerung, die sie bewohnt. Daran schließen sich die einst von der kolonialen Oberschicht angelegten „europäischen Städte" an. Sie bilden heute die Handels- und Geschäftszentren. Einzelne Hochhäuser stehen dort für die Banken, die großen Hotels und die reichen Geschäfte. Doch diese einstigen Randstädte der Kolonialisten sind auch schon verwohnt.

Rund herum, weiter außen, schließen sich Vorstädte über Vorstädte an, „globalisierte" Zementblöcke im Allerweltsstil, hoch und eng zusammengebaut. Noch weiter außen befinden sich die „gated communities" – der Begriff wurde aus Amerika importiert –, bewacht und ummauert, welche die Reichen, ihre Gärten, Villen und Autos beschützen.

DIE ALTEN UND DIE NEUEN LEHRANSTALTEN

Überall gibt es zwei Bildungswege, einerseits den Erfolg versprechenden, lukrativen von der fremdsprachigen Privatschule, deutsch, französisch, englisch, italienisch, russisch sogar, weiter zur Universität europäischen Stils. Er führt zum Kontakt mit den Fremden, Geschäften mit ihnen, einem gehobenen Lebensstil, weitgehend „verwestlicht".

Andererseits parallel dazu überlebt das traditionelle Bildungswesen von der Koranschule oder Volksschule zur islamischen Universität mit ihrem nur leicht modernisierten traditionell muslimischen Lehrplan, wo die islamischen Gotteswissenschaften im Zentrum stehen. Dies ist der Ausbildungsweg der Bildungsbeflissenen unter den ärmeren und den bäuerlichen Bevölkerungsschichten. Wer ihn absolviert, kann als Gottesgelehrter mit dem Respekt der einfachen Leute rechnen; doch wirtschaftlich kommt er schwerlich voran. Er wird sich im Normalfall gezwungen sehen, in der sich beständig verengenden Sphäre des traditionellen Lebens zurückzubleiben.

Erfolg und Fortschritt sind fast immer an den anderen Bildungsweg gebunden, den fremdsprachigen mit den ausländischen Lehrplänen, die aus Europa und aus Amerika eingeführt wurden. Die beste Aussicht auf beruflichen Erfolg bietet ein Studienabschluss im Ausland.

EINE ERFOLGREICH EINGEDRUNGENE FREMDKULTUR

Wenn Samuel Huntington von einem „Zusammenstoß der Kulturen" spricht, muss man korrigieren: Dieser „Zusammenstoß" findet nicht statt, wie ihn Huntington schildert, zwischen einem „westlichen Block" und einem „islamischen". So war es vielleicht einmal im Hochmittelalter, als sich die beiden Zivilisationen einigermaßen ebenbürtig gegenüberstanden. Allerdings gab es schon damals nicht nur Zusammenstöße, sondern auch vielfältige Verbindungen und Einflüsse beiderseits über die Kulturgrenzen hinweg.

Überlagerung der Kulturen 63

RECHTE SEITE:
Mit Glas verkleidete Gebäude prägen das Stadtbild von Dubai im Wesentlichen.

Heute sind es nicht mehr zwei Blöcke, die einander konfrontieren. Es ist vielmehr so, dass der eine, der „westliche", den anderen, „östlichen", seit 1800 immer mehr überlagert hat und immer weiter überlagert. Ein Zusammenstoß, mehr in der Form von allerhand Widersprüchen und Reibungen, findet in erster Linie innerhalb der muslimischen Welt statt.

Eine schwere, immer noch weiter wachsende Schicht von „westlichen" Gütern, Ideen, Methoden, Technologien, Ordnungsvorstellungen, Bildungsbegriffen und Erfolgsrezepten hat in den letzten zweihundert Jahren die einheimischen „islamischen" Kulturen überlagert. Vom Automobil bis zu Radio und Fernsehen, der modernen Medizin und Hygiene bis zur Atombombe, vom Buchdruck bis zum Internet-Café, vom Fußball bis zu den Staudämmen der großen Ströme, von der Erdölförderung bis zur Börsenspekulation bildet sich eine aus der „westlichen Welt" übernommene, abgeleitete, eingekaufte, unentbehrlich gewordene verwestlichte Kulturschicht, die sich der angestammten islamisch-östlichen aufgezwungen und sie überlagert hat.

Nicht nur das Öl ist in Kuwait wichtig für die Wirtschaft, auch die Börse hat in den letzten Jahren deutlich an Bedeutung gewonnen.

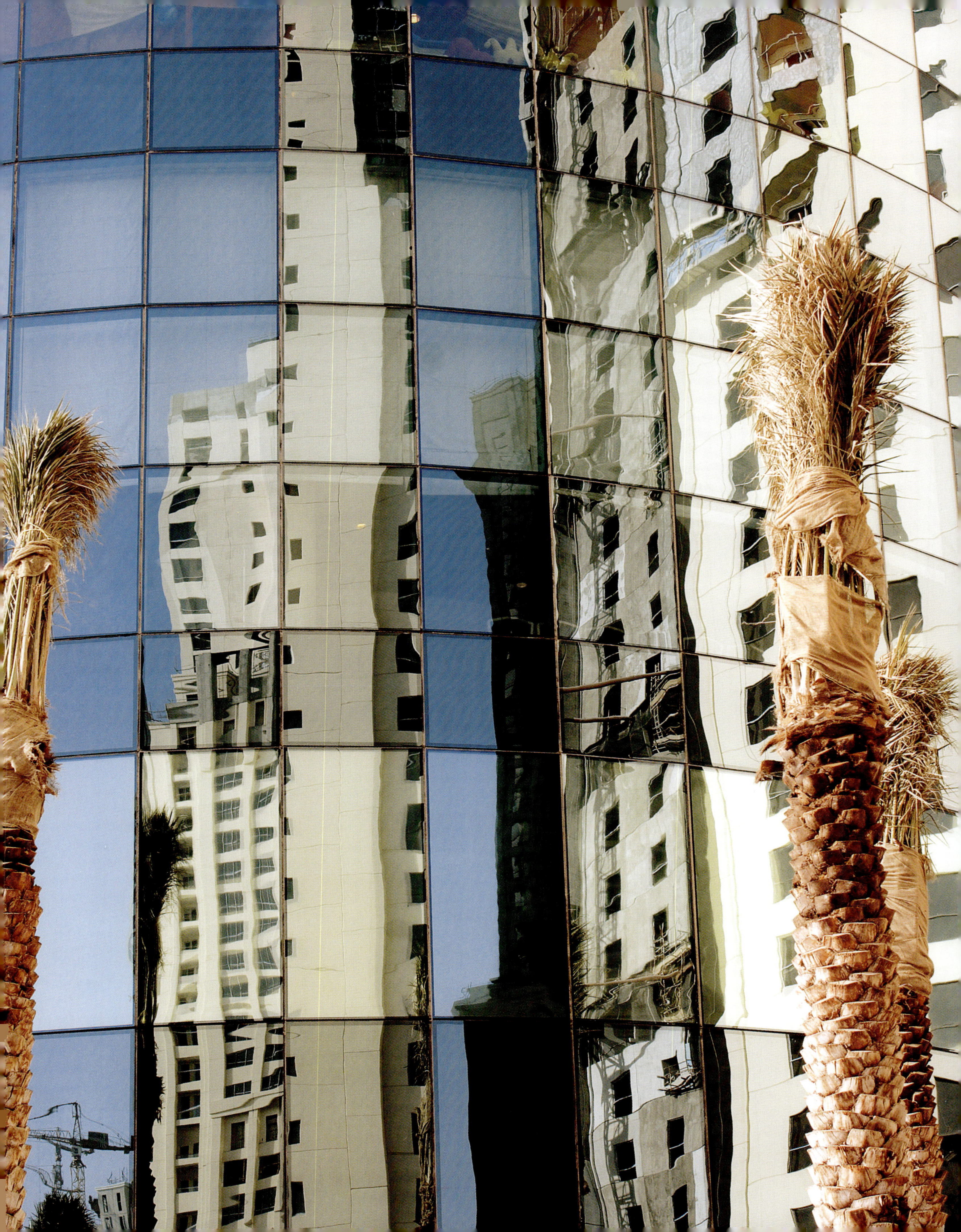

66　Überlagerung der Kulturen

Die Technik muss immer auf dem neuesten Stand sein, so zum Beispiel, wenn diese Kuwaiter die Eröffnungsfeierlichkeiten der Olympischen Spiele in Peking live miterleben.

Überlagerung der Kulturen 67

Alle Menschen im Nahen Osten und in den anderen weit darüber hinausreichenden Ländern der islamischen Welt im Fernen Osten, in Zentralasien und in Afrika haben heute Teil an beiden Kultursphären. Jedoch in sehr unterschiedlichem Maße. Grosso modo sind es die gewaltigen, immer zunehmenden Massen der Unterschichten, die mangels materieller Mittel und geistigen Zugangs in der sich verengenden und oft verelendenden Welt ihrer eigenen Vergangenheit gefangen bleiben.

Gleichzeitig kommen die Oberschichten dank ihres Zugangs zu westlichen Kulturgütern aller Art in die Lage, in einer weitgehend „verwestlichten" separaten Umwelt zu leben und auch aus ihr Gewinn zu ziehen. Auch sie bleiben in einigen privaten Bereichen eng mit ihrer eigenen Tradition verbunden, nämliche in jenen der Speisen und der Küche etwa, im Rahmen der Familie mit ihren Sitten und Überlieferungen, im Umfeld des sozialen Umgangs mit anderen, Gleichgestellten, Untergebenen und Übergeordneten. Auf die Kleidung trifft dies heute nicht mehr in jedem Fall zu und für die Sprache nur noch zum Teil, dafür manchmal in der Religion.

Die Überlagerung hat dazu geführt, dass praktisch jeder Mann und jede Frau in der islamischen Welt innerhalb von zwei Kulturen zu leben gezwungen sind. Auch die Ärmsten der Armen bewegen sich heute nicht mehr in einer ausschließlich traditionellen Welt – einfach weil es sie nicht mehr gibt, und auch die Reichsten der Reichen sind in einigen Fasern ihrer Existenz an die eigene, überlieferte Kultur gebunden, schon weil sie in Ländern leben, die von ihr durchdrungen sind.

Die kuwaitische Gesellschaft besteht immer wieder auch aus dem Nebeneinander von Reich und Arm. So begegnet man zum einen in der Börse der Wohlhabenden Welt …

DIE QUELLEN DES TERRORISMUS

Wer diese Zusammenhänge in Rechnung stellt, beginnt auch den wahren Stellenwert des sogenannten islamistischen Terrorismus zu erfassen. Er ist nicht „dem Islam" zu verdanken, sondern vielmehr ein Nebenprodukt, das aus den inneren Reibungen entsteht, welche sich innerhalb der islamischen Gesellschaften abspielen. Die Reibungen sind ihrerseits eine Folge der geschilderten Überlagerung.

Die Islamisten wenden sich primär gegen die „westlichen" Phänomene, die sie auf Schritt und Tritt in ihrer eigenen Gesellschaft vorfinden. Diese erklären sie als „unislamisch" und daher verderblich. Freilich mit Einschränkungen. Viele von ihnen meinen, die Technologie und auch die Naturwissenschaften seien wertfrei, nicht islamisch und nicht christlich, deshalb könne man sie getrost übernehmen. Inwieweit das zutrifft, ist allerdings eine andere Frage.

Die gewaltbereiten Randgruppen des Islamismus erklären sich darüber hinaus dazu bereit, ja sie sehen sich gezwungen, gegen die eigenen Regierungen mit Gewalt vorzugehen, weil sie der Ansicht

... während auf den Straßen auch Elend und Armut das Bild prägen.

sind, ohne gewaltsames Eingreifen, das die heute bestehenden Machtstrukturen der eigenen Staaten erschüttern soll, seien ihre Gesellschaften nicht mehr in echt „islamische" zurückzuverwandeln.

Wenn einige islamistische Netzwerke, wie das berühmte Bin Ladens, sich schließlich nicht mehr gegen die eigenen Machthaber zu wenden begannen, sondern gegen die Amerikaner und andere „westliche Vormächte", so geschah dies ausdrücklich mit dem Ziel, jenen Mächten einen Schlag zu versetzen, die ihrerseits als die entscheidenden Stützen hinter den eigenen Machtstrukturen eingestuft wurden.

Im Falle Bin Ladens waren es die in Saudi-Arabien stehenden amerikanischen Soldaten, die ihn zuerst zu Terroranschlägen gegen Amerikaner in Saudi-Arabien veranlasst hatten. Sein Mentor, der diese Entwicklung gefördert hat, ist bekannt. Es war der Palästinenser Abdullah Azzam, der auch als einer der Gründer der palästinensischen Hamas-Bewegung gilt.

In den Zeiten des Terrors gibt es keine Sieger. Immer, wenn ein Mensch stirbt, bleiben Angehörige zurück, deren Trauer aufgefangen werden muss.

Azzam arbeitete während des Guerilla-Kriegs gegen die Sowjetunion in Afghanistan – in dem auch Bin Laden mitwirkte – als Hauptrekrutierer der CIA unter den Muslimen der USA und besuchte in dieser Eigenschaft nicht weniger als 26 amerikanische Staaten. Azzam wurde 1989 in Peschawar mit zwei seiner Söhne durch eine Landmine getötet. Die Tat wurde nie aufgeklärt.

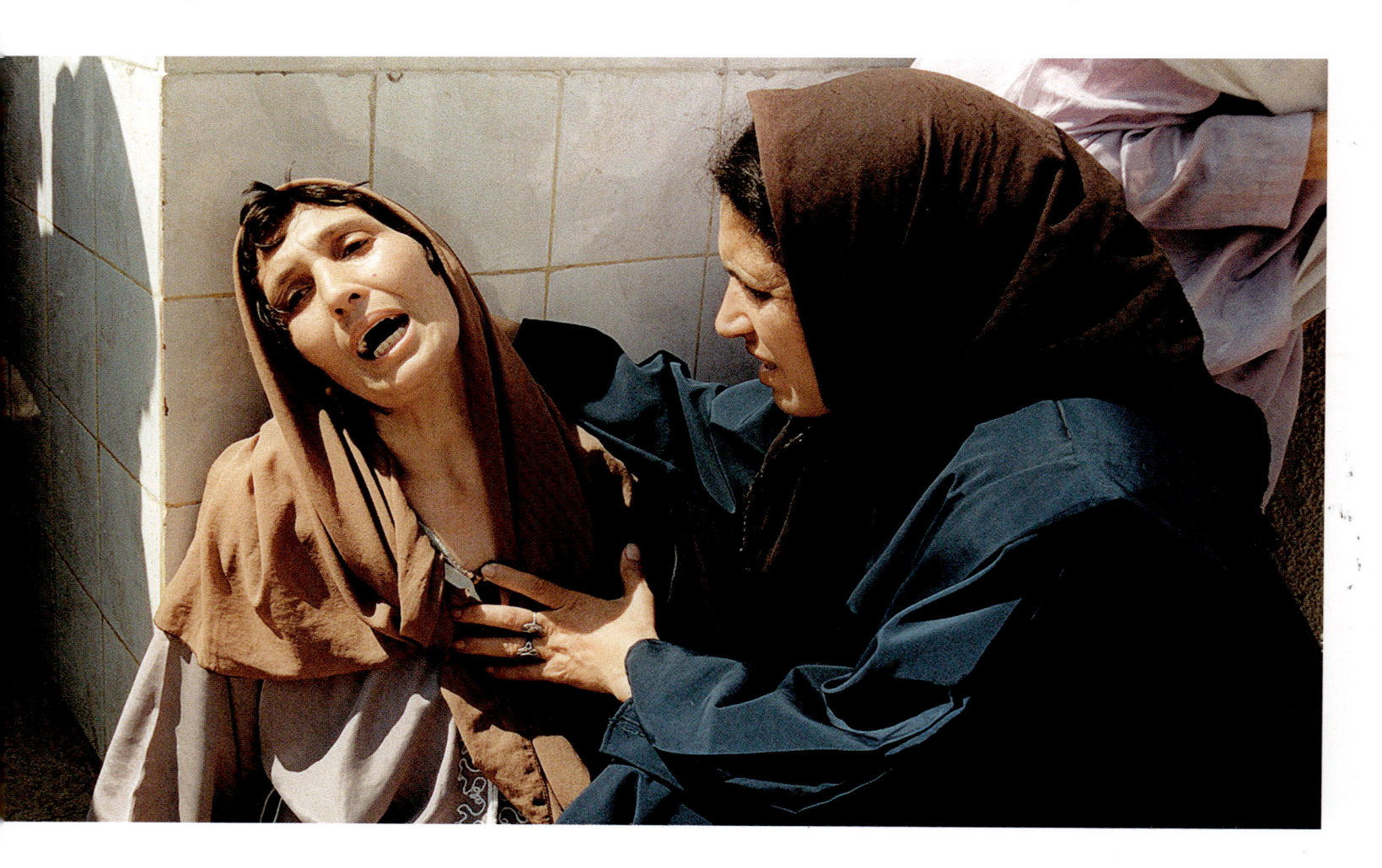

Militärische Milizen bringen immer wieder Unruhe in das komplexe System der Bemühungen um Besänftigung und Frieden.

Überlagerung der Kulturen

Als wesentlicher Bestandteil auf der islamischen Pilgerreise nach Mekka gilt der Aufenthalt der Gläubigen am neunten Tag des Pilgermonats von Mittag bis zum Spätnachmittag am Berg Arafat.

IDENTITÄTSFRAGEN

Das Doppelleben aller heutigen Muslime – teils in der eigenen althergebrachten Kultur, teils in der fremden, von außen her unter Zwang aufgedrängten, aber immer mehr einzig Erfolg versprechenden Moderne – wirft Fragen auf: Wer bin ich? Wo sind meine eigenen Wurzeln? Wie können sie mit dem Erfolg und der Machtüberlegenheit des Fremden und der Fremden innerhalb meiner eigenen Gesellschaft in Einklang gebracht werden?

Dies sind Identitätsfragen. Das Eigene sieht sich durch die Macht des Fremden infrage gestellt. Deshalb entsteht ein starker Wunsch, eine innere Notwendigkeit, das Eigene gegenüber dem mächtigen Fremden zu bewahren und zur Geltung zu bringen.

Die Generation nach der Unabhängigkeit (Nasser war das deutlichste Beispiel) sah die neu gegründete Nation als den Hort dieser Eigenständigkeit. Die damals modische nationalistische Ideologie versicherte, nach dem Abzug der kolonialen Armeen und nach dem Sieg über das, was man „Neokolonialismus" nannte, werde ein eigener, „echt" nationaler Rahmen ihrem Volke die Möglichkeit bieten, „sich selbst zu verwirklichen". Was unter den gegebenen Umständen hieß, die eigenen Nöte und Notwendigkeiten gegenüber der Macht der andringenden fremden Menschen und Dinge zu überwinden, die Macht der Fremden in eigene Macht zu verwandeln.

Doch die Höhenflüge des Nationalismus endeten in der Katastrophe der Niederlage durch Israel im Sechstagekrieg von 1967. Seither ist die Hoffnung, dass die Förderung der Nation den Durchbruch zu eigener Macht und eigenem Ansehen bewirke, unglaubwürdig geworden. Eine neue Ideologie trat die Nachfolge der nationalistischen Hoffnungen an, sie wollte in der Rückkehr zum reinen, zum wahren Islam den Weg zum Heil und zur Rettung erblicken.

Eine Seite des Korans aus dem 16. Jahrhundert

Überlagerung der Kulturen

Bilder von glücklichen Westlichen Menschen auf einem Bauzaun in Dubai

74 Überlagerung der Kulturen

Überlagerung der Kulturen 75

Mit einem gemeinsamen Gebet erbitten sich diese kuwaitischen Kinder nach einer Katastrophenübung den Schutz Allahs.

DIE ISLAMISTISCHE HEILSVERHEISSUNG

Die algerischen Islamisten hatten sich zur „Islamischen Heilsfront" zusammengeschlossen. Die arabische Bezeichnung dieser Front (Jubha al-Inqadh al-Islami) kann man auch als „Islamische Rettungsfront" übersetzen. Die Rettung, das Heil, das die algerischen Islamisten verhießen, war gewiss Seelenrettung im Jenseits, doch zugleich auch immer und ausdrücklich „Rettung" der Gesellschaft der Muslime hier und jetzt aus der Not der Fremdbestimmung.

Dabei darf Islamismus nicht mit Islam verwechselt werden. Es handelt sich um eine Ideologisierung der Religion des Islams. Sie behauptet, was die Nation (übrigens ein Begriff, der ebenfalls aus Europa importiert worden war) nicht habe bringen können, sei vom „Islam", so wie ihn die Ideologen des Islamismus verstehen, mit Sicherheit zu erwarten: Macht und Ansehen für die Gefolgsleute der Ideologie. Sie würden zur „besten Gemeinschaft" (Koran 3/111), wenn sie nur den Weisungen ihrer Ideologen bedingungslos folgen wollten.

Ein solches Versprechen impliziert die Überwindung der heute bestehenden Spaltung in Eigen und Fremd. Es verheißt ein „Wir", das in der gegenwärtigen Welt mächtig werde. Diese Verheißung macht ohne Zweifel einen guten Teil der Anziehungskraft der islamistischen Ideologie aus. Und es ist offensichtlich, dass die Anziehungskraft und Wirkung dieser Ideologie in dem Maße zunimmt, in dem alle anderen Wege in die Zukunft versperrt und alle anderen Aussichten auf ein volles Dazugehören und Mitbeherrschen der heutigen Welt hoffnungslos verbaut und vergeblich erscheinen.

NOCH IMMER: NUR KLEINE MINDERHEITEN

Der größte Teil der heutigen Muslime hält die Gespaltenheit ihres Lebens aus, welche beständig das fremde Mächtige und Erfolg versprechende dem eigenen immer weiter verarmenden, immer engeren Leben entgegenstellt. Kleinere Teile von ihnen vermögen es nicht, in dieser Doppelwelt fortzuleben. Sie suchen dann einen Ausweg bei der Verheißung der islamistischen Ideologie.

Nicht alle Islamisten glauben, dass sie ihre Ideologie mit Gewalt zur Macht bringen müssen. Mehrheiten von ihnen setzen auf friedliche Durchdringung ihrer Gesellschaften durch ihre Ideologie. Doch Minderheiten von ihnen verfallen dem Glauben, dass nur Gewalt ihrer Lehre zum Durchbruch verhelfen könne.

Die Gewalttätigen sind also die Minderheiten einer Minderheit. Doch es ist evident, dass diese Randgruppen immer dann anwachsen werden, wenn alle Hoffnungen auf eine graduelle und friedliche Lösung der Spannungen schwinden, die durch die Macht und Präsenz des Fremden in ihren Gesellschaften gegeben sind.

Die radikalste Form, in der zurzeit die Macht der Fremden erscheint, ist die militärische Besetzung durch kriegsführende Außenseiter unter Tötung und Vertreibung der einheimischen Bevölkerung durch die „westliche" Kriegstechnologie der Invasoren. Deshalb sind die beiden heutigen Hauptkrisenherde des Nahen Ostens, der von den Amerikanern besetzte Irak und das von den Israelis in Besitz genommene Land Palästina, die Hauptproduzenten von gewaltbereitem Islamismus.

FOLGENDE DOPPELSEITE:
Frauen in den Vereinigten Arabischen Emiraten tragen oft diese Form der Gesichtsbedeckung.

Auch das gehört zum Bild der arabischen Welt: Frauen demonstrieren im Jemen für das Recht, in Universitäten ihren Schleier tragen zu dürfen.

Überlagerung der Kulturen

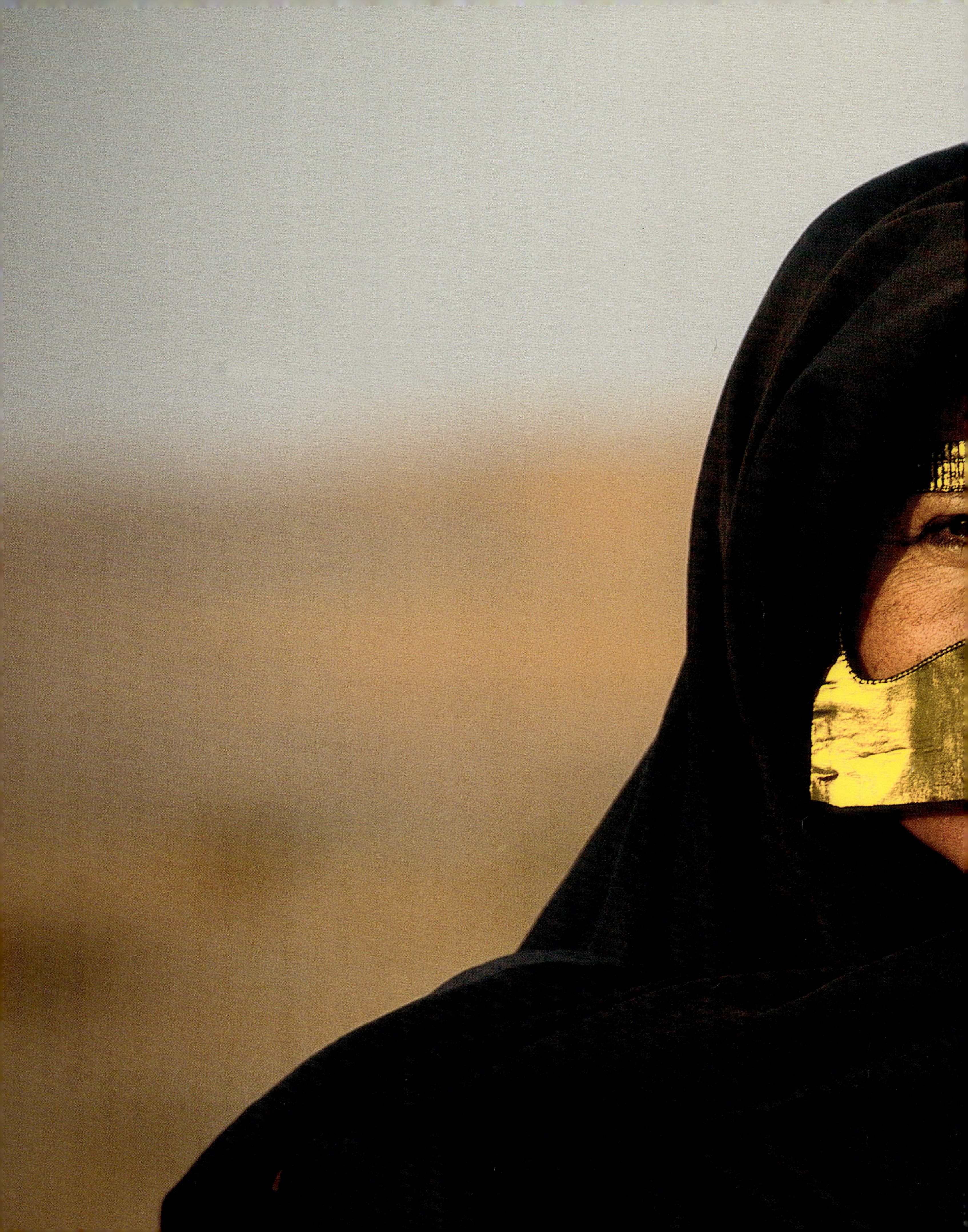

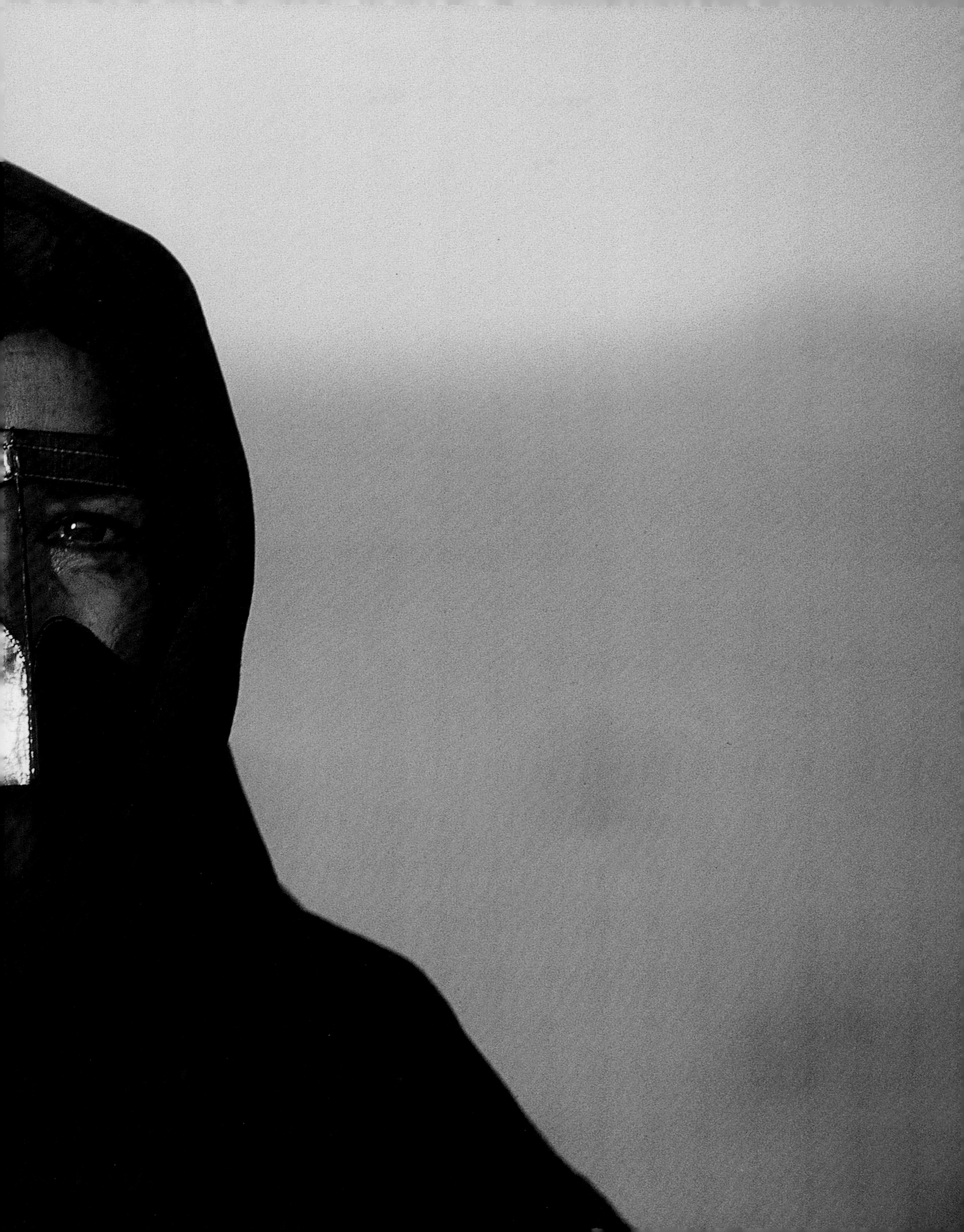

DER „CLASH" ALS GRUNDLAGE DER KRIEGSPROPAGANDA

Wer diese Zusammenhänge einigermaßen durchschaut, wird auch erkennen, dass die falsche Vorstellung von den zwei Kulturen, die wie zwei Machtblöcke aufeinanderstoßen, viel Unheil gebracht hat und weiter bringen wird.

Dieses, die wirklichen Verhältnisse entstellende Bild hat als Rechtfertigung für Machteingriffe gedient, indem es eine nicht vorhandene „muslimische Gefahr" an die Wand malte, gegen die „der Krieg gegen den Terrorismus" einschreiten sollte. Das Gespenst eines feindlichen Machtblockes wurde aufgestellt und dagegen ein Krieg ausgerufen, der nur dazu dienen kann, dieses Gespenst in eine reale Gefahr zu verwandeln.

Wenn „al-Qaida" als das gesehen worden wäre, was die Terrorgruppe in Wirklichkeit ist, nämlich eine gewalttätige Randerscheinung der islamistischen Minderheitsideologie, hätte dies ein zweckmäßiges Vorgehen gegen sie zugelassen; etwa durch eine diplomatisch ergänzte und abgesicherte internationale Polizeiaktion, anstelle von – bisher – zwei weitgehend fehlgeschlagenen Vernichtungskriegen gegen ganze Völker des Islams.

In Trainingslagern werden die Mitglieder radikaler Gruppierungen wie der islamischen Dschihad zu Kämpfern ausgebildet.

Vor allem die jüngere Generation engagiert sich vehement für die Umsetzung ihrer Interessen.

Überlagerung der Kulturen 81

Die Proteste gegen den Krieg im Irak haben in den USA nur eine verhaltene Resonanz gehabt. Nach und nach ist die Zahl der Kritiker allerdings gestiegen.

DAS VERSAGEN DER ISLAMISTISCHEN LEHRE

Was die Ideologie des Islamismus angeht, ist bereits heute deutlich zu erkennen, dass sie die Verheißungen nicht zu erfüllen vermag, auf denen ihre Anziehungskraft auf bestimmte Gruppen von Muslimen beruht. Der Islamismus ist in einem einzigen Staat zur Macht gekommen: im Iran durch die Revolution Khomeinis von Februar 1979. Hier muss er nun zeigen, ob er seine Versprechungen wirklich erfüllen kann.

Er hat es nicht gezeigt, und große Teile der iranischen Bevölkerung, besonders die studentischen Eliten, sind seiner müde geworden. Die offizielle Propaganda kann es nur notdürftig überdecken: Die iranische Jugend, das heißt über die Hälfte der dortigen Bevölkerung, will anders leben als unter der Fuchtel der Islamisten.

Der wichtigste Aspekt des Versagens besteht für sie darin, dass das heutige iranische Wirtschaftssystem unter der Leitung der Islamisten nicht in der Lage ist, Arbeit für alle zu schaffen, obwohl der Iran eine durch sein Erdöl begünstigte Wirtschaftsbasis besitzt. Doch auch die geistigen Aspekte zählen.

Die iranische Jugend begehrt Meinungsfreiheit, und es ist überdeutlich, dass „der Islam" – in Wirklichkeit: die islamistischen Ideologen, so wie sie in Teheran herrschen – Meinungsfreiheit nicht zulassen kann. Täte er es, sähe sich das Regime alsbald gefährdet. In allen anderen islamischen Ländern ist die islamistische Ideologie nicht auf die Probe gestellt. Sie steht in der Opposition und kann von dort aus für viele glaubwürdig versichern, wenn sie einmal an die Macht käme, würde sie alles zum Besseren wenden.

Als Oppositionskraft wirkt der Islamismus umso überzeugender, je mehr es ihm gelingt, deutlich zu machen, dass er gegen das Fremde in der eigenen Welt ankämpfe und dabei schwere Opfer erbringe.

Die Proteste gegen den Einmarsch der Amerikaner in den Irak und den damit verbundenen Krieg waren in den benachbarten arabischen Staaten zum Teil sehr gewalttätig.

Überlagerung der Kulturen 83

Die Architektur der großen Flughäfen auf der arabischen Halbinsel sprengt alle geschmacklichen Dimensionen.

84 Überlagerung der Kulturen

Überlagerung der Kulturen 85

Der Gebetsraum im Al-Yamamah-Palast in der saudi-arabischen Hauptstadt Riyadh

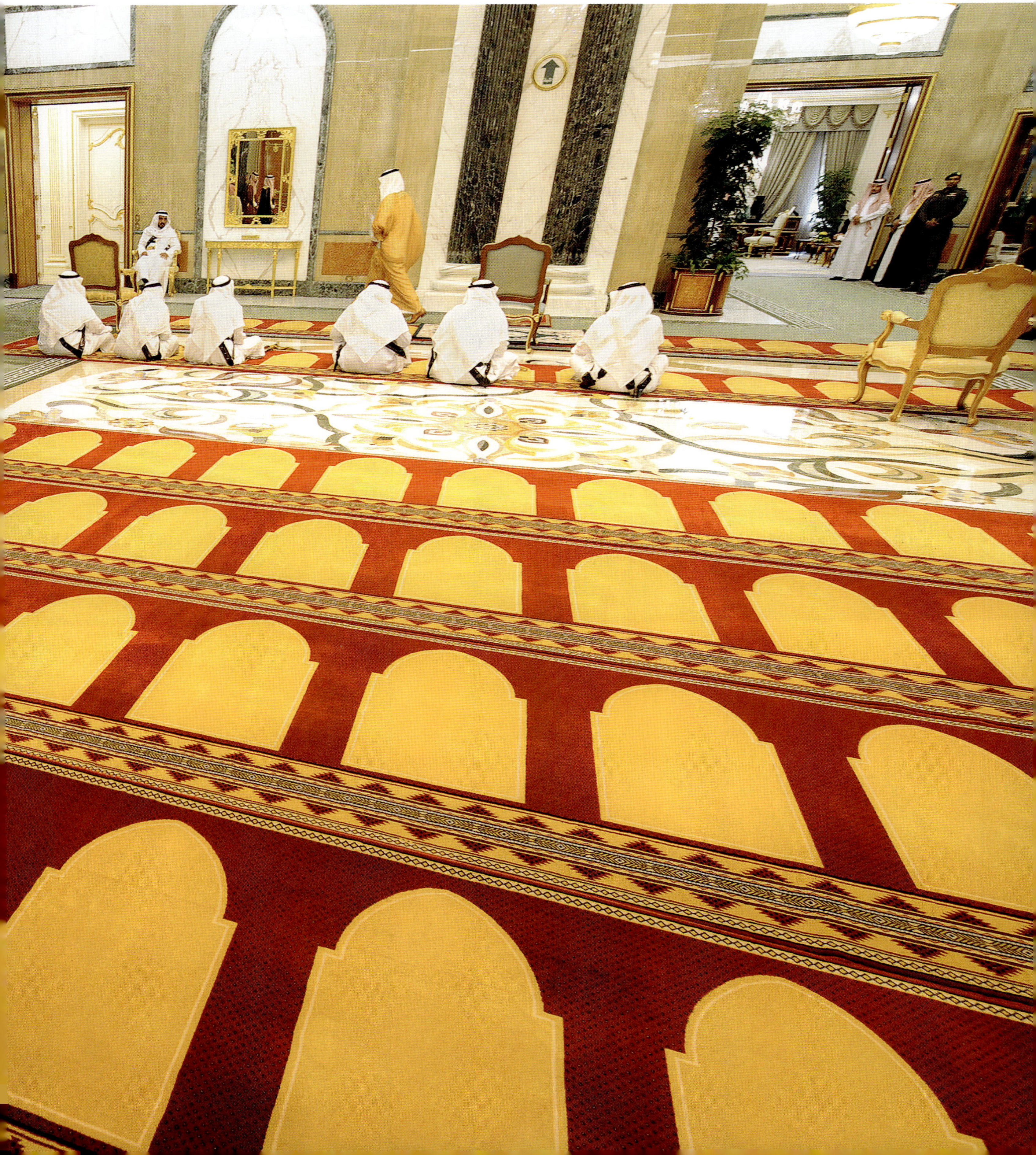

Die engen traditionellen Wohnungen in den Dörfern der Vereinigten Arabischen Emirate bieten oft nicht viel Platz zu leben.

DER EINZIGE WEG VORAN

Wenn aber auch der Islamismus sein Heilsversprechen nicht einhalten kann, was ist dann der Ausweg aus dem Dilemma zwischen fremder Moderne und eigener Kulturtradition? – Ein Zurück zur reinen Eigenkultur kann es nicht mehr geben. Rein materiell würden die seit dem letzten Jahrhundert gewaltig angewachsenen Bevölkerungszahlen dies nicht erlauben.

Nur ein Beispiel: Ägypten vermochte während fünf Jahrtausenden eine Bevölkerungszahl von maximal fünf Millionen zu ernähren. Doch die heutigen 75 Millionen Ägypter können schlechterdings nicht in einem Wirtschaftsrahmen überleben, welcher der altherkömmlichen Kultur des Landes entspräche. Für alle anderen Länder gilt ähnliches.

Doch auch in den Bereichen des Geisteslebens kann es kein „Zurück zu den Glaubensgewissheiten des Mittelalters" mehr geben. Es sei denn, dies werde mit Gewalt erzwungen. Und wenn das geschieht, ist ein weitgehendes Versiegen aller echten geistigen Tätigkeit zu befürchten.

Auch die „Globalisierung", wie sie heute voranschreitet, scheint unvermeidlich. Die Kräfte einer technologisch und wirtschaftlich vorangetragenen „Moderne" dehnen sich vorläufig unabsehbar weiter über den Globus aus.

Ein Ausweg aus dem Dilemma zwischen überlieferter Eigenkultur aufgezwungener fremder und damit eine Klärung der Identitätsprobleme kann nur auf einem Wege erfolgen: die Fremdkultur muss zur Eigenkultur werden. Dies bedeutet, was aus der Fremde herangebracht und eingekauft, angelernt und vorgelebt wurde, muss schrittweise etwas Eigenes werden.

Die einheimische überlagerte und die fremde sie überlagernde Kulturschicht müssen so ineinander verschmelzen, dass sie gemeinsam fruchtbar werden. Sobald bei der überlagerten Kultur deutlich wird, dass sie auch in Belangen der überlagernden fruchtbar werden, gültig mitsprechen kann, das heißt an ihr erfolgreich mitarbeiten, kann man von einer gelungenen Verschmelzung der beiden Kulturschichten sprechen – zumindest in dem betreffenden Teilsektor.

FOLGENDE SEITE:
Giovanni Mansueti (um 1465–1527): „Markus heilt den Schuhmacher Anianus", Ausschnitt: Lehrender orientalischer Gelehrter. Öl auf Leinwand, 376 x 399 cm. Aus dem Zyklus mit Szenen der Markuslegende in der Kirche S. Maria dei Crociferi. Inv. Nr. 365, Venedig, Galleria dell'Accademia.

UNTEN:
Das Emirates Palace Hotel in Abu Dhabi ist eines der luxuriösesten auf der Welt und hat sich selbst zum Sieben-Sterne-Haus erklärt.

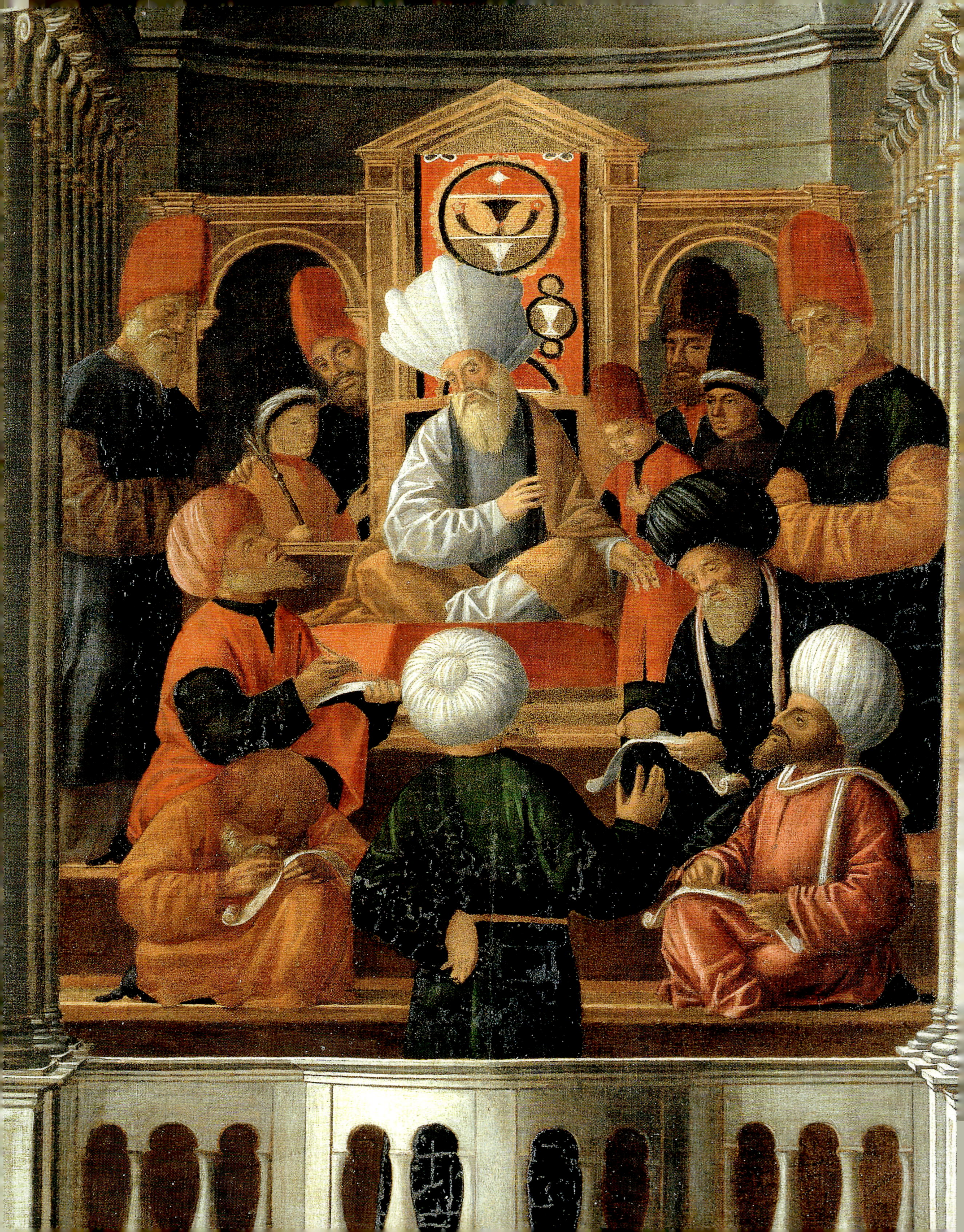

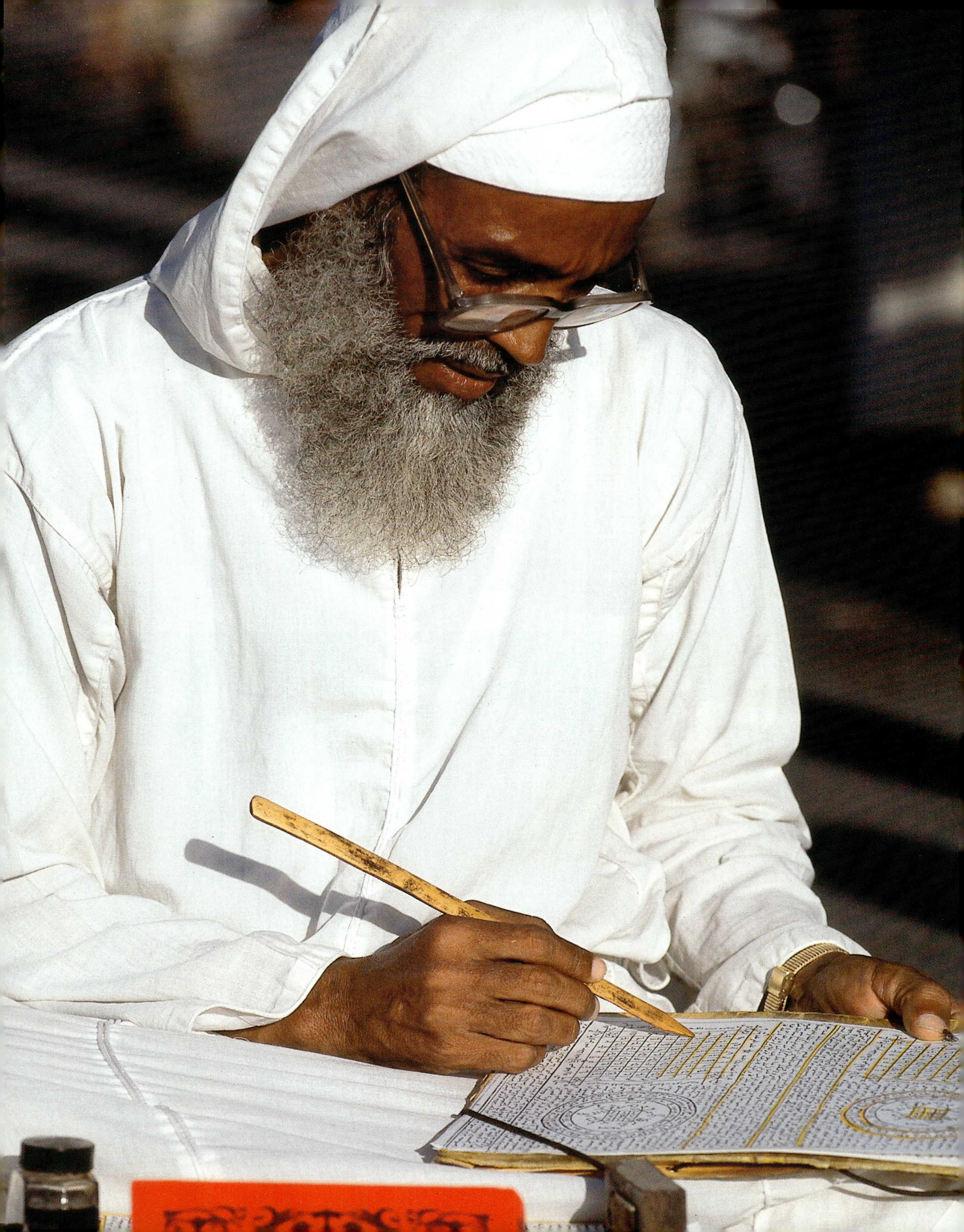

VORHERGEHENDE SEITE:
Ein Koranschreiber sitzt auf der Straße.

DIE ROLLE DER ÄUSSEREN UMWELT

Das notwendige Einpfropfen des fremden Neuen in das alte Eigene ist ein kreativer Vorgang. Als solcher kann es nicht angeordnet oder organisiert werden. Es muss sich durch langsame fruchtbare Kleinarbeit vollziehen, es braucht Zeit und Raum, um zu geschehen. Die muslimischen Gesellschaften müssen es selbst vollbringen.

Doch für die Außenkräfte wäre es wichtig zu erkennen, dass sich Bedingungen ausmachen lassen, unter denen dieser Vorgang gedeihen kann, und solche, die ihn blockieren oder zurücksetzen. Krieg einer fremden „Kultur" gegen die eigene, sei es in Israel, sei es im Irak, sei es in Afghanistan, ist ganz offensichtlich die allernegativste solcher Voraussetzungen. Sie bringt die größte Gefahr, ja Wahrscheinlichkeit von katastrophalen Rückschlägen mit sich. Soziologisch äußern sich diese Rückschläge im Wachstum der islamistischen Ideologie.

Andere Hindernisse für das Zustandekommen einer kreativen Einpflanzung sind alle Arten von Ausbeutung durch die stärkeren Fremden und auch alle von ihnen ausgeübten offensichtlichen Ungerechtigkeiten, wie zum Beispiel die zweierlei Maße, nach denen im Nahen Osten die westlichen Mächte sich selbst und ihre angeblich demokratischen „pro-westlichen" oder mindestens als „gemäßigte" eingestuften Freunde beurteilen und behandeln, im Gegensatz zu ihren als „islamisch" oder gar „terroristisch" abgeurteilten und blutig verfolgten Gegenspielern.

Bundeskanzlerin Angela Merkel begrüßt vor dem Bundeskanzleramt in Berlin die Delegation des Königs von Saudi-Arabien.

Alle offensichtlichen Ungerechtigkeiten der westlichen Vormächte bestätigen Khomeinis islamistische Aussage, nach welcher alle Westler und alle westlichen Dinge „taghuti" sind, wir würden sagen, „satanisch", Dinge des Teufels.

Man kann die Grundsätze aufzählen, nach denen gehandelt werden müsste, aber nicht gehandelt wird: Der mörderische Kleinkrieg zwischen den Israelis und den Palästinensern, der sich mit amerikanischer Unterstützung um die Machterhaltung der Israeli in den besetzten Gebieten dreht, müsste beendet werden.

Die Palästinafrage belastet seit über einem Jahrhundert (genau seit 1882), immer zunehmend das Verhältnis zwischen der überlagernden und der überlagerten Kultur. Neu dazu kam 2003 der zweite nahöstliche Krisenherd im Irak. Die dortige Besetzung durch die amerikanischen Truppen und das damit verbundene tägliche Blutvergießen müsste zu Ende gebracht werden. Auch dies stellt eine Belastung dar, die sich weit über das Zweistromland hinaus auswirkt.

Bevor diese beiden Infektionsherde eingedämmt oder aus der Welt geschafft sind, ist alle Aufbauarbeit am Verhältnis zwischen der überlagernden Übermacht und der überlagerten islamischen Kultur ungewiss, provisorisch und ziemlich sinnlos. Weil jeder Kontakt und jede Zusammenarbeit von der betroffenen, schwächeren Seite von dieser unvermeidlich in den Rahmen dessen gestellt wird, was unübersehbar geschieht: „der Machtergreifung der Fremden über uns! Ja, deren Versuche, uns aus der Welt zu schaffen!"

Kuwaiterinnen demonstrieren für das Wahlrecht, das ihnen 2006 zum ersten Mal gewährt wird.

Überlagerung der Kulturen

Was immer geschehen mag, wird in diesem Rahmen gesehen und ausgelegt. „Guter Wille von der westlichen Seite, ha! ha! Man sieht ja, was im Irak und in Palästina geschieht. Was sie uns sonst noch antun und antragen, mag schöngefärbt sein. Doch es dient nur dem Gesamtzweck, den sie mit uns allen verfolgen!", ist die beinahe unvermeidliche Reaktion der überragenden Mehrheit aller Muslime. Einen besseren Humus für die Ausbreitung der islamistischen Ideologie kann man sich nicht vorstellen.

Falls es je dazu käme, dass diese Hauptärgernisse der Gegenwart beigelegt oder gemildert werden könnten, rückten die Fragen einer positiven Bewältigung der Spannungen zwischen den beiden ungleichen Kulturschichten in den Vordergrund. Dabei steht die Frage der verletzten Identität im Zentrum. Wie wir oben gesehen haben, kann sie nur angepackt werden, indem die neue, fremde Überlagerungsschicht der Moderne „westlicher" Wurzel in einen Bestandteil der eigenen Kultur verwandelt wird.

Das Fremde muss dem Eigenen einverleibt werden, indem es als etwas Dazugehöriges, „uns Zugehöriges" verstanden wird. Dies geschieht in dem Augenblick, in dem ein „muslimisches" Wir zum Mithervorbringer der bisher bloß „westlichen" Errungenschaften wird, mit anderen Worten zum Mitarbeiter am bisher westlichen Fortschritt – der in diesem Falle zu „unserem" Fortschritt wird.

Lernen und Übernehmen, Einkaufen mithilfe der Erdölrente (für jene, die darüber verfügen) genügt schwerlich. Der westliche Fortschritt steht ja nicht still. Was man von ihm und über ihn lernt, ist manchmal überholt, noch bevor es gelernt und sachgemäß angewandt werden konnte.

Der Lernende, so lehrwillig er sein mag, bleibt immer zurück. Er muss immer schneller laufen, um den sich immer rascher voranbewegenden Lehrmeister einzuholen. Dieser kann seinerseits schon etwas veraltetes Wissen leichter vermitteln und vermittelt es möglicherweise lieber als das von der vordersten Fortschrittsfront, wo er selbst noch forscht. Mitforschen und Mithervorbringen von Resultaten wird daher zum entscheidenden Indiz und Symptom dafür, dass der bisherige Lehrling von nun an vollständig dazugehört.

Die Abriegelung des Gaza-Streifens durch die israelische Armee hat nicht besonders zur Beruhigung des Konfliktes in der Region beigetragen.

Eine Gruppe Derwische dreht sich während einer Vorführung in einem türkischen Kloster in Istanbul.

DIE VIELFALT DES ISLAMS

Im Himmel mag es einen einzigen, immer gleichen Islam geben. Auf Erden gibt es ihn nicht. Unter der guten Milliarde von Muslimen, die auf allen Kontinenten leben, gibt es zahllose Völker und zahllose unterschiedliche Islamverständnisse.

Von Beginn an hat sich die neue Religion des Islams rasch über sehr verschiedene Erdteile unterschiedlicher Kulturen ausgedehnt. Die Muslime wurden durch ihre am Rande der arabischen Wüste entstandene Religion angefeuert und gelenkt. Sie haben sich aber auch mit ihrem neuen Glauben den großen Reichen sehr alter Kultur, die sie neu beherrschen, angepasst. Sie mussten dies tun, um sie zu lenken und zu kultureller Blüte zu bringen.

Die großen Flusstäler Ägyptens und Mesopotamiens; die reinen Wüstenländer; die Übergangsländer, in denen es Nischen der Bewässerung gibt, und einige weitere spezifische Typen von Ländern haben jeweils bestimmte Kulturen hervorgebracht mit ihrem Islam, der sich innerhalb der verschiedenen Umfelder entwickelt hat.

Der Islam besitzt eine lange, weit gefächerte Entwicklungsgeschichte. Er ist nie genau gleich geblieben. Die Vielfalt der Gläubigen und ihrer Meinungen gilt nach einem Ausspruch, den man dem Propheten zuschreibt, als ein Segen, nicht als ein Fluch.

Aus diesem Grund ist es sinnlos, „den Islam" für diese oder jene Entwicklung verantwortlich zu erklären. Man muss mindestens fragen, welcher Islam, welche Art des Islamverständnisses?

Die Vielfalt gilt für die gesamte islamische Geschichte bis zum 19. Jahrhundert. Von jener Zeit an ändern sich alle Gegebenheiten, die das Leben der Muslime bestimmen, zuerst marginal, dann immer radikaler. Wer die Veränderungen erzwingt, sind die Europäer mit ihrer seit jener Zeit überlegenen militärischen Macht, Technologie, Wissenschaft und Wirtschaftsmacht.

Die Umkrempelung des Lebens der Muslime begann mit dem Militärischen: Man brauchte ebenso wirksame Heere wie die der eindringenden Engländer, Russen, Franzosen, Österreicher, Italiener. Man sah sich gezwungen, ihre militärische Organisation nachzuahmen. Man musste von ihnen lernen.

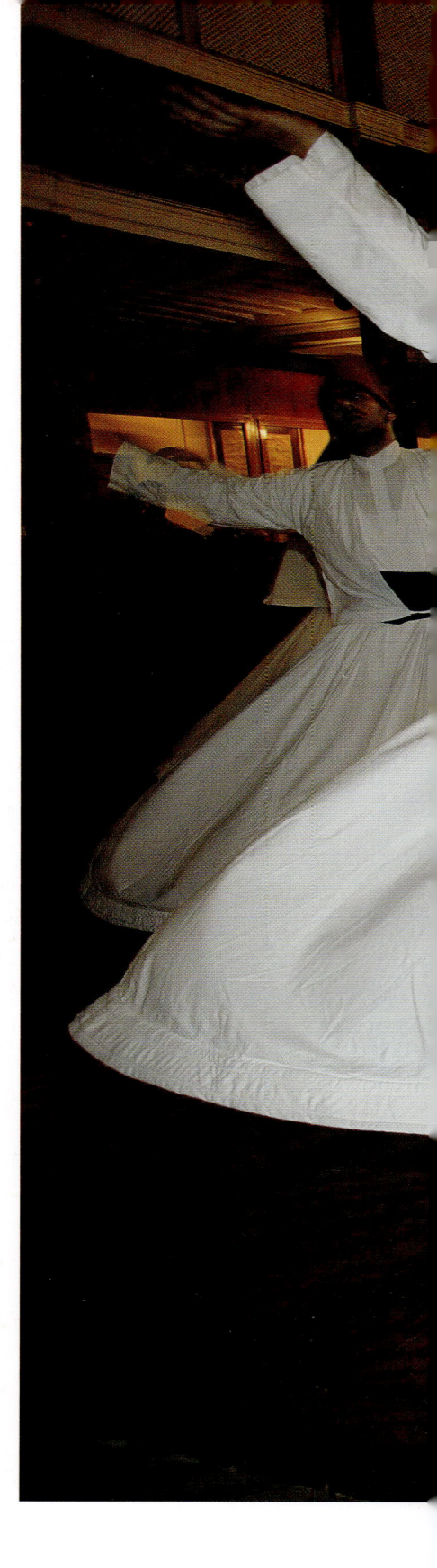

Was mit dem Heereswesen begann, dehnte sich bald auf weitere Lebensbereiche aus: Wirtschaft, Technologie, Bildung, staatliche Organisation, Gesundheitswesen, Bauwesen, Gesetzgebung, Kleidung. Es bestand ein beständiger Zwang, mehr und mehr Bestandteile der fremden Lebensweisen bei sich einzuführen. Der Prozess dehnte sich lawinenartig aus und schreitet bis heute immer weiter voran.

Überlagerung der Kulturen

Auch in der Vorstellung von Architektur ist der westliche Einfluss unverkennbar.

Überlagerung der Kulturen

OBEN:
Jemeniten vor den Toren von Kawkaban

RECHTE SEITE:
Die Bögen der Qaboos-Moschee in Muscat werden in ein traumhaftes Wechselspiel aus Licht und Schatten getaucht.

FOLGENDE DOPPELSEITE:
Letztendlich sitzen doch alle in einem Boot.

Um sich selbst gegen die andringenden Fremden zu behaupten, müssen die Muslime immer neue und immer weiter greifende Aspekte des Lebens und der Kultur der oft feindlich auftretenden Fremden übernehmen, und sie laufen dadurch Gefahr, ihre eigene Kultur immer mehr zu verlieren. Heute ist es so weit, dass das Fremde, aus dem europäischen und amerikanischen Ausland Eingeführte sich regelmäßig als das Erfolgreiche erweist, während die einheimische Eigenkultur zusehends verarmt, sich verengt und zum Merkmal der Machtlosen, Unterlegenen wird. Das erfolgreiche Fremde erdrückt die eigene Tradition und Kultur.

Dem Islam fällt unter diesen Umständen eine neue Rolle zu. Er wird zunehmend als ein letzter Hort der Eigenständigkeit gelebt und verstanden. Er wird zur Hauptstütze einer erschütterten Identität. Diese Rolle erfüllt er weltweit. Deshalb gibt es heute, als Antwort auf die Herausforderung durch die industrialisierte Welt, ein sich neu ausdehnendes, weitgehend einheitliches Islamverständnis, das die eigene Religion in erster Linie als Stütze der eigenen Identität erfährt und zu leben versucht.

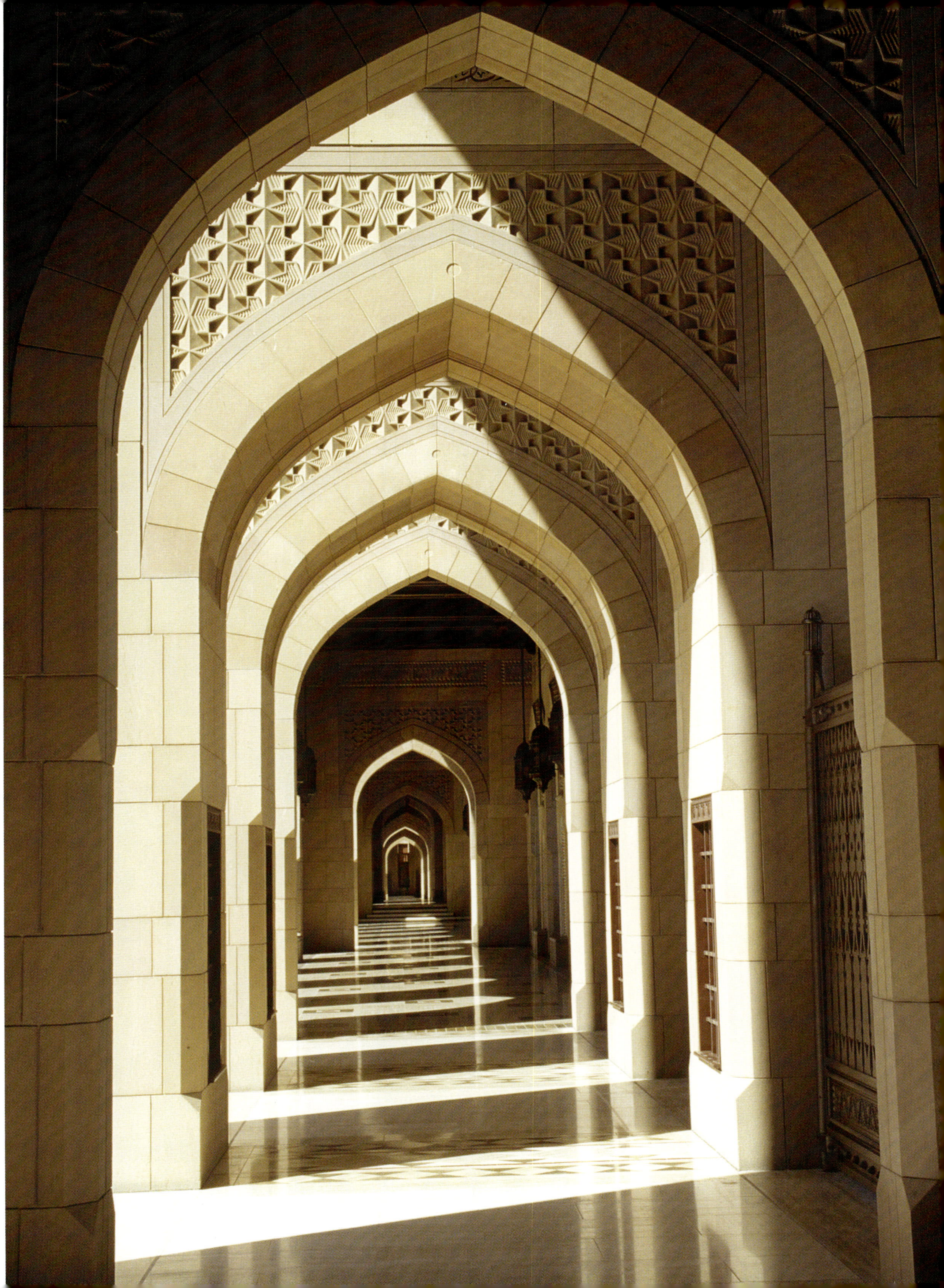

102 Überlagerung der Kulturen

Überlagerung der Kulturen 103

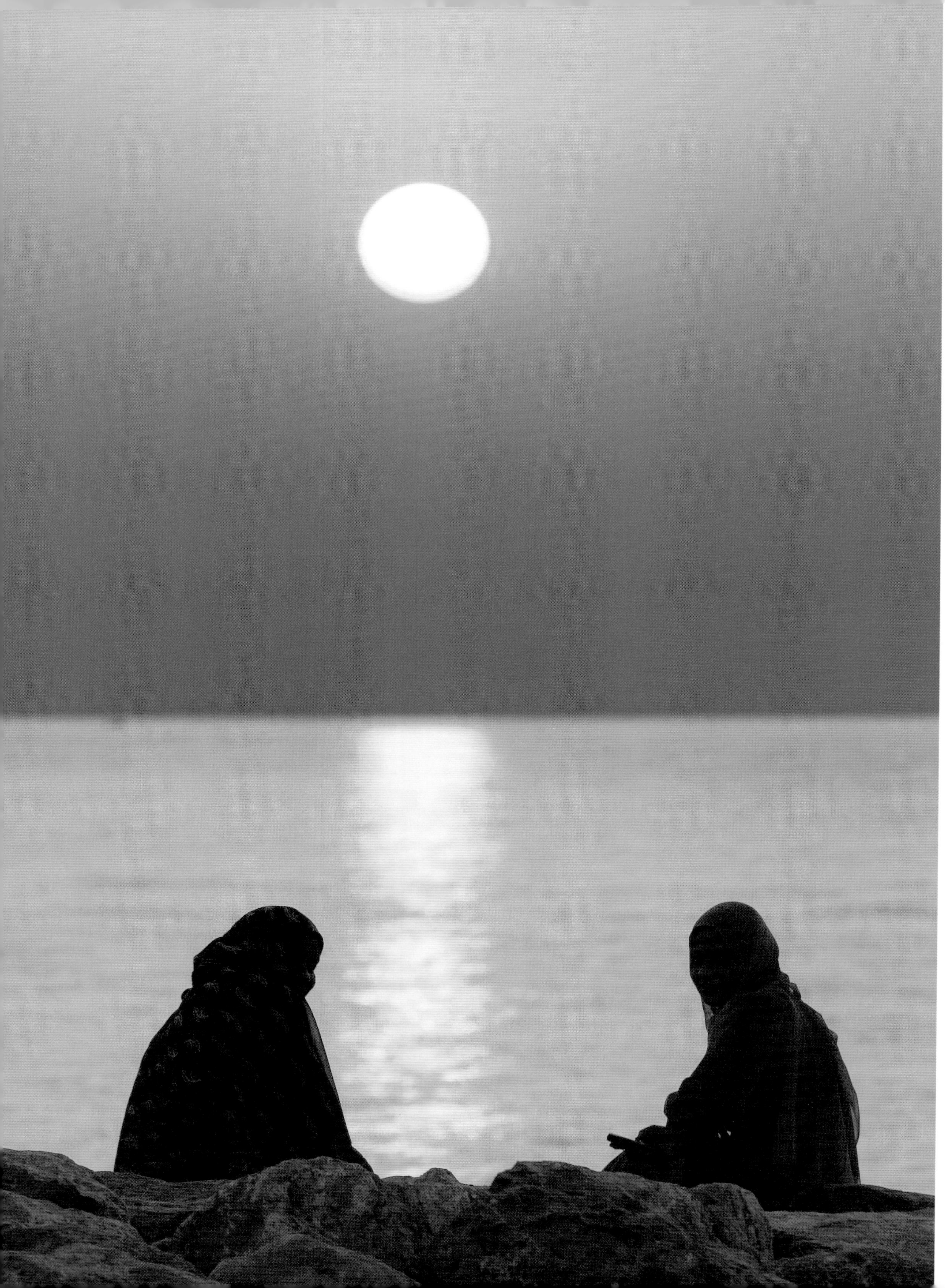

DIE ROLLE DER FRAU IM ISLAM

RECHTE SEITE:
Omanische Frauen in traditioneller Kleidung im Sonnenuntergang

Von Muriel Brunswig-Ibrahim

Schleier gleich Unterdrückung und Geschlechtertrennung gleich Missachtung der Frauenrechte: In der nichtislamischen Welt, speziell der westlichen, werden die Frauen Arabiens gern in einem Licht gesehen, welches durch unsere demokratisch gelenkte Erziehung schnell zustande kommt. Der Islam erscheint demnach als frauenfeindliche Religion. Prinzipiell ist sie es aber nicht. Oder anders gesagt: nicht mehr oder weniger als die christliche.

Es kommt allerdings darauf an, wie Religionsexperten verschiedener Richtungen in den letzten 1400 bzw. 2000 Jahren die angeblich einzig gültige Auslegung vom Wort Gottes gefunden haben und wie sich religiöse Traditionen darauf aufgebaut haben. Die Frage ist: Wie sehen Frauen in der islamischen Welt sich selbst? Was sagt der Koran zur Rolle der Frau, und wie lässt er sich interpretieren?

Die erste Frage ist an dieser Stelle nicht allgemeingültig zu beantworten, weil in den Ländern der arabischen Halbinsel unterschiedliche religiöse Traditionen herrschen. In Saudi-Arabien sind Frauen

In vielen islamischen Ländern existieren noch immer harsche Kleiderordnungen.

beispielsweise grundsätzlich verschleiert, im Oman, Jemen und den Golfstaaten überwiegend nicht. Auch Geschlechtertrennung wird unterschiedlich gehandhabt. In Saudi-Arabien wird sie bedeutend strikter eingehalten als im Oman, wo Frauen laut Gesetz die gleiche Stellung wie der Mann haben. Nicht zu verhehlen ist indes, dass man in allen arabischen Ländern von einer Männergesellschaft sprechen kann. Zu beobachten ist allerdings auch, dass durch gleiche Bildungschancen immer mehr Frauen in öffentlichen und privaten Wirtschaftssektoren wichtige Positionen einnehmen. Aber auch das wiederum gilt nicht für alle Länder gleichermaßen.

Auf einem Markt in Dubai werden Kleider für den traditionellen Bauchtanz verkauft.

Im Koran befassen sich nur wenige Verse direkt mit der gesellschaftlichen Stellung der Frau und diese wenigen lassen sich unterschiedlich interpretieren. Denn der Koran ist wie die Bibel vielfältig interpretierbar. Für die meisten Kritiker ist just dies seine Hauptschwäche. Da steht im Koran, Sure 3, Vers 7: „Er ist es, der die Schrift auf Dich herabgesandt hat. Darin gibt es eindeutig bestimmte Verse – sie sind die Urschrift – und andere, mehrdeutige. Diejenigen nun, die in ihrem Herzen abschweifen, folgen dem, was darin mehrdeutig ist, wobei sie darauf aus sind, die Leute unsicher zu machen und es nach ihrer Weise zu deuten. Aber niemand weiß es wirklich zu deuten, außer Gott ..." Und da nach

Die Rolle der Frau im Islam 107

moslemischer Auffassung nur Gott die richtige Deutung weiß, sollte es für Gelehrte keine ultimative Wahrheit geben, lediglich Interpretationstendenzen, die den Standpunkt des Betrachters widerspiegeln.

Was nun die Frauenfrage betrifft, könnten diese Tendenzen kaum unterschiedlicher sein. Das Beispiel eines sehr umstrittenen Koranverses macht es deutlich. Der Vers wird gern von emanzipatorisch konservativen Gelehrten als Rechtfertigung herangezogen: „… Und die Männer stehen bei alledem eine Stufe über ihnen …" (Sure 4, Vers 34).

Zwei Interpretationsmöglichkeiten zeigen die Haupttendenzen. Die erste interpretiert den Vers wörtlich: Der Mann steht über der Frau und hat damit Verfügungsgewalt über sie. Sprich, der Mann ist besser, wertvoller und stärker und hat aus diesem Grund das Recht, über die Frau zu bestimmen. Dabei wird der Zusammenhang, in dem der Vers steht, völlig außer Acht gelassen. Was nach Meinung verschiedener Religionsgelehrter auch in Ordnung ist. Sie behaupten, dass sich Gottes Gnade unter anderem darin zeigt, einzelne Verse einzeln interpretieren zu können.

Eine arabische Familie unternimmt einen Strandspaziergang in Dubai.

Die zweite Interpretation indes bezieht den Kontext, der von Heirat, Scheidung, Witwenschaft und ökonomischer Versorgung spricht, mit ein und analysiert den Ausdruck „über etwas stehen" genauer. Im Koran steht das Wort „qawwam", was auch „behüten/beschützen" bedeutet. Und schon verändert sich der Inhalt des Verses. Der Mann steht also nicht über der Frau, sondern behütet sie. Demnach ist der Mann der Frau nicht überlegen, vielmehr muss er sie beschützen, weil er für sie verantwortlich ist. Es kommt hinzu, dass nur wenige Absätze vorher die Gleichheit von Mann und Frau betont wird.

Demnach muss eine Ehe vor allem partnerschaftlich sein: „... Frauen haben in der Behandlung von Seiten der Männer dasselbe zu beanspruchen, wozu sie ihrerseits den Männern gegenüber verpflichtet sind." Nach dieser, vor allem von gläubigen moslemischen Feministinnen bevorzugten Interpretation, gibt es zwar eine Rollenverteilung im Bereich der Familie, aber keine Unterdrückung.

Die Zubereitung des dünnen Beduinen-Fladenbrotes obliegt weiterhin den Frauen.

Die Rolle der Frau im Islam

Goldschmuck steht in der islamischen Tradition weit oben. Er soll unter anderem das Auskommen der Ehefrau kurzfristig absichern, wenn der Mann als Ernährer ausfallen sollte.

Im Koran wird häufig der Zusammenhang zwischen Frau und Gebärfähigkeit erwähnt. Nirgendwo indes ist die Rede davon, dass Pflege der Kinder oder andere frauentypische Tätigkeiten zwangsläufig allein Frauensache seien. Dennoch verlangt die islamische Tradition von der Frau ein bestimmtes Verhalten und die Übernahme „weiblicher" Aufgaben wie der Hausarbeit. Der Grundgedanke dabei ist (wie bei uns bis vor einer Generation durchaus üblich und heute noch immer zu finden), dass die Frau, durch die Geburt mehr oder weniger gebunden, sich sowieso vorwiegend im Haus aufhält.

Die Idee ist dabei wohl auch, dass jeder innerhalb des Haushalts verschiedene Aufgaben und Rollen übernimmt, um den anderen das Leben zu erleichtern. Von Machtmissbrauch oder Unterdrückung seitens des Mannes gegenüber der Frau steht nichts im Koran und wäre ein Verstoß gegen islamische Gesetze.

Wie bereits oben erwähnt, führen nicht nur Interpretationen in verschiedene Richtungen, sondern Übersetzungen. Besonders deutlich wird das in Bezug auf Gewalt gegenüber Frauen: „... und wenn ihr fürchtet, dass Frauen sich auflehnen, dann ermahnt sie, meidet sie im Ehebett und schlagt sie. Wenn sie euch daraufhin wieder gehorchen, dann unternehmt nichts weiter gegen sie. Gott ist erhaben und groß. Wenn ihr fürchtet, dass es zwischen einem Ehepaar zu einem ernsthaften Zerwürfnis kommt, dann bestellt einen Schiedsrichter aus seiner und einen aus ihrer Familie, um zu vermitteln" (Vers 34, Sure 4).

Wie häufig im Arabischen ist die eigentliche Bedeutung des Wortes „daraba" nicht festgelegt. Es kann als „schlagen" übersetzt werden, aber auch als „verlassen", „trennen" oder „über etwas hinwegsehen". So kann dieser Vers auch dahin gehend interpretiert werden, dass, wenn alles nicht hilft, man sich trennt.

Dass Männer und Frauen im Wert ihrer Taten oder auch moralisch betrachtet ohne Unterschied sind, besagt Sure 3, Vers 195: „… Ich werde keine Handlung unbelohnt lassen, die einer von euch begeht, gleichviel ob männlich oder weiblich. Ihr gehört ja als Gläubige zueinander ohne Unterschied des Geschlechts."

Wie aber in diesem Zusammenhang soll man Polygamie sehen, die aus christlicher und westlicher Sicht gern als Symbol für Ungleichbehandlung, wenn nicht sogar für Unterdrückung der Frau steht. Dem Moslem ist es erlaubt, vier Ehefrauen zu haben, der Moslemin umgekehrt aber nicht. Das sagt Koran dazu: „… dann heiratet, was euch an Frauen gut ansteht. Ein jeder zwei, drei oder vier. Wenn ihr aber fürchtet, diese nicht gerecht behandeln zu können, dann nur eine …" (Sure 4, Vers 2). Kurz darauf heißt es aber auch, dass nur Allah es vermag, mehrere Menschen gleichermaßen zu lieben.

Kuwaiterinnen demonstrieren für das Wahlrecht, das ihnen 2006 schließlich zugesprochen wurde.

Die Rolle der Frau im Islam

Die arabische Kultur ist maßgeblich von ihren Männern dominiert.

Die Rolle der Frau im Islam 113

Damit ist für islamische Modernisten der Beweis erbracht, dass Polygamie unislamisch ist. Sie sehen Polygamie im geschichtlichen Zusammenhang, sprich mit Verhältnissen, die einst eher gegeben waren als heute.

Dass es beispielsweise in Kriegszeiten viele Witwen gab und die Gesellschaft verpflichtet war, diese Frauen zu versorgen. So war es durchaus üblich, dass ein Mann die Witwe seines verstorbenen Bruders heiratete, um ihr und den Kindern Schutz und Unterhalt zu bieten. Hätte der Koran ausdrücklich von einer Frau gesprochen, wäre das moralisch nicht möglich gewesen. Man mag über die Gründe spekulieren, aber bis heute fühlt sich manch moslemischer Mann in Gesellschaft einer einzelnen Frau, die nicht die seine ist, ziemlich unwohl, wenn der Ort privat ist. Vielleicht liegt es nur an der arabischen Redensart, die besagt: „Wenn ein Mann und eine Frau alleine zusammen sind, ist immer der Teufel im Bunde".

Auf dem islamischen Modefestival in Kuala Lumpur werden die neuesten Gesichtsschmuckvarianten vorgeführt.

SEXUALITÄT IM ISLAM

Von Muriel Brunswig-Ibrahim

Im Gegensatz zur vorherrschenden Meinung, der Islam sei prüde und sexfeindlich, ist genau das Gegenteil der Fall. Sexualität gilt im Islam als schöpferische Urkraft, ähnlich wie im Hinduismus, aber konträr zum konservativen christlichen Weltbild, in dem Sex allein der Kindererzeugung dienen soll und ansonsten sündhaft ist. Im Islam dient sie vor allem der eigenen Lust und verweist auf die Freuden im Paradies.

In einer islamisch-arabischen Gesellschaft wird strikt zwischen einem Außen- und einem Innenbereich getrennt. Im Außenbereich dominieren Männer, im inneren Bereich die Familie und die Frau-

Prinz Saud Bin Naif Bin Abdulaziz Al Saud besucht den saudi-arabischen Pavillon auf der Expo 2008 in Zaragoza.

en. Sexualität ist ganz eindeutig ein Lebensbereich, der dem Inneren zugeordnet wird. So kommt es häufig vor, dass Frauen unter ihrem Schleier und ihrem Mantel – Abgrenzung des Innen- zum Außenbereich – geradezu aufreizend gekleidet sind. Bei einem Besuch im Ladies Spa oder Hammam ist das gut zu beobachten: Fallen Schleier und Gewand kommen nicht selten sexy Dessous zum Vorschein. Frauen legen dann den Mantel, also den Außenbereich ab und sind wieder unter sich – im Innenbereich.

Sexuelle Freuden außerhalb des Hauses sind allerdings tabu, nur innerhalb der Ehe ist alles möglich. Außerhalb der Ehe ist Sex verboten, „haram", und zwar für beide Partner. Innerhalb ist erlaubt, was gefällt. Was nicht zuletzt auch damit zu tun hat, dass jedes sexuell unbefriedigte Mitglied der Gemeinschaft potenziell der Gefahr der „Fitna" ausgesetzt ist, des Chaos und der Zerstörung der Gemeinschaft.

Der Mann ist verpflichtet, seine Frau sexuell zu befriedigen, denn eine unbefriedigte Frau ist nach Meinung der Männer „gefährlicher als der Satan selbst". Aus diesem Grunde gehört Impotenz des Mannes auch zu den wenigen Gründen, weswegen Scheidungsgesuchen von Frauen selbst nach islamischen Eherecht nachgegangen (und meist auch stattgegeben) wird. Das Recht der Frauen auf Scheidung ist ansonsten sehr eingeschränkt. Denn das Beibehalten oder Auflösen einer Ehe – und somit auch der sexuellen Beziehung – fällt in den Machtbereich der Männer.

*RECHTE SEITE:
Abbildung auf einer Vase in Dubai*

116 Die Rolle der Frau im Islam

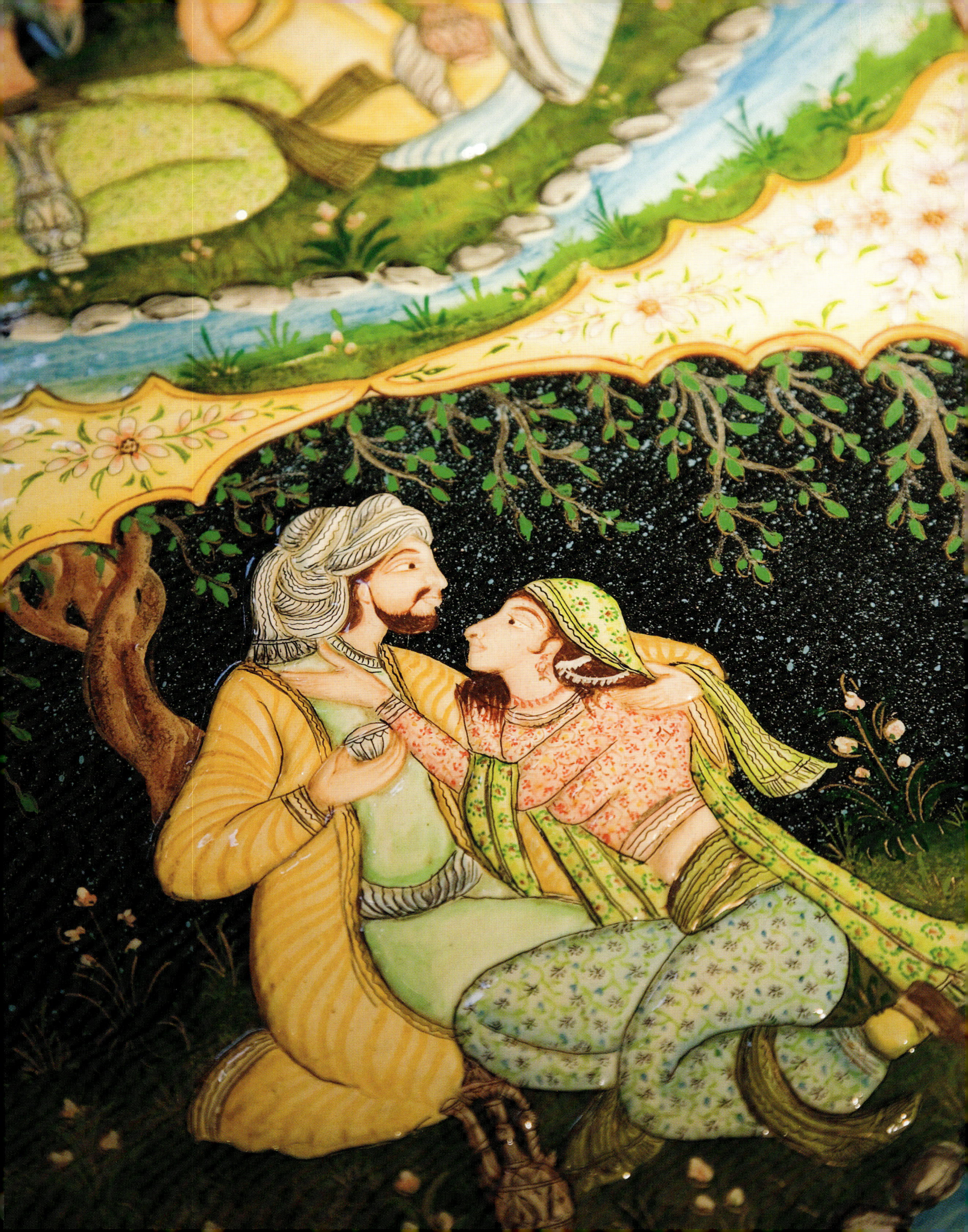

BAHRAIN

DAS LAND

„Zwei Meere" bedeutet die Bezeichnung des Archipels aus 33 Inseln, die Hauptinsel Bahrain ist als Namensgeber darunter mit Abstand die größte. Das salzige Meer schwappt an die Küsten, das „süße" tief unter der Oberfläche im Boden. Das Königreich mit seinen 710 Quadratkilometern Fläche schwimmt also nicht nur im Golf, sondern auch auf einem riesigen Grundwassersee.

Seine Quellen trugen dazu bei, eine 4000-jährige Kulturgeschichte hervorzubringen, die anhand Tausender antiker Gräber zu sehen ist. Der Cocktail von Meer- und Süßwasser bildete den Lebens-

Die golden lackierte Brücke mit der Skyline der Hauptstadt Manama im Hintergrund

raum von Austern, deren Perlen die glanzvollsten an der Golfküste waren. Dank eifriger Vermarktung verhalfen sie dieser Region zu einer weiteren Blüte vom 14. bis zum 16. Jahrhundert. Bahrain mit insgesamt etwa einer Million Einwohnern liegt nördlich von Qatar und östlich von Saudi-Arabien, mit dem es durch den King Fahd-Causeway verbunden ist. Eine Brücke nach Qatar ist geplant. Die Hauptinsel Bahrain mit 578 Quadratkilometern ist ein 30–60 Meter hohes Kalksteinplateau.

Die restlichen größeren Inseln wie Muharraq mit dem internationalen Flughafen, Sitrah, Hawar und Umm Nasan bestehen ebenfalls aus Felsen. Wegen seines Mangels an Stränden fällt es dem Land

In Manama leben etwa 150 000 Menschen. Eines der berühmtesten Gebäude der Stadt ist der NBB-Tower, der Sitz der National Bank of Bahrain.

schwer, westliche Touristen anzulocken, dafür entpuppte es sich dank seiner liberalen Einstellung gegenüber dem Alkohol und der käuflichen Liebe als Vergnügungszentrum arabischer Gäste aus den Nachbarstaaten.

Ein Megaprojekt wird in Zukunft der Strandlosigkeit ein Ende setzen. In „Durrat Al-Bahrain" werden 13 Inseln mit insgesamt 20 Quadratkilometern in Form von Atollen, Fischen und Halbmonden aufgeschüttet und mit all dem versorgt, was ein anspruchsvoller Urlauber braucht: Hotels und Villen, Golfplätze und Freizeitparks, Jachthäfen, Shopping-Malls und dergleichen.

GESCHICHTE

Die Angabe zur Zahl der frühhistorischen Gräber in Bahrain schwankt in wissenschaftlichen Quellen zwischen 85 000 und 300 000. Wahrscheinlich hat noch niemand richtig gezählt. Jedenfalls sind es derart viele, dass Seefahrer im 19. Jahrhundert von der „Insel der Toten" berichteten. Die Grabstätten bedecken etwa 5 % der Landfläche. Bahrains Siedlungsgeschichte geht, wie Funde belegen, 12 000 Jahre zurück. Sicher ist, so haben Archäologen inzwischen bestätigt, dass die Inseln mit dem antiken Reich Dilmun identisch waren, das sich zwischen 2000–1700 v. Chr. über die Ostküste des heutigen Saudi-Arabien und Kuwait erstreckte.

Die Dilmun-Kultur hatte bis 330 v. Chr. Bestand. Schriften der Sumerer, Babylonier und Assyrer berichten davon, dass sie nicht nur großen Anteil am maritimen Handel im Golf hatte, sondern auch an Land sehr aktiv war. Die vielen Gräber, in denen auch Kranke, Verkrüppelte und Kinder nach ihrem Tod mit vielen Beigaben bestattet wurden, lassen auf eine sozial und wirtschaftlich hervorragend durchstrukturierte Gesellschaft schließen.

Bei einem Staatsbesuch des amerikanischen Präsidenten George W. Bush protestieren Schiiten gegen den Krieg im Irak. Sie hissen dabei ein Bild des libanesischen Hisbollah-Führers Nasrallah.

Dies hatte sie nicht zuletzt dem immensen Süßwasserreichtum zu verdanken. Die damaligen Siedler, schätzungsweise um die 10 000, betrieben Oasenwirtschaft mit Dattelpalmen. Sie bauten zudem Getreide an und ernährten sich von Schafen und Fischen. Im Gilgameschepos wird Dilmun als Garten Eden erwähnt. In diesem ältesten Epos der Welt suchte der König der Uruk nach der paradiesischen Insel, die ihm zu Unsterblichkeit verhelfen sollte. Das gelang ihm allerdings nicht. Dilmuns Reichtum basierte zum großen Teil auf dem Kupferhandel mit dem Nachbarland Oman.

Als dieses um 1800 v. Chr. niederging, zerfiel auch das Reich Dilmun und wurde Beute mächtigerer Nachbarstaaten. Um 600 v. Chr. wurde Dilmun vom Babylonischen Reich geschluckt. Im 4. Jahrhundert v. Chr. wurde es ins Persische Reich integriert. 324 v. Chr. landete ein Admiral Alexanders des Großen auf der Insel und nannte sie Tylos. 630 n. Chr. eroberten die Araber die Inseln und brachten den Islam ins Land.

Bis die Portugiesen Bahrain 1515 besetzten, wechselte die Herrschaft über die Inseln von Bagdad über Damaskus nach Persien. 1783 erklärte die arabische Al-Khalifa-Dynastie die Unabhängigkeit

Im Hafen von Al-Murraq liegt ein traditionelles Fischerboot.

OBEN:
Die Schwerindustrie ist vor allen Dingen an der Ostküste der Insel angesiedelt.

von Bahrain. Durch den Schutzvertrag mit den Briten 1820 war es damit wieder vorbei, dennoch bewahrten die Araber ihre innere Autonomie. 1867 wurde der Archipel britisches Protektorat und Mitglied der „Trucial States", die sich bis dahin aus den Scheichtümern der heutigen VAE zusammensetzten. Mit dem Waffenstillstandsvertrag versuchten die Briten ihre Handelsrouten nach Indien gegen Piraten zu schützen.

In den 1930er Jahren brachte die Erdölförderung Bahrains Scheichen unglaubliche Einnahmen, die in der Folge in die Modernisierung des Landes flossen. Der neue Wohlstand kam genau zur richtigen Zeit, denn der Perlenhandel, auf dem die Wirtschaft bis dahin vornehmlich basierte, brach mit dem Aufkommen japanischer Zuchtperlen zusammen. Am 14. August 1971 erklärte Scheich Isa Ibn Sulman Al-Khalifa das Land für unabhängig. Wie auch Qatar schloss es sich nicht den VAE an.

Mit dem langsamen Versiegen der Ölquellen verebbte auch der Wohlstand, was in den 1990er Jahren zu mehreren Aufständen gegen die Obrigkeiten führte. Sie begannen 1994, als der Emir sich weigerte, eine Petition anzunehmen, in der mehr Demokratie gefordert wurde.

RECHTE SEITE:
Bahrainer machen sich ungern die Hände schmutzig. Sie genießen gerne ihren Wohlstand. Das Alte Fort in Manama lädt zum Wandeln ein.

Nach seinem Tod 1999 übernahm sein Sohn Scheich Hamad Ibn Isa Al-Khalifa die Regierungsgeschäfte. Nach einem Referendum über die sogenannte National Action Charter verkündete Sheikh Hamad am 14. Februar 2002 eine neue Verfassung, die die Umwandlung des Emirats in eine Konstitutionelle Monarchie und die Wiedereinsetzung des Parlaments vorsah, welches seit 1975 nicht mehr getagt hatte.

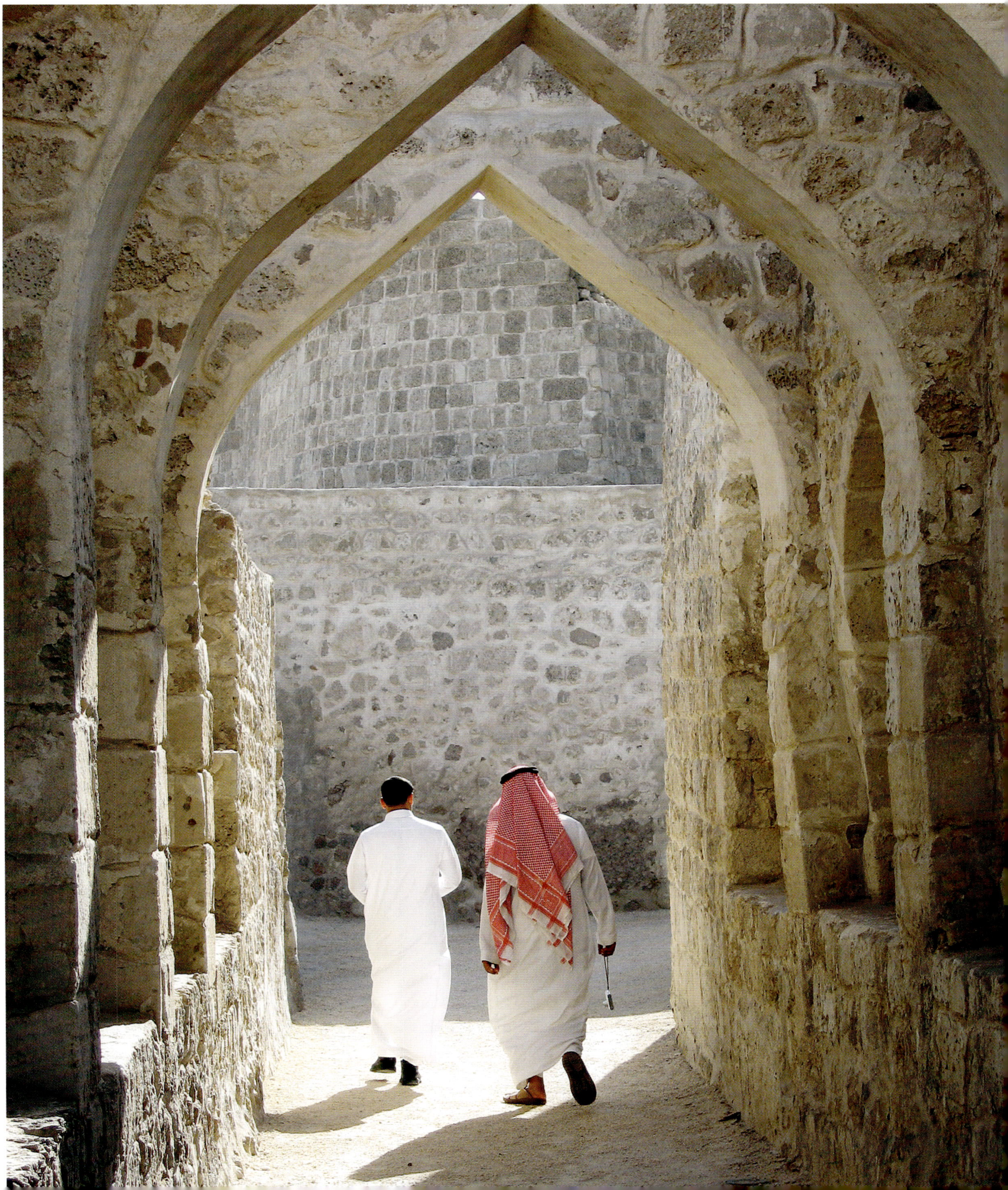

Auch der Besuch der zahlreichen Straßencafés ist obligatorisch für viele Bahrainer.

REGIERUNG

Bahrain ist eine Monarchie mit einem Zwei-Kammer-Parlament, dessen einer Teil gewählt, der andere vom König eingesetzt wird. König ist Scheich Hamad Ibn Isa Al-Khalifa, Premierminister Scheich Khalifa Ibn Salman Al-Khalifa. Offizielle Parteien gibt es nicht, aber politische Gruppierungen. Dennoch hat das Land deutliche demokratische Strukturen mit Wahlrecht für alle Bürger, Meinungs- und fast uneingeschränkter Pressefreiheit (Kritik am Herrscherhaus ist nicht erwünscht) und sogar einen Frauenrat, in dem die Rechte der Frauen gefördert werden.

WIRTSCHAFT

Bahrain hat schon früh begonnen, seine Wirtschaft auf weitere Geschäftszweige auszudehnen, um nicht nach Versiegen der Ölquellen ins Vakuum zu fallen. Momentan stammen nur noch 12 % des Bruttoinlandsprodukts (BIP) aus Öl- und Gasindustrie, machen jedoch 77 % der Staatseinnahmen aus. Etwa zwei Drittel des BIP wird durch Dienstleistung erwirtschaftet. Bahrain hat sich zu einem wichtigen Offshore-Banken-Zentrum entwickelt und wächst sowohl auf dem industriellen als auch dem kommerziellen Sektor.

Die Schwerindustrie ist vor allen Dingen an der Ostküste der Insel angesiedelt. Das Landesinnere ist mit Öl- und Gaspipelines durchzogen. Saddam Husseins Einmarsch in den Irak und der Gegenschlag der US-Truppen von Bahrain aus ließen den internationalen Tourismus weitgehend verebben.

Seit 2004 hat die Einführung des Formel-1-Grand-Prix geholfen, Besucher aus der westlichen Welt und internationale Investoren wieder anzulocken. 2006 wurden sieben Millionen innerarabische Touristen gezählt, ein Großteil aus dem benachbarten Saudi-Arabien, die sich im liberalen Bahrain gern für ein oder zwei Tage in den Luxushotels vergnügen. Megaprojekte wie der neue Bahrain-Financial-Harbour und der künstliche Archipel „Durrat Al-Bahrain" sprechen für den fortwährenden Wohlstand des Königreichs.

BEVÖLKERUNG

Etwa eine Million Menschen leben in Bahrain, die Hälfte davon sind Ausländer. 50 % der Bevölkerung wiederum ist unter 25 Jahre alt, es ist also eine junge Nation. Trotz der urbanen Entwicklung konzentriert sich die Bevölkerung auf das nördliche Drittel der Insel Bahrain mit der Hauptstadt Manama sowie auf das südöstliche Ende der durch einen Damm angeschlossenen Insel Muharraq. Die Bürger Bahrains sind Araber, darunter ein erheblicher Teil mit persischen Vorfahren.

In Manama indes kommt kaum das Gefühl auf, sich in einer Stadt Arabiens zu befinden. Die Geschäfte werden von Indern und Pakistanis betrieben, in Lokalen und Hotels arbeiten Filipinos und

Die Einführung des Formel-1-Grand-Prix hat deutlich dazu beigetragen, Besucher aus der westlichen Welt und internationale Investoren anzulocken.

Ceylonesen und auf den Baustellen vor allem Asiaten. Auch US-Militärs bummeln hin und wieder durch die Shopping-Malls. Sie sind auf dem größten US-Flottenstützpunkt im Golf beschäftigt. Geht man in Büros, findet man nicht selten Chefs aus westlichen Ländern. Bahrainer indes machen sich ungern die Hände schmutzig. Sie genießen gerne ihren Wohlstand in Hotellobbys, Cafés, Einkaufszentren oder beim Cruising in ihren Nobelkarossen.

RELIGION

Die Staatsreligion ist der Islam, der jedoch, wie die Regierung betont, liberal ausgelegt ist. Etwa 70 % der Bahrainer sind schiitische Moslems, was im Gegensatz zu allen anderen Ländern der Arabischen Halbinsel steht, wo überwiegend der sunnitischen Glaubensrichtung des Islams gefolgt wird. Hier sind etwa 25 % der Bevölkerung Sunniten, inklusive der königlichen Familie. Zudem gibt es Christen, Hindus und Juden. Bahrain ist das einzige Land auf der Arabischen Halbinsel mit einer Synagoge.

BILDUNG

Etwa 10 % der Staatseinnahmen werden in die Bildung investiert. 90 % der Schulen sind staatlich. Es besteht allgemeine Schulpflicht. Dennoch sind 11 % der Männer und 17 % der Frauen Analphabeten. Neben der Universität von Bahrain, 1986 aus dem Zusammenschluss zweier Colleges entstanden, gibt es seit 1988 die Arabische Golfuniversität.

In Manama hat man selten das Gefühl, in einer arabischen Stadt zu sein. Die Geschäfte werden vor allem von Indern und Pakistanis betrieben.

Ausgrabungen fördern Gräber zutage, die von der langen Besiedlung der Region zeugen.

Bahrain 129

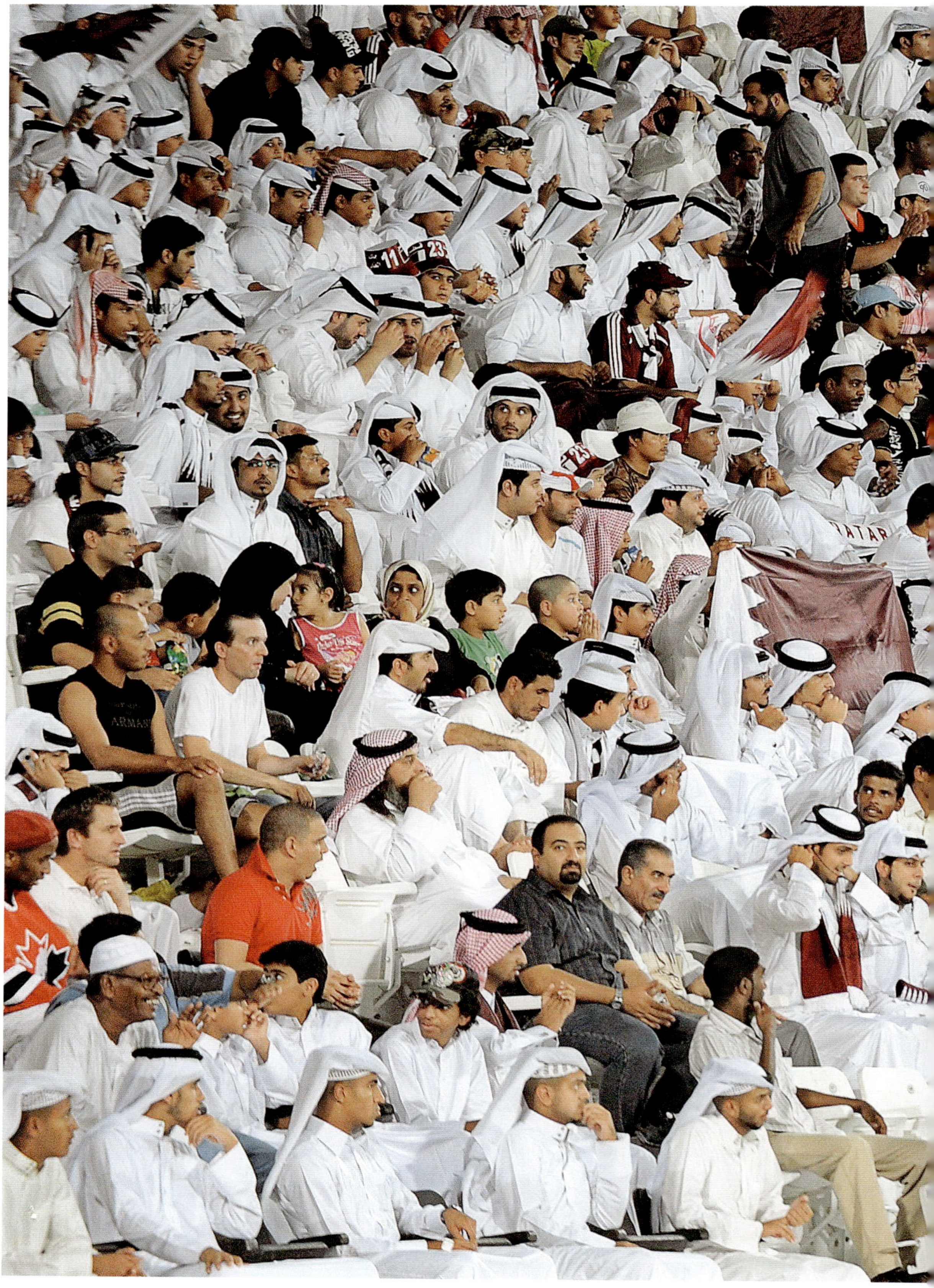

Vor allem der Fußball lockt die sportbegeisterten Bahrainer in die großen Stadien.

Die Staatsreligion Bahrains ist ein liberaler Islam. Etwa 70 % der Bahrainer sind Schiiten, 25 % der Bevölkerung Sunniten. Außerdem gibt es Christen, Hindus und Juden.

Die frühe wirtschaftlicher Entwicklung und die „Bahrainisierung" in den 1980er Jahren – die Förderung von einheimischen Arbeitskräften – eröffnete Frauen größere Freiheiten als denen in den meisten Nachbarländern. Sie müssen weder einer Kleidervorschrift folgen, noch gibt es berufliche Einschränkungen. Weit mehr als die Hälfte der Hochschulabsolventen sind Frauen, und unter Staatsbediensteten macht ihr Anteil etwa 35 % aus.

KUNSTHANDWERK UND KÜNSTE

Seit einiger Zeit ist das Interesse, das künstlerische Erbe des Landes wiederzubeleben, gestiegen. Mehrere kulturelle Zentren wurden eingerichtet, so z. B. das Craft-Centre in Manama, und Workshops wie das Al-Jasra Handicraft-Centre werden ins Leben gerufen, wo vornehmlich Weberei und Töpferei gefördert werden. Für Keramiken steht das Dorf Aali und farbenfrohe wollene Teppiche, Wandbehänge und Kissen werden in Ad-Diraz und Bani Hamrah produziert. In Karbadad ist das Flechten von Körben aus Palmenwedeln eine besondere Spezialität.

Die Insel Muharraq ist für seine Stickerei bekannt. Das Kunsthandwerk, Tatris genannt, wurde von Generation zu Generation weitergereicht und erlebt jetzt eine Renaissance. Darunter sticht besonders die Brokatstickerei (Al-Nagde) hervor, mit der zeremonielle Gewänder geschmückt werden.

Zudem ist die moderne Kunstszene sehr aktiv. Im Bahrain National-Museum finden regelmäßige Ausstellungen einheimischer Künstler statt. Ebenso ist es in Hotels und privaten Galerien. In diesen stellen die Künstler ihre Werke aus, beispielsweise im Rashid Al-Oraifi-Museum auf Muharraq oder in der Muharraq-Galerie in Aali, die die surreale Kunst von Abdullah Al-Muharraqi beherbergt.

SPORT

Die wichtigste Rolle im Land spielt der Fußball. Die Nationalmannschaft hatte es immerhin bis zur WM in Deutschland gebracht. Beliebt sind auch Volleyball, Badminton, Basketball, Cricket und Handball. Und nicht zuletzt die Pferderennen, die im Winterhalbjahr jeden Freitag auf dem Sakhir-Racecourse stattfinden. Seit 2004 dreht beim Großen Preis von Bahrain die Formel 1 ihre Runden.

UMWELT

Bahrain hat große Anstrengungen unternommen, urbanisierte Regionen von Plastikmüll zu befreien. Außerhalb sieht es weniger ordentlich aus. Die Plastikbeutel liegen noch immer in der Gegend herum. Die Straßen von Manama sowie die Landstraßen wurden größtenteils begrünt. Die größten Umweltprobleme indes ergeben sich aus der unkontrollierten Bebauung des Landes, Landaufschüttungen, der Industrialisierung und der Wasserverschmutzung. Zudem sind die natürlichen Quellen aufgrund zu hoher Wasserentnahme mittels elektrischer Pumpen so gut wie versiegt.

Zwar blieben im Disput mit Qatar über die Besitzrechte auf den Hawar-Inseln die Lebensräume von Dugongs, Schildkröten und Zugvögeln unangetastet, aber nach der Lösung des Konflikts lud Bahrain internationale Ölfirmen ein, just dort nach dem Schwarzen Gold zu bohren.

Mitten auf der Hauptinsel liegt der Al-Areen Wildlife Park & Reserve, wo sich Besucher an einheimischer Fauna und Flora erfreuen können. Das durch die intensive Jagd ausgerottete Wild wie die Oryxantilope, Gazellen und Bussarde wurden wieder ausgewildert. Allerdings ist das Schutzgebiet einigen Gefahren ausgesetzt: Die Rennbahn für die Formel 1 wurde nicht weit entfernt angelegt, das Al-Areen „Desert Spa" mit Luxusresort, Wasserpark, Wohn- und Shoppingkomplexen befindet sich direkt daneben. Neben Al-Areen gibt es zwei weitere Schutzgebiete: Die Mangroven in der Tubli-Bucht bei Ras Sanad und jene besagten Hawar-Inseln. Für die Mangroven könnte ein riesiges Wohnprojekt das Aus bedeuten.

MANAMA

Ironischerweise ist der „Schlafplatz", wie der Hauptstadtname übersetzt heißt, weit von einem ebensolchen entfernt: Einkaufen kann man bis in den späten Abend, und Bars und Nachtclubs generieren eine aktive nächtliche Szene und machen Manama zum unter Nachbarstaaten beliebten Vergnügungszentrum.

Die 1345 erstmalig in islamischen Chroniken erwähnte Siedlung dürfte bedeutend älter als dieses Datum sein. 1783 wurde sie Machtzentrum der Al-Khalifa-Sippe, 1958 zum Freihandelshafen und 1971 Hauptstadt von Bahrain. Am nördlichen Ende der Insel wird sie von zwei Küstenhighways vom Meer abgetrennt. Im Diplomatenviertel nahe des Damms nach Muharraq stehen die meisten Luxushotels, während das Geschäftsviertel, einschließlich des bei Tag und Nacht betriebsamen Suk-Viertels am „Bab Al-Bahrain", südwestlich davon liegt. Die neuen Shopping-Malls wurden außerhalb des Zentrums angelegt, vor allem in Al-Seef.

1945 von Sir Charles Belgrave entworfen, 1986 mit arabischen Stilelementen versehen, beherbergt das lang gestreckte Torhaus des Bab Al-Bahrain jetzt das Fremdenverkehrsamt und einen Souvenirshop. Autos, Arbeiter, fliegende Händler und Touristen, die das Tor einem fließendem Strom gleich durchqueren, machen es zum Herzen von Manama.

Nicht weit entfernt erhebt sich die „Friday Mosque" mit ihrem farbenfrohen Minarett. Benachbart ist das „Museum of Pearl Diving" im ehemaligen Justizpalast von 1937 mit seiner interessanten Sammlung zu historischem Perlenhandel und Seefahrt. Die größte Touristenattraktion ist das Nationalmuseum an der Küste, wo nicht nur archäologische Funde von Dilmun ausgestellt sind, sondern auch eine Sammlung zum Thema Perlenfischerei und im ersten Stock zur modernen Volks- und Multikultur des Landes.

Der Bau des 260 m hohen Turms des Bahrain Financial Harbour begann 2007 und kostete etwa 1,5 Milliarden US-Dollar.

FOLGENDE DOPPELSEITE:
Sand so weit das Auge reicht

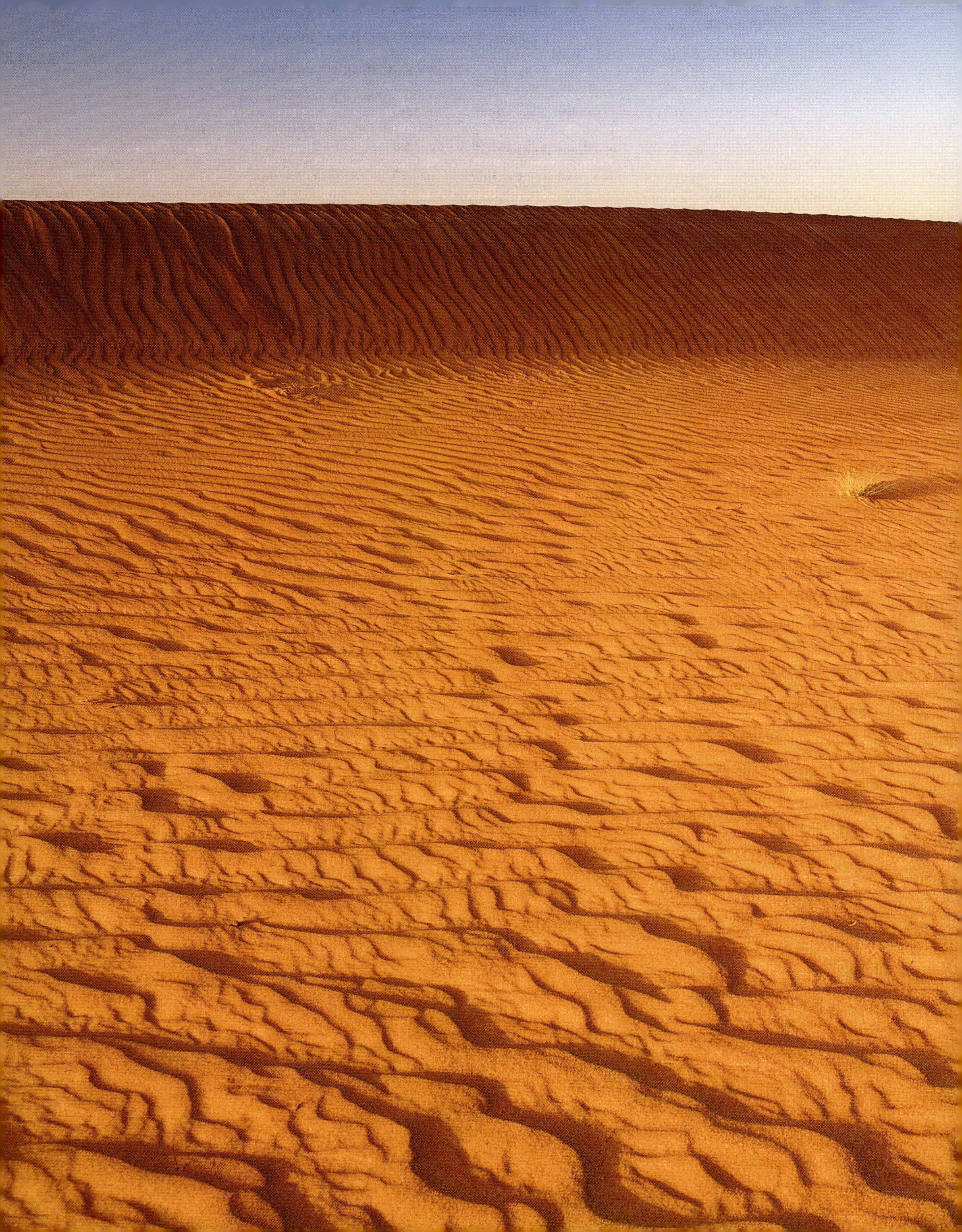

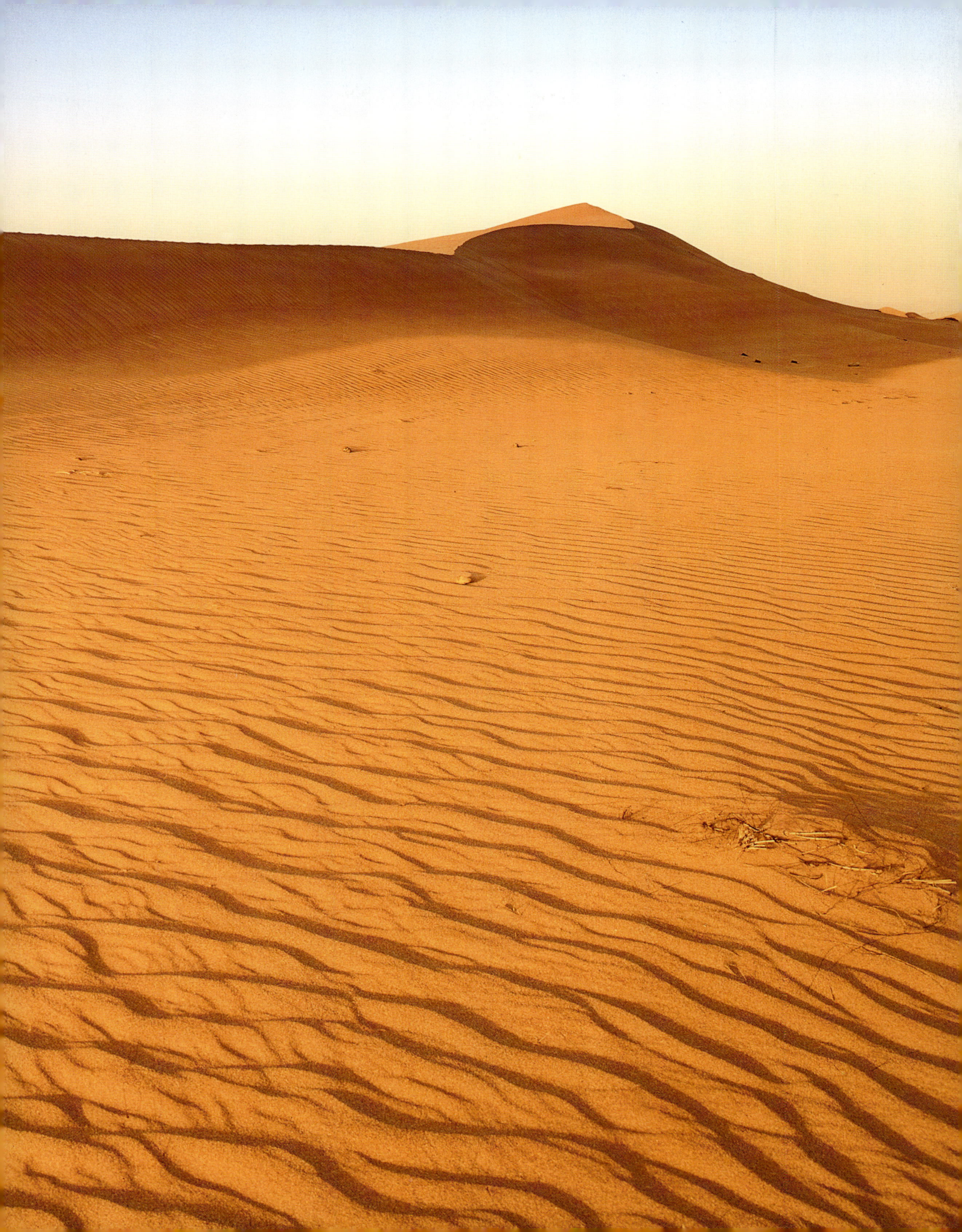

138 Der Jemen

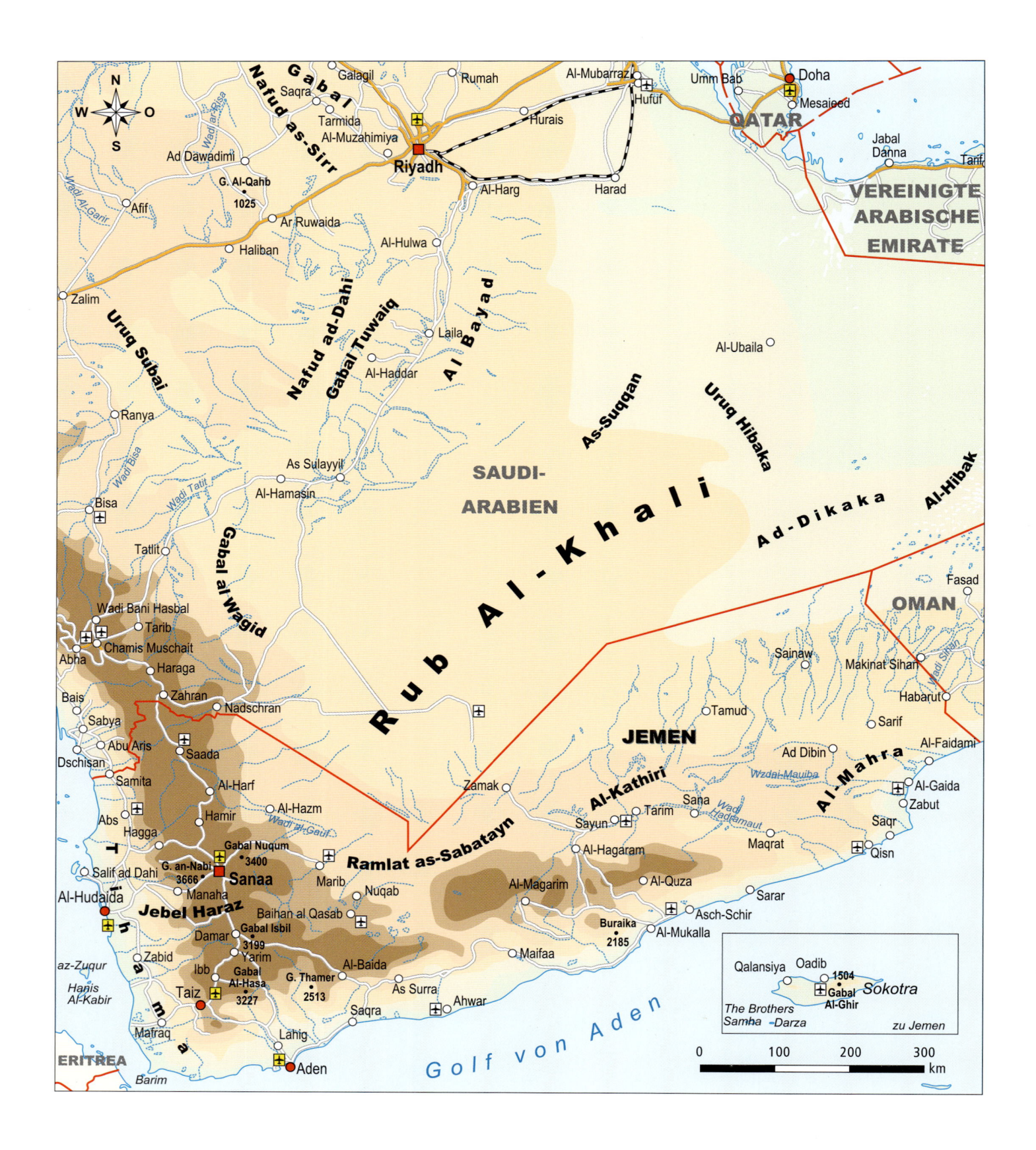

DER JEMEN

DAS LAND

Jemeniten erzählen gern die Geschichte, wie dieser Tage Gott seine Welt in Augenschein nimmt. Zuerst blickt er auf London. „Ist nicht mehr das, was ich einst erschaffen habe", grübelt er. Dann schaut er nach Ägypten. „Ganz schöner Unterschied zwischen damals und heute." Schließlich war Jemen dran. „Ja, das erkenne ich", freut er sich. „Das Land hat sich nicht verändert."

Ganz Recht hat er freilich nicht. Offensichtlich sind ihm die in Tausenden Jahren von Menschen geschaffenen Terrassen entgangen, die sich wie ein Patchwork-Mantel über Berghänge und Hochland ausbreiten. Sie sprechen von intensiver landwirtschaftlicher Nutzung, deuten darauf hin, dass es genügend Wasser geben muss und dass die Jemeniten eine alte Technik der Bewässerung kennen.

Kunstvoll angelegte Terrassen im Norden des Landes

Denn die Modernisierung des Landes steckt noch tief in den Kinderschuhen. Biblisches Alter hat Jemens Kultur, die Erdgeschichte des Landes indes reicht in die Zeit der Kontinentalverschiebungen zurück. Jemens Berge gehören geologisch zu Afrika. Es sind riesige Ergüsse einer intensiven vulkanischen Periode vor 450 Millionen Jahren. Dinosaurier waren vor etwa 150 Millionen Jahren in der Region unterwegs. Ihre Spuren hat man gerade gefunden.

Vor etwa 35 Millionen Jahren begann sich der Große Afrikanische Grabenbruch, das Rift Valley, zu formen. Ein Prozess, bei dem tektonische Platten auseinanderdrifteten, sich hoben und aufstülpten.

Die Kulturlandschaft im Landesinnern ist von wilder Natur umgeben.

Asien spaltete sich im Laufe der Zeit ab, Jemen entzog sich dem Horn von Afrika. Dieser Prozess dauert an. Die Formung des Roten Meeres mit seiner Öffnung zum Indischen Ozean, Bab Al-Mandab genannt, ist Teil der kontinuierlichen Bewegungen der afroasiatischen Kontinentalplatten. Das beweisen Erschütterungen und hin und wieder ein Erdbeben. Oberirdisch lassen sich die früheren tektonischen Aktivitäten anhand unterschiedlicher Gesteinsschichten ablesen.

Diese Bewegungen im südlichen Arabien, also der Hub, die Wölbung sowie Auf- bzw. Abbrüche der Erdkruste erklären Jemens Topografie. Sie schufen die Küstenebene Tihama, die sich aus dem

Roten Meer erhebt, und die fast senkrechten Abbruchkanten 25–30 km landeinwärts. Das Gebirge verläuft parallel zum Meer.

In seinen Ausläufern verstecken sich zahlreiche heiße Quellen, Beweis für stetige Aktivität tief in der Erde. Von den Gipfeln der Steilhänge, gekrönt von Jemens höchstem Berg Jebel Nabi Shueib (3700 m), fällt das Land gen Osten sanft in die Hochebenen ab, von Nord nach Süd in Wellen. Kleine Kegel darauf belegen einstige vulkanische Tätigkeit. Zwischen erkalteten Lavaströmen leuchten in der Vegetationsperiode erfrischend grüne Felder. Hier werden Getreide, Reben und der Kathstrauch angebaut. Die vulkanische Erde ist fruchtbar, künstliche Bewässerung trägt zu guter Ernte bei.

Das größte Hochtal, parallel zum südlichen Randgebirge, ist das Wadi Hadramaut. Jenseits der Berge hinter dem Sumarah-Pass liegen die landwirtschaftlich ertragreichsten Gebiete des Jemen, bewässert von den Niederschlägen des Monsuns.

Jahrhunderte alte „Hochhäuser" bestimmen das Bild von Shibam im Hadramaut.

Gen Norden neigt sich das Hochland zum Gebirgszug Sarat, bevor es in die trockene Ebene abfällt. Sie grenzt an das Becken der arabischen Sandwüste Rub Al Khali. Seine Ausläufer im Jemen werden Ramlat as-Sabatayn bzw. Sayhad Sands genannt. Hier befinden sich die Ölfelder des Landes.

Niederschläge haben über Jahrmillionen unzählige Wadis in Berge und Hochplateaus gegraben. Sie bewässerten einst das Land antiker Königreiche in der Trockenzone, bevor sie im Sand der Wüste versickerten. Diese wohlhabenden Kulturen des alten Arabien erblühten im letzten Jahrtausend v. Chr. Ihr Wohlstand basierte einerseits auf Ackerbau, andererseits auf dem Handel mit Wasser und landwirtschaftlichen Produkten. Zudem mussten die großen Kamelkarawanen, die die Region durchzogen, Zölle zahlen. Dies war ebenfalls eine ergiebige Quelle guter Einkünfte.

Die Karawanen waren mit Gewürzen aus Indien und mit Weihrauch und Myrrhe aus dem heutigen Oman beladen, also mit begehrten Produkten bei den östlichen und nördlichen Völkern Afrikas,

Karawanen mit Gewürzen begründeten den frühen Wohlstand Arabiens.

Junge Kamele auf einer Kamelfarm

Vorderasiens und im Mittelmeerraum. Nicht ohne Grund sprachen die Römer von „Arabia Felix" (glücklich, erfolgreich, fruchtbar), wenn sie diese Ecke der Arabischen Halbinsel meinten.

Der größte vulkanische Landstrich liegt im Süden Jemens. Riesige Lavafelder und dunkle Felsenberge bestimmen das Bild. Sie behinderten die Kommunikation zwischen Siedlungen und Sippen und isolierten sie, was bis in die heutige Zeit zu stetigen Kämpfen um die mageren Ressourcen führt. Die Wirtschaftsmetropole Aden mit einem der besten Naturhäfen der Welt, bis 1990 Hauptstadt der Volksrepublik Südjemen, sitzt sozusagen auf einem Kraterrand. Er ist Relikt der gleichen geologischen Aktivitäten, die auch den Archipel Sokotra entstehen ließen. Er erstreckt sich 400 Kilometer östlich vor der Küste im Golf von Aden.

ARCHIPEL SOKOTRA

Die Inselgruppe, die im wilden Durcheinander tektonischer Tätigkeit und geologischer Verschiebungen entstanden war, erfreut sich einer reichen Mythologie. Hier, so heißt es, suchte der sumerische Held Gilgamesch im dritten Jahrtausend v. Chr. nach der Quelle des ewigen Lebens. Auch unter alten Ägyptern und Griechen kursierten sagenhafte Märchen über das abgelegene Fleckchen Erde, wo sich im Laufe der Erdgeschichte eine einzigartige Fauna und Flora entwickelte, die bis heute überlebte.

RECHTE SEITE:
Traumhafter Inselarchipel: Sokotra

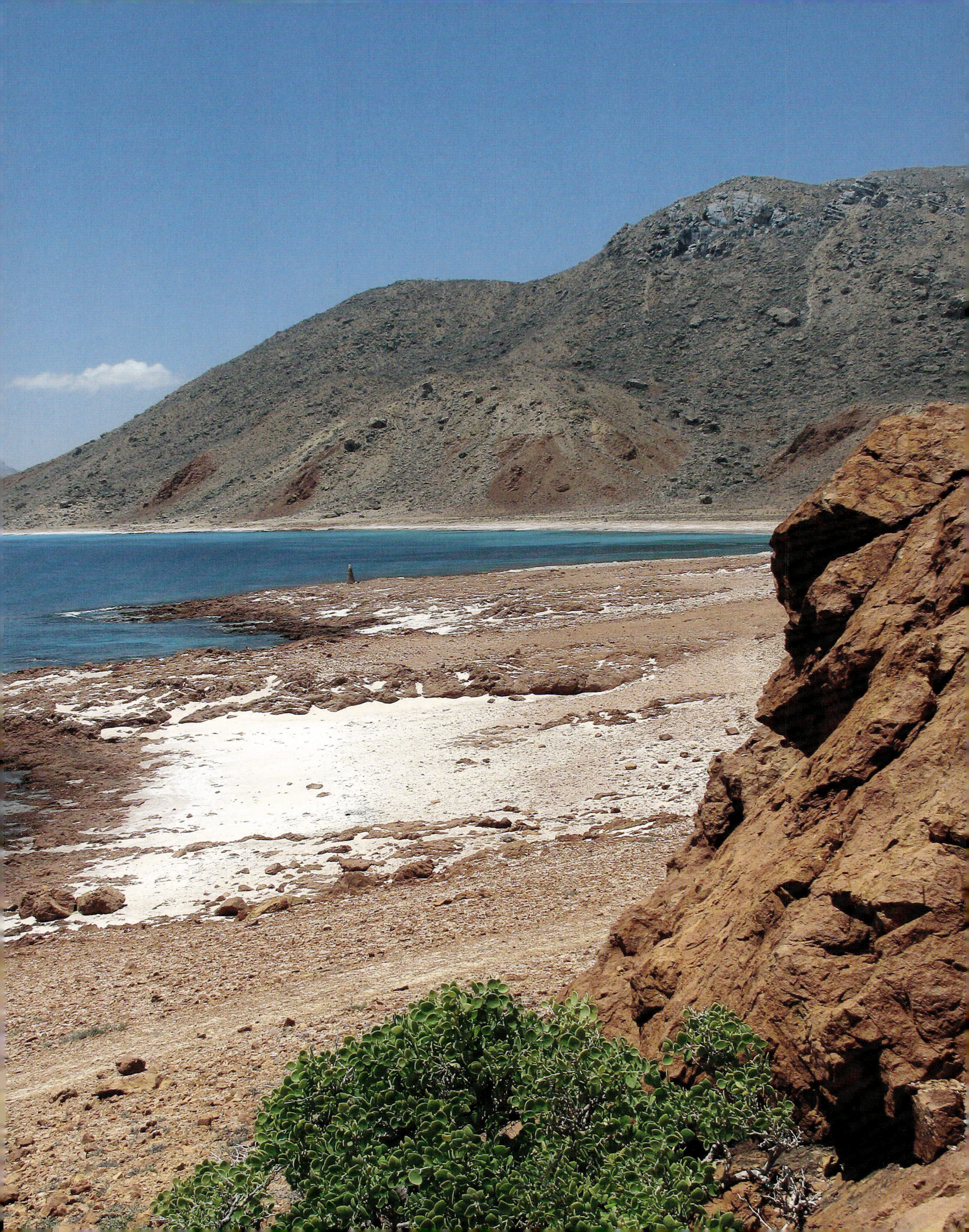

Der Sokotra-Archipel liegt am Rande des Indischen Ozeans.

Der Archipel am Rande des bis zu 5000 m tiefen Golf von Aden war früher wegen seines Süßwasserreichtums ein beliebter Stützpunkt europäischer Seefahrer. Jetzt liegt es eher abseits der Seerouten, wird allerdings vom Festland aus angeflogen. Die Gruppe besteht aus vier Inseln: Die größte heißt Sokotra, die anderen Abd Al-Kuri, Samha und Darsa. Einige Felsen in der Umgebung sind wichtige Brutgebiete von Seevögeln, die im fischreichen Meer viel Nahrung finden. Die etwa 50 000 Einwohner leben größtenteils von Fischfang und Weidewirtschaft. In Zukunft sollen Touristen Devisen bringen.

Während des Monsuns sind die drei kleineren Inseln von der Außenwelt abgeschnitten. Das Verwaltungszentrum Hadibou liegt auf Sokotra und besitzt ein Krankenhaus, eine Schule und ein Hotel. Der zweite größere Ort, Qalansiyah, mit einem schönen Strand liegt in der westlichen Küstenebene. Durchsetzt mit Kalksteinklippen umschließt sie die Insel komplett. Im Inselinneren wird sie von einem Kalksteinplateau begrenzt. Porös und ohne natürliche Wasserressourcen können Pflanzen nur nach einer guten Regenzeit wachsen. Den Kern der Insel bildet ein bis zu 1500 m hohes zerklüftetes Granitgebirge. Es dient in den Monsunmonaten als Auffangbecken für Regen und Wasserreservoir.

Die Inseln formten einst einen Teil des legendären Gondwana, wissenschaftlich Pangäa genannt, bevor sie sich vor 60 Millionen Jahren von Afrika, Arabien und Indien abspalteten. Ihre Isolation erklärt die Vielfalt und Einzigartigkeit von Fauna und Flora. Von etwa 900 Pflanzenarten sind mehr als ein Drittel endemisch, also nur hier beheimatet. Sie sind Überlebenskünstler einer Urflora, die auf dem afrikanischen und arabischen Festland längst verschwunden ist.

Die berühmteste Pflanze ist Dracaena cinnabari, ein Drachenblutbaum aus dem Tertiär, das vor 65 Millionen Jahren begann. Sein Harz fand, nachdem sich wahrscheinlich vor etwa 2000 Jahren Menschen auf der Insel angesiedelt hatten, vielfache Verwendung. Getrocknet und als Pulver zerrieben wird es in der traditionellen Medizin für Augen-, Haut- und Darmkrankheiten und als blutstillendes und keimtötendes Mittel genutzt. Es wurde aber auch in Lacken und Lasuren benutzt, angeblich sogar von Stradivari für seine Geigen. Raubtiere und giftige Schlangen gibt hier nicht. Von den 200 Vogelarten, die bislang identifiziert wurden, sind sechs endemisch. Am häufigsten zu beobachten sind Schmutzgeier. Sie bilden auf diesem Archipel die größte Population im Nahen Osten.

Unter Einheimischen sind Fledermäuse bzw. ihre Ausscheidungen, die als Dünger in den kleinen Gärten zum Einsatz kommen, höchst beliebt. Fast alle hundert vorkommenden Weichtierarten – terrestrische und amphibische – sind endemisch. Abgesehen von der Schwarzen Witwe, der Wolfsspinne, dem Tausendfüßler und den Skorpionen, die Menschen böse Wunden zufügen können, sind alle anderen Mitglieder der Inselfauna harmlos.

Das Harz des Drachenblutbaums wird seit Urzeiten vom Menschen für alle möglichen Zwecke genutzt.

GESCHICHTE JEMENS

Südwestarabien

Jemens Kulturgeschichte beeinflusste nicht nur die des gesamten alten Arabien, sondern auch die der antiken Welt am Mittelmeer, den Vorderen sowie Mittleren Orient sowie den indischen Subkontinent. Genealogische Verbindungen reichen bis in die heutige Zeit hinein. Beispielsweise von einem antiken südarabischen Gemeinwesen in Marib zur heutigen Al Nahyan-Dynastie in Abu Dhabi. Diese wurde bekannt, als Sheikh Zayed Al Nahyan, bis zu seinem Tod 2004 Präsident der VAE, den Neubau des Marib-Damms am Rande der Sayhad Sands finanzierte.

14 Jahrhunderte vorher war er nach reißenden Springfluten gebrochen. In der Folge verödete das Land entlang des Wadis. Die Sippen, die von der vormals blühenden Landwirtschaft gut leben konnten, zerstreuten sich bis auf wenige in alle Winde. Ein Teil zog als Nomaden durch die Wüste und wählte die wasserreichen Liwa-Oasen im Rub Al-Khali als neue Heimat.

Darunter der Bedu-Stamm Bani Yas, aus dem sich viele Generationen später die Al Nahyan-Dynastie entwickelte. Es gehört zur Bedu-Tradition, den Ursprung des Clans durch die Erinnerung zu bewahren. Dies tat auch Scheich Zayed, der in den 1980er Jahren 90 Millionen Dollar für die Anlage eines neuen Wasserreservoirs spendete, um heutigen Marib-Bauern einen ertragreichen Ackerbau zu ermöglichen.

Wasser, die Technik, es zu bewahren, und das Wissen, es im richtigen Moment für Landwirtschaft nutzbringend einzusetzen, war jahrtausendelang die treibende Kraft in den Reichen Südarabiens. Klimatische Veränderungen und die Ausbreitung der Wüsten kündigten sich im 3. Jahrtausend v. Chr. an. Ausgrabungen beweisen allerdings, dass bereits vor 700 000 Jahren Menschen im einst wasserreichen Hadramaut lebten.

Das Chamäleon ist einer der typischen Bewohner der kargen Landschaft.

Eine Reihe eigentümlicher Pflanzen, die bestens an die extremen Witterungsbedingungen angepasst sind, besiedelt die Küsten Jemens.

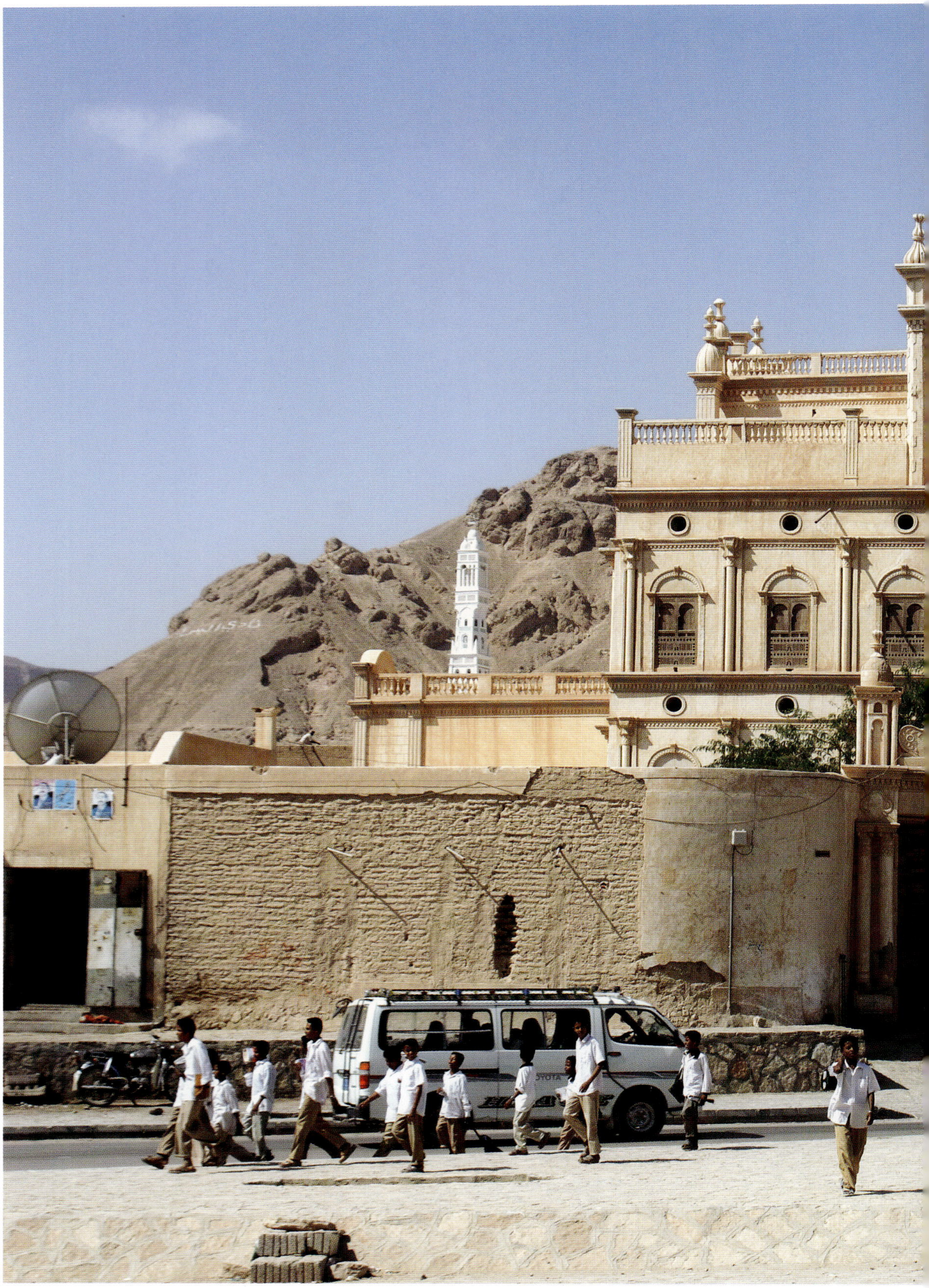

Der Palast der Familie Al-Kaff in Tarim liegt inmitten der Berge des Hadramaut versteckt. Von hier hat man einen wunderbaren Blick über die Stadt.

6000 Jahre alte Funde belegen zumindest eine teilweise Sesshaftigkeit von Menschen mit zarten Anfängen von Ackerbau und Viehzucht. Genaues ist nicht bekannt. Das komplexe Bewässerungssystem, von dem man inzwischen Spuren im Hadramaut und weiter westlich in Bayhan offenlegte, spricht dafür, dass sich bei der zunehmenden Verwüstung des Landes Gemeinwesen entwickelten, die eine Bewässerung organisieren konnten.

Das Eindringen semitischer Völker vom Norden, die sich mit der lokalen Bevölkerung mischten, begann wahrscheinlich im späten 2. Jahrtausend. Unter ihnen befanden sich Sabäer, Minäer, Katabaner und Himjaren; Namen, die ihnen erst im 1. Jahrhundert vom griechischen Geschichtsschreiber und Geografen Strabon (römisch Strabo) gegen wurden. Die Sabäer brachten eine ausgefeilte Steinmetztechnik mit, wodurch sie vorhandene Bewässerungsanlagen verbessern konnten. Damit legten sie die Basis zu den hoch entwickelten Kulturen, die in Südarabien entstanden.

Bekannt als sayhadische Königreiche, etablierten sich diese am Rande der Sandwüste Ramlat as-Sabatayn in Al-Sayhad. Die älteste sabäische Inschrift, eine Art Kriegstagebuch, 2006 von deutschen Archäologen in Sirwah gefunden, wird auf das Jahr 715 v. Chr. datiert.

Als erstes der vier oben genannten wurde das Reich Saba im Alten Testament erwähnt. Seine berühmte Königin indes, die etwa im 10. Jahrhundert v. Chr. König Salomon in Jerusalem besucht und

In Marib, der antiken Hauptstadt des Reiches von Saba, stehen heute noch die Ruinen des Mondtempels.

mit ihm einen Sohn gezeugt haben soll, bleibt bislang biblische Mythologie. Die beiden wichtigsten Zentren der Sabäer waren Sirwah und Marib. Plinius der Ältere beschrieb sie als prachtvolle Städte. Steininschriften belegen eine Folge von Königen, die Städte, Tempel und Dämme bauten. Zwei dem Mondgott geweihte Tempel – Almaqah und Awam – wurden bereits in Marib ausgegraben.

Überreste des Großen Damms bzw. des Wasserverteilungssystems mit komplexen Schleusen und Überlaufkanälen beweisen die technischen Fertigkeiten und Fähigkeiten des damaligen Volkes. Mit seiner Hilfe wurden Wasser und fruchtbare Erde auf Äcker beiderseits des Wadis geleitet. Man schätzt, dass die bewässerte Fläche etwa 100 Quadratkilometer groß war. Diese Anlage, die die trockene Ebene in fruchtbare Gärten verwandelte, funktionierte mindestens 1500 Jahre lang. Wahrscheinlich waren es auch die Sabäer, die das Kamel als Lastenträger gezähmt hatten, war es doch das einzige Tier, das lange Wüstenstrecken meistern konnte, ohne an Wassermangel zugrunde zu gehen.

Entlang der Karawanenroute von der südarabischen Küste hinauf ins Bergland und weiter nach Norden entstanden dank des Kamels nicht nur ausgetretenen Handelswege, sondern auch Stützpunkte und Dörfer und schließlich Zusammenschlüsse der zum Schutz der Karawanenrouten unterhaltenen Siedlungen. Die Sabäer machten sich jedoch nicht nur das Kamel nutzbar, sondern erkannten auch früh das Geheimnis der Monsunwinde, das ihnen maritime Handelswege nach Indien und in den Fernen Osten erschloss. Über Südarabien gelangten Gewürze in den Mittelmeerraum, aber auch Textilien, Edelsteine, Öle, Felle und Getreide, die zusammen mit Weihrauch und Myrrhe aus eigener Erzeugung weiterverkauft wurden.

Die Bogenbrücke aus dem 17. Jahrhundert ist das Wahrzeichen des Ortes Shihara.

Weitgehend mysteriös bleibt das Königreich Main. Heute ist es als Al-Jawf in einer Senke nordwestlich von Marib bekannt. Anfangs waren sie ausschließlich von der Landwirtschaft abhängig, später legten sich die Minäer langsam, aber sicher große Reichtümer aus dem Umschlag mit Handelskarawanen zu.

Nachdem sie im 5. Jahrhundert v. Chr. von Saba unabhängig geworden waren, handelten die Minäer mit Duftkräutern und Gewürzen, die hauptsächlich aus Indien stammten, aber auch mit Weihrauch und Myrrhe aus Südarabien und Afrika. Die wohlriechenden Ingredienzen wurden vornehmlich von Ägyptern und griechisch-römischen Völkern für religiöse Rituale gekauft.

Die Minäer gründete eine Kolonie im Nordwesten Arabiens, um die Weihrauchroute zu beschützen. Inschriften beweisen, dass sie Handelsbeziehungen mit Gaza, Ägypten und den Phöniziern hatten. Bestes Beispiel minäischer Architektur ist Baraqish, früher Yathull genannt. Seine Mauern sind schon von weitem erkennbar. Acht Meter hoch mit 57 Bastionen aus fein gemeißeltem Mauerwerk erheben sie sich aus der Geröllwüste. Inschriften im Stein berichten von Königen, die sie in Auftrag gegeben hatten.

Das Reich Kataban befreite sich etwa im 4. Jahrhundert v. Chr. von sabäischer Hegemonie und weitete sich von Timna in Bayhan bis zum Indischen Ozean im Süden aus. Die Hauptstadt Timna, die

In der Festungsstadt Thula aus dem 16. Jahrhundert recken sich die Zeugnisse der alten jemenitischen Steinarchitektur in den Himmel.

Die weißen Gebäude setzen sich deutlich vor dem blauen Himmel ab.

In den Bergen braut sich zuweilen ein Unwetter zusammen.

heute Hajar Kuhlan heißt, lag am nördlichen Ende des Wadi Bayhan. Bei Ausgrabungen wurden Schutzmauern, Tempel, Wohnhäuser und Schrifttafeln mit kommerziellen und politischen Regeln gefunden.

Das breite Wadi Mayfaah trennte das Reich Kataban von dem der Hadramauts, welches sich über den Gebirgszug hinweg bis zur Küste bei Qana erstreckte. Der britische Seefahrer Leutnant Wellsted fand dort 1835 die erste südarabische Inschrift. Neben der teilweise ausgegrabenen Stadt erhebt sich ein Kegel aus schwarzem Fels, Husna Al-Gurab oder Palast der Krähen genannt, mit der vorislamischen Befestigungsanlage Urr Mawaiyat obendrauf.

Qana war Hafen des antiken Hadramaut und wichtigster Umschlagplatz für Weihrauch und Myrrhe. Dort wurden Kamelkarawanen beladen, die landeinwärts über Mayfaah nach Timna oder Shabwah zogen. Letzeres, am westlichen Ende von Wadi Hadramaut, war das Zentrum des Reichs. Hier ist heute nicht mehr viel zu sehen. Die Bewohner zogen fort, ihre Häuser verfielen, wurden zerstört, die alten Steine anderweitig verarbeitet. Lediglich der kleine Burayki-Schrein mit weißem Dom besitzt eine Inschrift über der Tür, die einen König des Hadramaut erwähnt. Der Rest sind Ruinenmauern, die aus dem Sand und dem Geröll herausragen. Die größte Anlage, wahrscheinlich ein befestigter Palast, schreibt man König Shaqr zu.

Die Türen sind zum Teil sehr kunstvoll verziert.

Der Jemen 157

158 Der Jemen

Diese Siedlung fällt vor den Felsen im Hintergrund fast nicht auf, nur die bunt verzierten Fenster weisen auf die Bewohner hin.

Der Jemen 159

Traditionell findet ein Großteil des Lebens auf der Straße statt.

Abgesehen von Ausgrabungen in der heutigen Zeit stammt vieles von dem, was über Handelswege und Güter bekannt ist, aus griechischen und römischen Schriften. Doch bereits Strabo schrieb im 1. Jahrhundert, man sollte die Aufzeichnungen mit Vorsicht genießen, „weil es (Südarabien) weit weg von uns liegt und nur wenige unserer Leute es mit eigenen Augen gesehen haben". Beobachtungen wurden mündlich tradiert.

Darauf basieren wohl auch Auszüge aus der „Naturgeschichte" von Plinius dem Älteren. Er schrieb beispielsweise, dass nur bestimmte Priesterfamilien der Hadramauts die Weihrauchsträucher zweimal im Jahr „melken" durften. Diese Sippen galten als heilig und durften während Ernte und Verarbeitung des Harzes weder Sex haben noch in Berührung mit Toten kommen. Er beschrieb auch Shabwah als Stadt mit mindestens 60 Tempeln. Diese entpuppten sich bei Ausgrabungen größtenteils als riesige Sturäume, in denen Duftharze und Aromastoffe gelagert wurden. Einmal im Jahr zogen riesige Kamelkarawanen, wohl um tausend Tiere groß, von Shabwah aus am Rande der Sandwüste entlang – wahrscheinlich über Timna, Marib und Yathull nordwärts ins Reich der Nabatäer nach Petra und letztendlich nach Gaza. Die circa 2500 km lange Tour, dauerte, wenn alles gut ging, etwa 150 Tage.

Etwa 100 Jahre vor unserer Zeitrechnung begann das aus der zentralen Hochebene stammende Volk der Himjaren Chaos in die Region und die Handelsrouten zu bringen. Sie hatten sich vom Reich Kataban gelöst und ein eigenes Reich mit der Hauptstadt Zafar gegründet. Abseits der Karawanenrouten gelegen, versuchten sie an der Küste Fuß zu fassen und den Seehandel unter ihre Kontrolle zu bringen.

Etwa um 200 n. Chr. bedrohten sie die reiche landwirtschaftliche Basis der Sabäer und schwächten so die gesamte ökonomische Struktur des Königreiches. 260 hatten sie Saba erobert, 340 Hadramaut und damit den gesamten Südwesten der Arabischen Halbinsel. Längst waren neue Handelswege durch das Hochland entstanden, die von Garnisonsorten wie Sanaa und Saada bewacht wurden. Die Veränderungen hatten indes wenig Einfluss auf die traditionelle Karawanenroute. Shabwah blieb bis zu seiner endgültigen Zerstörung durch die Himjaren eine reiche Handelsstadt. Anschließend geriet es im Laufe der Zeit in Vergessenheit, bis es zum Ende des 20. Jahrhunderts wieder ausgegraben wurde.

Fast 50 % der jemenitischen Bevölkerung ist jünger als 15 Jahre alt.

Während arabische Duftharze weiterhin über Land ihr Ziel erreichten, wurde der Transport von indischen Waren nach und nach auf das Meer verlagert. Der Niedergang des Karawanenhandels über die Arabische Halbinsel war vorprogrammiert. Das Wissen um die Monsunwinde ließ den Transport zur afrikanischen Küste des Roten Meeres zu. Von dort aus wurde die Fracht durch die Wüste zum Nil gebracht, nach Alexandria und weiter ins Mittelmeer verschifft. Sowohl der langsame Niedergang der Handelswege über Land, als auch Kriege zwischen den südwestarabischen Reichen infolge der Ausbreitung der Himjaren unterhöhlte den Wohlstand der Völker. Auch das reiche Marib an der Weihrauchroute verlor nach und nach an Bedeutung.

Die Unterhaltung des grandiosen Bewässerungssystems sorgte allerdings bis zum 6. Jahrhundert für gute Handelsumsätze. Erst infolge des Dammbruchs und Verödung der einst blühenden Landwirtschaft verarmten die Bewohner und wanderten aus. Der Duft von aromatischen Harzen, Gewürzen und Kräutern, so darf man behaupten, zog weiterhin durch ganz Arabien. Bis heute gibt es kaum einen einheimischen Haushalt, in dem es nicht angenehm riecht. Internationale Parfümmarken mögen sich die arabische Gesellschaft erobert haben. Viele Ingredienzen, die darin verarbeitet werden, sind jedoch noch immer auf den traditionellen Gewürzmärkten zu finden, egal ob in Jemen, Oman oder in den VAE.

In den folgenden 1000 Jahren nach der Islamisierung ab Mitte des 7. Jahrhunderts stand das Land fast ausschließlich unter der Kontrolle von islamischen Führern, die ihren Regierungssitz in Damaskus, Bagdad, Kairo und Istanbul hatten. Als einheimische Regenten konnten sich lediglich die Zaiditen im nördlichen Jemen behaupten.

Die Gebirge Jemens erheben sich an vielen Stellen über mehr als 3000 m. So wundert es denn nicht, wenn man die Wolken von oben betrachten kann.

Hochland

Für heutige Jemeniten gilt die Herrschaft der Himjaren als wichtigster Abschnitt ihrer Frühgeschichte, immerhin entwickelte sich unter ihrer Regentschaft Sanaa als politisches Machtzentrum. Ihre erste Hauptstadt war allerdings Zafar in 3000 m Höhe. Viel ist von dem erstmals 25 v. Chr. erwähnten Ort nicht übrig geblieben, heute ist es hier still. Allerdings zeugen die über Kanäle bewässerten Terrassenfelder von emsiger Landarbeit. Alte Chroniken beschreiben eine prächtige Stadt mit neun Stadttoren und berichten von 80 Stauseen, die die Hochebene bewässert haben sollen.

Unterhalb heutiger Häuser sind Höhlen an den Hängen des Hügels verborgen. Sie dienten in der Antike als Wohnung, Vorratskammer, Werkstatt oder Grab. Sehenswert ist auch der in den Fels geschlagene ehemalige Pferdestall. Zwischen den Grotten verlaufen Treppen und Pfade. Sie gehörten zum Wegenetz der einstigen himjarischen Hauptstadt.

Die Himjaren nutzten in den beiden letzten Jahrhunderten v. Chr. die Schwäche der Sabäer aus. Schriften auf einer Stele beschreiben kontinuierliche Kämpfe zwischen Himjaren, Sabäern, Katabanern und Hadramauts. Während seiner Blütezeit im 3. und 4. Jahrhundert n. Chr. reichte das Reich der Himjaren im Norden bis zur Wüste, im Süden bis Timna, Bab Al-Mandab und Aden. Die Ausdehnung verschaffte den Herrschern Kontrolle über die Schiffsrouten. Mit Marib und Teilen von Wadi Hadramaut entsprach ihr Land fast dem Gebiet, auf dem sich heute Jemen erstreckt. Im Hoch-

Der sich parallel zur Südküste erstreckende Hadramaut ist von zahlreichen Tälern durchzogen.

In den verwinkelten Gassen der Orte befinden sich unzählige kleine Geschäfte.

land bauten die Himjaren das aus vor-sayhadischer Epoche stammende rudimentäre Bewässerungssystem – Dämme, Kanäle und Zisternen – extensiv aus.

In Bayhan kann man noch heute den Beweis ihrer außergewöhnlichen technischen Fertigkeit bewundern. Unterhalb der Ruinen der einstigen Stadt liegt ein versunkener Schacht. Er ist das Ende eines Tunnels, der Wasser durch den Fels in den Ort leitete. Zu einem weiteren Tunnel, 150 m lang und seit 1500 Jahren intakt, führt ein breiter Schacht gut 10 m in die Tiefe. Am Ende des Ganges besagen in Stein gesetzte Inschriften, dass beide Tunnel in den Fels geschlagen wurden, um das Tal von An-Numara zu bewässern. Zudem sind in den ausgedehnten Ruinenfeldern riesige, mit Gips verputzte Zisternen zu finden. Meist tief in die Erde eingelassen, hielten sie Wasser für längere Zeit frisch und kühl.

Dass „waterproof" kein Begriff aus der Neuzeit ist, beweisen Wassertanks, die in der Festung auf dem Hügelrücken aus dem Felsen geschlagen wurden. Sie sind mit einer Mischung aus vulkanischer Asche und gelöschtem Kalk ausgekleidet, was sie wasserundurchlässig macht. Diese Spezialmischung, Qudad genannt, wird noch heute überall dort angebracht, wo Wasser gesammelt wird. Als charakteristisches Merkmal für himjaritische Festungen gelten große Felsblöcke aus schwarzem Basalt. Beschlagen oder naturbelassen bildeten sie Fundamente.

Datteln, vor allem im getrockneten Zustand, sind aus dem täglichen Leben Jemens nicht wegzudenken.

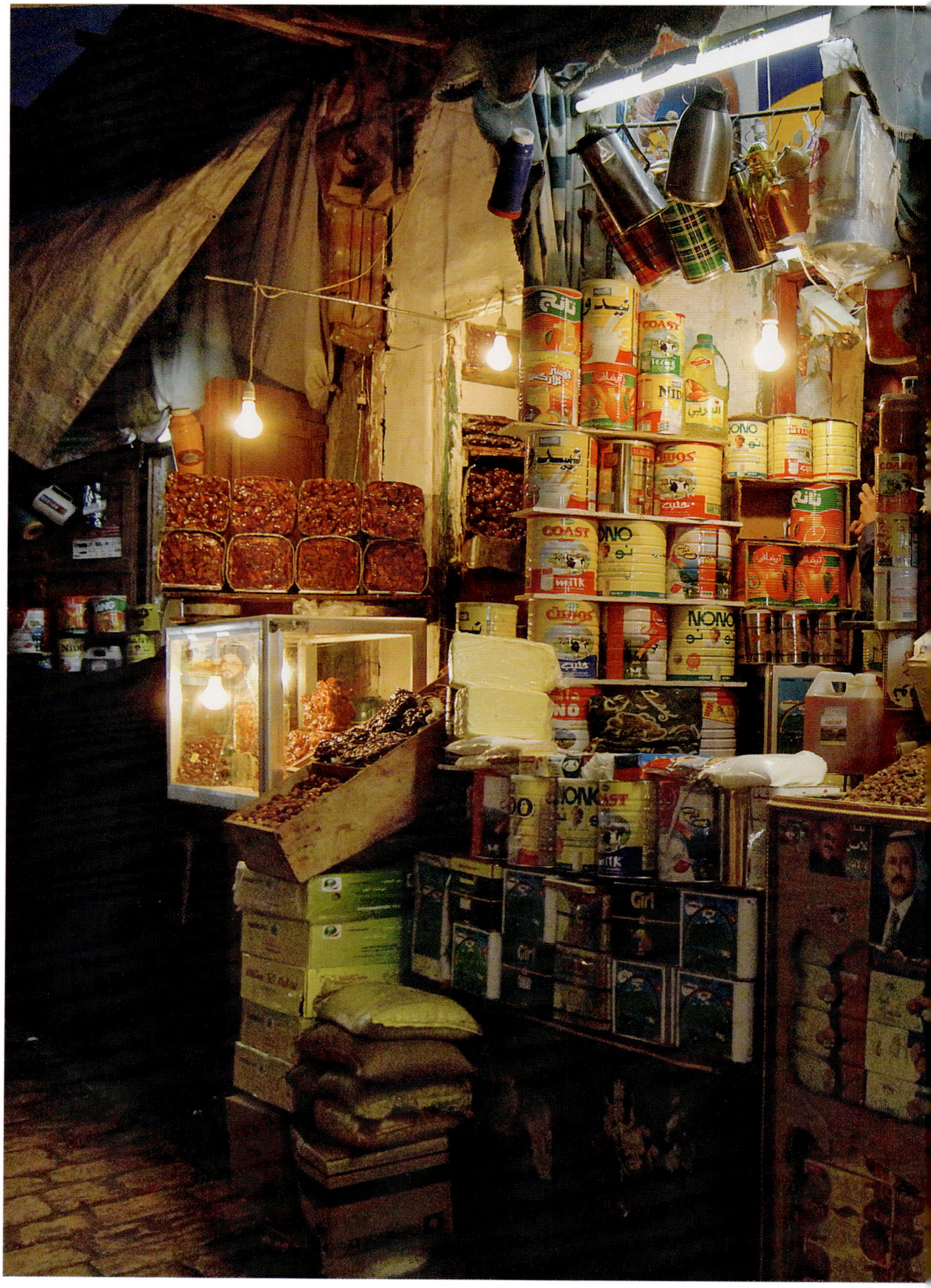
COAST
NONO
milk
Girl

Ein grellbunter Verkaufsstand für Süßigkeiten und getrocknete Früchte

Fundstücke im Museum von Zafar bzw. im National Museum von Sanaa belegen einen stetigen kulturellen Austausch mit Römern und Griechen in den ersten Jahrhunderten n. Chr. Der rege Handel hatte nicht zuletzt zur Folge, dass Juden und Christen in die Region einwanderten. Man streitet darüber, welcher Glaube zuerst Südwestarabien erreichte. Tatsache ist, dass das christliche Aksum jenseits des Roten Meeres Tihama um 150 n. Chr. eroberte.

518 konvertierte der letzte Himjaren-König Dhu Nawas zum Judentum und ließ sieben Jahre später die christliche Gemeinde von Najran im Südwesten des heutigen Saudi-Arabiens massakrieren. Dank ihrer internationalen Verbindungen spielten Juden speziell im mittelalterlichen Jemen und auch später eine wichtige wirtschaftliche Rolle. Der deutsche Mathematiker, Kartograf und Forschungsreisende Carsten Niebuhr, der im Auftrag des dänischen Königs Frederik Mitte des 18. Jahrhunderts in Arabien unterwegs war, schwärmte von ihrer Gold- und Silberschmiedekunst und notierte, dass die Juden gegen einen kleinen jährlichen Tribut vom Imam beschützt wurden.

Neben Zafar entwickelte sich Sanaa (arabisch für befestigte Quelle) in etwa 300 Jahren von einer Festung zur zweitwichtigsten Handelsstadt und militärischem Stützpunkt. Spätestens im 5. Jahrhundert wurde sie wahrscheinlich zur Hauptstadt des Himjaren-Reiches, lag sie doch strategisch optimal an den Handels- und Pilgerrouten zum Heiligen Stein – Kaaba – in Mekka. Die Stadt war, bevor sie sich zur religiösen Metropole des Islams entwickelte, ein Zentrum des heidnischen Götterglaubens.

Die Analphabetenrate Jemens liegt bei etwa 75 %.

Der Islam hat sich angeblich ohne Druck seitens der Mächtigen im Jemen ausgebreitet, nachdem sich der persische Gouverneur von Sanaa 628 n. Chr. vom heidnischen Götterglauben ab- und dem monotheistischen Glauben zuwandte. Sogar das moderne Saudi-Arabien erkannte den freien Willen zur Konversion noch an und ließ Jemeniten ohne Formalitäten ins Land, die dort ohne Visa bzw. offizielle Erlaubnis arbeiten konnten. Das änderte sich erst im Golfkrieg, als Jemen auf Seiten des Iraks stand. Die Große Moschee in Sanaa soll schon zu Zeiten Mohammeds gebaut worden sein, wobei fünf Dutzend Säulen aus vorislamischer Zeit im Bauwerk verarbeitet wurden. Ihre Struktur folgt der einfachen Bauweise eines Hofhauses. Ein ähnliches soll Mohammed in Medina besessen haben. Sein Haus gilt als die erste Moschee des Islams.

Aufgrund der Lage bedeutete die Kontrolle über Sanaa auch immer Kontrolle über das nördliche, östliche und westliche Hochland. Stadt und Land wurden in den folgenden Jahrhunderten von einer Reihe Dynastien regiert: Yufiriden (847–998), Sulaihiden mit enger Verbindung zum Reich der Fatimiden in Ägypten (in Sanaa 1047–1087), Hamdaniden (1099–1173), Ayyubiden, die von Ägypten aus nach und nach das Land eroberten (1123–1228). Letztere vereinigten zusammen mit den nachfolgenden Rasuliden das Land zu einer Einheit.

Zwischendurch waren immer mal wieder Zaydi-Imame aus dem Norden an der Macht, bis 1538 die Osmanen einmarschierten. Obwohl Letztere Mitte des 17. Jahrhunderts von den Zaydi Al-Qasimi-

Bewaffnete Auseinandersetzungen gehören zur Tagesordnung.

Die traditionellen Tänze unterstreichen die archaischen Stukturen des Landes.

Imamen zum Rücktritt gezwungen wurden, betrachteten die osmanischen Herrscher den Jemen weiterhin als Teil ihres Reiches und konnten ihren Einfluss im 19. Jahrhundert wieder verstärken, nachdem die Zaiditen durch innere Streitigkeiten geschwächt waren.

In der Zwischenzeit hatten Briten Stützpunkte aufgebaut und ihren Einfluss im Land verstärkt, um ihre maritimen Handelsrouten zu schützen, die zunehmend von Piraten bedroht wurden. 1839 riefen sie sich als Schutzmacht über Aden aus und schufen ein britisches Protektorat an der Südküste.

Nach Eröffnung des Suezkanals 1869 und dem in der Folge zunehmendem Schiffsverkehr durch das Rote Meer nach Indien und weiter nach Fernost verstärkte sich die militärische und kommerzielle Bedeutung des Jemens. 1904 zogen Osmanen und Briten de facto eine Grenze zwischen Nord- und Südjemen. Ihr genauer Verlauf war allerdings undeutlich. Die Präsenz von Osmanen und Briten veranlasste wiederum das Zaiditen-Imamat, seine Völker zusammenzutrommeln, um sich gegen die gemeinsamen Feinde zu stellen.

Guerillakrieg und Banditentum führten 1905 in eine Rebellion. Die Osmanen zogen sich 1918 schließlich zurück, während die Briten erst 1967 Aden verließen. Am 22. Mai 1990 wurden Nord- und Südjemen nach einem Bürgerkrieg in den 1960er Jahren im Norden und dem Ende des marxistischen Regimes im Süden schließlich unter derselben Flagge vereinigt. 1991 begann der neue Staat seine Zukunft als erste Demokratie mit Mehrparteiensystem auf der Arabischen Halbinsel.

Die Lebenserwartung liegt in Jemen bei nur 61 Jahren.

Der Jemen

Etwa 75 % der Jemeniten leben in ländlichem Umfeld, nur ein Viertel in den Städten.

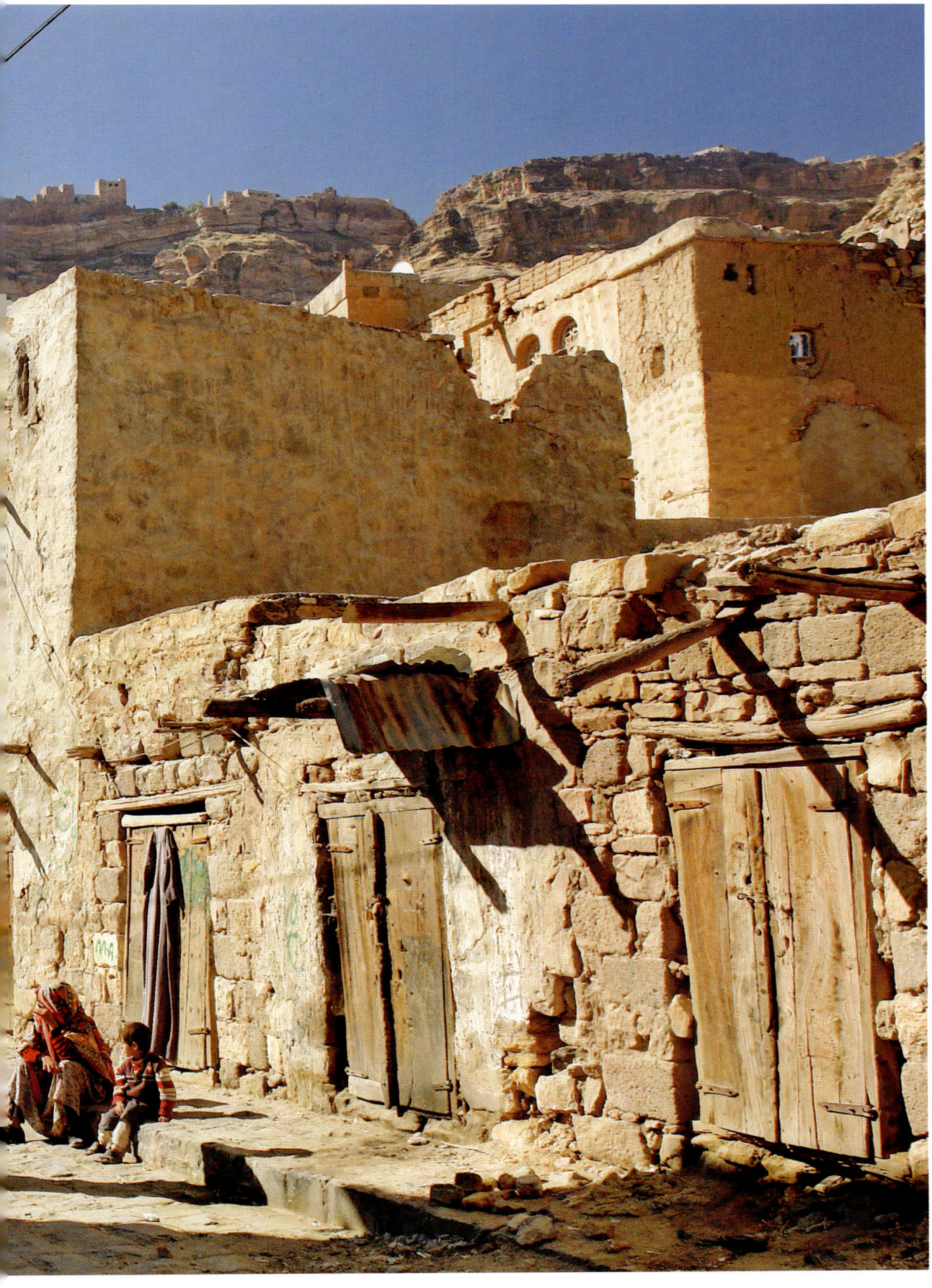

UN-Sanktionen gegen den Irak wurden seitens der jemenitischen Regierung während des 2. Golfkrieges nicht unterstützt, was dementsprechend Misstrauen erregte. Nicht nur bei den USA und seinen Alliierten, sondern auch unter Saudis und Kuwaitern. Saudi-Arabien schloss seine Grenze zu Jemen und schob über eine Million jemenitischer Gastarbeiter ab. 1994 brach ein kurzer Bürgerkrieg zwischen dem Norden und dem Süden aus, nachdem sich die YSP (Sozialistische Partei Jemens) von der GPC (Allgemeiner Volkskongress/die ehemalige Einheitspartei des Nordens) an die Wand gedrückt fühlte. 1999 wurden die ersten Präsidentenwahlen abgehalten.

Spätestens seit den Anschlägen am 11. September 2001 steht Jemen unter dem Verdacht Al-Qaida-Mitgliedern und ihren Gefolgsleuten Unterschlupf zu gewähren, was von Experten bestätigt wird. Der Bombenanschlag im Juni 2007 auf einen Touristenkonvoi beim Mondtempel in Marib deutet ebenfalls darauf hin. Andererseits zeigt sich Jemen als emsiger Unterstützer im Krieg gegen den Terror. Innerhalb des Landes sind es eher bewaffnete Auseinandersetzungen zwischen Regierungstruppen und der zaiditischen Rebellengruppe Al-Shabab Al-Moumin, die den Frieden belasten.

Das Gebirge nimmt mehr als ein Drittel des Landes ein und hat viele, sehr dicht besiedelte Becken, die durchwegs auf einer Höhe von 1500 bis 2500 m liegen.

REGIERUNG UND RECHTSSYSTEM

Jemen ist eine Islamische Präsidialrepublik mit allgemeinem Wahlrecht ab 18 Jahren, auch für Frauen. Das Parlament aus 301 Abgeordneten wird alle sechs Jahre gewählt, der Präsident alle sieben Jahre. Staatsoberhaupt ist seit 1990 Ali Abdallah Saleh, der 1978–1990 Staatspräsident Nordjemens war. Premierminister ist Dr. Ali Mohammed Mujawar. Unter mehr als einem Dutzend politischer Parteien sind GPC, die die Mehrheit besitzt, Islah (Vereinigung für Reformen) sowie YSP die größten.

Der Islam ist Staatsreligion, das Rechtssystem basiert auf islamischem Recht, der Scharia. Die strenge Auslegung der Scharia zeigt sich u. a. in der Verweigerung vieler Menschenrechte. So steht beispielsweise die Abkehr vom Islam unter Todesstrafe, homosexueller Geschlechtsverkehr ebenso. Das Schutzalter, von dem ab eine Person als juristisch einwilligungsfähig eingestuft wird, ist der Beginn der Pubertät. Mädchen dürfen offiziell erst im Alter von 15 heiraten bzw. verheiratet werden. Mit Einwilligung des Vaters als Vormund ist das jedoch auch früher möglich.

Der Stolz und das Wahrzeichen von Tarim im Hadramaut ist die 1429 erbaute große Moschee mit dem 1915 errichteten 50 m hohen Minarett.

Wie Untersuchungen ergaben, kommen in ländlichen Regionen Kinderhochzeiten vor, obwohl laut traditioneller Regel der Vollzug der Ehe erst am Ende der Pubertät zulässig ist. Dabei rechtfertigen Jemeniten die frühe Hochzeit mit der des Propheten Mohammed, der seine Lieblingsfrau Aischa ehelichte, als sie sechs Jahre alt war. Dennoch ging 2008 ein gerichtlicher Streit zwischen einer Achtjährigen, die von ihrem 30-jährigen Ehemann mehrfach vergewaltigt wurde, zugunsten des Mädchens aus.

WIRTSCHAFT

Jemen ist der bevölkerungsreichste und zugleich ärmste Staat auf der Arabischen Halbinsel und von ausländischer Unterstützung abhängig. Das Wirtschaftswachstum betrug 2007 3,6 %. Während das Einkommen bei etwa 760 US$ pro Kopf liegt, beträgt das Bruttoinlandsprodukt etwa 1300 US$ pro Kopf. Größter Einkommensfaktor – etwa 70 % – ist die Ölindustrie. Die Landwirtschaft hat einen Anteil von circa 14 % am BIP. Große Probleme des Landes sind die Korruption und zu hohe Staatsausgaben bzw. die Staatsverschuldung.

Dies könnte in einem wirtschaftlichen Kollaps enden, wenn das eintritt, was Experten für 2016 voraussehen: Das Versiegen der Erdölreserven. Bislang werden 2–10 Millionen Barrel pro Jahr gefördert (im Vergleich: Saudi-Arabien fördert 9,45 Millionen Barrel pro Tag!). Es fehlt an einem Plan, die im Zuge des Erdölabbaus gewonnenen Mittel nutzbringend für die Zukunft einzusetzen. Erschwerend kommt hinzu, dass das Straßennetz im Jemen noch im Aufbau begriffen ist. Nur die größten Städte sind durch befestigte Straßen verbunden (ca. 6000 km), der Rest sind Sand- und Schotterpisten (ca. 26 000 km). Höchst bedenklich sind auch der rasante Rückgang der Grundwasserreserven und die hohe Analphabetenrate, die Kindersterblichkeit und die schlechte Schulbildung mit der eklatanten Ungleichheit zwischen Männern und Frauen.

BEVÖLKERUNG UND RELIGION

Im 533 000 Quadratkilometer großen Jemen – das entspricht etwa der Fläche Frankreichs – leben ca. 22,4 Millionen Menschen, davon sind knapp 15 % jünger als 15 Jahre. Die jährliche Wachstumsrate liegt zwischen 3 und 3,4 %, obwohl unzureichende medizinische Versorgung und mangelnde Hygiene zu hoher Kindersterblichkeit führen.

Nur ein Drittel der Bevölkerung des überwiegend noch landwirtschaftlich geprägten Landes lebt in Städten. Die Landbevölkerung grenzt sich durch zahlreiche Stammesgemeinschaften voneinander ab. 97 % der Einwohner sind Araber, etwa 2 % Somalier, 1 % pakistanische und indische Gastarbeiter. 75 % der Jemeniten sind Sunniten, etwa 20 % gehören der schiitischen Religionsgemeinschaft der Zaiditen an.

Es existiert noch eine kleine Minderheit von circa 1000 Juden, die zwar generell als gleichwertig behandelt werden, aber islamischen Fundamentalisten ein Dorn im Auge sind. Zudem gibt es die diskriminierte Bevölkerungsgruppe der Akhdam äthiopisch-afrikanischen Ursprungs. Die Amtssprache des Landes ist Arabisch, Englisch ist die wichtigste Handelssprache. Daneben werden zahlreiche Beduinendialekte gesprochen.

STAMMESPOLITIK UND ENTFÜHRUNGEN

Kidnapping, in den letzten Jahren immer mal wieder für Schlagzeilen gut, scheint ein ertragreiches Geschäft. Der Staatssekretär a. D. Jürgen Chrobog, ehemals Krisenmanager im Auswärtigen Amt und ausgewiesener Experte für Entführungen, wurde Ende 2005 samt seiner Familie von Mitgliedern des Daha-Stammes im Hadramaut entführt.

Weder diese noch andere Geiselnahmen von Touristen haben allerdings mit Terrorismus zu tun. Sie gelten eher als spezielle Art politischer Einflussnahme. Fühlen sich ein Stamm bzw. eine Sippe von der Regierung übergangen oder wurden Versprechen nicht eingehalten, beispielsweise der Bau von Straßen oder modernen Bewässerungsanlagen, nutzen sie Kidnapping gern als Druckmittel.

Bei der Chrobog-Entführung indes ging es um die Ehre. Für mehrere Morde und die dadurch provozierte Blutrache bei Auseinandersetzungen zwischen dem Daha-Clan und seinen Nachbarn, den Marakscha, standen fünf Daha-Mitglieder vor Gericht, die für diese Art Selbstjustiz bestraft werden sollten. Das Ziel der Geiselnahme war es, diese freizupressen oder alternativ fünf Marakschas hinter Schloss und Riegel zu bringen.

Kidnapping als Druckmittel auf die Regierung zu benutzen, reicht in die Zeit der Imamkönige zurück. Auf diese Art wurde die Zentralgewalt von Stämmen erpresst, um Forderungen durchzusetzen, die dem Wohl des jeweiligen Stammes dienen sollten. Bis heute beschließen Stammes- bzw. Sippenälteste eine Entführung gemeinsam und sehen darin keineswegs Unrecht. Die Geiseln werden selten bedroht. Während ihres Aufenthaltes werden sie nach alter Tradition in der Regel gastfreundlich behandelt.

Der Krummdolch gehört zur Kleidung jemenitischer Männer dazu.

KÜNSTE

Architektur

Mehr als alles andere präsentiert sich die Kunstfertigkeit der Jemeniten in der Architektur. Die vielfältigen Stilelemente, die sie seit Jahrhunderten beim Bau ihrer Häuser aus Stein, Schiefer und Lehm bzw. Schlammziegeln einsetzten, sind einzigartig auf der Welt. Die Isolation des Landes, gepaart mit der schwachen Wirtschaftskraft, trug dazu bei, dass diese architektonische Kunstform vielerorts erhalten ist.

Die Beschaffung traditioneller Materialien ist immer noch deutlich günstiger als der Import modernerer. Zudem ersparen hohe dicke Wände und geschickte Durchlüftung die Klimaanlage. Während das Fundament und das Erdgeschoss des Hauses oft aus Steinen aufgeschichtet sind, erheben sich darüber drei, manchmal vier oder fünf Etagen, in Sanaa oder Shibam bis zu neun, aus getrockneten Schlammziegeln.

Der Werkstoff gilt als beste natürliche Isolierung. Im Sommer wirkt sie gegen die Hitze, im Winter gegen die Kälte. Unten sind Ställe und Vorratskammern untergebracht, darüber der Empfangsraum. Der zweite Stock ist Frauen und Kindern vorbehalten, im dritten – oder wenn vorhanden: vierten – die Schlafzimmer, Bäder und die Küche.

Das Auswärtige Amt der deutschen Bundesregierung warnt vor Anschlägen in Jemen und rät von Reisen in einige der Provinzen dringend ab.

Ohne Kath geht nichts beim Treffen jemenitischer Männer.

Im Dachgeschoss liegt die sogenannte Manzar – daher die Bezeichnung Mansarde – mit dem Mafraj, dem Raum mit Ausblick. Hier treffen sich die Männer gern zum gemeinsamen Kath-Konsum. Obwohl die Räumlichkeiten in manchen Orten innen dekorativ bemalt sind, sind es vor allen Dingen die Fassaden, die die Aufmerksamkeit erregen.

Je nachdem, in welchem Gebiet die Bauwerke stehen und welche historische Verbindung mit anderen Regionen, Ländern und Mächten vorhanden war, sind vielfältige Ziegelmuster oder Farbverzierungen angebracht. Zahlreiche Kriege und Überfälle im Laufe der Jahrtausende veranlassten die ländlichen Bewohner, ihre Häuser auf Hügeln oder Klippen zu positionieren, sie mit Schutzwällen zu umgeben und mit Wachtürmen auszurüsten.

Malerei

In der Vergangenheit war die freie Ausübung der Schönen Künste durch islamische Tabus eingeschränkt, beispielsweise durch das Verbot der Darstellungen natürlicher Formen wie von Menschen, Fauna und Flora. Infolge des Tabus entwickelten sich geometrische und florale Muster und Ornamente, die an den historischen Häusern von Sanaa zu sehen sind. Eine andere Kunst war die Kalligrafie, die in alten Manuskripten zu bewundern ist, zum Beispiel in der berühmten Bibliothek von Tarim.

Inzwischen stellen Galerien auch moderne Gemälde und Skulpturen von Mensch und Natur aus. Bedeutendster zeitgenössischer jemenitischer Künstlern ist Fuad Al-Futaih. Er beschäftigt sich in seiner Malerei gern mit Frauen und ihrer Sexualität, geradezu eine Revolution in der Kunst, die von der radikalen politischen und sozialen Denkweise des Künstlers zeugt. Er ist Gründer und Direktor von Sanaas National Art Center und besitzt in der Hauptstadt die Galerie No.1. Seine Bilder wurden bereits in Deutschland mit großem Erfolg ausgestellt.

Musik, Tanz und Literatur

Jemens Musik variiert von Region zu Region beträchtlich. Während sie im Westen von afrikanischen Klängen mit frenetischem Beat beeinflusst ist, klingt sie im Süden asiatisch-melodischer, im Norden und Osten arabisch-monotoner. Jemens berühmtester Sänger, der in der ganzen arabischen Welt und darüber hinaus bekannt ist, ist Abu Baker Salem Balfaqih.

Zu lokaler Bekanntheit bringen es manche Doshan, Bänkelsänger, die auf Festen unterhalten. Zu den wichtigsten Musikinstrumenten gehören die Ud, eine Laute, die Semsemiya, eine fünfsaitige Leier, und die Mizmar, eine Art Oboe.

Ein Blick über die Hauptstadt Sanaa in der Abendsonne

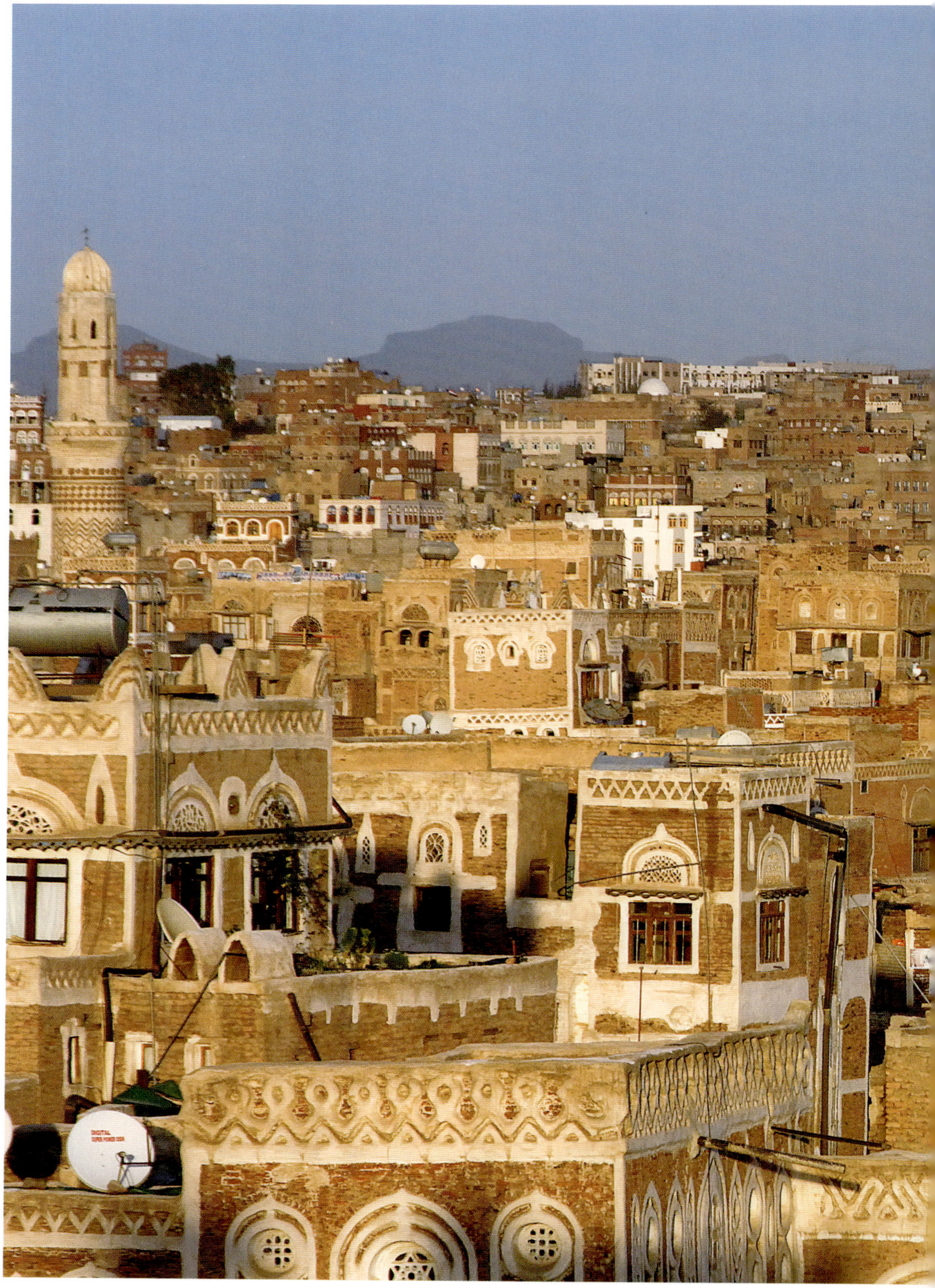

Eng stehen die Gebäude in Sanaa. Überall strecken sich Minarette nach dem Himmel.

Der Jemen

Die Architektur von Sanaa ist vielfältig, die Blicke bleiben immer wieder an den oberen Stockwerken und Dächern hängen. Fensterbogen mit buntem Glas und geometrische Ornamente verzieren die Fronten.

Tänze der nichtarabischen Art verbieten sich schon durch den Islam. Männer und Frauen tanzen grundsätzlich räumlich getrennt voneinander. Jemenitische Tänze formen einen wichtigen Teil sozialer Traditionen. Am bekanntesten ist der Krummdolchtanz, Jambiya. Dabei umfassen sich Männer an den Hüften und hüpfen in der Reihe bzw. Runde in einer Serie von Schritten zur Seite, wobei sie die im Gürtel getragen Krummdolche hoch- und runterschwingen lassen. Die Waffe, schon längst nicht mehr als solche benutzt, ist Symbol der Ehre und Männlichkeit. Mit diesem Tanz wird die Verbundenheit mit den teilnehmenden Stammesmitgliedern ausgedrückt.

In der Literatur ist vor allen Dingen die Lyrik der Bedu zu nennen, die auf vorislamische Zeiten zurückgeht. Ursprünglich nur durch das gesprochene Wort weitergereicht, wurden die schönsten Verse von arabischen Gelehrten später niedergeschrieben. Sie handeln von der Liebe, der Schönheit der Frauen, dem Verlangen und dem Schmerz. Sie glorifizieren das Land und zelebrieren Mut, Stärke, Großzügigkeit, Treue und Rache. Der berühmteste jemenitische Lyriker ist Abdullah Al-Baradouni, der 1999 im Alter von 70 Jahren verstarb. Einer der wenigen Romane, die ins Englische übersetzt wurden, ist „The Hostage", vom jemenitischen Autor Zayd Mutee Dammaj.

UMWELT, FAUNA UND FLORA

Das Land leidet an Wassermangel, Überweidung, Waldschwund und Bodenerosion sowie unter Sand- und Staubstürmen. Alles zusammen begünstigt die Ausdehnung der Wüsten. Auch Müll hat sich zu einem Problem entwickelt. Weil Werkstoffe früher aus natürlichen Materialien bestanden und nach dem Gebrauch biologisch recycelt wurden, ist das Bewusstsein, dass sich Plastik und Konservendosen nicht von allein entsorgen, kaum entwickelt. Manche Hänge unter Bergdörfern sind im wahrsten Wortsinn knietief mit Müll bedeckt.

Jemen besitzt eine überraschend große Vielfalt an Lebensräumen und Tierarten. Der Grund dafür ist die geografisch isolierte Lage und die Position am Schnittpunkt dreier biologischer Regionen: der orientalischen, der afrotropischen und der westlich paläarktischen. Rund 400 Vogelarten wurden bislang gezählt, darunter viele Zugvögel, die in Jemen überwintern bzw. eine Pause zum Brüten einlegen. 13 Arten sind endemisch.

Der Umweltschutz wir in Jemen nicht besonders hochgehalten. Wilde Müllkippen gehören deshalb zum normalen Landschaftsbild.

Die jemenitische Bauweise ist für ihre ineinander verschachtelten Häuser und wunderschönen Verzierungen berühmt.

Der Jemen 187

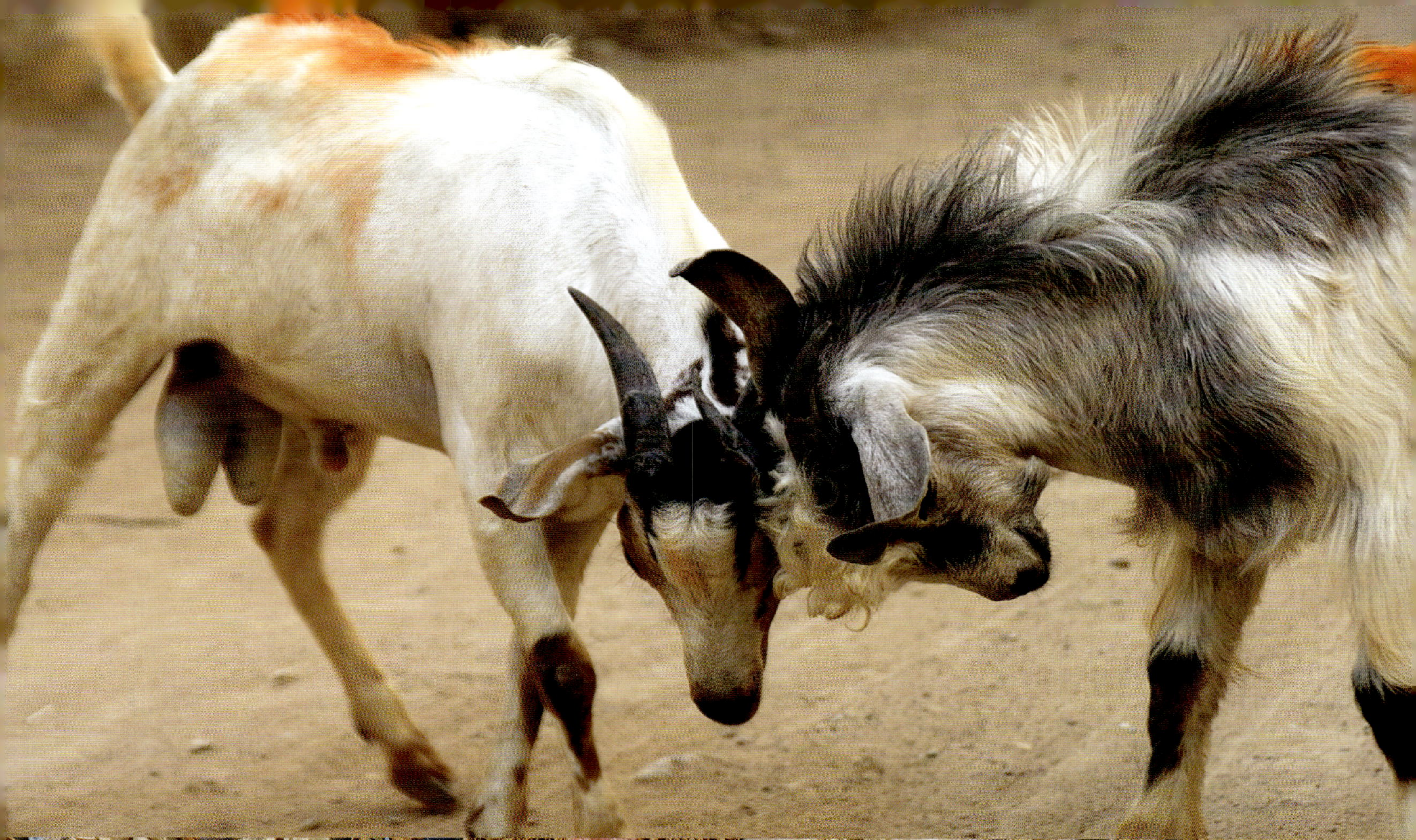

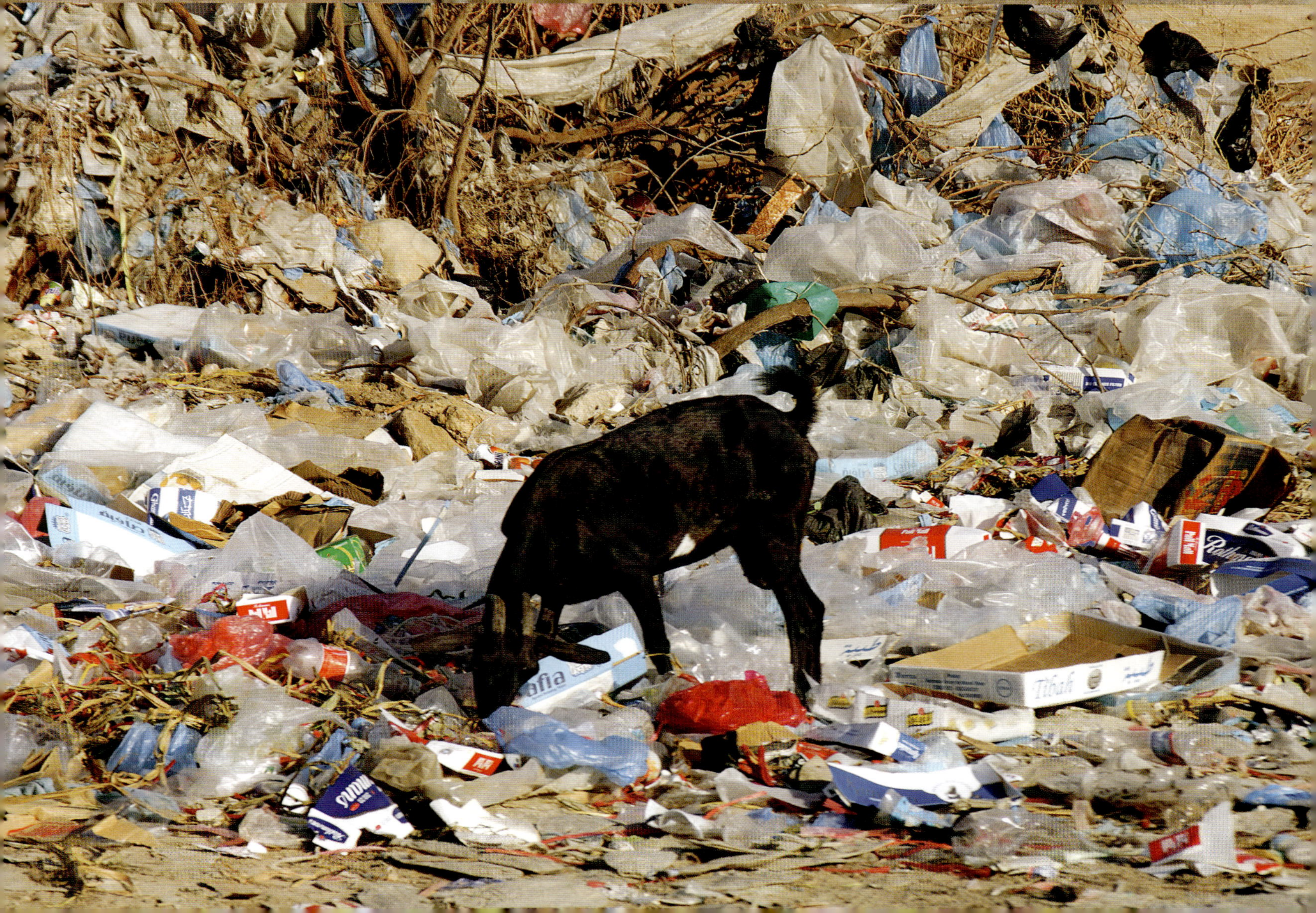
Tibah

Von 84 Säugetierarten sind die größten wie der Arabische Leopard, der Arabische Wolf und der Nubische Steinbock wegen intensiver Bejagung fast ausgestorben. Fuchs, Luchs oder die Gestreifte Hyäne sind auf ihren nächtlichen Raubzügen hin und wieder zu beobachten.

Eher sichtbar sind Reptilien, insgesamt 86 Spezies, darunter der Jemenitische Waran. Schlangen und Skorpione sind vielfach vorhanden, aber selten zu sehen. Höchst artenreich ist die maritime Fauna, dank derer sich Jemens Küstengewässer an vielen Stellen zu herrlichen Tauchparadiesen entpuppen. Von den 1750 Pflanzenarten sind etwa 20 % endemisch. Häufig sind Bäume wie Ficus, Tamariske und Akazie ebenso wie Wacholder. Ungewöhnlich ist der Flaschenbaum, der vornehmlich auf dem Sokotra-Archipel beheimatet ist. Im Osten des Landes wachsen Weihrauchbäume und Myrrhesträucher, die in vorislamischen Epochen Grundlage großartigen Reichtums bildeten.

Zu den landwirtschaftlichen Nutzpflanzen gehören Luzerne, Kaffee, Baumwolle, Hirse, Sorghumhirse und nicht zuletzt Kath. Die jungen Blätter des bis zu 20 m hohen Strauchs werden als leichtes Rauschmittel gekaut. Ohne Kath geht gar nichts in der jemenitischen Männergesellschaft. Bei privaten Treffen oder im Business, bei Hochzeiten oder einfach in der Nachmittagspause – eine Handvoll Kathblätter im Mund gehört dazu.

LINKE SEITE OBEN:
Zuweilen müssen die Auseinandersetzungen auf offener Straße ausgetragen werden.

LINKE SEITE UNTEN:
Auch in wilden Müllkippen findet sich noch ein wenig Futter.

UNTEN:
Esel werden als Lasttiere gebraucht.

Die große Moschee von Sanaa wurde erst vor Kurzem fertiggestellt.

STÄDTE UND PROVINZEN

Sanaa

Jemens Hauptstadt mit zwei Millionen Einwohnern liegt zwischen den Al-Surated-Bergen auf 2200 m Höhe. Sie gilt als eine der ältesten noch „lebenden" Städte im Jemen und steht auf der Liste des UNESCO-Weltkulturerbes. Man spricht von einem Open-Air-Museum mit 14 000 Häusern, deren Geschichte mehr als 1000 Jahre alt ist. Der Ursprung der Stadt indes geht in die Epoche der Sabäer, wenn nicht noch weiter zurück. Zur Hauptstadt wurde sie unter den Himjaren ausgebaut.

Das architektonische Juwel birgt eine grandiose Kombination traditioneller Stilelemente. Die Fassaden der Wohnhäuser sind reich mit kunstvoller Ziegelstein-Ornamentik geschmückt und werden durch ihren weißen Anstrich hervorgehoben. Reliefartig zusammengesetzt zeigen diese Verzierungen die Stockwerke an. Auch die Rahmen von Fenstern und halbrunden Oberlichtern sind dekoriert und weiß verputzt, die Öffnung mit Gitterwerk aus Gips besetzt. Das Ganze ergibt ein jemenitisch-mittelalterliches Bild, obwohl die oberen Stockwerke der Häuser selten älter als 150 Jahre sind.

Geschichte

Sanaa war bereits als zweitwichtigste Stadt neben Marib von Sabäern bewohnt und wurde im frühen 5. Jahrhundert zunächst Hauptsitz der Himjaren-Dynastie. Obwohl es seine politische Bedeutung an Dhamar verlor, blieb Sanaa ein wichtiges kommerzielles Zentrum und erhielt sich einen Status als Mahrab, Heilige Stadt, in der Kämpfe verboten waren. Aus religiösen Auseinandersetzungen zwischen Polytheisten, Moslems, Christen und Juden ging die Stadt nach dem Massaker von Najran und der Eroberung durch christliche Abessinier letztendlich wieder als Hauptstadt hervor.

Die unterschiedlichsten Getreide werden auf den Straßen zum Kauf feilgeboten.

In ihrer 50-jährigen Herrschaft errichteten sie mit Unterstützung des byzantinischen Kaisers Justinian I. die angeblich größte Kathedrale südlich des Mittelmeeres. Anschließend Teil des persischen Reichs, konvertierte Gouverneur Badhan 628 n. Chr. zum Islam. Er empfing, wie es heißt, eine Gesandtschaft von Mohammed. Diese Delegation soll die Moschee Al-Janad nördlich von Taiz gegründet haben. Eine andere entstand auf Geheiß von Mohammed in Sanaa, bei der Teile der Kathedrale verarbeitet wurden.

Der Streit, welche von beiden die älteste in Jemen ist, währt bis heute. Nachfolger des Stadthalters wurden von Damaskus bzw. Bagdad eingesetzt, nachdem sich der Schwerpunkt islamischer Herrschaft aus dem Inneren der Arabischen Halbinsel dorthin verlagert hatte. Bei jemenitischen Aufständen gegen Fremdherrschaft wurde Sanaa mehrmals zerstört und wieder aufgebaut. „Eine Stadt mit vielen feinen Dingen", schrieb im 11. Jahrhundert der arabische Geograf Idrisi über Sanaa: „voll von Gebäuden ... Und die älteste, größte und am meisten bevölkerte Stadt im Jemen ... eine harmonische Atmosphäre, fruchtbarer Boden, Hitze und Kälte immer ausgeglichen."

Als Folge von dynastischen Kämpfen ist die Verwüstung der Stadt im Jahr 1187 belegt, nachdem sie unter die Herrschaft der Ayyubiden gefallen war. Anfang des 16. Jahrhunderts gaben ägyptische Mamelucken ein Zwischenspiel. 1546 traten die Osmanen, die inzwischen Ägypten erobert hatten, de-

Sanaa ist mit ihren etwa zwei Millionen Einwohnern die größte Stadt des Landes.

ren Nachfolge auch in der jemenitischen Hauptstadt an. Sie blieben zunächst 72 Jahre und überließen den Jemen dann für die nächsten 200 sich selbst.

Carsten Niebuhr war einer der ersten Europäer, der Sanaa auf seiner Reise durch Arabien beschrieb und Zeichnungen anfertigte. Er schwärmte von ihrem Wohlstand, der sich auf dem Markt in einer Fülle von Früchten widerspiegelte, in Textilien aus aller Herren Länder wie auch in den gut gekleideten und höchst gastfreundlichen Menschen.

1871 gelangte Sanaa wieder in die Hände der Osmanen, die sich allerdings ständig mit den Heeren des Imams auseinandersetzen mussten. In ihre Zeit fällt ein großes Sanierungsprogramm, das nicht zuletzt durch die Zerstörungen während all der Kämpfe eingeleitet wurde. Gegen Ende des 19. Jahrhunderts besaß die Stadt 50 Moscheen und zahlreiche Karawansereien.

Sie wurde von einer Stadtmauer umschlossen und besaß ein Kastell. Die Einwohnerzahl wurde auf 30 000 geschätzt, darunter circa 1500 Juden. Nach dem Rückzug der Osmanen 1905 regierte Imam Yahya bin Muhammad die Stadt bis 1948, dem nach seiner Ermordung Sohn Ahmad ibn Yahya (1948–1962) folgte.

Beide sahen sich als Nachfolger himjarischer Könige. Ahmad verlegte Residenz und Machtzentrum nach Taiz. Nach seinem Tod wurde die Arabische Republik Jemen ausgerufen, was einen Bürgerkrieg zur Folge hatte. 1990 erhielt Sanaa beim Zusammenschluss von Nord- und Südjemen ihren Status als Hauptstadt des Landes.

Einheimische auf dem Markt von Schibam in der Nähe von Sanaa.

FOLGENDE DOPPELSEITE LINKS:
An vielen Straßenecken kann man Handwerkern bei ihrer Arbeit zuschauen.

FOLGENDE DOPPELSEITE RECHTS:
Durch die verwinkelten Gassen Sanaas eilen tief verschleierte Frauen.

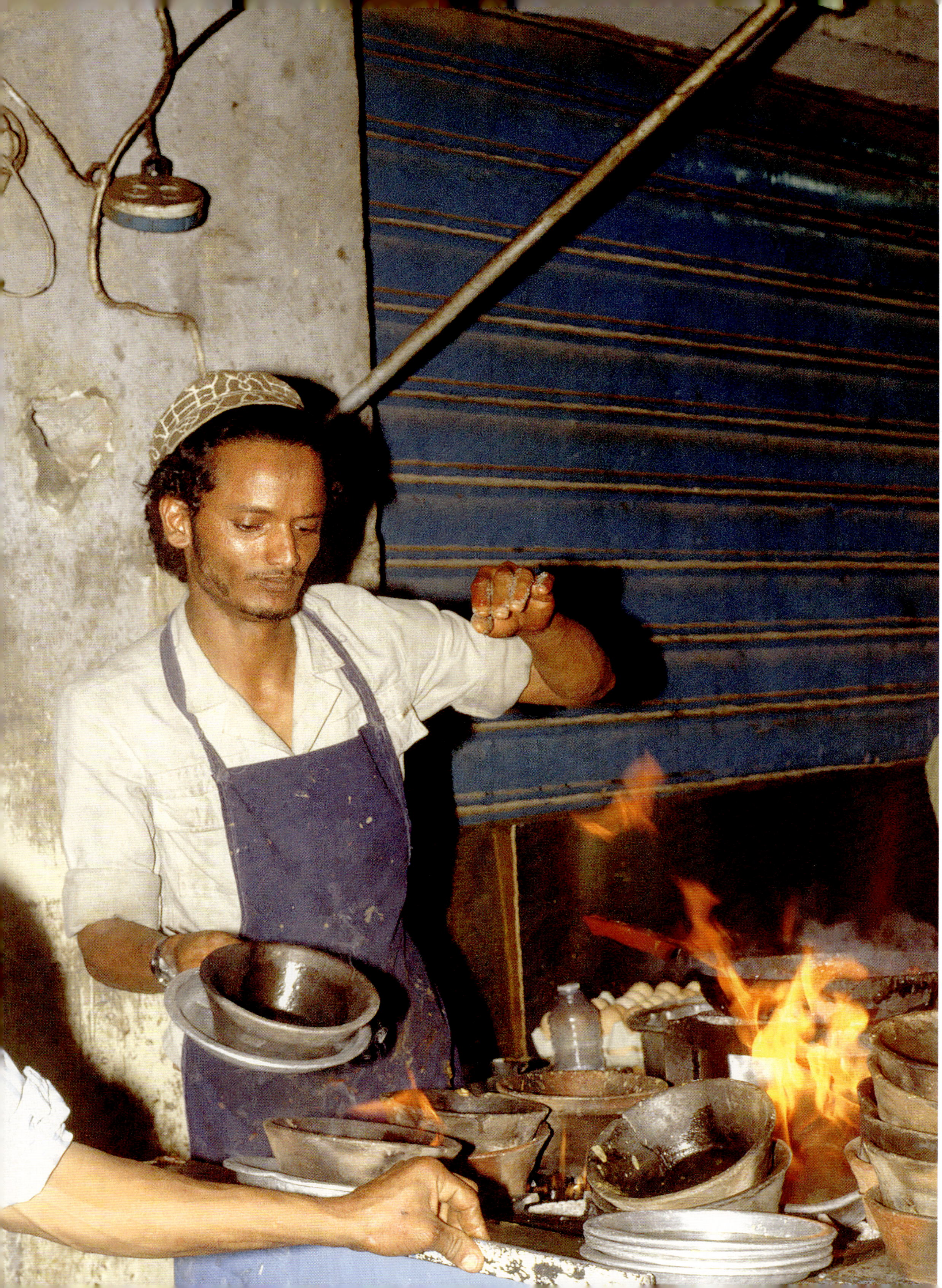

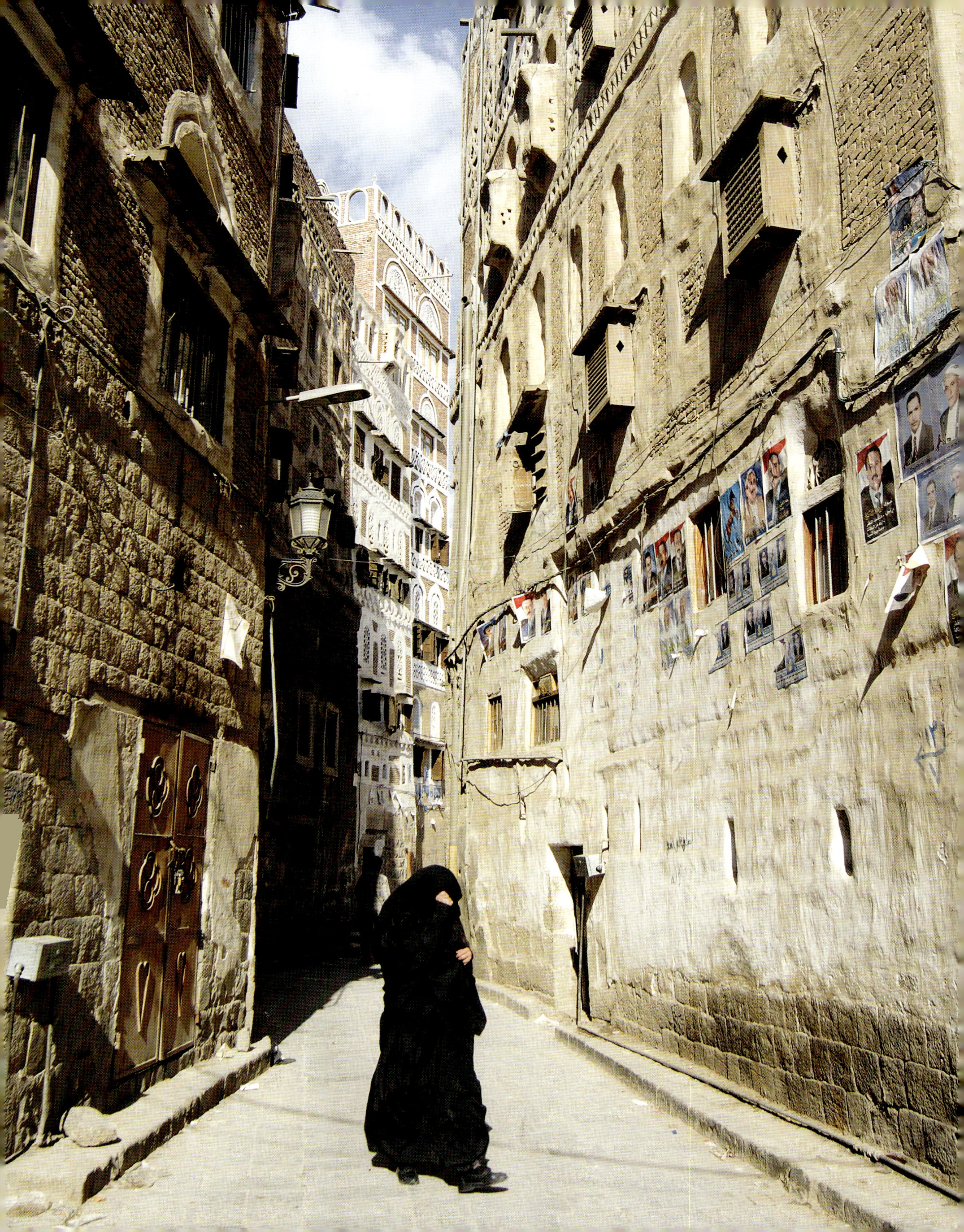

Vor dem Altstadttor Bab Al-Jemen in Sanaa pulsiert das Leben auf dem Markt. Es ist eine Welt, in der Dolche zur Kleidung gehören.

Die Stadt

Obwohl seine Häuser überwiegend aus dem 18. und 19. Jahrhundert stammen, ist Sanaa im Prinzip eine mittelalterliche Kreation islamischer Prägung mit dem großen, lebhaften Suk Al-Milh (Salzmarkt) als Zentrum, mit der Großen Moschee und den etwa hundert kleinen sowie der Festung Al-Kaser. Massive Mauern grenzen sie zum Umland ab. Erst in den 1960er und 1970er Jahren wurde die traditionelle Bauweise durch Neubauten aus Beton beeinträchtigt, vornehmlich auf der Südseite der Altstadt am Bab Al-Jemen, an der Westgrenze und im ehemaligen Osmanen-Viertel. Seitdem ist Sanaa rasant von 60 000 Einwohnern auf zwei Millionen gewachsen.

Mit dem Bau der Großen Moschee soll während der Lebenszeit Mohammeds um 630 begonnen worden sein, nachdem der persische Herrscher zum Islam konvertierte. Zusammen mit der Moschee bei Taiz und der in Mekka gehört sie zu den drei ältesten der Welt. Zahlreiche vorislamische Elemente fanden darin Verwendung: Säulen, Dachschluss-Steine und Dachträger aus Tempeln der antiken Königreiche sowie aus sakralen Bauwerken der christlichen und jüdischen Zwischenperioden.

Ihre heutige Form erhielt sie im 11. Jahrhundert, als das Bauwerk unter der Sulaihiden-Königin Arwa erweitert und verschönert wurde. Die Fassade der Gebetshalle und das kleine kuppelgeschmückte Bauwerk im Hof sind mit schwarzen Basaltbändern verziert. Ansonsten ist die Moschee schlicht gehalten. Die Minarette kamen später dazu. In der benachbarten Bibliothek ist die bedeutendste Schriftensammlung des Jemen untergebracht. Unter ihnen befinden sich 40 000 Fragmente von Koranabschriften, die 1972 bei Renovierungsarbeiten in einer Zwischendecke zum Dach gefunden wurden.

Auf dem Suk-Gelände nach frühgeschichtlicher Form liegen Samsarat, ehemalige Karawansereien, einst Treffpunkt von Händlern und Kamelen nach ihrer Ankunft in Sanaa und gleichzeitig Stauplatz, Herberge und Stall. Von den 26 noch vorhandenen Karawansereien wurden inzwischen einige renoviert, beispielsweise Samasarat Al-Nahas mit einem Ausbildungszentrum für Kunstgewerbe. Oder Al-Manzurah, in dem jemenitische Künstler ausstellen. Vom Dach aus hat man einen schönen Blick auf die Altstadt: Auf die Ali-Moschee, auf kleine Wachtürme über den Verkaufssektionen, die dazu dienten, Diebe zu entdecken, und auf Wohnviertel, die sich um die Moscheen ranken.

Auch von oben lohnt sich der Blick auf die Häuser.

Der Jemen 197

Die ehemalige Wägestation Samsarat Al-Mizan stammt aus dem 13. Jahrhundert. Sie besitzt eine himjarische Steintafel mit Inschrift sowie im Arkadenhof einige Säulenkapitelle, die mit Motiven geschmückt sind. Der Suk Al-Milh ist in kleinere Suks unterteilt, in denen ursprünglich nur eine Ware verkauft bzw. produziert wurde. Im Suk Al-Mizan, nach großen Waagen benannt, mittels derer alle Frachten für die Besteuerung gewogen wurden, stehen jetzt landwirtschaftliche Produkte der Region wie Getreide, Weintrauben oder auch Kaffee zum Verkauf.

Wie auf vielen arabischen Basaren geht es im Textil-Suk am lebhaftesten zu. Die Textilhändler fungierten früher oft als Geldwechsler, da sie sich durch den Handel mit fremden Ländern in deren Währungen auskannten. Im Suk Al-Zabeed werden Rosinen angeboten. Im Kath-Suk kaufen Männer zur Lunchzeit ihre tägliche Ration für die Nachmittagspause. Man kann sich im turbulenten Treiben gut in alte Zeiten zurückversetzen.

Üppig wuchernde Büsche und abenteuerlich verlegte Stromkabel – langweilig wird es in jemenitischen Städten nie.

Die Wohnviertel hingegen sind eher still. Sie dienen als Spielplatz für Kinder. Die Moschee in ihrer Mitte, die von Brunnen, Latrinen und Bädern umgeben ist, gilt als Vorbereitungsort zum Gebet und als Platz der täglichen Hygiene. Für Nicht-Moslems sind die Moscheen tabu, weswegen man ihr wunderschönes Dekor im Innern nicht bewundern kann. Dafür können Sie sich die Minarette, die meist mit kunstvollen Mustern aus Ziegelsteinen verziert sind, anschauen. Die Fenster der Wohnhäuser werden von halbrunden Oberlichtern mit floralem Gitterwerk aus Gips bekrönt. Die Zwischenräume sind mit Alabaster oder farbigem Glas besetzt.

Sehr hübsch sind die Gemeinschaftsgärten in der Altstadt, die einst in den Löchern angelegt wurden, denen man den Lehm für die Konstruktion von Häusern entnahm. Sie gehören zur Moschee und werden von ihrem Abwasser gespeist. Gemüse und Kräuter werden von Nachbarn gemeinschaftlich geerntet.

Wer den Jemen besucht, wird feststellen, dass das Straßenbild in erster Linie von Männern dominiert wird.

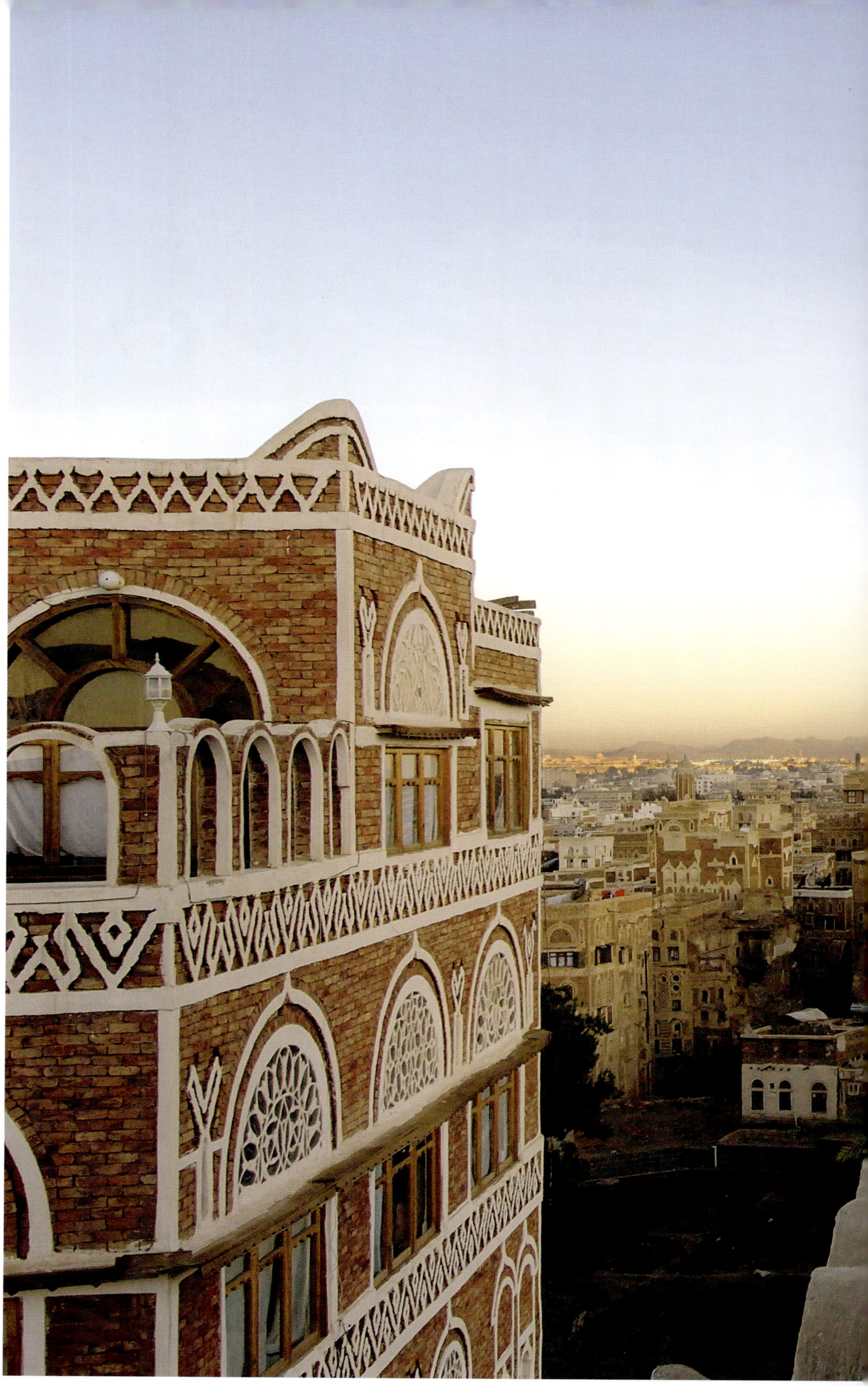

Sanaa ist das politische, wirtschaftliche und kulturelle Zentrum des Landes. Die Stadt liegt 2200 m über dem Meeresspiegel am Fuße des Berges Nokum.

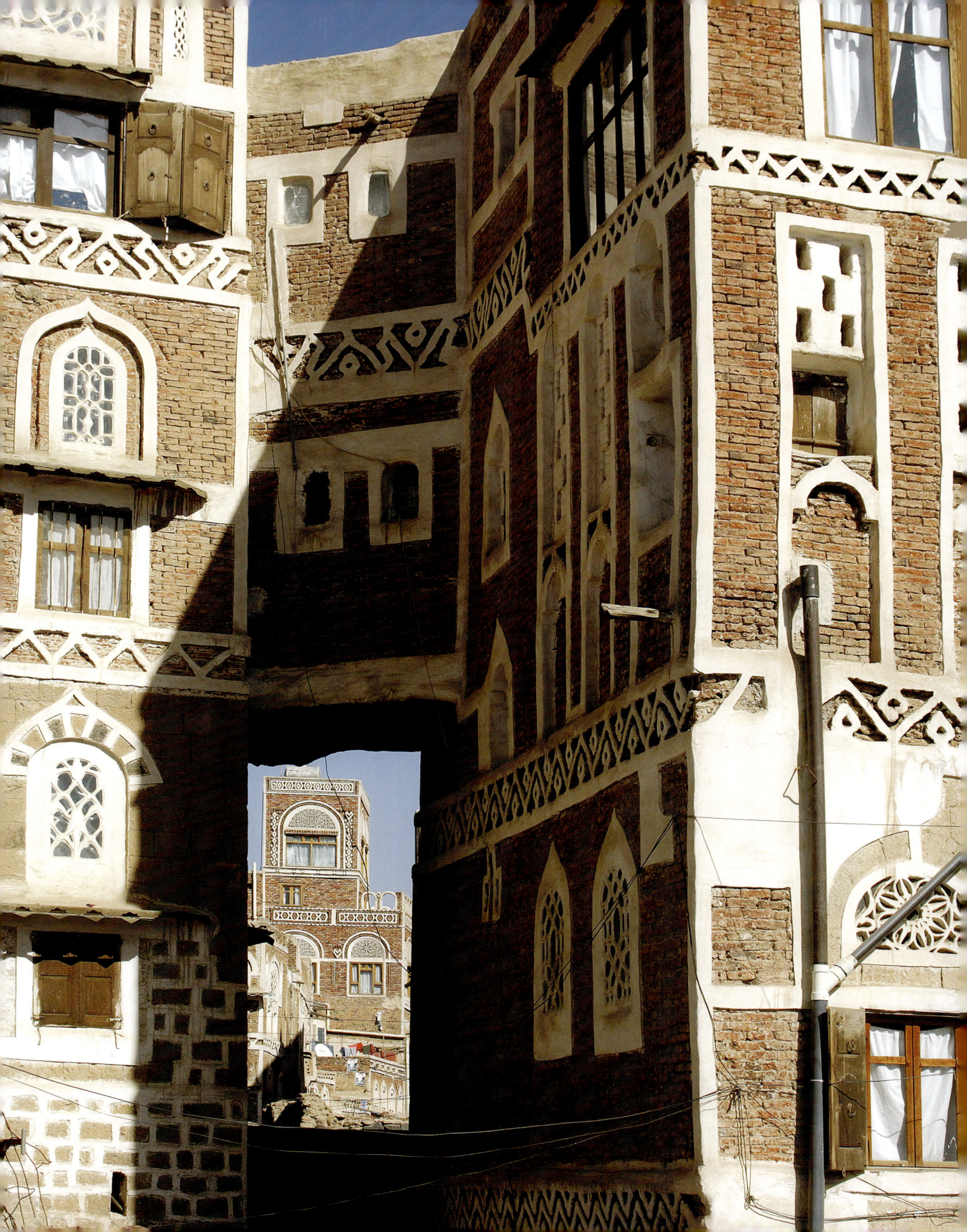

Vom alten Bewässerungssystem der Stadt, einem Netzwerk von Kanälen, ist nicht mehr viel zu sehen, bis auf das meist trockene Sayila. Das künstliche Flussbett wurde angelegt, um Springfluten zu kanalisieren, die nach heftigem Regen auftreten. Westlich vom Sayila entwickelte sich Ende des 11. Jahrhunderts das Stadtviertel Bustan Al-Sultan rund um Paläste. Im Laufe der Zeit wurden sie durch neue Feudalresidenzen ersetzt.

In einem Palast aus dem 20. Jahrhundert ist das Nationalmuseum untergebracht. Das Gartenviertel Bir Al-Azab besitzt großartige Villen aus der osmanischen Zeit. Daran schließt sich Qa Al-Yahud an, das Judenviertel mit engen Gassen und kleinen Häusern. Ihre Keller im Fundament sind derart großräumig in die Erde geschlagen, dass es sich dort bequem und angenehm kühl leben lässt.

Westlich der Altstadt erhebt sich der Ghumdun-Palast, der jetzt als Gefängnis dient. Diese ursprünglich im 3. Jahrhundert vom letzten großen Sabäer-König Ilsharah Yahdub erbaut Festung besaß zehn Stockwerke, war in verschiedenen Farben bemalt und mit ausgehöhlten Löwenskulpturen besetzt, die angeblich brüllten, wenn der Wind durchzog.

Der Legende nach waren seine Decken aus derart hauchdünnem Alabaster, dass man Vögel hindurch sehen konnte, die darüber hinwegflogen. Es heißt, den Bewohnern Sanaa hätte das Bauwerk so gut gefallen, dass sie ihre Wohnhäuser danach modellierten. Der ursprüngliche Palast wurde im 7. Jahrhundert vom Kalifen Utmann zerstört, der Angst hatte, dass die Festung von Rebellen als Basis benutzt wurde.

Imame bauten ihre Wohnsitze aus Sicherheit lieber außerhalb der Stadt. Das prachtvollste Beispiel, der Felsenpalast Bayt Al-Hajar, steht nördlich der Stadt im Wadi Dahr. Vor knapp hundert Jahren von Imam Yahya als Sommerresidenz errichtet, wurde er unlängst renoviert und zum Gästehaus der Regierung umfunktioniert.

Ein weiteres Prachtexemplar steht in der Gartenstadt Al-Rawdah. Der Ort wurde von Carsten Niebuhr in reichen Farben beschrieben, mit schönen Häusern, Obstbäumen, Springbrunnen und Fischteichen. Viel ist davon nicht übrig geblieben, nachdem man die Fläche zur landwirtschaftlichen Nutzung umfunktionierte.

Dabei wurden aus dem vulkanischen Lehmboden Terrassen aufgeschüttet. Von niedrigen Dämmen umschlossen bewahren sie Wasser, welches über Brunnen und Zisternen gefördert wird. Von kleinen Türmen aus werden die Äcker überwacht, damit sich kein Dieb, mit Taschen voller Feldfrüchte, davonstehlen kann.

Die Kombination aus nutzbarem Land, Stammestradition und Religion hat zur jahrtausendalten Kulturgeschichte Jemens beigetragen. Viele Orte belegen das: Die Kooperation von Shibam – nicht zu verwechseln mit dem Shibam im Hadramaut – und der Zitadelle Kawkaban beispielsweise.

Etwas nördlich von Sanaa gelegen, sind sie durch eine 1000 m hohe Abbruchkante getrennt voneinander, aber durch einen gut angelegten Pass miteinander verbunden. Kawkaban diente der Verteidigung und Zuflucht, erkennbar an den osmanischen Befestigungsanlagen. Shibam indes diente als kommerzielles und religiöses Zentrum.

Noch Mitte der 1970er Jahre lebten in Sanaa lediglich 150 000 Menschen. Heute sind es mehr als das Zehnfache.

Die Stadt war einst Heimat der Yufirid-Dynastie, eine Sippe, die sich im 9. Jahrhundert gegen die Regierung von Sanaa erhob. Kurz darauf bauten sie Shibams Moschee, die berühmt für ihre fein bemalte Decke ist. Ähnliche Aufgabe hatte die Festung von Dhu Marmar, die die Marib-Route seit vor-

Blick auf das mittelalterliche Bergdorf Al-Hadjarah in Nordjemen mit blühenden Feigenkakteen im Vordergrund

islamischer Zeit bewacht. Die mittelalterliche Anlage, gebaut auf Fundamenten der Himjaren, muss eine wichtige Rolle in der erfolgreichen Handelswirtschaft des Stammes der Bani Hushaysh gespielt haben.

In Marib soll die legendäre Königin von Saba ihren Sitz gehabt haben.

MARIB

Im 8. Jahrhundert v. Chr. war Marib, mitten in der Wüste gelegen, bereits ein Zentrum des sabäischen Reiches. Vorher schon bewiesen die Sabäer ihre technischen Fähigkeiten, effiziente Bewässerungssysteme zu entwickeln, indem sie vorhandene Anlagen ausbauten. Das erste entstand um 1000 v. Chr. Der große Damm und das komplizierte Überlaufsystem stammen aus dem 6. Jahrhundert v. Chr.

Heute sind Bauteile vornehmlich von 549 n. Chr. zu sehen, als das Bauwerk ein letztes Mal repariert wurde, bevor eine schwere Flut 30 Jahre später alles endgültig zerstörte. Bis dahin konnte der Damm dem Druck von 2000 Tonnen Wasser und Schlamm pro Sekunde widerstehen, die nach schweren Regenfällen aus den Bergen herunterstürzten. Ein Schleusensystem an beiden Seiten leitete Wasser und Schwebstoffe gleich über Kanäle weiter und sorgte für Bewässerung von Äckern bis in 40 km Entfernung.

Die Einheimischen sprechen heute vom achten Weltwunder der Antike, denn der große Marib-Damm sorgte für reiche Ernte auf circa 100 Quadratkilometern Fläche und ließ zwei ausgedehnte Oasen im Sandmeer entstehen. Sie waren wesentlicher Baustein für den Reichtum der Sabäer. Heutzutage beträgt die bewässerte Fläche trotz eines modernen Staudammes und riesigem Wasserreservoir weniger als ein Drittel. Dabei werden sie nicht durch das Bewässerungssystems aus dem Staubecken gespeist, sondern durch Pumpen, die die Grundwasserreserven anzapfen.

Ein weiterer Baustein für den unermesslichen Reichtum der Sabäer war der Weihrauch. In ihrem Reich wuchs der Strauch, dessen Gummiharz und ätherische Öle zu Duftkieseln getrocknet wurden. Ein guter Strauch produzierte etwa zehn Kilogramm im Jahr. Weihrauch war der Verkaufsschlager der damaligen Zeit und somit eine unerschöpfliche Geldquelle.

Ausgrabungsarbeiten deutscher Archäologen in den letzten Jahren haben bereits einiges aus dieser Zeit ans Tageslicht befördert, anderes wurde restauriert. So zum Beispiel ein Teil des Bewässerungssystems sowie sabäische Tempelanlagen. Sabäer huldigten dem Sonnenkult mit drei Hauptgöttern an der Spitze, darunter Almaqah, dem Mondgott, dem der Almaqah- und der Awam-Tempel geweiht waren. Das bedeutendste Merkmal von ersterem sind sechs quadratische Pfeiler, von denen heute noch fünf Stück über acht Meter in die Luft ragen.

In den Hügelflanken unter dem historischen Marib sind die Ausgräber bereits auf Siedlungsreste gestoßen. Man hofft darauf, Paläste, Wohnbereiche und Werkstätten zu finden, die Aufschluss über das Leben in der einstigen Boomtown geben können.

Die Befestigungen der historischen Stadt Marib sind aus exakt zugeschnittenen Steinen gefügt.

Der Jemen

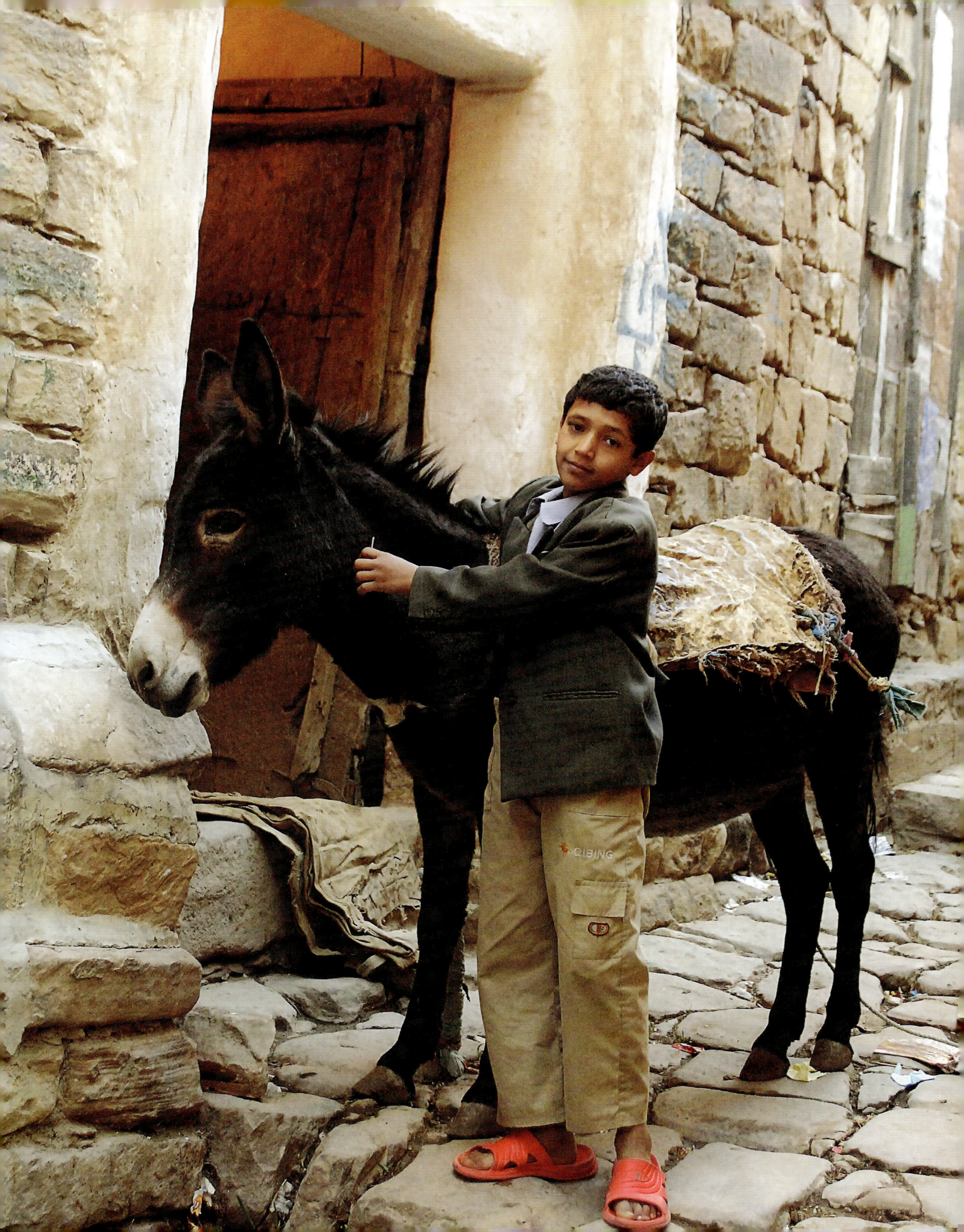

DER NORDEN

Während die ausländischen Mächte Südarabien im Laufe der Geschichte aus der Ferne regierten, wird das Geschehen heute eher aus dem nördlichen Hochland gesteuert. Das geografisch nicht genau definierte Gebiet zieht sich jenseits des befestigten Marktfleckens Amran von den Hügeln oberhalb des Escarpments im Westen bis zu den großen Wadis von Al-Jawf im Osten hin. Bilad Al-Qabail – das Land der Stämme – ist bis heute eine Region, in der die soziale Verbundenheit innerhalb der Sippe eine große Rolle spielt. Fremde werden oft mit Argwohn betrachtet, manchmal sogar mit Feindseligkeit, was vor allem auf dem fundamentalistischen Konservatismus, verbunden mit dem glühenden islamischen Glauben, basiert.

Mit weniger Niederschlag bedacht als weiter südliche Regionen, wurde seine Architektur an die Trockenheit angepasst. Anstatt Steinhäuser wurden Türme mit Schichten aus getrockneten Schlammquadern errichtet, die an den Ecken wulstartig vorspringen. Türen und Fenster sind von roten, weißen oder gelben Streifen eingerahmt. Die Farbe wird aus pulverisierten Mineralien gewonnen. Die Häuser stehen eng beieinander, was der Sicherheit dienen soll. Andererseits wird auf diese Weise möglichst viel Platz für den Anbau von Getreide, Gemüse und Reben geschaffen. Feindschaft unter Sippen ist nicht ungewöhnlich, weswegen Bauern ihre Ackerflächen von Wachtürmen aus im Auge behalten, speziell dort, wo Kath angebaut wird.

LINKE SEITE:
Auf den Straßen der neuen Stadt Marib geht es noch sehr traditionell zu: Selbstverständlich gehören Esel zum normalen Stadtbild.

UNTEN:
Imposante Felsen türmen sich über einem kleinen Bergdorf in der Abendsonne auf.

Die unsichere Lage gebietet noch immer allergrößte Vorsicht bei Besuchen in Jemen. Von einem Besuch der Stadt Saada rät das Auswärtige Amt dringend ab.

Saada

Paläolitische und neolitische Funde nahe der Stadt Saada belegen die frühe Anwesenheit von Menschen. Saada selbst ist ein antiker Ort, der sich optimal für die Zusammenstellung großer Karawanen eignete bzw. als deren Erholungsort auf der Weihrauchroute durch die Berge und auf dem großen alljährlichen Pilgerzug nach Mekka diente.

Im 10. Jahrhundert war der Ort sowohl für seine Färberei als auch für gute Weine, Pferde, Früchte und Vieh, später dann als Lieferant von Eisenerz und Silberschmuck bekannt. Aus der Verbindung der Metalle entstanden unter anderem die berühmten silbernen Krummdolchgriffe. Die Hügel der Region sind mit Festungen besetzt, die zum Teil bis in die 1960er Jahre benutzt wurden.

Im 9. Jahrhundert war Saada Geburtsort des Zaydi-Imamats. Nach heftigen Auseinandersetzungen riefen die Stämme Yahya Ibn Hussayn Ibn Qasim Al-Rassi aus Medina zu Hilfe, um die Kämpfe beizulegen. Anschließend gründete er 897 eine islamische Gemeinde, ernannte sich zum ersten Imam und nannte sich Al-Hadi Ila Al-Haqq. Seine Vorrangstellung zog er aus dem Recht, das ihm als Nachfahre von Mohammed zustand. Die von ihm initiierte Glaubensrichtung spielt bis heute eine Rolle in Jemens politischer und kultureller Geschichte, obwohl das Imamat mit der Revolution 1962 im Nordjemen ein Ende nahm.

Der 111. Imam wurde abgesetzt. Zaydi-Schiiten sind im Norden des Landes noch immer die treibende Kraft, während sich Sunniten, im Jemen Schafiiten nach der Schule des Imams Schafii genannt, im Süden und in Tihama behaupten. Sowohl der erste Imam als auch elf seiner Nachfolger sind in der Großen Moschee von Saada begraben. Ihre Kuppelgräber sind Reminiszenzen an die Gräber von Ägyptens Mamelucken-Herrscher, wie sie auf den Friedhöfen von Kairo stehen.

Die Stadt war über lange Zeit ein wichtiges Zentrum jemenitischer Juden, die für ihre Silberschmiedekunst berühmt waren. Eine kleine jüdische Gruppe widerstand 1949 der „Operation Magic Carpet", dem Exodus ins neu entstandene Israel. 50 000 jemenitische Juden folgten dem Ruf. Die heutige jüdische Gemeinde ist im Norden von Saada angesiedelt.

Anfang 2007 wurden sie durch einen unbekannten islamistischen Schreiber bedroht. In einem Brief verlangte er das Verlassen ihrer Häuser innerhalb von 10 Tagen, ansonsten würden Mord, Entführung und Raub folgen. Zum Schutz flohen 45 Juden in ein lokales Hotel. Der Brief wurde mit dem Al-Hadi-Konflikt in Verbindung gebracht, der etwa zur gleichen Zeit in Saada ausbrach: Zaydi-Kleriker versuchten, das alte Imamat wieder aufleben zu lassen und gerieten mit der Regierung aneinander. Aufgrund der unsicheren Lage in der Region war Touristen der Besuch von Saada verboten.

Die Große Moschee der Stadt geht auf das 11. Jahrhundert zurück und ist noch immer Zentrum der Zaydi-Lehre. Außergewöhnlich ist die Lage des Minaretts im Innenhof. Die Altstadt ist ein wunderbares Beispiel für die Zabur-Technik. Die Häuserwände sind leicht nach innen geneigt, ihre Fensterrahmen weiß verputzt, die Dächer mit zinnenartigen Hörnchen dekoriert. Sie sind trotz des tief verankerten Islams tierische Machtsymbole, die Stierhörnern nachgebildet sind.

Der Suk von Saada sieht so aus wie der von Sanaa vor 50 Jahren. Hier werden noch immer Maria-Theresien-Taler verkauft, die anderswo im Land rar geworden sind. Die Silbertaler waren bis zur Revolution 1962 als Währung im Umlauf. Auf allen steht die Zahl 1780 in Erinnerung an den Tod der österreichischen Kaiserin.

Wegen des günstigen Klimas findet ein Großteil des Lebens im Freien statt.

HOCHLAND

Auf der Strecke von Saada nach Westen wird deutlich, wie gut die Bauern jeden Zentimeter Erde und das wenige Wasser ausnutzen. Es durchfeuchtet die oberste Schicht des Terrassenbodens und regt das Pflanzenwachstum an, bevor es in die nächste Terrasse weitergeleitet wird. Wasser ist für Moslems ein göttliches Geschenk. Besitzer von Wasser gelangen zu Ansehen, wenn sie es anderen, zum Beispiel in Wassertanks oder Karaffen entlang des Weges, aus denen sich jeder bedienen kann, zur Verfügung stellen.

Der Einsatz von landwirtschaftlicher Maschinerie ist in dieser Region so gut wie unmöglich. So bearbeiten die Bauern ihr Land mit der Hand oder mit Eseln. Manche Terrassen sind weniger als zwei Hand breit und nur mit ein oder zwei Reihen Getreide oder Gemüse bestellt. Frauen und Männer bearbeiten gemeinsam die kleinen Äcker. Zu den Nutzpflanzen gehören rotes und weißes Sorghum, Mais, Weizen, Roggen, Linsen und Bockshornkleee, Letzteres ein schleimiges, aber gesundes Grün, welches das typische Mittagsmahl Saltah krönt.

Das Hochland wird im Westen von Bergen begrenzt. Eine Reihe von Festungen diente als Schutz gegen Invasionen aus der Fremde, wie sie im Laufe der Geschichte häufig stattfanden. Die spekta-

Das Gemisch aus Lehm und Stroh ist noch heute eines der wichtigsten Baumaterialien.

kulärste darunter ist Shihara und seine Brücke aus dem 17. Jahrhundert. Sie führt den aus Steinen geschlagenen Weg nach oben über eine tiefe Schlucht.

Das Dorf Shihara auf 2500 m Höhe war vor dem Brückenbau 1000 Jahre lang eine Bastion des zayditischen Widerstands, hin und wieder auch die seiner Gegenspieler. Als schier unerreichbare Festung war sie letzter Zufluchtsort der zayditischen Imame, die von dort aus Unterstützung suchten. 1587 fiel die Zitadelle für zehn Jahre in die Hände der Osmanen. Imam Qasim Bin Mohammed „der Große" befreite sie wieder. Er sammelte von hier aus Truppen für die Schlacht gegen die Feinde, in deren Folge die Besetzung der Fremdmacht 1635 endete. In den 1960er Jahren fiel Shihara während des Bürgerkriegs ägyptischen Bomben zum Opfer.

Klima und Terrain ändern sich abrupt zwischen Kuhlan und Hajjah. Während die zerklüfteten Gipfel oft in den von der Küste aufsteigenden Wolken verschwinden, wird es Richtung Küste immer heißer und feuchter. Die Straße, von Chinesen gebaut, windet sich um steile Klippen herum nach unten. Je tiefer der Weg führt, desto grüner wird es am Wegesrand. Hier wachsen Bananen, Mangos und Papayas, Kolibris umschwirren Hibiskusbüsche, und der eine oder andere Pavian hangelt sich von den Felsen herunter, um Früchte zu stibitzen. Die Straße ist der Übergang von der Bergwelt in die schwülheiße Zone der Tihama-Küste.

Immer wieder begegnen den Reisenden in Jemen Orte, die auf den Spitzen der Hügel hocken.

TIHAMA-KÜSTE

Die Ebene erstreckt sich gut 450 Kilometer am Roten Meer entlang, von der saudi-arabischen Grenze im Norden bis kurz vor Mokka im Süden. Sie ist 25–45 km breit wird von der Abbruchkante im Osten begrenzt. An den Bewohnern und den Behausungen erkennt man deutliche Einflüsse aus Afrika, die bis zur Himjaren-Epoche zurückreichen. Die dunkle Hautfarbe sowie die Architektur und die Kultur unterschieden sich von der des Berglandes.

Neuere Ausgrabungen belegen eine Besiedlung der Region in der Bronzezeit. Über das damalige Volk ist noch nichts Genaues bekannt. Ein großer Teil Tihamas war ab dem 3. Jahrhundert in abessinischer Hand. 525 diente es als Ausgangsort einer Invasion ins Hochland. Christliche Abessinier eilten Glaubensgenossen zu Hilfe, deren Familien dem Massaker von Najran zum Opfer gefallen waren.

Etwa vom 9. Jahrhundert an festigten sich die maritimen Handelsrouten zwischen den Kontinenten. Wichtigstes Handelsgut waren Sklaven, die an Imame, Stammesoberhäupter und Armeen im gesamten Nahen Osten verkauft wurden. Am beliebtesten im Jemen waren die nubischen Sklaven aus dem heutigen Sudan. In den folgenden Jahrhunderten schwang die Oberhoheit zwischen fremden und einheimischen Dynastien hin und her, und auch untereinander herrschte wenig Frieden.

In Handarbeit wird er Rumpf eines Dau aus Holz gefertigt.

Vom 15. bis zum 17. Jahrhundert trugen Anbau und Export von Kaffee zum Wohlstand der Region bei. Von Äthiopien importiert, gedieh der Strauch in den jemenitischen Hochlagen prächtig. Die Bohnen ließen an der Küste zwei Häfen wachsen, Al-Luhayya und Mokka. Letzterer verpasste dem starken Kaffee seinen Namen. Der Handel verebbte langsam wieder, nachdem die Pflanze von Franzosen und Holländern aus dem Land geschmuggelt und in ihren tropischen Kolonien wie Réunion und Java erfolgreich angebaut wurde. Von Mokka blieb nicht viel mehr als der Name. Der einst reiche Hafen schrumpfte zu einem armseligen Ort, in dem nur noch ein paar Ruinen von alten Kaufmannshäusern sowie die Ali Shadhile-Moschee an glanzvolle Zeiten erinnern.

Tihama ist seit eh und je wichtiges landwirtschaftlich genutztes Gebiet. Vom regen- und quellenreichen Hochland gelangt Wasser über sieben Wadis in die langsam abfallende Region. Terrassen, seit mehr als 2000 Jahren Auffangbecken von fruchtbarem Schwemmsand, werden von hohen Dämmen begrenzt. Von oben betrachtet bilden sie ein hübsches Patchwork-Muster, unterbrochen von Linien aus Dattelpalmen und Papaya-Sträuchern. Im flachen Land gibt es große Äcker, auf denen Baumwolle, Sorghum, Sesam, Mais und Melonen gedeihen.

Viele Bewohner der Ebene leben in kleinen Siedlungen aus Hütten, Ushshah genannt. Sie ähneln denen an Afrikas Ostküste und sind aus Lehm gebaut. Zur besseren Haltbarkeit der Mauern wird Häcksel aus Sorghum-Stroh untergemengt. Das Dach besteht aus getrockneten Palmenblättern und

Sorgfältig werden die Materialien für den Bootsbau ausgewählt.

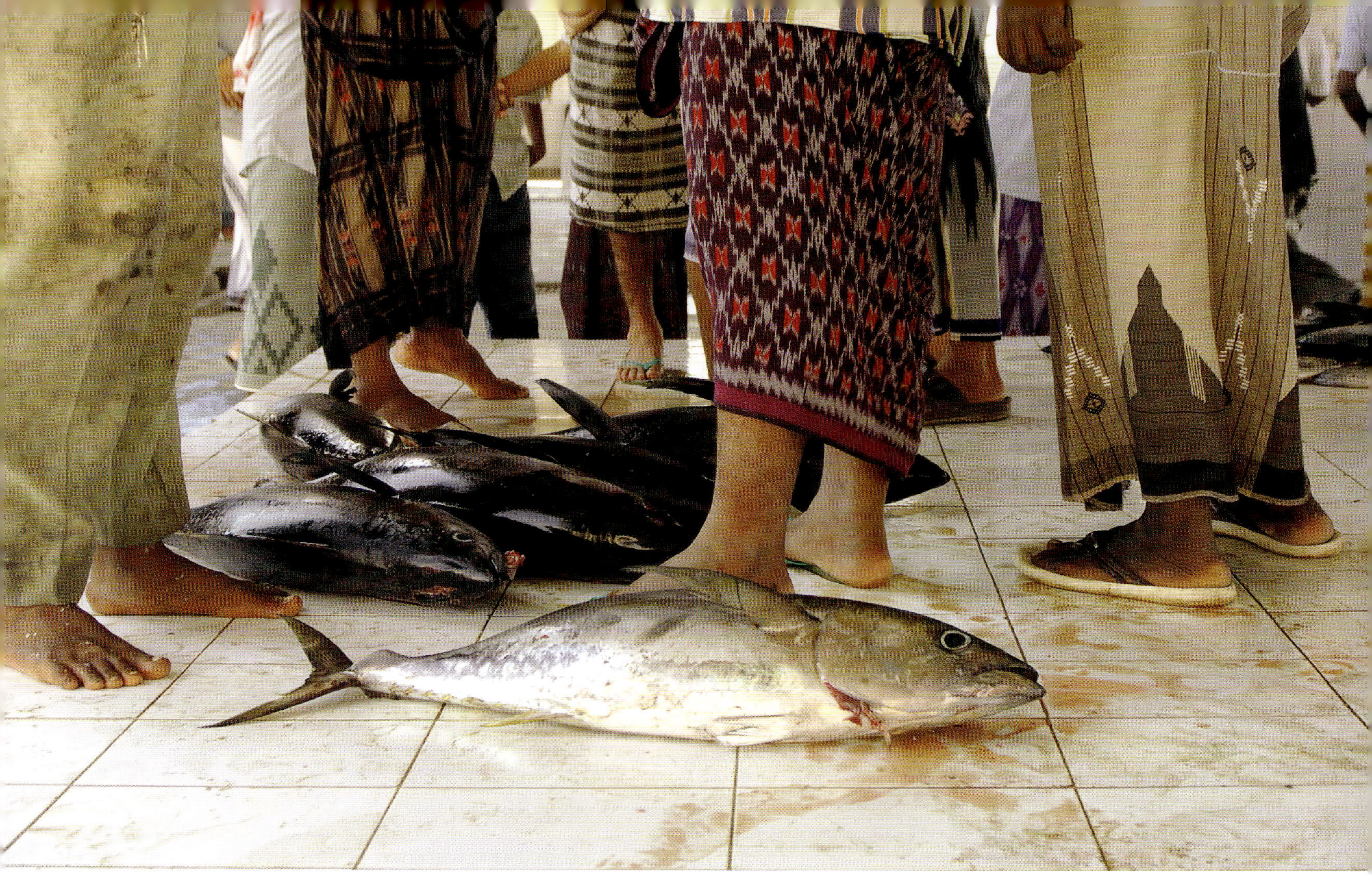

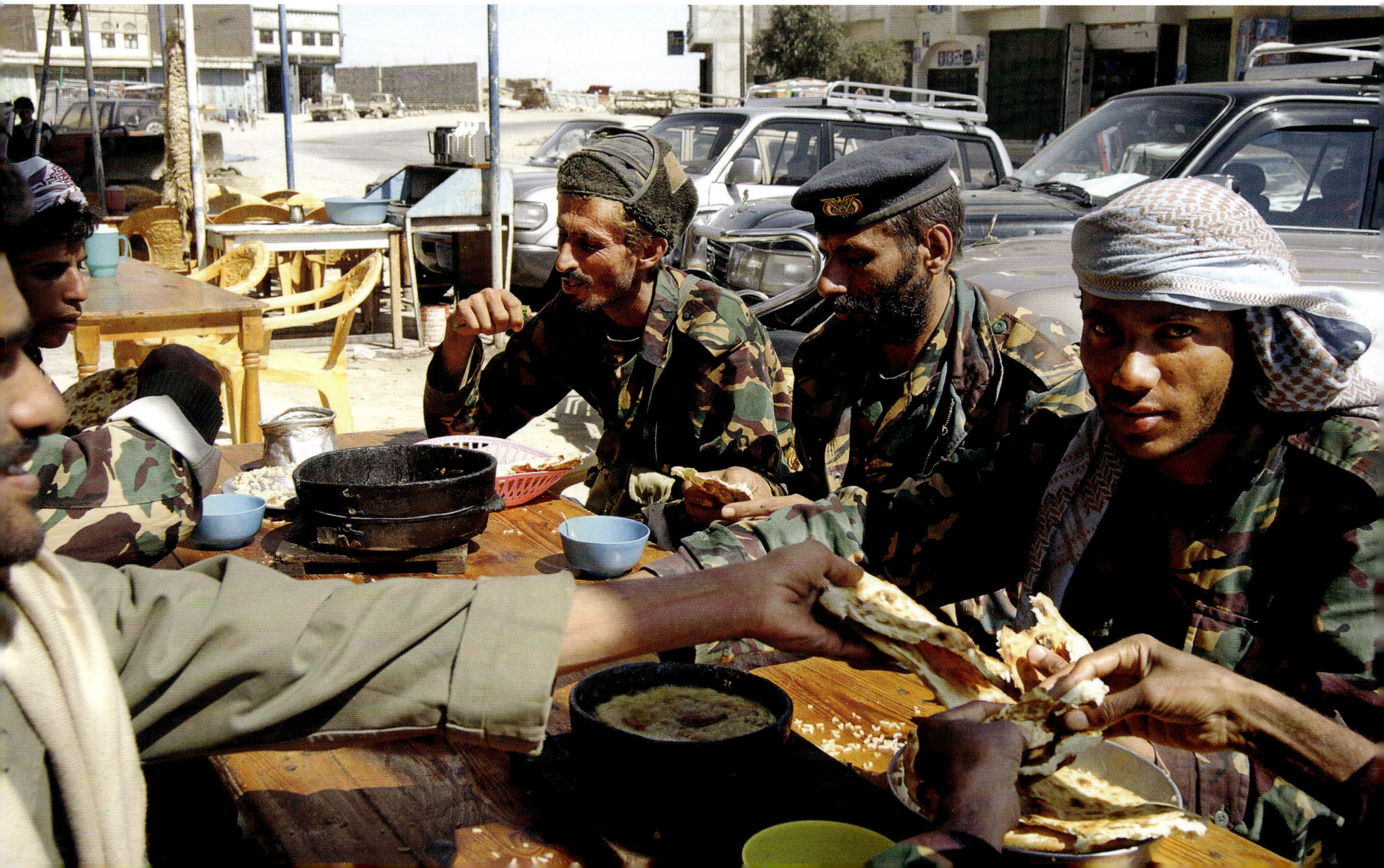

ist mal konisch, mal rund, mal rechteckig geformt. Mehrere solcher Hütten werden von einer Mauer umschlossen, mit der sich die Bewohner von der Nachbarsippe abgrenzen. In einem Häuschen wird gekocht, im zweiten gewohnt, im dritten werden Gäste empfangen.

Das Interieur ist häufig mit hübschen Malereien geschmückt. Als Vorlage dienen Blumen, Kalligrafien und Autos oder auch Flugzeuge und Waffen. Andere Clans dekorieren ihre Häuser mit Tellersammlungen aus China. Frauen zeigen sich überwiegend unverschleiert in der Öffentlichkeit. In den charaktervollen Gesichtern zeichnet sich ihre Herkunft von arabischen und afrikanischen Vorfahren ab.

Al-Luhayya

Mokkas größter Konkurrent im Kaffee-Export war der Hafen Al-Luhayya. Der im 15. Jahrhundert entstandene Wettstreit zwischen beiden Orten währte bis ins 18. Jahrhundert. Abgesehen von Kaffee trug der Handel mit Perlen zum Reichtum bei. Die maritimen Preziosen wurden vor der Küste gefunden und bis nach Europa verschifft. Carsten Niebuhr landete 1762 auf seiner wissenschaftlichen Expedition in der Stadt. Er beschrieb die Einwohner als neugierig, intelligent und kultiviert.

Im 19. Jahrhundert verlor Al-Luhayya wieder an Bedeutung, was es dem Aufstieg von Hodeida sowohl als Hafen als auch politischem und wirtschaftlichem Zentrum verdankte. 1809 brannten Wahhabi-Heere den Ort gänzlich nieder, nachdem ein Herrscher des nördlichen Tihama die Kontrolle über das Gebiet erringen wollte. 1911 fiel Al-Luhayya im türkisch-italienischen Krieg italienischen Bomben zum Opfer.

Al-Luhayya hat nichts mehr mit dem gemein, was es einmal war. Es ist heute ein Fischerdorf mit kleinem Suk und großer Moschee. In den Sommermonaten wird noch immer nach Perlen getaucht. Die Ausbeute ist gering, weswegen sich Fischer mittels kleiner Spende gern überreden lassen, nach Perlenaustern zu tauchen.

Spektakulär sind die Mangrovenwälder in der Nähe. Zwischen ihren riesigen Wurzeln haben sich verwunschene Kanäle gebildet, durch die man zum offenen Meer hinausschippern kann.

Hodeida

1454 erstmalig erwähnt, stieg Hodeida erst im 19. Jahrhundert zum bedeutenden Hafen auf. Anfang der 1960er Jahre wurde mithilfe der Sowjetunion ein neuer Tiefwasserhafen außerhalb der Stadt angelegt. Jetzt ist er nach Aden der wichtigste. Die Stadt selbst ist die größte in Tihama. Das einzig touristisch Interessante ist der tägliche Fischmarkt, nachdem die Altstadt abgerissen wurde.

Zabid

Revolten der selbstbewussten und freiheitsliebenden Stämme von Tihama ziehen sich durch die Geschichte der Stadt wie Perlen an einer Schnur. Angefangen von der Erhebung der Akk gegen Medina

LINKE SEITE OBEN:
Thunfisch spielt auf der Speisekarte der jemenitischen Küstenbewohner eine nicht unbedeutende Rolle.

LINKE SEITE UNTEN:
Regierungstruppen bemühen sich seit Jahren um eine Befriedung des Landes.

Dunkle Lavaerde stürzt am Golf von Aden steil ins Meer ab.

RECHTE SEITE:
Filigran verzierte Becher und Schalen aus Messing findet man in Jemen auf allen Märkten.

im 7. Jahrhundert, über Aufstände gegen die Umayyaden und Abbasiden bis zur Rebellion des Zaraniq-Stammes 1920 wurden alle niedergeschlagen. Umso erstaunlicher ist es, dass sich Zabid nicht nur lange Zeit behaupten konnte, sondern sich im 9. Jahrhundert zur Stadt und später zur wichtigen Ausbildungsstätte entwickelte. Im späten 14. Jahrhundert besaß sie 230 Moscheen und Schulen.

Die Tatsache, dass der Ort auf der Pilgerroute zwischen Aden und Mekka lag, Landwirtschafts- und Handelszentrum war, trug erheblich dazu bei. Mit Beginn der osmanischen Herrschaft Mitte des 16. Jahrhunderts und ständigen Überfallen auf die neu eingerichtete Militärbasis ging es mit Zabids Bedeutung langsam bergab.

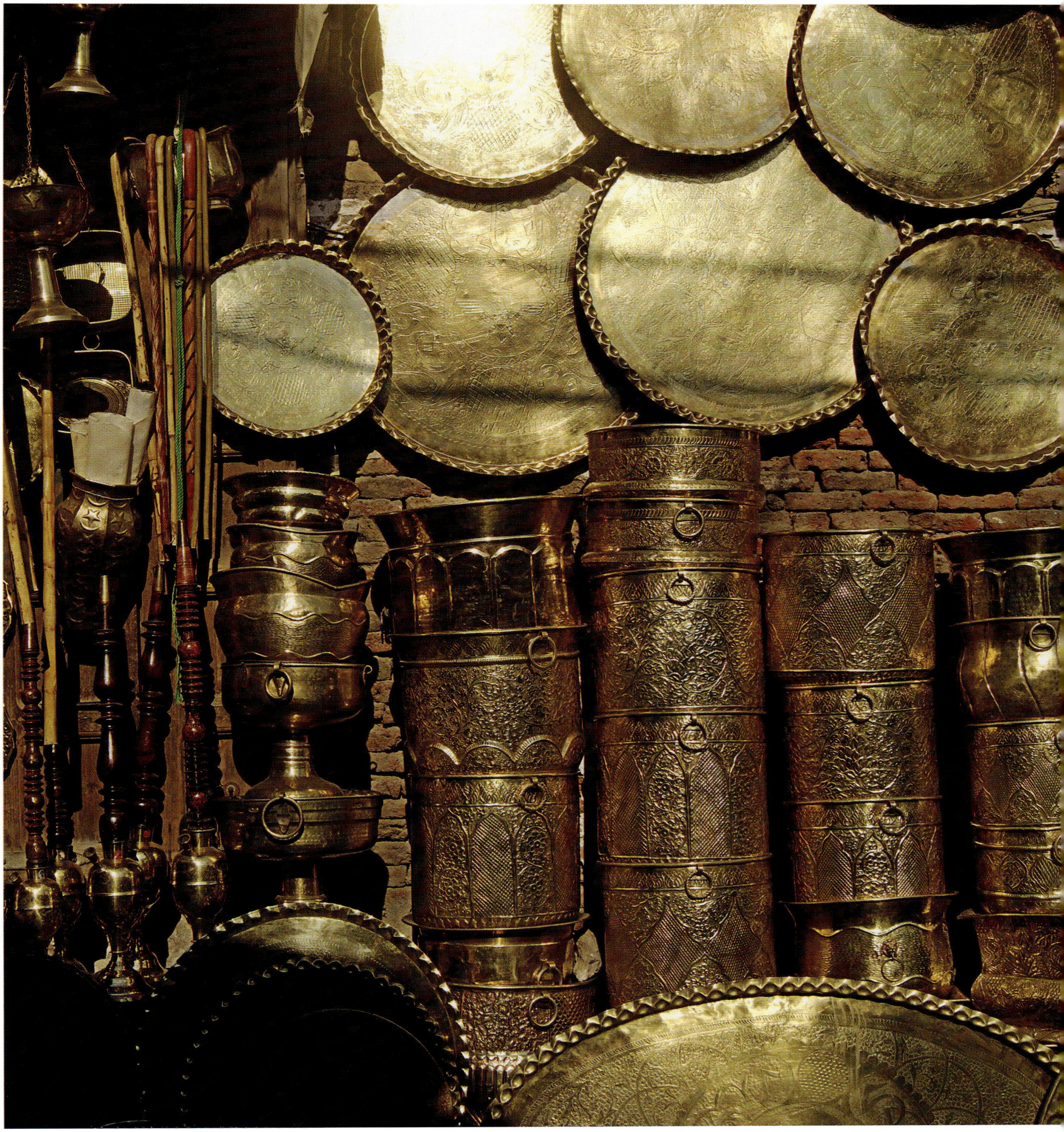

Junge in einer Dorfgasse des mittelalterlichen Bergdorfes Al-Hadjarah in Nordjemen

Eine jemenitische Familie posiert vor dem Felsenpalast Dar Al-Hadschar im Wadi Dhar.

Klassische arabische Verzierungen an der Balustrade eines jemenitischen Hauses

Manches erinnert noch an die einstige Pracht. Zabid zählt heute 29 Moscheen und 53 Schulen. Von der Stadtbefestigung stehen noch das Fort und vier Tore. Die älteste Moschee der Stadt wurde zu Mohammeds Lebenszeit gegründet. An der gleichen Stelle steht jetzt die sehenswerte Iskanderija-Moschee aus dem 15. Jahrhundert mit wunderschönen Reliefs und Kalligrafien. In der Zabid-Zitadelle gelegen, die auch den Nasr-Palast umschließt, steht sie als eine der wenigen für Nicht-Moslems offen.

Der Palast Zabids ist ein Bauwerk der Osmanen aus dem 18. Jahrhundert. Nirgendwo anders in Tihama sind derart viele kunstvolle Stuckarbeiten an Häusern und Moscheen zu bewundern. Sowohl Fenster- als auch Türrahmen, manchmal sogar ganze Wände, sind geometrisch verziert.

Eines der prächtig dekorierten Häuser wurde einst von Pier Paolo Pasolini als Filmkulisse benutzt. Der italienische Regisseur verliebte sich in Stadt und Land und trug letztendlich dazu bei, dass Zabid 1993 von der UNESCO als Welterbe anerkannt wurde. Es steht allerdings auf der Roten Liste, da historische Häuser trotz Verbot abgerissen werden und man sich in vielen Fällen nicht an Bauvorgaben hält.

DAS SÜDLICHE HOCHLAND

Der Unterschied von Küste und südlichem Hochland könnte kaum größer sein. Hier plattes Land mit wenig Vegetation, dort abwechslungsreiches Grün, das sich über Terrassen, Täler und Schluchten bis auf 3000 m zieht. Nirgendwo in Jemen fällt durchschnittlich mehr Niederschlag. Es sind 800 mm im Jahr, die Getreide-, Gemüse- und nicht zuletzt Kathfelder fast das ganze Jahr über bewässern.

Orte wie Al-Udayn, Ibb, Jibla und vor allen Dingen Taiz sind florierende Märkte. Der steile Anstieg vom Töpferei-Zentrum Hays über Absätze des Escarpments in das zauberhafte Grün des südlichen Hochlands bietet das gesamte Spektrum der sich verändernden Landschaften.

Unverkennbar weist dieses Schild auf einen Zahnarzt hin, wenn auch die Werbung ansonsten im Land fast ausschließlich in arabischen Lettern dargestellt ist.

Al-Udayn, in einem Hochtal gelegen, ist berühmt für seine Kaffeepflanzungen. Auf Terrassen angebaut, umgeben sie den Ort wie ein Amphitheater. 800 Meter höher ist das Plateau des Steilhangs erreicht. In einer weiten Senke liegt Jibla mit seiner Schwesterstadt Ibb. Die Bewässerung der Getreideterrassen funktioniert hier so gut, dass die Bauern mehrmals im Jahr ernten können.

Ibb – Jibla

Ibb ist wahrscheinlich während der Himjaren-Epoche als Thogha gegründet worden. Erstmalig als Ibb im 10. Jahrhundert dokumentiert, lag es auf der Karawanen- und Pilgerroute von Aden nach Sanaa, was ihm während seiner gesamten Geschichte gute Einkünfte sicherte. Seine hohen Häuser unterscheiden sich von anderer jemenitischer Architektur, sind sie doch aus Steinblöcken errichtet. Die schön geschnitzten Türen, die noch in der Altstadt zu sehen sind, gehen auf die Zeit vor 1948 zurück, als noch jüdische Tischler in Ibb wohnten. Die Altstadt besaß einst fünf Tore. Zwei bestehen noch. Neben dem einen, Bab Al-Kabeer, befindet sich das kleine Ibb-Museum mit Relikten aus dem Himajaren-Reich. Außerhalb thront die Festung Husn Al-Habb auf dem Berg Baadan. Sie soll früher eine der uneinnehmbarsten des Landes gewesen sein. Seit einer Belagerung durch die Osmanen im 16. Jahrhundert wird die Anlage nicht mehr benutzt.

Im 11. Jahrhundert war das acht Kilometer entfernte Jibla Sitz der Sulahiden-Königin Arwa. Unter ihrer Herrschaft entwickelte es sich zum kommerziellen und schulischen Zentrum. Es wird behauptet, dass sie die Einkünfte eines ganzen Jahres dafür benutzte, Straßen, Aquädukte und Brücken zu bauen. Sie wird von Jemeniten bis heute als eines der führenden Oberhäupter im Laufe der Geschichte geschätzt. An dem Platz, wo ihr Palast stand, erhebt sich jetzt die Queen Arwa-Moschee.

Typische Steinhäuser in der Altstadt von Thula im nördlichen Teil Jemens

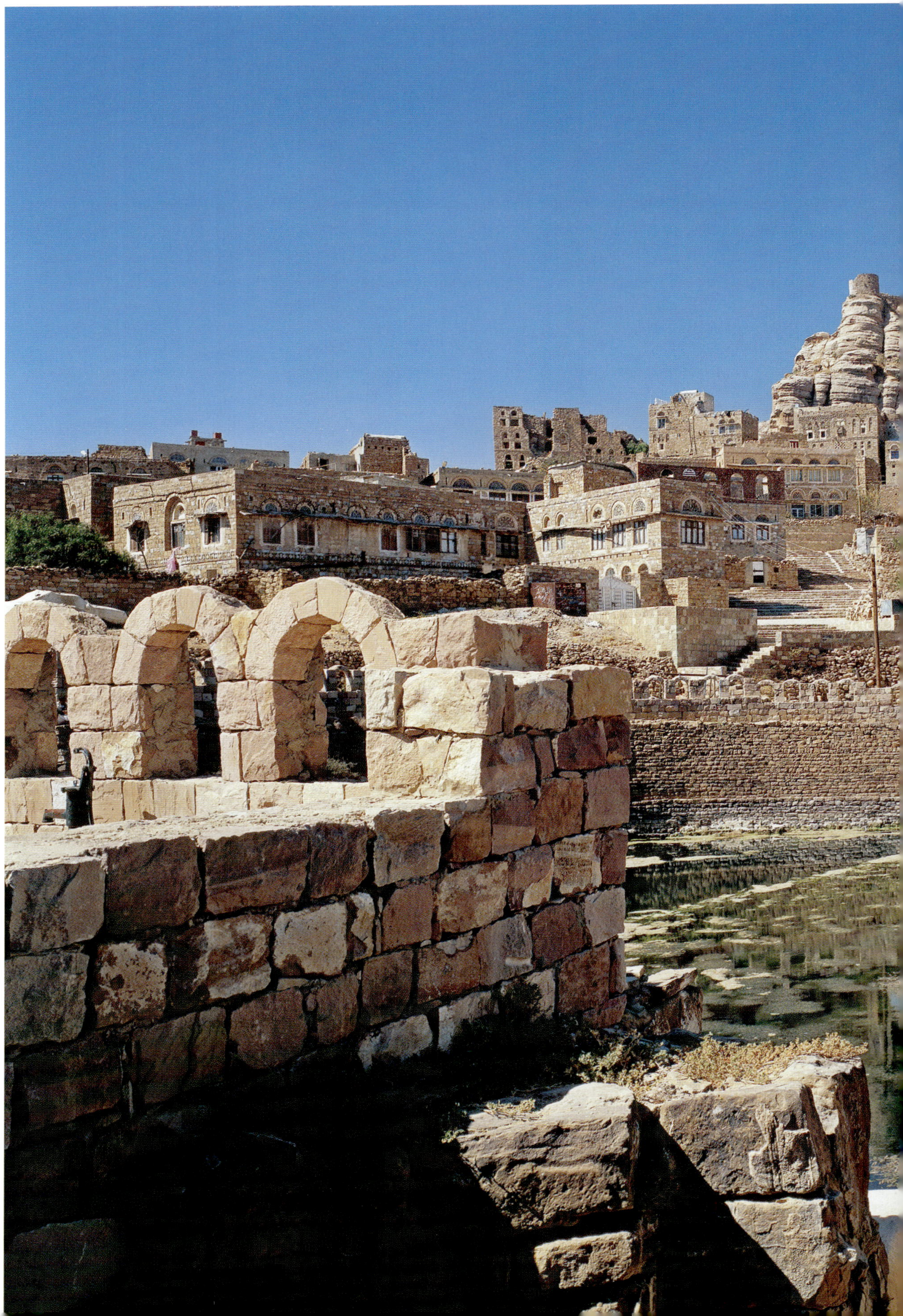

Zisternen wie diese in der Altstadt von Thula gewährleisten die ganzjährige Bewässerung der Grünanlagen.

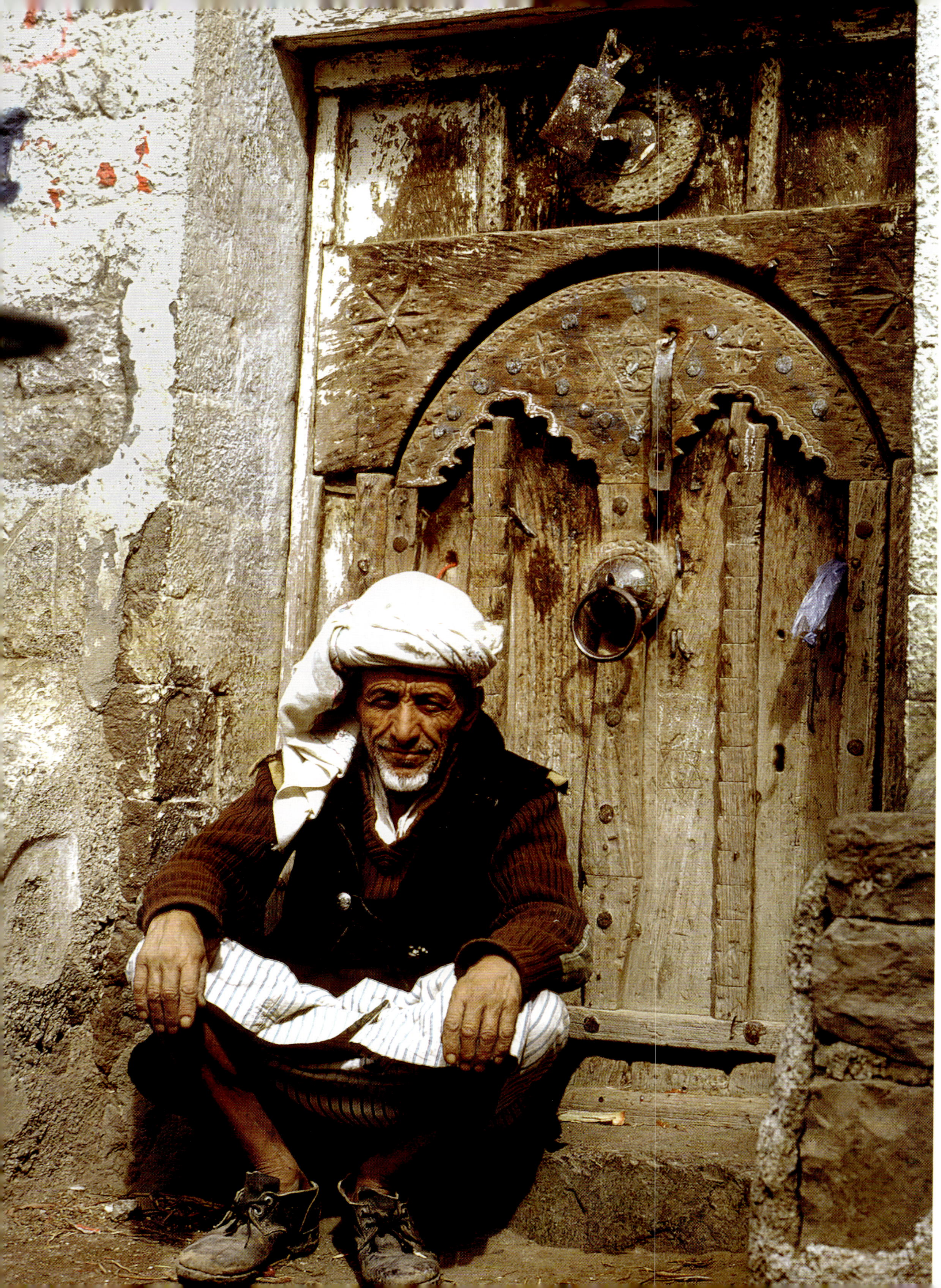

Taiz

Als jemenitische Kapitale während der wirtschaftlich erfolgreichsten Epoche unter den Rasuliden (1229-1454) ist Taiz 600 Jahre später noch immer ein wichtiges ökonomisches Zentrum. Sie ist mit 500 000 Einwohnern die drittgrößte Stadt des Landes und eines der wichtigsten Industriezentren. Wie Sanaa besitzt die Stadt eine ummauerte Altstadt mit großem Markt. Er ist berühmt für die heiseren Stimmen der Händlerinnen, die Kath oder Kamel- und Ziegenkäse anpreisen, Spezialitäten von Taiz. Am Rande erhebt sich der Felsenberg Sabir mit der gerade renovierten, mächtigen Festung Kairo obendrauf.

Taiz wurde im späten 12. Jahrhundert während der Herrschaft der Ayyubiden erstmalig erwähnt. Furore machte Taiz erst 50 Jahre später unter den Rasuliden. Sie bauten den Ort aus, verschönerten ihn und richteten zudem zahlreiche Ausbildungsstätten für Kunst und Wissenschaft ein. Fast ein halbes Jahrhundert lang konnten die Herrscher Frieden bewahren. Infolge seiner Entwicklung in den letzten Jahrzehnten konnten Archäologen nur wenige Relikte aus der früheren Blüte der Stadt finden. Abgesehen von der Befestigungsanlage, die sich um den Jebel Sabir zieht, sowie zwei Tore, Bab Shaykh Musa und Bab Al-Kabir, blieb aus der Rasuliden-Epoche nicht viel übrig.

Man darf die große Ashrafiyyah-Moschee auch als Nicht-Moslem besuchen und ihre prachtvolle Ausstattung bewundern. Ihre Deckengemälde aus dem 14. Jahrhundert gelten als das bedeutendste Kunstwerk aus rasulidischer Zeit. Sehr schön sind auch die mit geometrischen und floralen Mustern geschmückten Wände.

LINKE SEITE:
Taiz hat einige wunderschöne alte Viertel, in denen die traditionellen Häuser noch stehen.

UNTEN:
Moscheen sind üblicherweise in weiß gehalten.

RECHTE SEITE:
Eine lange Promenade bietet wunderbare Ausblicke auf das Meer und die abends ruhigen Orte.

UNTEN:
An der Küste ist ein Großteil des Lebensunterhaltes vom Fischfang abhängig.

ADEN UND DAS ROTE MEER

Im Jahre 1504 wagte sich ein portugiesisches Schiff durch Bab Al-Mandab ins Rote Meer. Der europäische Vorstoß war eine Herausforderung des moslemischen Monopols auf diese wichtige Meeresenge, galt sie doch als Tor zwischen Arabien, Mittelmeer und Indischem Ozean. Die christliche Mission wurde zudem als direkter Angriff auf die Sicherheit der Heiligen Städte Mekka und Medina betrachtet. Die Moslems erwarteten für ihre maritimen Handelsrouten einen ebenso großen Respekt und Anerkennung wie für die Pilgerwege über Land. Deshalb wurde das Eindringen der Portugiesen zum einen als religiöse, zum anderen als wirtschaftliche Bedrohung angesehen.

Die Geschichte Jemens, speziell Südjemens, ist zwischen dem 16. und Mitte des 20. Jahrhunderts eng mit europäischer Bedrohung einerseits und moslemischer Reaktion andererseits verwoben. Als erste Maßnahme gegen die Bedrohung schickten die Mamelucken-Herrscher Ägyptens, die sich in dieser Zeit als Wächter der Heiligen Städte betrachteten, Truppen nach Jemen und breiteten sich gleichzeitig im Land aus. Kurz darauf mussten sie sich wieder zurückziehen, nachdem die Osmanen in Ägypten einfielen und sich dann auch in Jemen fast 80 Jahre lang behaupten konnten. Im Norden erstarkte das Zaydi-Imamat auf ein Neues und jagte die Osmanen letztendlich 1636 aus dem Land.

Der Jemen 233

OBEN:
Auf den Tourismus ist man in Jemen eingestellt, wenn auch die Sicherheitslage vorerst keine Massen aus dem Westen in das Land bringen wird.

RECHTE SEITE:
Muscheln haben sich an den schwarzen Felsen angesiedelt.

Als Reaktion auf den europäischen Imperialismus, insbesondere in Aden, und die Internationalisierung des Roten Meeres nach Eröffnung des Suezkanals kehrten sie im späten 19. Jahrhundert zurück. Im Norden wehrte sich das Imamat erfolgreich gegen die Eindringlinge. Im Süden jedoch behielten Briten ihre Position als Besetzer von Aden, was ihnen mittels einflussreicher Verbindungen zu einheimischen Stämmen gelang. Sie entwickelten sich schließlich zum Protektor. Die britische Oberhoheit währte 128 Jahre – bis 1967.

Die reiche Stadt Aden, bereits in einer sabäischen Schrift 410 v. Chr. erwähnt, war Anfang des 15. Jahrhunderts die erste, die die portugiesische Bedrohung hautnah spürte. An einem großen Naturhafen gelegen und gut befestigt, war sie begehrter Stützpunkt, um den ostwestlichen Handelsverkehr zu kontrollieren. 1839 annektierten die Briten den Ort. Die Besetzung von Aden markierte die erste Expansion des British Empire unter Königin Viktoria.

Der Jemen 235

Feinster weißer Sand und türkisfarbenes Meer laden verführerisch zum Baden ein.

Die Stadt war leichte Beute, denn inzwischen war sie nur noch von 600 Einwohnern bewohnt. Ihre Bedeutung als Handelshafen war längst passé. Während der britischen Okkupation wuchs die Stadt erneut. Ihre Einwohnerzahl stieg auf 250 000, die Einkünfte von 30 000 auf 154 Millionen Pfund. Die Briten hatten Aden zu einem wichtigen Kohlen- und Warendepot ausgebaut.

Englands Präsenz in Arabien rief 1873 die Osmanen wieder auf den Plan, die sich in den nächsten 30 Jahren heftige Auseinandersetzungen mit der britischen Krone lieferten. Letztendlich einigte man sich 1905 auf eine Grenzlinie, die die von den jeweiligen Mächten kontrollierten Gebiete trennte. Diese Linie war bis zur Vereinigung beider Länder 1990 Basis der Teilung zwischen der Republik Jemen im Norden und der Volksrepublik im Süden.

Im Bürgerkrieg 1994 war Aden ein Ort schwerer Kämpfe. Anschließend wurde die Stadt wieder aufgebaut. Am 12. Oktober 2000 geriet sie erneut in die Schlagzeilen, als das amerikanische Kriegsschiff USS Cole durch einen Selbstmordanschlag schwer beschädigt wurde und 17 Marinesoldaten starben. Der Al-Qaida-Anschlag wurde als Vorgänger vom 11. September 2001 angesehen.

Aden (arabisch für Paradies) mit einer guten halben Million Einwohnern setzt sich aus verschiedenen Vierteln mit unterschiedlicher Bedeutung zusammen. Crater ist der älteste Teil und diente ursprünglich als Hafen. Gebaut in einem erloschenen Vulkan, besitzt es einen modernen Suk. Maalla wurde während der britischen Besetzung gebaut und als Wohnsiedlung genutzt. Das nicht unbedingt attraktive Areal dient jetzt als Teil des neuen Hafens und überschaut die Aden-Free-Zone. Tawahi war unter den Briten der Hafen. Khormakser, das Krankenhaus-, Universitäts- und Diplomatenviertel, steht für Modernität. Ebenso das abgeschiedene Gold Mohur mit seinen Resorthotels, privaten Stränden und Nightclubs.

Die bedeutendsten Sehenswürdigkeiten, neben der Moschee Abu Bakr Al-Aydarus auch die einzigen, sind die Zisternen von Tauila. Sie befinden sich in der nordwestlichen Ecke des Kraters. Die antike Anlage, wahrscheinlich unter den Bewässerungskünstlern der Himjaren entstanden, besteht aus 17 riesigen, miteinander verbundenen Staukammern. Ursprünglich sollen es 52 gewesen sein. Sie wurden als Auffangbecken für Regenwasser gebaut, um die Stadt mit Trinkwasser zu versorgen und gleichzeitig vor Überflutung nach heftigen Niederschlägen zu bewahren.

Die Bewaffnung der Bevölkerung sticht immer wieder unangenehm ins Auge.

OBEN:
Zieht sich das Meer bei Ebbe zurück, so offenbaren sich die sonst von Wasser bedeckten Algen und Felsen.

RECHTE SEITE:
Unterschiedliche Beschläge und Verzierungen weisen auf die lange Tradition der Orte hin.

Bassins und Überlaufrinnen, Kanäle und Staubecken, flankiert von gemauerten Wegen und überspannt von Ziegelbrücken, wurden in den Berg geschlagen. Die Anlage soll insgesamt etwa 45 Millionen Liter gehalten haben. Irgendwann dem Verfall preisgegeben, wurde sie 1854 wiederentdeckt und instand gesetzt. Jetzt geben die Staubecken ausgedehnten Gärten unter dem Fels eine interessante Struktur.

Die Geschichte der Abu Bakr Al-Aydarus-Moschee geht auf das 15. Jahrhundert zurück, als der Sufismus in der Region Einzug hielt: eine islamische Sekte, der große spirituelle Kraft zugeschrieben wird. Die Moschee ist bis heute Zentrum des Sufismus in Aden. Die Kunst lyrischer Gesänge, die der Gründer der Moschee und heutige Stadtheilige Al-Aydarus importierte, wird bis heute ausgeübt. Nicht-Moslems dürfen montags einer Session poetischer Rezitationen beiwohnen.

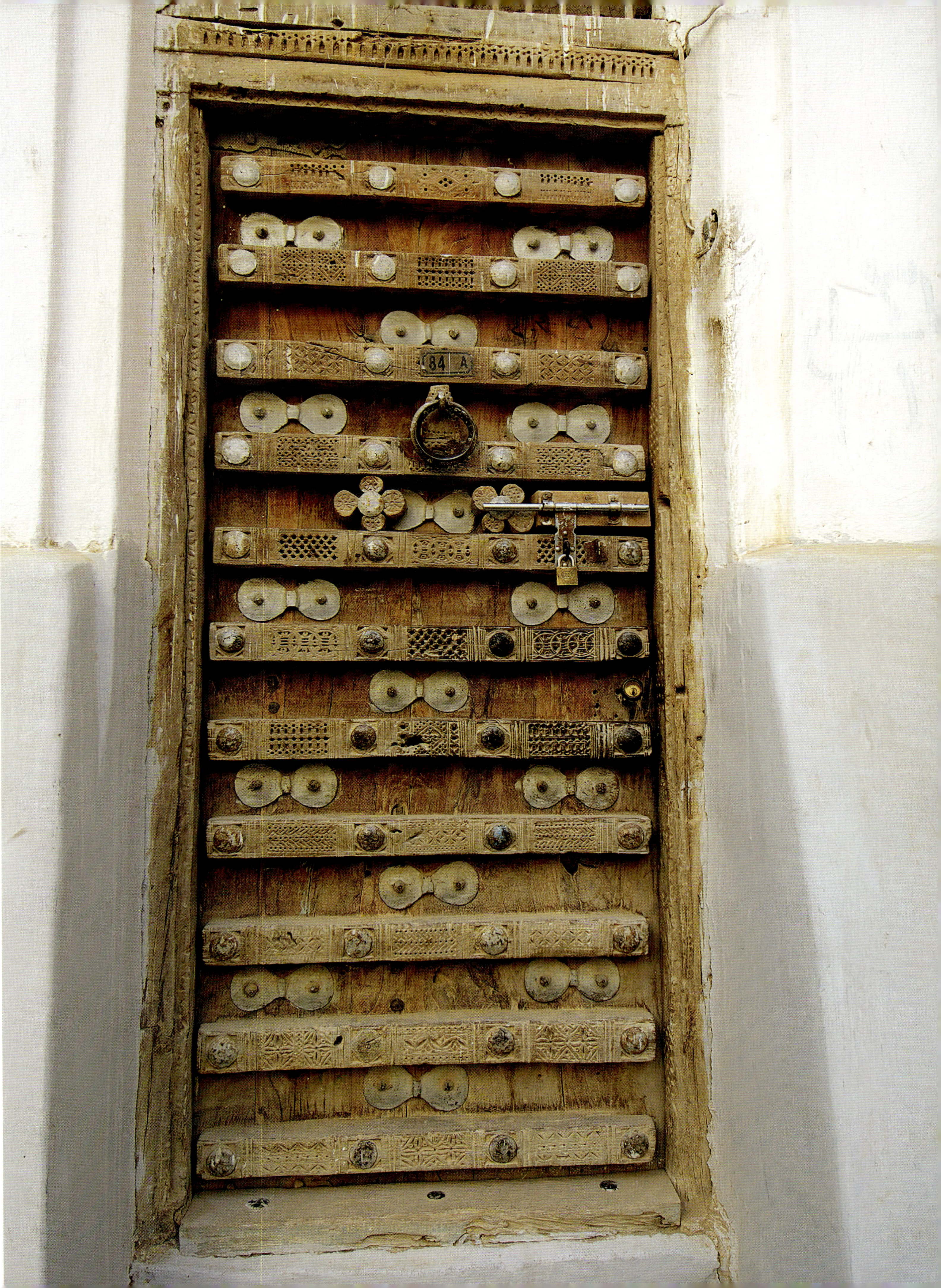
84 A

HADRAMAUT

Das große Wadi erstreckt sich etwa 600 Kilometer lang von seinem Ursprung bei Al-Abr bis zur Mündung bei Sayhut am Indischen Ozean. In seinen Niederungen östlich von Tarim wechselt das Tal den Namen in Wadi Masilah und wird permanenter Fluss. Aus der Luft betrachtet, speziell auf dem Flug von Sanaa nach Sayun, erscheint es wie ein zusammengesetztes Puzzle, dass von Riesenhand in die Erde gekratzt wurde. In Wirklichkeit sind es Tausende Wasserwege, die in Millionen Jahren ihre Betten tief in die Felsen gefräst haben, zum Teil versickert sind und zum Teil noch bestehen.

Spektakulär ist es, wenn man am Rande einer 300 m tiefen Schlucht steht und in der Tiefe grüne Terrassen, Dattelpalmen und Lehmdörfer sieht, die wie Schwalbennester an den Hängen der Abbruchkante kleben. Der Name Hadramaut bezieht sich sowohl auf das Wadital, welches sich fast parallel zur Küste erstreckt, als auch auf die Hochlandregionen zu beiden Seiten mit ihren Nebenwadis.

Im Landesinneren ist der Bewuchs erheblich karger als in der Küstenregion.

Geschichte

Archäologische Ausgrabungen beförderten Funde aus paläolithischer und neolithischer Zeit zutage: Gräber und Siedlungen aus der Bronzezeit sowie Tempel aus dem 1. Jahrtausend v. Chr. Letztere stammen in etwa aus der Epoche, in der sich Stämme der Region zum Königreich Hadramaut zusammenschlossen. Die Macht sollte fast 1300 Jahre Bestand haben. Berühmt wurde das Hadramaut durch die Weihrauchroute, auf der Karawanen vom Hafen Qana nach Shabwah am westlichen Ende des Wadis zogen, beladen mit Duftharzen und aromatischen Kräutern.

Viele Schlachten ziehen sich durch die Geschichte der Region, die zwar geografisch, aber weder politisch noch wirtschaftlich isoliert war. Seien es Aufstände gegen die von den Bewahrern der Heiligen Städte auferlegten Steuern nach Verbreitung des Islams oder Machtkämpfe der Stämme untereinander aufgrund verschiedener Religionsauffassungen.

Zwei Stämme dominierten das Geschehen in den letzten 400 Jahren: Kathiri und Quaiti. Erstere sind wahrscheinlich im 15. Jahrhundert ins Wadi gezogen. Im 16. Jahrhundert taten sie sich mit Söldnern von Yafa im Westen zusammen, um lokale Revolten zu unterdrücken. Der Schuss ging nach hinten los. Die Yafaris forderten bald die Kathiris heraus und gründeten einen eigenständigen Staat. Sie entwickelten wichtige Handelsverbindungen nach Indien, in dem sie dem Stadtoberhaupt von Hyderabad Söldner schickten. Die

Die Hochebene ist schon weithin sichtbar.

Seit 1983 steht die Altstadt von Shibam auf der Liste des Weltkulturerbes der UNESCO. Einige der mehrere Hundert Jahre alten Gebäude sind bis zu 30 m hoch.

Führer dieser Söldnertruppen war Mitglieder des Quaiti-Clans. Im Laufe der Zeit gelang es ihnen, große Vermögen in Indien anzuhäufen. Damit konnten sie u. a. ihre Macht im Hadramaut behaupten.

1888 erkannte die britische Krone ihre Oberhoheit an, was die Kathiris wiederum empörte. Die Folge waren stetige Stammeskämpfe, die nicht zuletzt mit dem Mangel an Wasser und dessen Kontrolle zu tun hatten. 1936 wurden Briten als Friedensbotschafter zu Hilfe gerufen. Man sandte Harold Ingram, nach dessen Erfolg der „Ingrams Peace" in die Annalen ging.

Wassermangel, wirtschaftlicher und politischer Druck hatten seit dem 19. Jahrhundert für eine stetige Auswanderung von Hadramauts gesorgt. Sie suchten ihr Glück in Ostafrika, Singapur, Indonesien sowie nach Entdeckung der Ölreserven in den Nachbarstaaten insbesondere Saudi-Arabien. Eine der erfolgreichsten und vermögendsten Sippen aus dem Hadramaut ist der Bin Laden-Clan. Ihr Unternehmen Saudi Binladin Group wird auf einen jährlichen Umsatz von fünf Milliarden Dollar taxiert. Von Sohn und Terroristenführer Osama, einer unter 34 Brüdern und 29 Schwestern, sagte sich die Familie Mitte der 1990er Jahre los. Nicht zuletzt steht sie in enger Verbindung mit den Bushs.

Die Migration von Stammesmitgliedern ins Ausland hatte – aus unserer Sicht - auch überraschende Folgen im Leben der Hadramauts. Im Prinzip religiös erzkonservativ, zeigten sie sich liberal gegenüber manchen Einflüssen aus der Fremde. Beispielsweise aus Südostasien.

Viele ambitionierte Südaraber wurden in der Ferne schnell reich. Auf Java und anderen indonesischen Inseln gründeten sie Zweitfamilien. Im Alter kehrten sie in die Heimat zurück, um ihren Reichtum dort zu genießen. So erlebte beispielsweise Tarim einen Bauboom, bei dem exotische Paläste und Villen entstanden.

Die Rückkehrer errichteten auch Moscheen, um Allah Dank für ihren Erfolg auszusprechen. Mit ihnen zog ein neuer Geist ins Hadramaut ein, aus dem sich in den 1930er Jahren unter anderem eine Reformbewegung entwickelte. Sie ging vom streng hierarchisch und feudal geprägten Java aus, wo die Ausländer trotz ihres Vermögens nicht anerkannt wurden. Um in ihrer alten Heimat nicht den gleichen Statusverlust zu erleben, bewirkten die Reformen letztendlich eine erhebliche Beschneidung des Einflusses seitens des religiösen Adels.

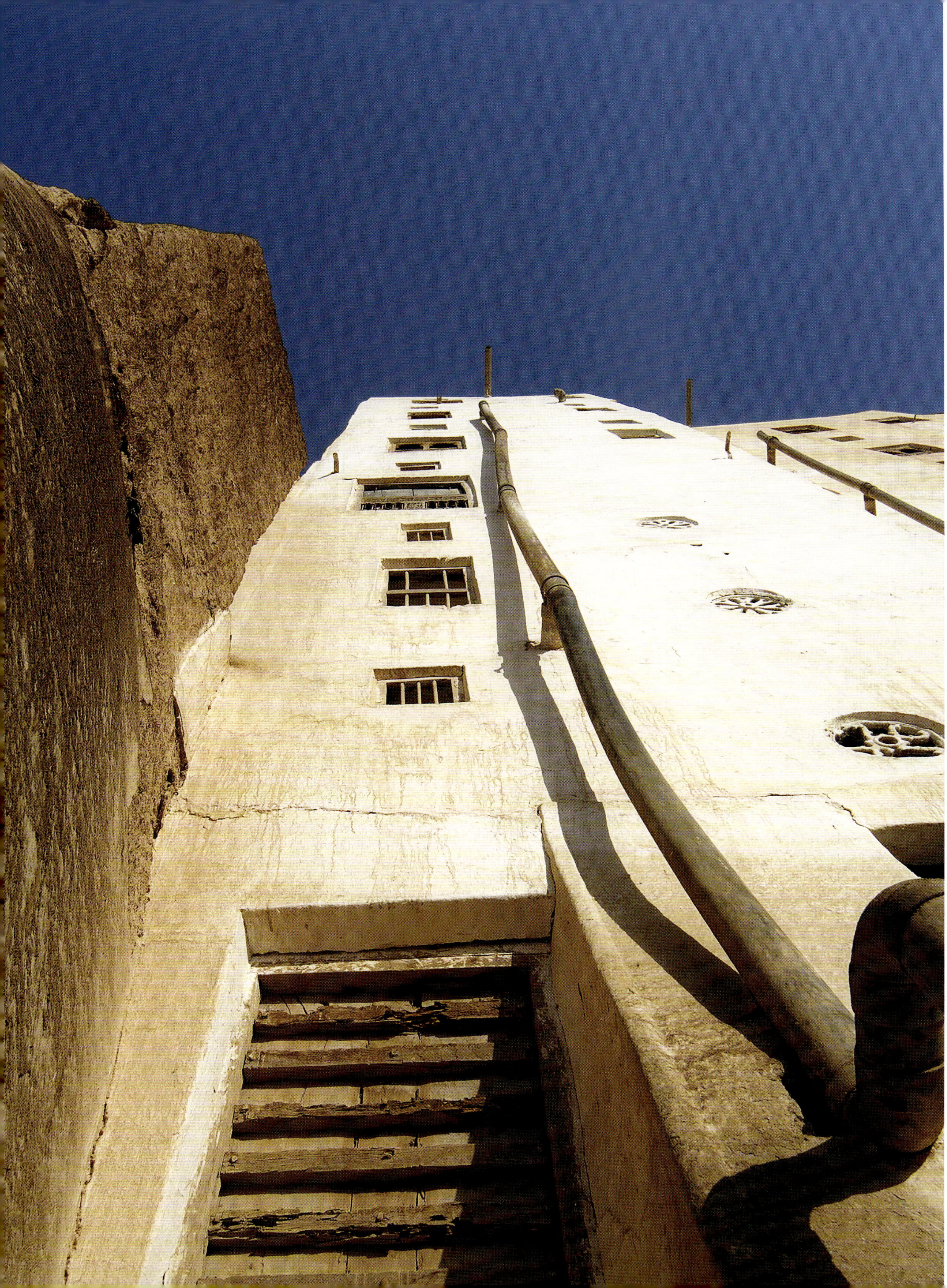

Ein gewaltiges Hotel erhebt sich in der Ortsmitte von Taiz direkt neben der Moschee.

Land und Orte

Die Eindrücke im Wadi Hadramaut sind gewaltig: kilometerbreite Ebenen, die von Tafelbergen begrenzt sind. Isolation und Einsamkeit in staubiger Wüste, plötzlich unterbrochen von grünen Feldern und Dattelpalmen, in denen verschleierte Frauen mit hohen Strohhüten arbeiten. Man fährt durch weite Flächen, auf denen Tausende Lehmziegel getrocknet werden und Brennöfen für Kalkstein stehen. Aus Kalk wird Putz für Häuserfassaden gewonnen. Schließlich lassen den Besucher die Bauwerke selbst erstaunen: Wohnhäuser mit sieben oder acht Stockwerken in Shibam, der riesige Palast des Kathiri-Sultans in Sayun oder die feudalen Fantasien der Al-Kaf-Sippe in Tarim.

Shibam

Auf Reisende aus dem Westen hat das 20 Hektar große, ummauerte Areal, aus dem sich eng an eng rund 500 mittelalterliche Hochhäuser emporrecken, schon immer den größten Eindruck hinterlassen. Als „Manhattan der Wüste" wird es gern bezeichnet. Mit dem New Yorker Stadtteil hat es zumindest gemeinsam, dass die Bauwerke aus Platzgründen in die Höhe gebaut wurden, um Ackerbau und Dattelpalmenhainen so viel Raum wie möglich zu lassen.

LINKE SEITE:
Die faszinierenden alten Lehmziegelhäuser von Shibam werden mit einem Kalkanstrich gegen die seltenen Regenfälle geschützt.

Der Jemen 245

Auf den Straßen wird mit allem gehandelt, auch mit Benzin.

Shibams Geschichte geht etwa 1700 Jahre zurück. Mitten im Wadi, zum Schutz gegen Springfluten auf einem Sockel angelegt, diente seine unvergleichliche Architektur sowohl der Verteidigung als auch klimatischem Komfort und sozialen Gepflogenheiten. Es ist überraschend kühl unter dem Dach im Majlis, welches man über endlos erscheinende Treppen erreicht. Viele Hochhäuser sind 100–300 Jahre alt. Umfangreiche Sanierungsmaßnahmen haben mithilfe der deutschen GTZ dafür gesorgt, dass in den letzten Jahren ein Teil der Häuser wieder instand gesetzt wurde. Zudem wurde eine zentrale Trinkwasserversorgung und Kanalisation erhalten. Im September 2007 wurde Shibam der Aga Khan-Preis für Architektur verliehen.

Es ist nicht eben leicht, die Bauwerke aus Schlammziegeln zu unterhalten. Dach und obere Fassade müssen regelmäßig gepflegt und geweißelt werden. Die Kalkfarbe enthält Bindemittel, z.B. Alabasterpulver, die sie sowohl gegen selten auftretende Regenfälle unempfindlich macht als auch gegen den Zerfall der luftgetrockneten Ziegel durch Sonne und Wind. Schlecht gebaute, poröse Wasserleitungen hatten im Laufe der Zeit zudem für das Ansteigen des Grundwasserspiegels gesorgt, der an Fundamenten nagt.

Der beste Platz, um die Stadt aus der Vogelperspektive zu sehen, ist der Jebel Khidba. Auf dem Hügel wird verständlich, was Freya Stark Anfang der 1930er Jahre gemeint hat, als sie schrieb: „… einem Berg von Bienenwaben gleichend. Ganz oben scheint ein Riesenpinsel Kalkfarbe verwischt zu haben." Die Dame war nicht nur eine der ersten europäischen Frauen, die den Hadramaut besuchten, sondern überhaupt eine der ersten westlichen Reisenden. Seit 1982 ist Shibam UNESCO-Welterbe.

Der Jemen

Sayun

Während Shibam in den letzten 200 Jahren Quaitiä-Territorium war, lag die Oberhoheit des 15 Kilometer entfernten Ortes Sayun seit dem späten 15. Jahrhundert bis 1967 bei den Kathiris. Auf dem Weg dorthin sieht man allerlei Wachtürme und Burgen, jeweils von einer der beiden Sippen gebaut, um ihre Handelswege vor räuberischen Beduinen zu schützen. Sayun lehnt sich geradezu an die Kalkwände des Wadis an.

Über Moscheen und Bürgerhäusern der Altstadt thront der mächtige Sultanspalast mit vier Rundtürmen mitten im Zentrum. Das reizvolle weiß verputze Bauwerk aus Lehmziegeln wurde durch Gewinne aus Kathiri Investments in Singapur finanziert, während des marxistischen Regimes zum Polizeihauptquartier umfunktioniert und mit britischen Zuschüssen renoviert. Jetzt beherbergt es das

Weiß strahlt das großspurig angelegte Gebäude vor dem blauen Himmel.

Sayun Museum, worin u. a. eine Fotosammlung von Freya Stark ausgestellt ist sowie Funde von Ausgrabungen in der Region. Lebhaft sind der Markt und die Seitenstraßen, wo man außer traditionellem Kunsthandwerk noch antike Türen und Säulen aus Holz finden kann.

Ein Blick nach oben in der Altstadt endet bei den Übergängen, die von Haus zu Haus gespannt sind. Frauen können sich so gegenseitig besuchen, ohne die Straße zu betreten. Damit sie am Straßenleben ungesehen teilhaben können, besitzen viele Häuser geschnitzte Erker aus durchbrochenem Holz.

Nahe Sayun liegt das mit weißen Kuppeln geschmückte Grab von Achmed Ibn Isa Al-Muhajir. Es ist ein viel besuchter Wallfahrtsort. Der islamische Heilige hatte vor etwa 1200 Jahren dem orthodoxen Glauben im Wadi Hadramaut wieder Geltung verschafft. Entsprechend schlicht ist die Ornamentik des Bauwerks, ebenso die des benachbarten, in dem eine heilige Frau begraben sein soll.

Die Lehmziegel der hohen Häuser von Shibam werden alle 15 bis 20 Jahre ausgetauscht, da sie der Witterung auf Dauer nicht standhalten können.

Heute leben etwa 22 Millionen Menschen in Jemen.

Tarim

Jenseits des Wadis im Osten liegt Tarim, geistig-religiöses Zentrum des Hadramaut und Wohnort der religiösen Aristokratie. In seiner Blütezeit vom 17. bis 19. Jahrhundert entstanden mehr als 300 Moscheen und Religionsschulen. Junge Leute aus der südlichen Hälfte der Arabischen Halbinsel kamen in die Stadt, um Koran und Hadith zu studieren. Gelehrt wurden und werden immer noch Thesen des orthodoxen Islam.

Die geistige bzw. religiöse Einstellung geht auf Zeiten Mohammeds zurück. Während sich zahlreiche Stämme der neuen islamischen Ordnung nach Mohammeds Tod wieder entziehen wollten und ganz Südarabien in Aufruhr gegen den neuen Kalifen war, soll im Hadramaut nur Tarim zum wahren Glauben orthodoxer Auslegung und zum Nachfolger Mohammeds als Führer der Gläubigen gestanden haben. Viele Moscheen aus der Blütezeit sind inzwischen geschlossen oder wurden zusammengelegt.

Momentan gibt es ungefähr 185 Gebetsplätze. Als Ort religiöser Studien dient noch immer die berühmte öffentliche Bibliothek. Ihre etwa 6000 Schriften, überwiegend aus dem 16. und 17. Jahr-

Auf den Märkten werden Tiere zumeist lebend gehandelt.

Der Jemen 251

Die allgegenwärtigen Handschars, die Krummdolche, sind wesentlich weniger gekrümmt, als die Scheide es einen glauben machen möchte.

hundert, manche auch ein paar Hundert Jahre älter, beschäftigen sich mit vielfältigen islamischen Sujets. Darunter der Koran und Hadith, ebenso wie Sufismus, Jurisprudenz, Medizin, Literatur oder Kalligrafie.

Die Al-Midhar-Moschee ist unter allen Gebetshäusern herausragend, nicht nur im wahrsten Sinne des Wortes. Das 54 m hohe Minarett dient Tarim als Wahrzeichen. In ihrer Architektur zeigt sie deutlich fremden Einfluss. Anstatt schlichter Linien wie im orthodoxen Islam üblich, scheint eher ein gut bezahlter Baumeister damit beschäftigt gewesen zu sein, seine technischen Fähigkeiten und die gekonnte Umsetzung von kolonialer Architektur Südostasiens zu demonstrieren. Der rechteckige Turm verjüngt sich zur Spitze hin und ist mit vielen Fenstern und Luftöffnungen besetzt und mit Simsen und Ornamentbändern geschmückt. Ganz oben thront ein quadratischer Aufbau mit Säulen und Kuppel.

Zur pompösen Architektur passt ein Erlebnis, welches Harold Ingram 1938 während seiner Friedensmission erfuhr. Von der Millionärsfamilie Al-Kaff in einen ihrer Paläste zum Übernachten eingeladen, fand er nicht nur ein marmornes Bad neben seinem Zimmer vor, sondern auch eine Wanne mit fließendem Wasser, eine Dusche und schneeweiße Handtücher. Das Beste war, wie er sagte, dass alles funktionierte.

Diese Zeiten sind vorbei, Paläste und Häuser verfallen ohne die Pflege und Sorgfalt, die man ihnen einst entgegenbrachte. Es fehlt an Geld und zunehmend auch an Baumeistern, die sich mit den alten Techniken der Schlammziegelarchitektur auskennen. Aber es ist wieder Hoffnung da. Mit Unterstützung des Nobelpreisträgers Günter Grass wurden zwei Lehmbaupaläste renoviert und 2004 das „Günter-Grass-Zentrum zur Förderung und zum Erhalt des Lehmbaus" eingerichtet. Damit sollte der Erhalt der traditionellen Lehmbauweise im Wadi Hadramaut gewährleistet werden. Bislang ist allerdings noch nicht viel passiert.

Sehenswert ist Quisr Al-Kaff, der größte Palast jener schwerreichen Kaufmannsfamilie, sowie die benachbarte Villa Isch Schaa, in der 1997 das Stadtmuseum untergebracht wurde. Wie die meisten Feudalbauwerke in Tarim bestechen beide Bauwerke durch ihren wundervollen Cocktail aus hadramautischer, südostasiatischer und kolonialer Architektur.

Cathinon, der Wirkstoff der Kathpflanze, hat eine kreislaufanregende Wirkung und ist psychisch stimulierend.

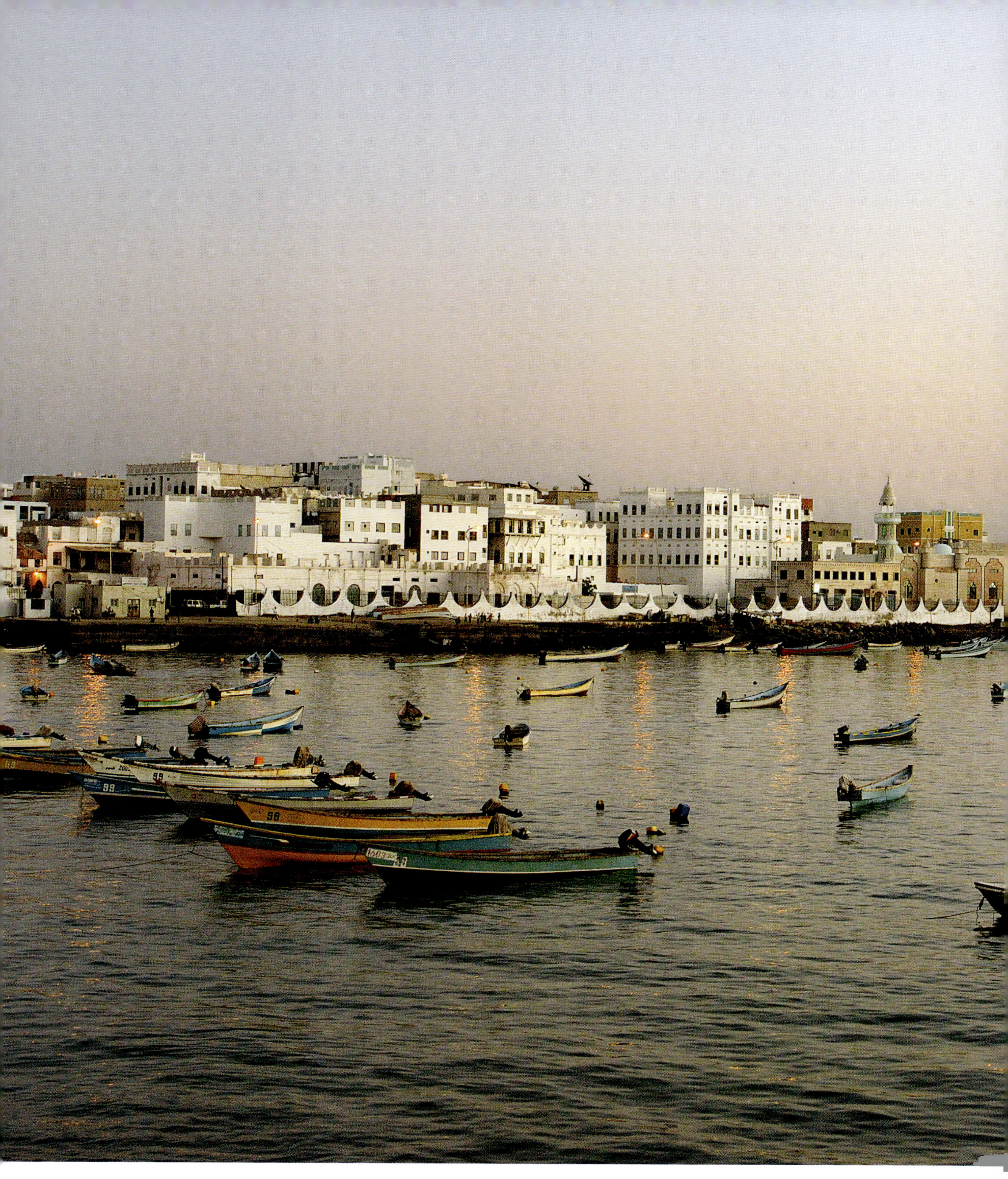

Der Blick über das ruhige Meer lässt die Insel Sokotra in weiter Ferne erahnen.

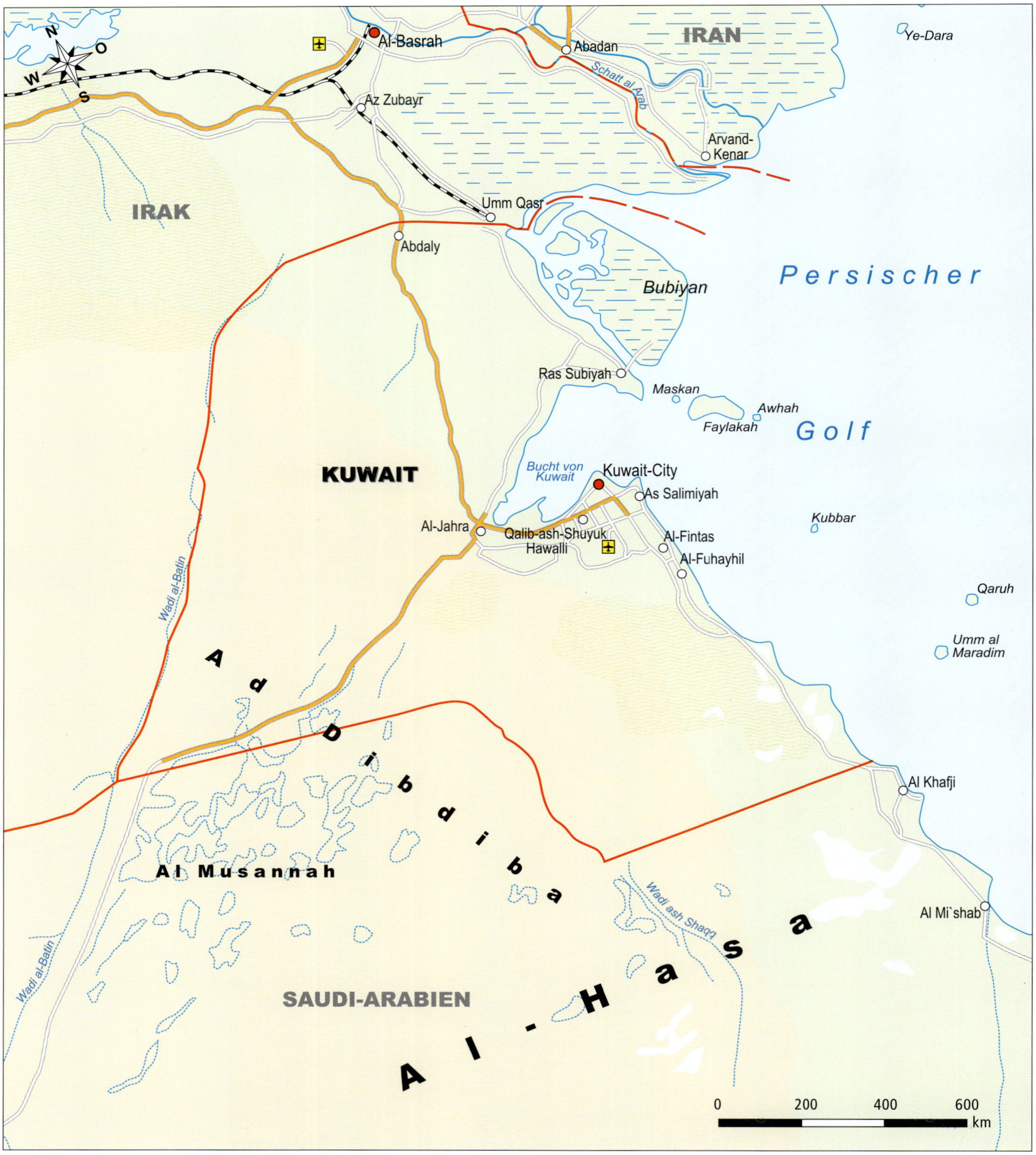
N
O
W
S
Al-Basrah
Abadan
IRAN
Ye-Dara
Schatt al Arab
Az Zubayr
Arvand-
Kenar
IRAK
Umm Qasr
Abdaly
Bubiyan
Persischer
Golf
Ras Subiyah
Maskan
Awhah
Faylakah
KUWAIT
Bucht von
Kuwait
Kuwait-City
As Salimiyah
Al-Jahra
Qalib-ash-Shuyuk
Hawalli
Al-Fintas
Al-Fuhayhil
Kubbar
Qaruh
Umm al
Maradim
Wadi al-Batin
Ad Dibdiba
Al Khafji
Al Musannah
Wadi ash Shaqq
Al Mi`shab
SAUDI-ARABIEN
Al-Hasa
0
200
400
600
km

KUWAIT

DAS LAND

In einer der meist umstrittenen Ecken der Welt gelegen, seit 6500 Jahren besiedelt, ähnelt das Emirat Kuwait mit 17 818 Quadratkilometern Fläche inklusive neun Inseln eher einem Stadtstaat denn einem Land. Das Land am nordwestlichsten Ende des Golfes wird vom Irak und Saudi-Arabien umschlossen. Die Hauptstadt erhebt sich wie eine Oase inmitten der flachen Wüste.

Abgesehen von der florierenden Metropole am Persischen Golf gibt es im Landesinneren nur wenige Oasen und Siedlungen. Letztere wurden errichtet, um die Arbeiter der Ölindustrie zu beherbergen. Das bedeutet, dass es außer Sand und Geröll nur noch Bohrtürme zu sehen gibt. In Kuwait City, mit dem größten Teil der 3,4 Millionen Einwohner, konzentrieren sich Politik, Wirtschaft und Kultur. Die Stadt sticht nicht nur optisch mit ihren modernen Hochhäusern heraus, sondern besitzt auch einige interessante historische Bauwerke und Museen.

Die Skyline von Kuwait-City mit dem Liberation-Tower.

258 Kuwait

Der Hauptturm der Kuwait-Towers, die 1979 eröffnet wurden, misst 187 m. Die Aussichtsplattform rotiert pro Stunde um 360 Grad.

GESCHICHTE

Bereits in der Steinzeit zogen Nomaden durch die Region, angelockt vom Süßwasserreichtum des Deltas, in das sich das vom heutigen Irak gespeiste Fluss-System rund um Ras Subiyah ergoss. Beweise einer ersten Besiedlung sind etwa 6500 Jahren alt: Steinwände, Handwerkszeug, Keramik und die Reste des vielleicht ersten seetüchtigen Schiffs, welches Verbindungen zu der Obeid-Kultur Mesopotamiens andeutet.

Während der Dilmun-Epoche reichte jenes Reich bis Failaka, wo bedeutende Funde aus der Bronzezeit gemacht wurden. Alexander der Große soll die Insel Ikaros genannt haben. Der griechische Name hatte während der hellenistischen Periode bestand, als die Griechen dort einen Hafen einrichteten, der sich zum wichtigen Stützpunkt auf der maritimen Route von Mesopotamien nach Indien entwickelte. Ruinen aus dieser Zeit sind für Unbefugte gesperrt.

Zwei Jungen sitzen auf einer Bank in der Nähe eines Basars und essen Brot.

Um 500 n. Chr. zogen die Siedler von der Insel auf das Festland bei Ras Khazimah und erst im späten 18. Jahrhundert an den Ort der heutigen Stadt Kuwait-City. Sie bestand lediglich aus einem Fort mit Vorratskammern und Beduinen-Zelten. Nach und nach entwickelten sich innerhalb der sesshaften Beduinen-Sippen vermögende Kaufleute. Einer dieser Clans, Al-Sabah, deren Nachkommen heute Kuwait regieren, übernahm die Verantwortung für Recht und Ordnung.

Unter dieser Führung entwickelte sich die Siedlung schnell. 1760 wurde die erste Stadtmauer angelegt. Die Städter besaßen eine eigene Flotte von etwa 800 Schiffen. Sie betrieben aber auch Handel im Inland, der sich durch Kamel-Karawanen zwischen Bagdad und Damaskus auszeichnete. Während die Osmanen im 19. Jahrhundert große Teile der Arabischen Halbinsel kontrollierten, versuchte Kuwaits Emire einerseits, unabhängig zu bleiben, akzeptierten aber andererseits den nominalen Titel „Provinzgouverneur von Al-Hasa". Dies war der Name des von den Osmanen besetzten östlichen Teils Arabiens.

Der kuwaitische Markt für Opfertiere

Das ganze Land ist von Pipelines unterschiedlicher Größe durchzogen, die die Welt mit Öl versorgen.

RECHTE SEITE:
Das in den 1980er Jahre von dem Architekten Michel Ecochard erbaute Nationalmuseum wurde im Krieg 1990 fast vollständig zerstört. Seit 2002 ist der erste Teil des Museums wieder zugänglich.

Zu den Briten wiederum bestanden freundschaftliche Kontakte. Zum einen unterstützte Kuwait deren Handel im Golf, zum anderen wurden Kuwaits Schifffahrtsrouten von der Krone gegen Piraterie beschützt. Scheich Mubarak Bin-Sabah Al-Sabah, bekannt als Mubarak der Große (Regierungszeit 1896-1915), legte das Fundament zu einem modernen Staat mit öffentlichen Schulen und medizinischer Versorgung. Post- und Telegrafendienste wurden eingerichtet und eine Wasserreinigungsanlage importiert.

In den 1920er Jahren versuchte der Gründer des modernen Saudi-Arabien, Abdul Aziz Bin Abdul Rahman Al-Saud, Kuwait in sein Reich zu integrieren, scheiterte aber letztendlich am heftigen Widerstand. Das Rote Fort bei Al-Jahra war der Schauplatz einer berühmten Schlacht in dieser Zeit. 1923 erkannte Abdul Aziz Kuwaits Unabhängigkeit an, wobei das Emirat allerdings zwei Drittel seines Territoriums an ihn im Friedensvertrag verlor. Der Niedergang des Perlenhandels in den 1930er Jahren, und in seiner Folge der wirtschaftliche Ruin des Landes, wurde durch die Entdeckung von Ölreserven aufgefangen. 1938 wurde bekannt, dass Kuwait im Prinzip auf Öl schwamm. Am 19. Juni 1961 erlangte Kuwait die Unabhängigkeit. Der Nachbar Irak erkannte ihn allerdings nicht an und erhob stattdessen Ansprüche auf das Territorium, was zu einem Militärabkommen Kuwaits mit Großbritannien führte.

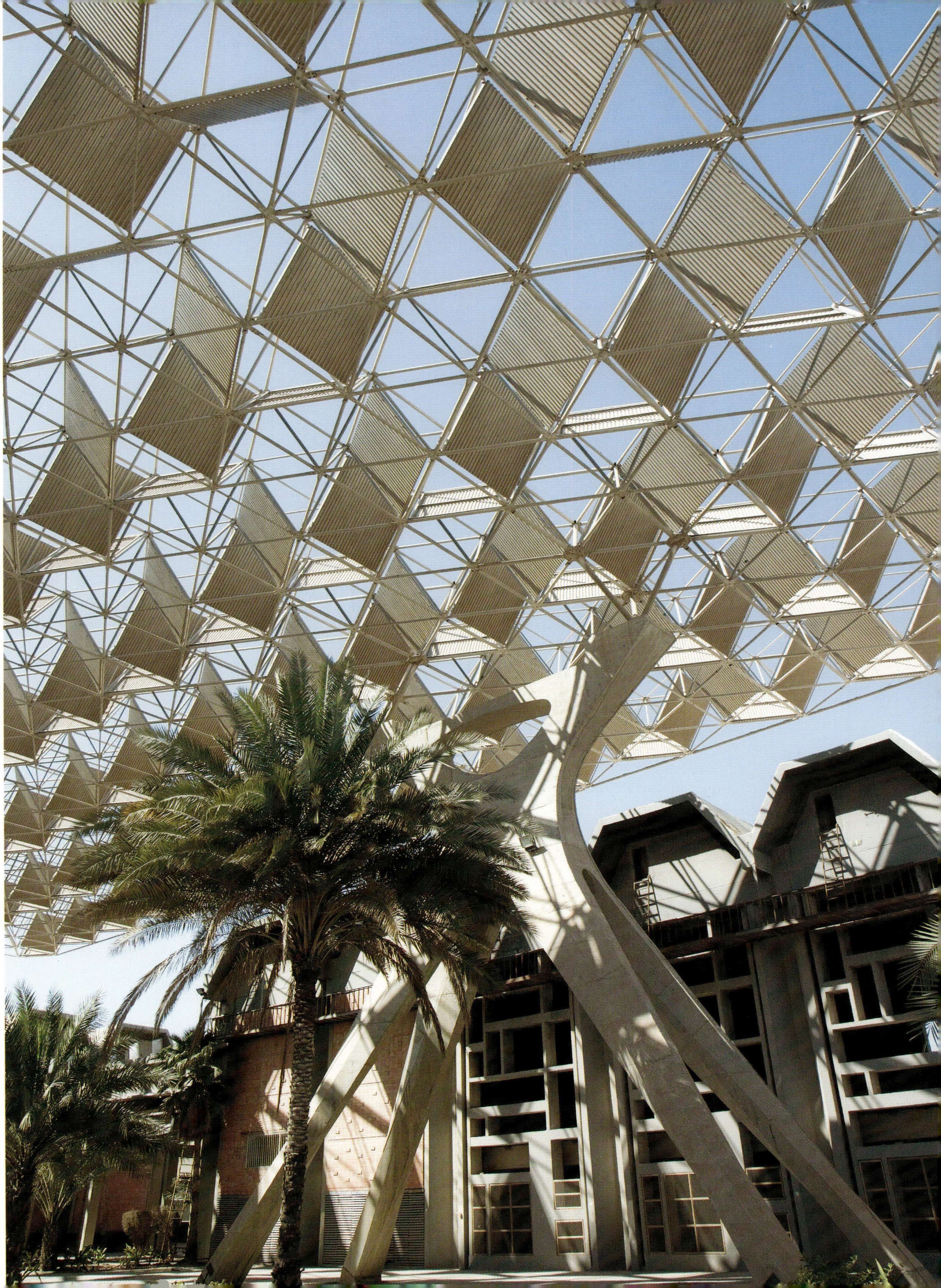

Ein Kuwaiter vor brennenden Ölquellen in der kuwaitischen Wüste. Etwa 700 der 900 Ölquellen in Kuwait waren von der irakischen Armee in Brand gesteckt worden.

Obwohl das Land nach dem Sturz des irakischen Ministerpräsidenten letztendlich 1963 doch anerkannt wurde, kam es in den folgenden Jahrzehnten zu vielen Konflikten. Zudem bedrohte der iranisch-irakische Krieg die Ölexporte. 1987 ließ Kuwait nach mehreren Luftangriffen auf seine Schiffe die Tanker umflaggen. Nach dem Streit um ein an der Grenze gelegenes Ölfeld marschierten am 2. August 1990 irakische Truppen ein. Das von den Vereinten Nationen gestellte Ultimatum zum Rückzug verstrich ergebnislos. Eine multinationale Streitmacht befreite das Land schließlich nach dem fünfwöchigen 2. Golfkrieg am 27. Februar 1991.

REGIERUNG

Bis 1991 war Kuwait eine absolute Monarchie und begann nun mit der Bildung eines Parlaments und konstituierte sich gemäß Verfassung von 1997 als konstitutionelle Erbmonarchie. Das Parlament wird alle vier Jahre von den Bürgern gewählt. Aktives und passives Wahlrecht besitzt jeder Bürger Kuwaits ab 21 Jahren – auch Frauen – mit Ausnahme von Mitgliedern der Streit- und Sicherheitskräfte. Der Emir ist sowohl in weltlichen als auch in geistlichen Belangen Staatsoberhaupt. Er ernennt und entlässt die Regierung und kann das Parlament auflösen. Seit 2006 ist Scheich Sabah Al-Ahmad Al-Jaber Al-Sabah Regierungsoberhaupt, nachdem sein Halbbruder wegen Altersschwäche nach einem Beschluss des Parlaments abgesetzt wurde.

WIRTSCHAFT

Mit 10 % der Weltölreserven wird Kuwaits Wirtschaft von der Ölindustrie dominiert, die etwa 94 % der Staatseinnahmen generiert. Mit einem Ölvorrat, der für die nächsten 100 Jahre reichen soll, scheint eine Konzentration auf andere Geschäftszweige von weniger Belang als in den anderen Golfstaaten.

Dennoch wird die Ökonomie zusätzlich von Bankgeschäften und ausländischen Investitionen getragen. Während die Frachtflotte die größte der arabischen Welt ist, tut sich auf touristischem Sektor so gut wie gar nichts. Das BIP betrug im Jahr 2007 111,81 Milliarden Dollar, das BIP pro Kopf 33 634 Dollar. 2006 wurde die Entdeckung neuer Öl- und Erdgasreserven bekannt gegeben. Die Schätzungen der Vorkommen belaufen sich auf eine Billion Kubikmeter Gas und 10–13 Milliarden Barrel Öl, deren Förderung das Land zu einem der bedeutendsten Energielieferanten katapultieren würde.

BEVÖLKERUNG

Nur 32 % der 3,4 Millionen Einwohner sind Kuwaiter – darunter 150 000–180 000 Beduinen – die anderen sind Fremdarbeiter aus vielen Ecken der Erde, vornehmlich aus Ländern des indischen Subkontinents, des Mittleren und Fernen Asien. Westliche Ausländer arbeiten hier eher selten. Und wenn doch, dann besetzen sie fast ausschließlich gut bezahlte Posten in der Wirtschaft. Obwohl sich die Regierung vorgenommen hat, seine Bürger aus der Position einer Minderheit zu holen, scheint die Arbeitsmoral der Kuwaiter diesem Bestreben zu widersprechen.

Kuwaitische Frauen und Kinder mit Nationalflaggen bejubeln am 27. Februar 1991 den Einmarsch befreundeter alliierter Truppen in Kuwait-City. Die Monate des Schreckens waren damit vorbei, aber nicht vergessen.

RELIGION

Die meisten Kuwaiter folgen der sunnitischen Glaubensrichtung des Islams, etwa 35 % sind Schiiten. Vor dem Golfkrieg war das Leben strikter reglementiert. Nach der Befreiung durch multinationale Streitkräfte weichte der Einfluss des Materialismus die strenge Auslegung des Korans vor allem unter jungen Leuten auf.

Das hatte nicht zuletzt damit zu tun, dass viele Kuwaiter in benachbarte Golfstaaten geflohen waren und dort, wenn auch nur vorübergehend, die Freuden einer deutlich freizügigeren Lebensart genossen hatten. So ist es heutzutage beispielsweise nicht unüblich, dass Frauen, einst ans Haus gefesselt und in der Öffentlichkeit verschleiert, nun einer Arbeit nachgehen, vornehmlich im öffentlichen Dienst. Toleranz gegenüber Andersgläubigen wird durch die Einrichtung von koptischen, anglikanischen, protestantischen und orthodoxen Kirchen demonstriert. Kuwait ist zudem das einzige Land am Golf mit einer starken Beziehung zur römisch-katholischen Kirche.

Ein Kamelrennen in Kuwait. Die Kamele können eine Geschwindigkeit von bis zu 64 km/h erreichen. Junge Tiere im Alter von drei oder vier Jahren legen Strecken von etwa zehn Kilometern zurück.

Ein junger Kuwaiter beim Einkauf an einem Delikatessenstand auf einem Basar in Kuwait-City.

KÜNSTE

Kuwaits künstlerische Ambitionen sind vor allen Dingen Erbe ihres nomadischen und seemännischen Lebens. Beduinen-Poesie, deren Gesang, Tanz und ihre Weberei gehen im modernen Leben ebenso unter wie die Seemannsfolklore. Sie werden jedoch dank der Aktivitäten der Kulturzentren der Hauptstadt vor dem gänzlichen Aussterben bewahrt. Es ist eine Szene moderner Künstler vorhanden, deren regionale Anerkennung wächst.

UMWELT

Nie hatte es größere Umweltschäden gegeben als im 2. Golfkrieg. Irakische Truppen öffneten die Ventile in Kuwaits Mina Al-Ahmadi Sea Island Terminal, woraufhin sechs bis acht Millionen Liter Öl in den Golf flossen. Der Ölteppich war 64 km breit und 160 km lang.

Etwa 460 km Küste von Saudi-Arabien und Bahrain wurden verschmutzt, mit verheerenden Folgen für Fauna und Flora. Zudem wurden 699 Ölquellen entzündet, wobei laut konservativen Schätzungen zwei Millionen Barrel Öl pro Tag verbrannten und dadurch etwa ein bis zwei Millionen Tonnen CO_2 den Himmel gejagt wurden.

Groß war die Überraschung, dass es dem internationalen Expertenteam gelang, die Feuer innerhalb von acht Monaten zu löschen. Die Ölverschmutzung an Land, 65 Millionen Barrel in 300 Ölseen über eine Fläche von insgesamt 50 Quadratkilometern, konnte teilweise so gut gereinigt, kompostiert und recycelt werden, dass viele Kubikmeter kontaminierten Bodens in fruchtbare Ackerkrume verwandelt wurden. Der japanische Garten Al-Ahmadi ist ein Beispiel dafür.

Heutige Besucher der Wüste sehen so gut wie keine Umweltschäden mehr, auch die Gefahr von Blindgängern ist ausgeräumt. Ironischerweise sind es jetzt die Einheimischen selbst, die Fauna und Flora auf Campingtouren schädigen bzw. mit Müll verschmutzen. Am 24. April ist in jedem Jahr Umwelttag, an dem einerseits aufgeräumt, anderseits das Bewusstsein der Nation für ihre Ressourcen an Land und im Meer gestärkt wird.

Am Rande des Suk Sharq liegen die Piers, die einen wundervollen Blick auf den Persischen Golf erlauben.

Einer der Yachthäfen an der Marina von Kuwait-City

KUWAIT-CITY

Die Stadt ist riesig. Sie erstreckt sich über mehr als 25 Kilometer von Ost nach West und etwa 12 Kilometer von Nord nach Süd und bedeckt damit eine Halbinsel am Persischen Golf. Das Zentrum wird im Norden von der First Ring Road auf der einen und dem Golf auf der anderen Seite eingeschlossen. Am auffälligsten sind darin die drei Kuwait-Towers und der Liberation-Tower mit 372 m Höhe. Seinen Reichtum stellt Kuwait aber auch im spektakulären Parlamentsgebäude, entworfen vom Dänen Jörn Utzon, und anhand vieler Moscheen zur Schau, von denen etwa 60 % privat finanziert wurden. Die Große Moschee gegenüber vom Shief-Palast hat das höchste Minarett des Landes.

Der schnöde Mammon herrscht in den glamourösen Shopping-Malls, aber Kuwait hat sich den traditionellen Suk bewahrt, wenn auch innerhalb neuer Mauern. In seinen Gassen herrscht emsiges Treiben. Sehr interessant ist der Frischmarkt-Suk Mabarakia, ein Teil des Old Suks, wo allerlei Köstlichkeiten verkauft werden. Ein andere Abteilung ist der Suk Al-Hareem, wo Beduinen-Frauen auf Samtkissen am Boden hocken und traditionelles Make-up und golddurchwirkte Gewänder in Rot, Weiß und Grün feilbieten. Nahebei liegt der Suk Ad-Dahab Al-Markazi, der größte Goldmarkt der Stadt.

Unbedingt anschauen sollte man sich das „Scientific Center" in einem segelartigen Bauwerk an der Corniche. Es beherbergt das größte Aquarium des Nahen Ostens mit künstlichen Wellen, die die Unterwasserwelt in Bewegung setzen. Darin befindet sich unter anderem eine Königskrabbe von fast vier Metern Ausmaß und fluoreszierende Quallen. Deckenhohe Aquarien sind hier der Lebensraum von Haien und Rochen. Im Nationalmuseum ist die Sammlung Al-Sabah höchst bemerkenswert: Es ist die größte Kollektion islamischer Kunst auf der Welt. Andere Räume beherbergen archäologische Exponate des Landes, und das „Popular Traditional Museum" zeigt eine Ausstellung mit lebensgroßen Figuren, die die Lebensweise vor Entdeckung des Öls demonstrieren.

Im „Kuwait House of National Memorial Museum" wird der Besucher in den Horror der irakischen Invasion zurückversetzt, mit simulierten Kanonenschüssen und Explosionen. Im „Al-Hashemi Marine Museum" ist das größte Holzschiff der Welt zu bewundern, zertifiziert durch das Guinessbuch der Rekorde. Es ist 80 m lang, knapp 19 m breit und wiegt schätzungsweise 2500 Tonnen. Der Bau dieser Dau wurde von Husain Marafic finanziert, dem Besitzer des Radisson SAS Hotels. Fertiggestellt wurde sie 1998.

Dieses Holzschiff steht im Guiness Buch der Rekorde. Es beherbergt ein Marine-Museum und ein Restaurant.

IRAN
Persischer Golf
Golf von Oman
Indischer Ozean
BAHRAIN
QATAR
VEREINIGTE ARABISCHE EMIRATE
SAUDI-ARABIEN
OMAN
JEMEN
Rub Al-Khali
Al Mughrib
Ar Rabbad
Ad-Dikaka
Al-Hibak
Al-Uruq Al-Mutarida
Ramlat Al-Gafa
Ramlat Al-Wahiba
Al-Huqf
Giddat Al-Harasis
Dhofar
Gabal Al-Qaraa
G. Al-Qamar
Al-Mahra
Hajar-Gebirge
Hajar Al-Sharqi
Batinah
Musandam
Qesm
Larak
Lavan
Kis
Forur
Manama
Al-Chubar
Al-Mubarraz
Al-Khor
Doha
Umm Bab
Mesaieed
Ras Al-Khaimah
Dubai
Hatta
Abu Dhabi
Al-Ain
Buraimi
Jabal Danna
Tarif
Muscat
Sib
Ruwi
Rustaq
Dagmar
Al-Hamra
2980
Ibri
Nizwa
Sur
2003
Al-Mitirip
Al-Khuwayr
Natih
Adam
Al-Ashara
Wadi Al-Ayn
Wadi Halfain
Wadi Andam
Ghaba
Umm as Samim
Masira
Al-Kalban
Sirab
Haima
Duqm
Wadi Mugsin
Wadi Ghadun
Sauquira Bucht
Al-Khalil
Sauquira
220
Salim
Dauka
Fasad
Wadi Qitbit
Marmul
419
Tamarit
Hadbaram
Golf von Hallaniyat
Huriya
Sainaw
Makinat Sihan
Mudayy
Habarut
1463
Raisut
Salalah
Mirbat
Sarif
Ad Dibin
Al-Faidami
Al-Gaida
Zabut
Maqrat
Qisn
Sarar
Asch-Schir
Al-Mukalla
N
O
S
W
0
100
200
300
km

OMAN

DAS LAND

Oman erstreckt sich über 309 500 Quadratkilometer am östlichen Rand der Arabischen Halbinsel. Im Norden befindet sich die zerklüftete Gebirgskette des Hajar. Sie zieht sich hinauf bis zur Exklave Musandam. Im Zentrum des Gebirges, dem Jebel Akhdar, steigen die Gipfel bis auf 3000 m Höhe an. Zahlreiche Festungen und Wachtürme entlang der Wadis und alten Karawanenrouten erinnern an Jahrhunderte, als das Land durch Handel und Seefahrt zum mächtigsten Imperium Arabiens aufstieg.

An der 270 km langen Batinah-Küste, einer weiten Ebene zwischen Golf von Oman und Hajar, leben überwiegend Bauern. Der landwirtschaftlich intensiv genutzte Küstenstreifen wird im Osten durch die Capital Area begrenzt. In beiden zusammen wohnen etwa 60 % der 2,5 Millionen Einwohner des Landes. Die Hauptstadt-Region, in der das historische Muscat nur einen winzigen Teil einnimmt, erstreckt sich circa 60 km nach Westen. Ein Dutzend ehemaliger Oasen und Fischerdörfer sind zu einem urbanen Konglomerat zusammengewachsen und mit einem großzügigen Straßensystem vernetzt.

Südlich des Hajar erstreckt sich flache Wüste, im Westen von Abu Dhabi und Saudi-Arabien begrenzt, im Südwesten von Jemen, im Osten vom Indischen Ozean. In der Trockenzone aus über-

Blick auf die Hafenpromenade von Mutrah bei Muscat am frühen Morgen.

wiegend flacher Schotterfläche erheben sich in den Sharqiyah Sands nahe der Küste und im Rub Al-Khali hohe Dünen. Eine 1000 km lange Asphaltstraße verbindet das nördliche Bergland mit der Provinz Dhofar im Süden. Staatsoberhaupt Sultan Qabus konnte erst 1975 nach langen schweren Kämpfen gegen die vom ehemaligen Südjemen beeinflussten Rebellen unangefochtener Herr dieser Provinz werden, obwohl Dhofars Hauptstadt Salalah der Stammsitz seiner Al-Busaid-Dynastie war.

Als einziger Landstrich Omans liegt diese Region im Monsungürtel. Dank häufigem Nieselregen während der Sommermonate sind seine Berge während dieser Jahreszeit von einem dichten, grünen Mantel überzogen. In die Täler ergießen sich Wasserfälle, und an der Küste wachsen tropische Pflanzen. Die schönen Strände sowie das angenehme Klima machen Dhofar zu einem reizvollen Erholungsziel, für Einheimische und Ausländer gleichermaßen. Seitdem sich das Land 1987 dem Tourismus öffnete, erfreut sich die Region stetig steigender Zahlen von Urlaubern.

Kamele sind auch im Oman allgegenwärtig. Die omanischen Vierbeiner genießen auf der gesamten Arabischen Halbinsel ein sehr hohes Ansehen.

GESCHICHTE

Omans Vergangenheit ist durch seine tief verwurzelte, vom Stammessystem bestimmte Gesellschaftsordnung geprägt. Allianzen und Feindseligkeiten zwischen den fast fünf Dutzend Völkern und Dynastien führen teilweise 2000 Jahre zurück. Sie reflektieren bis heute den Ursprung der Stämme, die sich später auf omanischem Gebiet niedergelassen haben. Die sozialen Bande innerhalb und zwischen den Sippen waren selten stabil, und die Herrscher konnten nie sicher sein, wer Freund oder Feind war.

Während nur wenige fein gearbeitete Werkzeuge aus Feuerstein die Anwesenheit von Menschen in der frühen Steinzeit belegen, zeugen Gräber, Grabbeilagen und andere Funde aus dem 3. Jahrtausend v. Chr. von regem Handel zwischen den Völkern Omans und denen von Mesopotamien, Ceylon und Indien. Unter den Bewohnern des Zweistromlandes war Oman vor allem für den Schiffbau und die Kupferschmelze bekannt. Tontafeln berichten vom Land Magan, das als nördlicher Teil des Oman identifiziert wurde.

Für seinen heutigen Namen gibt es zwei Theorien: Entweder leitet er sich von der jemenitischen Region Uman ab, von der aus arabische Stämme eingewandert sind, oder vom Sohn des Propheten Mohammed, der Uman hieß. Das erste namentlich bekannte Gemeinwesen tauchte im 8. Jahrhundert v. Chr. auf: Der Stamm der Yaruba, der 2000 Jahre später eine bedeutende Rolle in der Landesgeschichte spielen sollte. Der Clan wanderte von Jemen ein.

563 v. Chr. eroberten Perser im Norden das Land, welches sie ungefähr 1000 Jahre lang unter verschiedenen Dynastien beherrschten. Sie brachten ihr Wissen um den Bau unterirdischer Wasserkanäle mit, Aflaj genannt. Die Technik befähigte sie, trockenen, aber fruchtbaren Boden zu kultivie-

In der unwirtlichen Wildnis der Halbinsel Musandam ankert eine Freizeitjacht zwischen den Fjorden.

ren. Als sie während der Verbreitung des Islams aus dem Land getrieben wurden, hinterließen sie im Hajar und seinen Ausläufern zahlreiche Bewässerungssysteme.

Die heutige Provinz Dhofar entwickelte sich eigenständig. Als Weihrauchland bekannt, erlangte die Region durch Karawanenhandel mit dem Duftharz bereits vor 2500 Jahren beträchtlichen Wohlstand. Im 2. und 1. Jahrhundert v. Chr. war Dhofar im wahrsten Sinne des Wortes eine blühende Provinz. Der lukrative Export des Weihrauches wurde von den Königreichen des heutigen Jemen kontrolliert. Durch den Reichtum angelockt, siedelten sich Sippen teils aus Persien, teils aus anderen Regionen Südarabiens an. Sie kamen beispielsweise aus dem jemenitischen Marib, nachdem dort im 6. Jahrhundert der große Damm gebrochen war und das Land unter Wassermangel verödete.

Als der Islam im 7. Jahrhundert Einzug hielt, ließen sich die Araber bekehren, während die Perser nach erfolgloser Rebellion des Landes verwiesen wurden. Die Moslems nahmen die ibaditische

Die jahrtausendealten Bewässerungsgräben in einem Wadi in der Nähe von Nizwa funktionieren noch heute.

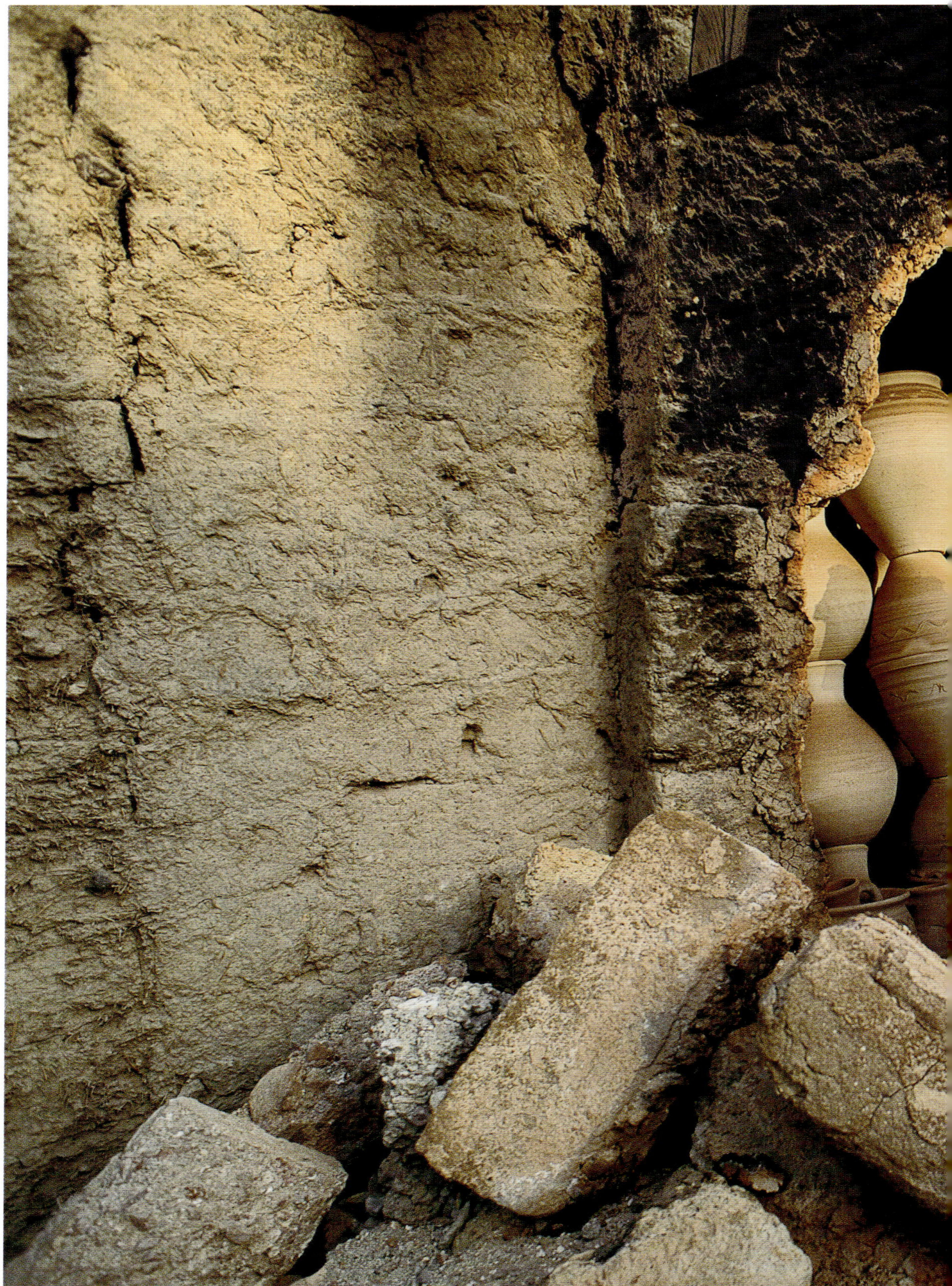

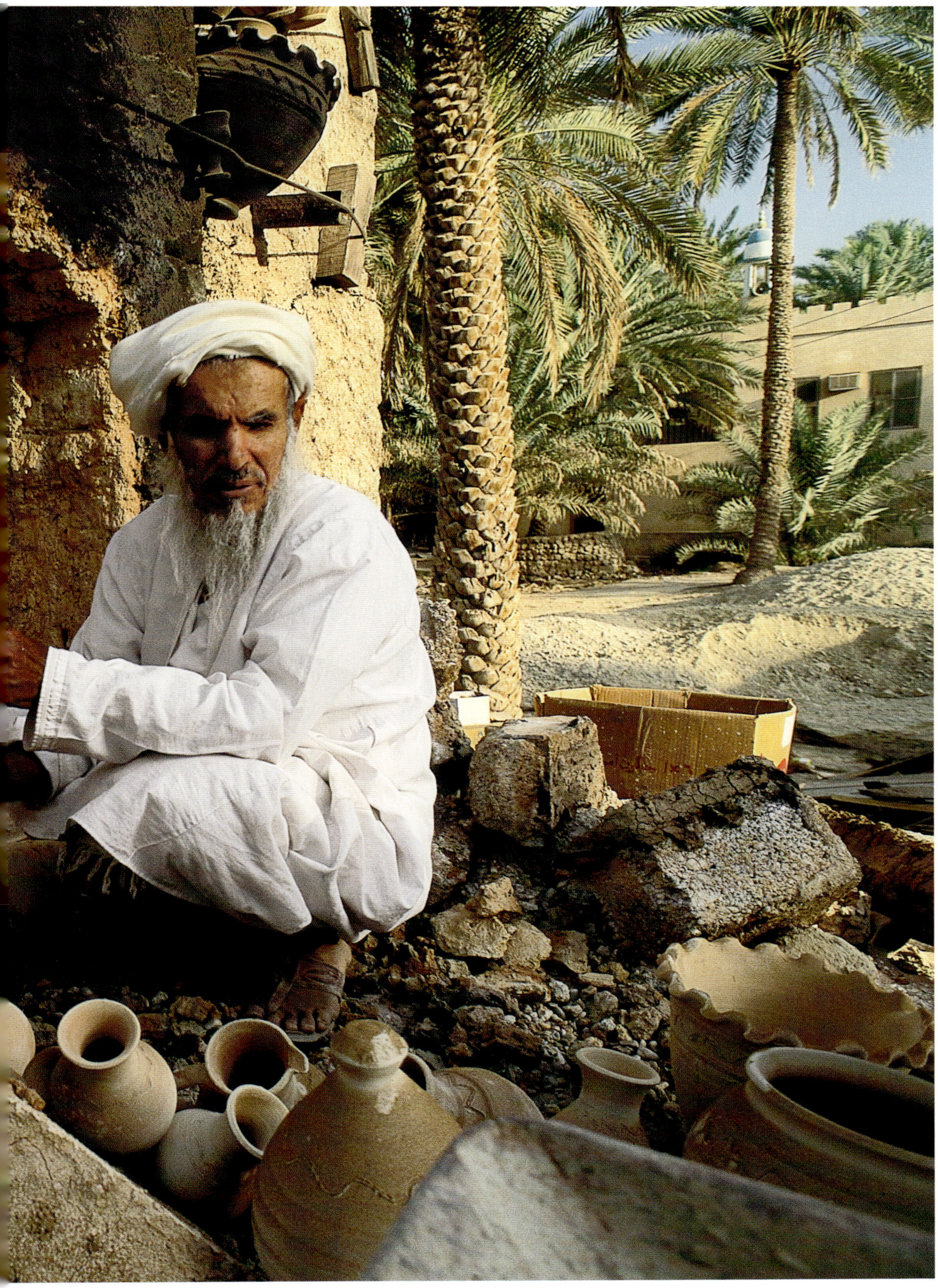

OBEN:
Der Nachbau einer historischen Dschunke liegt im Hafen von Muscat vor Anker.

VORHERGEHENDE DOPPELSEITE:
In diesem traditionellen Brennofen werden die von Hand gefertigten Tonwaren gebrannt.

Glaubensrichtung des Islams an, in dem, neben unterschiedlicher Auslegung des Korans, der oberste Herrscher, also der Imam, vom Volk gewählt wird und somit kein direkter Nachkomme Mohammeds. Die Aufgaben des Imams beinhalten sowohl die religiöse als auch die politische und die militärische Führung. Bis heute ist Oman das einzige islamische Land, in dem größtenteils Ibaditen leben.

In den folgenden 1100 Jahren florierte Omans Seehandel. Seine Schiffe liefen Häfen in Ostafrika, Persien, Indien, China und Südostasien an. Im 9. Jahrhundert gelang es Abu Ubaida Bin Abdulla Bin Al-Qasim, die 7000 km lange Strecke nach Kanton zu meistern. 1507, neun Jahre nachdem Vasco da Gama das Kap der Guten Hoffnung umrundete und damit den Seeweg nach Indien fand – mittels Hilfe des omanischen Navigators Ahmad Bin Majid – nahmen die Portugiesen Muscat ein und beherrschten bald die Küste entlang des Golfes von Oman. Zu ihrer Verteidigung bauten sie u. a. Fort Jalali und Fort Mirani in Muscat. Obwohl sie nicht viel mehr als die militärische Kontrolle ausgehend von ihren Festungen besaßen, gelang es ihnen, das Gewürzmonopol für Europa zu erlangen und eine (überwiegend) maritime Handelsroute zwischen Fernost und Lissabon aufzubauen. Nachdem ihr Einfluss Ende des 16. Jahrhunderts gesunken war, konnten die Omaner die Besatzer schließlich vertreiben.

1624 wurde Nasir Al-Yarubi, ein Mitglied des ältesten Stammes im Land, in Rustaq zum Imam gewählt. Er sah es als seine Aufgabe an, die Küste von den Portugiesen zu befreien und wieder Kontrolle über den Seehandel zu gewinnen. Zur Unterstützung seines Planes schloss er 1646 einen Vertrag mit den Briten und legte damit den Grundstein für eine jahrhundertelange Freundschaft zwischen den Ländern. Nach vielen Rückschlägen gelang es ihm, Muscat einzunehmen.

Aber erst sein Nachfolger Sultan Bin Said, ebenfalls vom Stamm der Yaruba, schlug die Portugiesen endgültig und beendete damit ihre Herrschaft in Oman und am Golf. Zudem baute er eine schlagkräftige Flotte auf und ließ Festungen im Landesinneren errichten, unter anderem das gewaltige Fort in Nizwa. Sein weiteres Verdienst war die Instandsetzung des alten persischen Falaj-Systems. 1698 eroberte der Imam auch noch portugiesische Stützpunkte in Sansibar und Mombasa, womit Oman den Status als führende Seemacht vor der Küste Ostafrikas erlangte.

Als Sultan Bin Said 20 Jahre später wieder an Macht verlor, versuchten die Perser erneut ihr Glück, in Oman Fuß zu fassen. Doch Ahmad Al Busaid, Bürgermeister von Sohar, konnte sich ihnen widersetzen und wurde daraufhin 1744 zum neuen Imam gewählt. Ahmad war Begründer der Al-Busaid-Dynastie, aus deren Linie der jetzige Herrscher Omans stammt, Sultan Qabus Bin Said.

Blick in den Containerhafen der Großstadt Salalah im Süden Omans

Ahmads Sohn Sayyid Bin Said behauptete seine Macht in Sansibar. Er führte dort den Anbau indonesischer Gewürznelken ein, deren Export bald ein Drittel des gesamten Staatshaushalts ausmachte. Zudem nahm er Beziehungen zu verschiedenen Ländern des Abendlandes auf. Oman war das erste arabische Land, das Diplomaten in die USA schickte. Allerdings wurden diese nicht nur der Freundschaft wegen gesandt, sondern zum Kauf von Waffen, die daheim dringend benötigt wurden.

Als Oman durch heftige Auseinandersetzungen zwischen Saids Söhnen die reiche Insel Sansibar verlor, versank es in Armut und Schulden. Durch schwache Herrscher einerseits, ständige Kriege zwischen den Stämmen andererseits sowie den Verlust des Seehandels nach Eröffnung der Suezkanals manövrierte sich das Land langsam, aber sicher in die politische und ökonomische Isolation.

1879 lud der führende Scheich von Dhofar Omans Sultan ein – den Herrschertitel hatten ihm die Briten verpasst – die Provinz im Süden zu übernehmen. Bis dahin stand sie während verschiedener Perioden in lockerer Koalition mit Muscat. Mit der festen Verbindung wurde der geografische Grundstein zum heutigen Oman gelegt. Die Kämpfe unter den Stämmen im Norden wurden erst 1920 durch Friedensverträge beendet.

Im folgenden Jahrzehnt wurden die ersten Ölkonzessionen vergeben. Mehrere Expeditionen ins Landesinnere brachten wenig Ergebnis, nicht zuletzt weil es an Karten mangelte und sich die Stäm-

Noch immer gibt es einen regen Handel mit Weihrauch, der Ware aus dieser Region, die einst wohl der wertvollste Rohstoff der Welt war. Weihrauch wurde für religiöse, kosmetische, hygienische und medizinische Zwecke gebraucht.

Auf dem Suk in Muttrah bekommt man alles, was das Herz begehrt.

me der Region wenig kooperativ, wenn nicht feindlich verhielten. In den 1930er Jahren rutschte das Land in extreme Armut ab. Öl wurde Anfang der 1950er Jahren gefunden, erwies sich aber als schwer förderbar und deshalb wirtschaftlich uninteressant.

Etwa gleichzeitig flackerten Rebellionen in der Jebel Akhdar-Region gegen den Sultan auf, angestachelt von Saudi-Arabien. Nachdem diese 1959 niedergeschlagen wurden, folgte 1965 ein Aufstand in Dhofar unter dem Einfluss des kommunistischen Südjemen. Als 1967 durch die lang ersehnten Ölquellen beachtliche Gelder ins Land strömten, Sultan Said Al-Busaid jedoch nichts unternahm, um die desolate Situation Omans und seiner Untertanen zu verbessern, wuchs die Unzufriedenheit im ganzen Volk. Anstatt das Land zu modernisieren, verfügte er neue Gesetze, die seine Landsleute vor den „schlechten" Einflüssen der westlichen Welt bewahren sollten.

Die Omaner durften beispielsweise keine Sonnenbrillen tragen, nicht auf der Straße rauchen, nicht Fußball spielen. Niemandem war es erlaubt, ohne Erlaubnis des Sultans das Heimatdorf zu verlassen, Frauen mussten sich innerhalb des Wohnbereichs aufhalten. Wer ein Auto importieren wollte, benötigte dazu die Unterschrift des Sultans. Die westliche Welt war währenddessen im Umschwung und brachte die 68er-Generation hervor.

Eine der Haupteinnahmequellen Omans ist, wie in den anderen arabischen Ländern auch, das Öl.

Als Sultan Qabus, der jetzige Herrscher, 1970 seinen Vater entmachtete, gab es im ganzen Land nur zehn Kilometer Straße für etwa 1000 Autos, die fast ausschließlich den Ölkonzernen gehörten. Daneben existierten drei Grundschulen für Jungen, ein einziges Krankenhaus, und Elektrizität gab es nur in Muscat und Mutrah. Die Ortschaften waren von hohen Mauern umgeben, deren Tore drei Stunden nach Sonnenuntergang geschlossen werden mussten. Eine Situation wie im Mittelalter. Vor diesem Hintergrund sind die Ausmaße der Leistungen von Sultan Qabus Bin Said Al-Said wirklich enorm.

„Der Schleier der Nacht hatte Oman lange Zeit verhüllt, aber mit Gottes Hilfe wird ein neuer Morgen anbrechen und die Sonne wieder hell über Land und Volk scheinen. Inshallah." Es war kein leeres Versprechen, das Sultan Qabus in seiner Antrittsrede am 23. Juli 1970 gab. Ihm gelang es innerhalb von 38 Jahren, den Sprung vom Mittelalter in die Neuzeit zu schaffen, ohne sein Volk des kulturellen und historischen Erbes zu berauben. Trotz galoppierenden Fortschritts basiert in Oman das politische, rechtliche und familiäre Leben auf den strengen Gesetzen des Ibaditen-Islams, die Sultan Qabus dort, wo er es für förderlich hielt, behutsam dem modernen westlichen Leben anpasste.

Die Überlandstraßen zwischen Muscat und Nizwa führen durch die karge Berglandschaft Omans.

STAAT UND POLITIK

Sultan Qabus ist absoluter Monarch von Oman. Er hat die exekutive, legislative und judikative Gewalt inne, er ist höchste und letzte Instanz, außerdem Oberbefehlshaber sowohl der Streitkräfte als auch der königlich-omanischen Polizei. Es gibt weder Parteien noch ein gesetzgebendes Parlament. Grundlage der Gesetzgebung ist die Scharia.

Seit 1996 gibt es eine Verfassung, die die Prinzipien bestätigt, von der die Politik seit der Machtübernahme bestimmt wird. Von einem absoluten Herrscher, wie man ihn aus europäischer Geschichte kennt, ist er indes weit entfernt. Von seinem Volk wird er als weiser Mann geliebt, der ihnen Wohlstand, Bildung, medizinische Versorgung, ein gut ausgebautes Straßennetz und Stromversorgung bis ins abgelegendste Bergdorf, Arbeitsplätze und Freiheit bescherte. Ihm gelang ein bemerkenswerter Spagat zwischen traditionell islamischem Herrschaftssystem und moderner Staatsverwaltung.

Schon von Beginn seiner Regierungszeit an hat er mit demokratischen Idealen geliebäugelt und den Wunsch geäußert, dass omanische Bürger an nationalen Entscheidungen teilhaben. Sultan Qabus

Der Sultanspalast Qasr al-Alam und die Mirani-Festung überragen herrlich angestrahlt die Altstadt von Muscat.

schiebt so die Demokratisierung phasenweise an. Ihm war es von Anfang an wichtig, dass der Prozess mit der Landesgeschichte, dem kulturellen Erbe sowie mit der sich stetig verändernden Alltagswelt der omanischen Gesellschaft harmoniert.

Seit Inkrafttreten des Grundgesetzes gibt es ein Zweikammersystem. Es besteht aus zwei Räten, Majlis A´Dawla (Staatsrat) und dem Majlis A´Shura (Beratende Versammlung). Beide zusammen bilden Majlis Oman (Rat von Oman), wenn sie sich gemeinsam zu Plenarsitzungen treffen. Die Mitglieder des Staatsrats werden von Sultan Qabus ernannt, die Abgeordneten der Beratenden Versammlung bzw. die Vertreter der Bezirke werden vom Volk frei gewählt. Die omanischen Frauen waren die ersten auf der Arabischen Halbinsel, denen das aktive und passive Wahlrecht eingeräumt wurde.

Eine besondere Rolle kommt den „Royal Tours" zu, eine omanisch-politische Tradition. Auf seiner jährlichen Rundreise durch verschiedene Bezirke nimmt Sultan Qabus direkten Kontakt mit seinem Volk auf. Es wird ein Camp aufgeschlagen, wo er sowohl Honoratioren als auch Normalbürger zu Diskussionen empfängt. Fotos dieser Zusammenkünfte sind sehr häufig in Omans Medien zusehen, um die königliche Verbindung zum Volk deutlich zu demonstrieren. Die offenen Dialoge zu bestimmten Themen werden im Fernsehen übertragen, die Beschlüsse allerdings hinter verschlossenen Türen getroffen.

Sultan Qabus Bin Said Bin Taimur Al-Said ist seit 1970 Staatsoberhaupt, Regierungschef und Außenminister in einer Person.

OBEN:
Studenten der Technischen Fakultät der Sultan-Qabus-Universität in Muscat sitzen in einer Vorlesung.

RECHTE SEITE:
Freitagsgebet in der Sultan Qabus-Moschee in Muscat

SULTAN QABUS

Am 18. November 1940 wurde er in Salalah geboren. Als einziger Sohn des vorherigen Sultans Said Bin Taimur ist er direkter Nachkomme in der königlichen Al-Busaid-Dynastie, die 1744 von Imam Ahmad Bin Said gegründet wurde. Er kam nach einem Staatsstreich an die Macht, nachdem er im Ausland studiert hatte und in der berühmten Militärakademie Sandhurst ausgebildet wurde. In seine Ausbildung brachte er vielfältige Interessen ein, studierte Fächer von Religion über Fremdsprachen, Literatur, Geschichte und Astronomie bis zur Ökologie. Er gilt als Fürsprecher für Umwelt- und Naturschutz und fordert seine Untertanen auf, ihm auf seiner Linie zu folgen.

Dank seiner umfangreichen Kenntnisse war er sich beim Amtsantritt 1970 nicht nur klar über die Rolle, die die Omaner in der Geschichte als Handels- und Seefahrtsvolk gespielt hatten, sondern auch über ihr Potenzial, das in ihnen schlummerte, um den rückständigen Staat in eine moderne

288 Oman

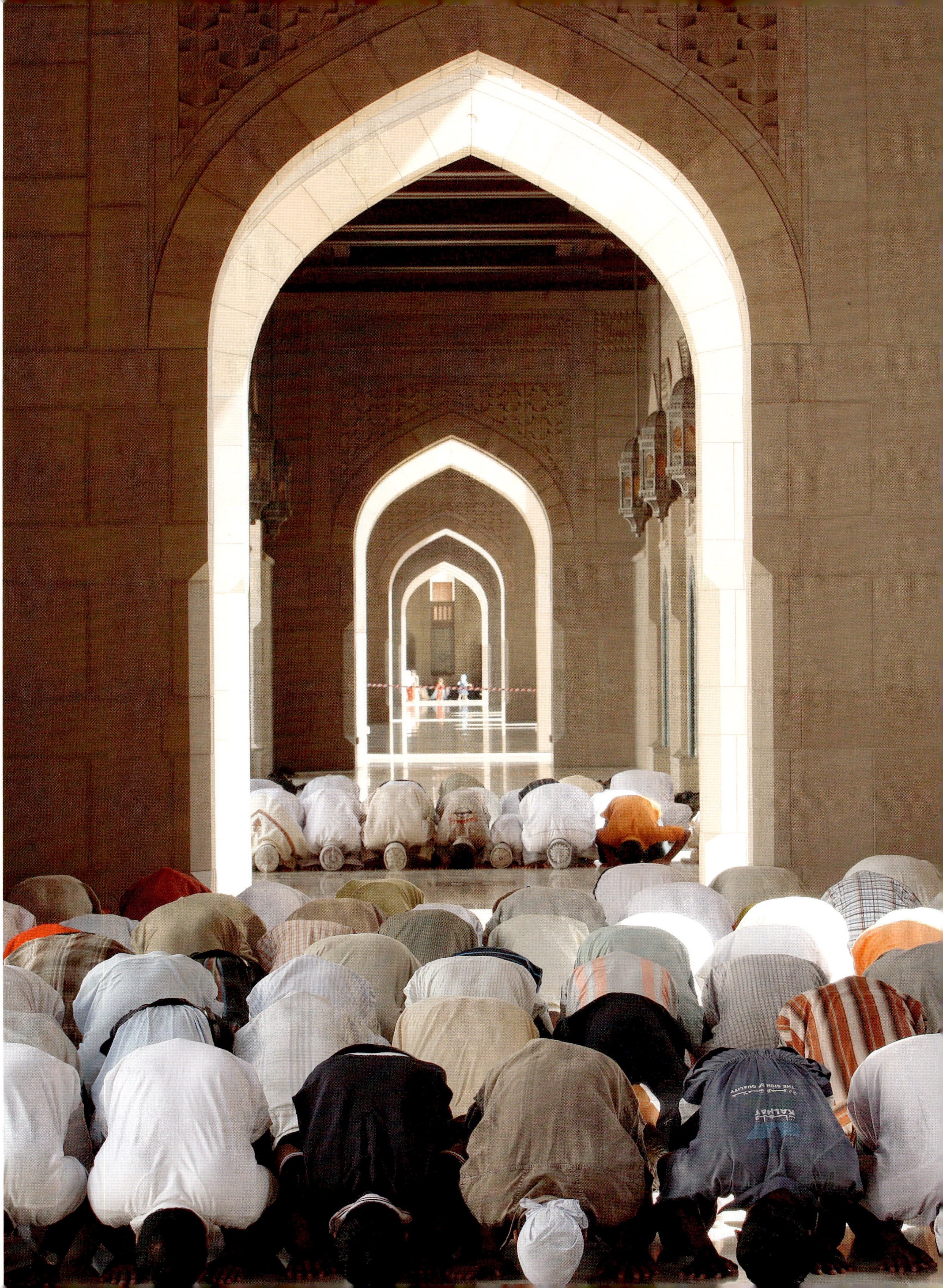

Die Kamelrennen haben auf der Arabischen Halbinsel einen mit dem europäischen Pferdesport vergleichbaren Stellenwert.

Nation zu verwandeln. Wobei sein hehres Ziel die Entwicklung des modernen Individuums war: „Die Anstrengungen auf verschiedenen Gebieten in diesem gesegneten Land sind alle darauf ausgerichtet, ein nobles Ziel zu verwirklichen – die Schaffung eines modernen Omaner, der an Gott glaubt, seine Identität bewahrt, der Schritt hält mit den modernen Strömungen in Technologie, Wissenschaft, Kunst und Kultur und der die Vorzüge zu nutzen weiß, um sein Land aufzubauen und seine Gesellschaft zu entwickeln."

BEVÖLKERUNG UND GESELLSCHAFT

Von den etwa 2,7 Millionen Einwohnern sind 76 % Omaner. Die meisten Ausländer wohnen in der Capital Area, wo etwa 40 % der Bevölkerung leben. Etwa eine Million Bewohner sind punktuell über das Land mit 309 500 Quadratkilometern Fläche verteilt, was eine durchschnittliche Dichte von 8,5 Einwohnern pro Quadratkilometer ergibt. Mehr als die Hälfte der Bevölkerung ist 15 Jahre und jünger. Das Bevölkerungswachstum von 2,7 % hat sich in den letzten Jahren verlangsamt, nachdem es vorher durch gute medizinische Versorgung, niedrige Säuglingssterblichkeit und gewachsene Lebenserwartung schnell angestiegen war.

RECHTE SEITE:
An der 1986 eingerichteten Sultan-Qabus-Universität sind über 10 000 Studenten eingeschrieben. Davon sind etwa die Hälfte Frauen.

Eine Grundlage der omanischen Gesellschaftsordnung ist der Stamm bzw. die Sippe, zu der ein Omaner gehört. Seine soziale Stellung definiert sich oft darüber, ob er überhaupt einem Stamm angehört und, wenn ja, welchem. Manche genießen mehr Ansehen als andere.

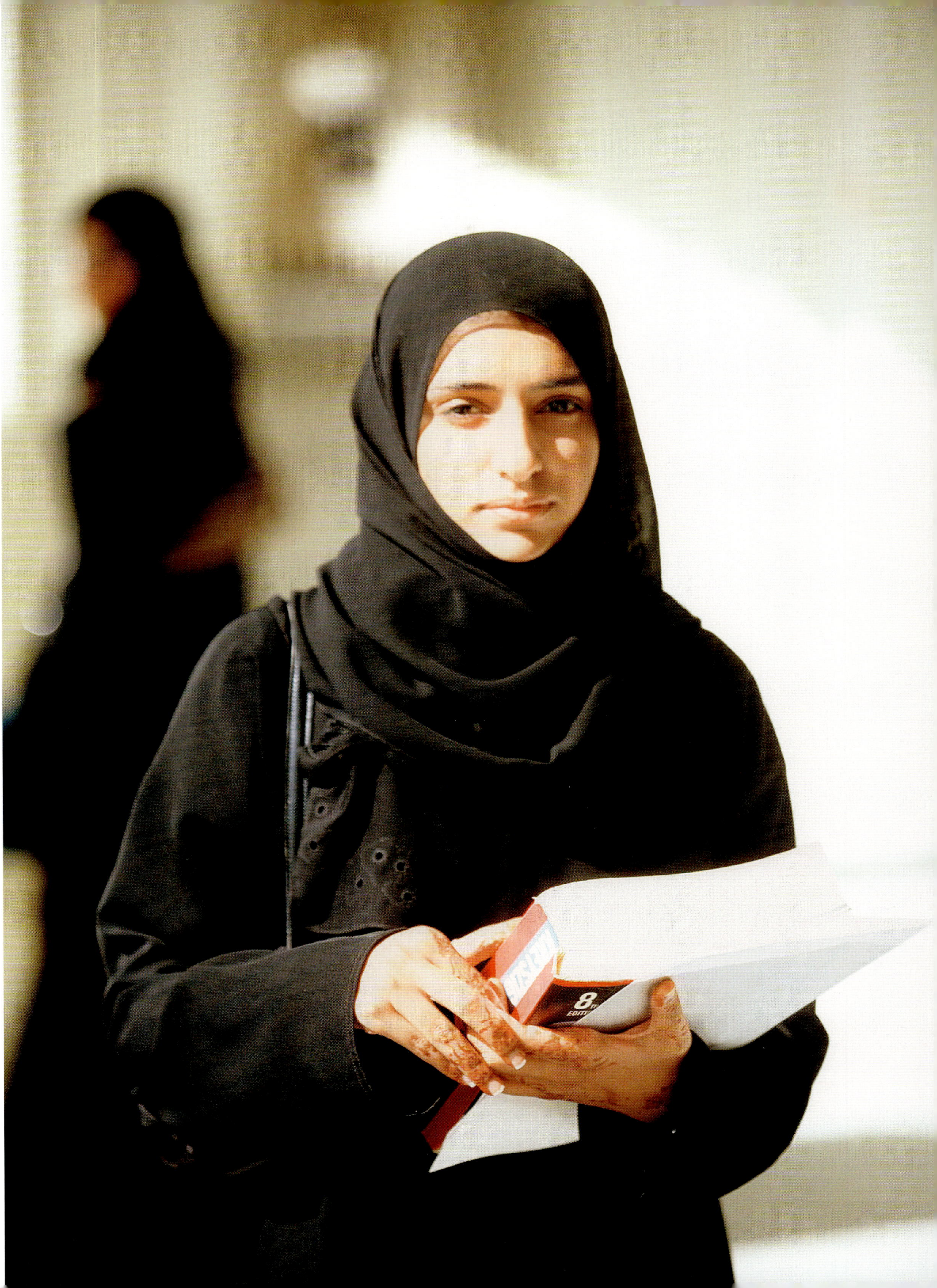

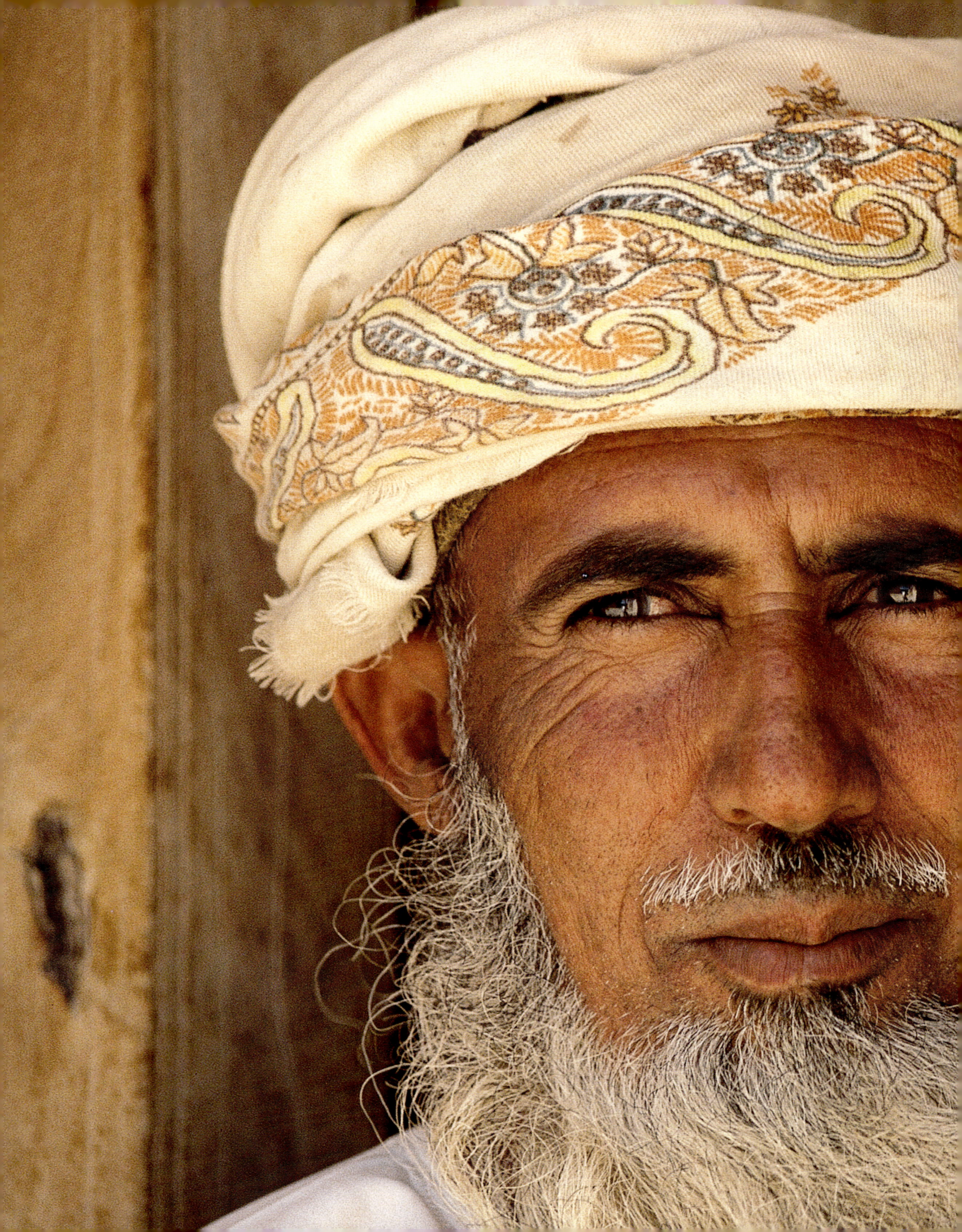

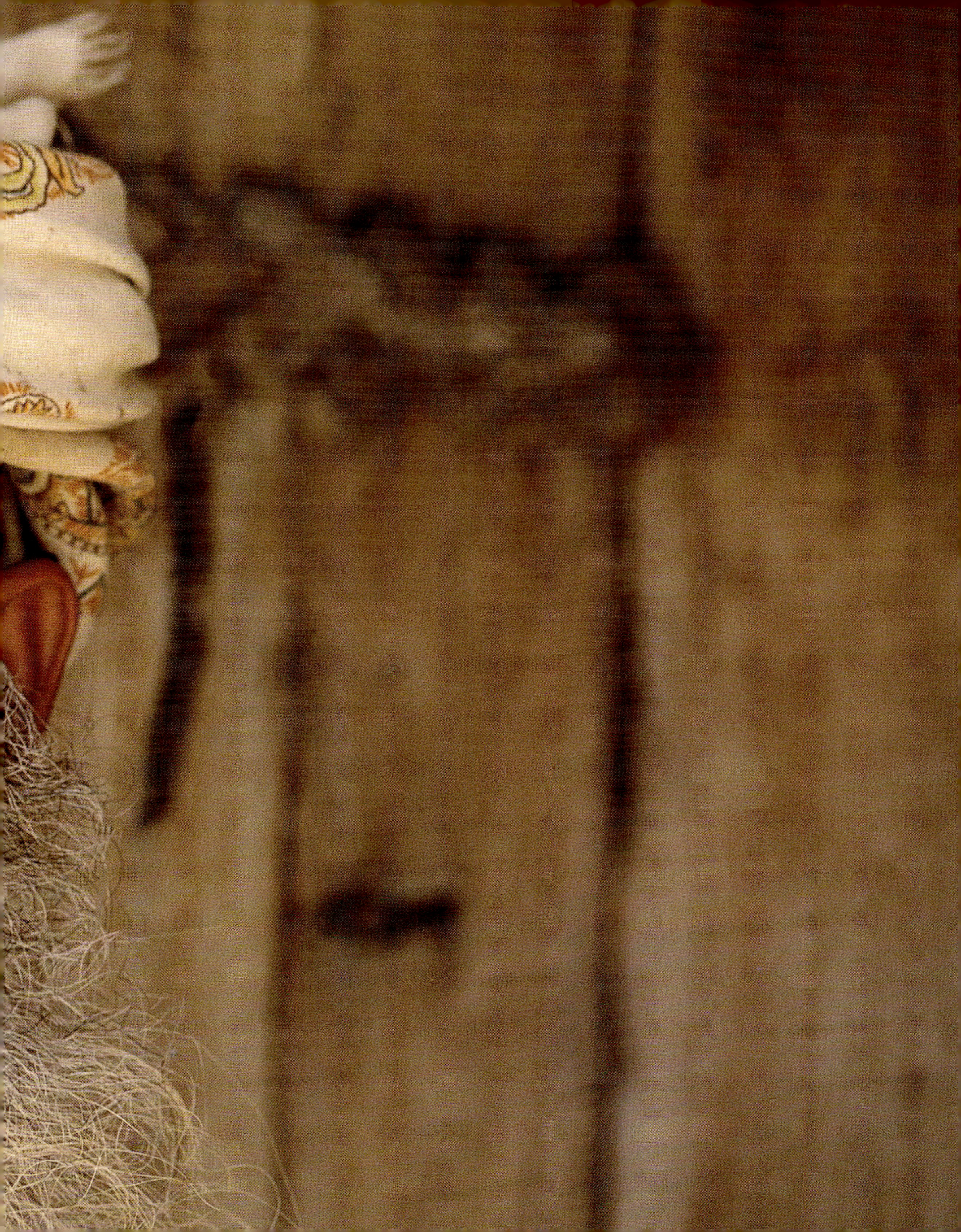

VORHERGEHENDE DOPPELSEITE:
Die durchschnittliche Lebenserwartung liegt im Oman bei etwa 75 Jahren.

UNTEN:
Ein junger Omaner in einem kleinen Bergdorf am Rande des westlichen Hajar-Gebirges.

Oberhaupt eines Stammes ist der Sheikh, der mit diesem Titel angeredet wird. Auch andere Männer, die hohes Ansehen genießen, können den Ehrentitel tragen. Zusammen bilden sie die Majlis, den Stammesrat, dem jedes Stammesmitglied seine Probleme vortragen kann. Entsprechend funktioniert die Staatsführung.

Nicht selten tobte ein Streit innerhalb eines solchen Gemeinwesens, wenn beispielsweise ein neuer Sheikh nicht von allen anerkannt wurde. Die Folge davon waren oft Spaltungen, was im Laufe der Zeit zu einer immer höheren Zahl von Stämmen führte. Die genaue Zahl lässt sich heutzutage kaum benennen. Es sind mehrere Hundert. Allerdings ist jedem weiterhin bekannt, auf welchen der ursprünglich vor 1500–2000 Jahren eingewanderten Stämme bzw. deren spätere Fraktion die Genealogie zurückführt. Die bedeutendsten heutzutage sind Hinawi und Ghafiri.

Die Beduinenstämme indes waren und sind eine Minorität, die an der Politik des Landes nie teilgenommen haben. Unter diesen sind die Duru, Harasis und Wahiba die wichtigsten, die die Wüstenterritorien unter sich aufgeteilt haben. Seit Entdeckung der Ölreserven auf ihrem Gebiet hat sich das Leben drastisch verändert, dennoch folgen sie zumindest während einem Teil des Jahres noch alten Traditionen. Das gleiche gilt für die Bergstämme im Hajar, als Jebalis bezeichnet. Auf der Halbinsel Musandam leben sunnitische Shihuh, die zum Teil arabische, zum Teil persische Vorfahren haben.

Neben den omanischen Arabern gibt es aber noch andere Bevölkerungsgruppen wie die Sansibarer im Süden. Sehr dunkelhäutig sind sie Nachfahren von Emigranten, die viele Generationen lang im omanischen Reich an der Ostküste Afrikas lebten und später zurückkehrten. Sicherlich sind auch

Ein Beduine blickt über die schier unendlichen Weiten der Wahiba-Wüste.

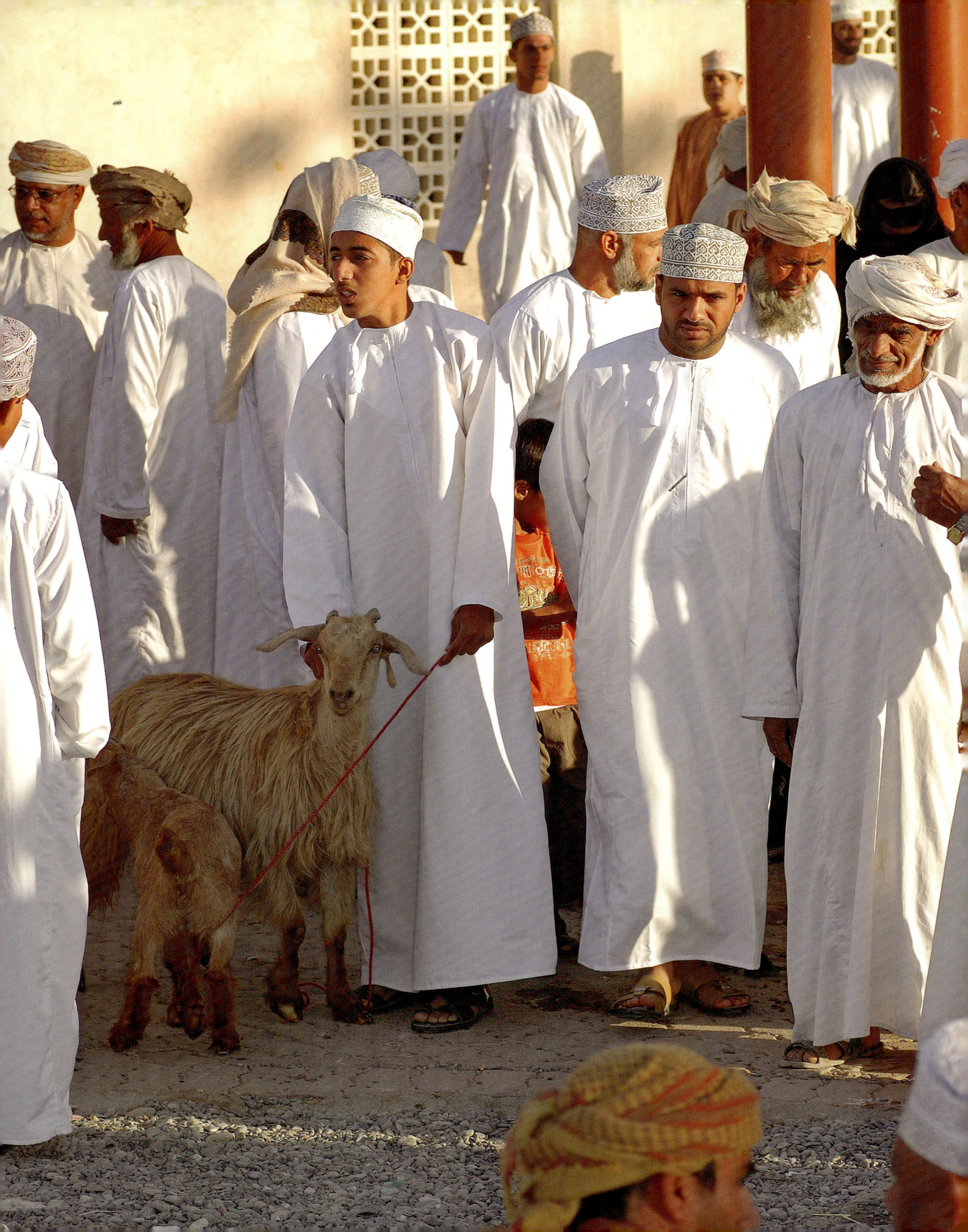

einige mit Sklavenvergangenheit darunter. Die Sansibarer erfreuen sich in der Regel eines hohen Bildungsstands, den sie einem Studium an britischen oder amerikanischen Universitäten zu verdanken haben.

Die omanische Mittelschicht wird vielfach von ehemals zugewanderten Indern, Pakistanis oder Balutschis gebildet. Im Zuge des Seehandels ließen sie sich in Küstenorten wie Muscat, Mutrah, Sohar und Sur nieder und sind heutzutage als Händler, Kaufleute und Werkstattbetreiber tätig oder besetzen mittlere Posten in der staatlichen Verwaltung oder in privaten Betrieben.

Seit Entdeckung des Öls und im Zuge der Modernisierung des Landes hat ein Heer von Gastarbeitern vorübergehend eine Heimat in Oman gefunden. Sie stammen überwiegend vom indischen Subkontinent und aus Südostasien. Die Gastarbeiter bewegen sich auf den unteren Rängen der Gesellschaftsordnung, arbeiten als Taxifahrer, in Hotels und auf Baustellen.

In der omanischen Elite finden sich alle Mitglieder der königlichen Familie und die Sheikhs bedeutender Stämme. Aus dieser Schicht rekrutieren sich hochrangige Politiker, Militärs und Angestellte in staatlichen Institutionen sowie reiche Geschäftsleute.

Im Gegensatz zu Saudi-Arabien und Jemen hat es auf dem Gebiet von Oman keine städtische Frühgeschichte gegeben, sieht man vom Weihrauchland Dhofar ab. Bis zur Machtübernahme von Sultan Qabus entwickelte sich das Leben in Bergland und Wüste im Gegensatz zur Küste eigenständig, und bis heute erlebt man die unterschiedlichen Lebensformen der jeweiligen Bewohner.

Abgesehen von Seeleuten im internationalen Handelsverkehr waren die Küstenbewohner überwiegend Fischer und Bootsbauer, an der Batinahküste auch Bauern. Im Landesinneren wurde halbnomadische Oasenwirtschaft und nomadische Viehzucht betrieben. Auf Handelswegen wurden Produkte ausgetauscht, z. B. getrockneter Fisch gegen Datteln. Heutzutage ist die Batinahküste die Korn-, Obst- und Gemüsekammer des Landes, die landwirtschaftliche Nutzung ist dank elektrischer Wasserpumpen sehr intensiv.

Die Capital Area, die sich aus Kleinstädten wie Muscat und Mutrah sowie einigen Oasen dank Petrodollar, Verwaltung und Politik zu einem urbanen Konglomerat mit bester Infrastruktur entwickelte, ist jetzt eine moderne arabische Stadt.

Im Landesinneren mit seinen großen Oasen hat sich das Leben drastisch gewandelt. Durch moderne Infrastruktur eröffneten sich nicht nur neue Verdienstmöglichkeiten, sondern auch der schnelle Zugang zu Jobs in der Capital Area. Die historische Oasenarchitektur wird zwar seitens des Staates gepflegt, aber die Bewohner leben inzwischen in Neubaugebieten mit klimatisierten Häusern und Teerstraßen.

Auch die Nomaden sind weitgehend sesshaft geworden, sie ziehen höchstens mit dem Geländewagen zwischen Sommer- und Winterlager umher, wohnen hier in Steinhäusern, dort in Hütten. Das Kamel hat als Last- und Reittier seine Bedeutung vollständig verloren. In Dhofar gilt es allerdings als Prestigeobjekt und Quelle beträchtlicher Einkünfte. In der Provinz werden nämlich wertvolle Rennkamele gezüchtet und über die ganze Arabische Halbinsel exportiert. Auf dem Pick-up, versteht sich.

LINKE SEITE:
Auf dem Ziegenmarkt in Nizwa werden die Tiere eingehend untersucht, bevor sie als Opfer geschlachtet werden.

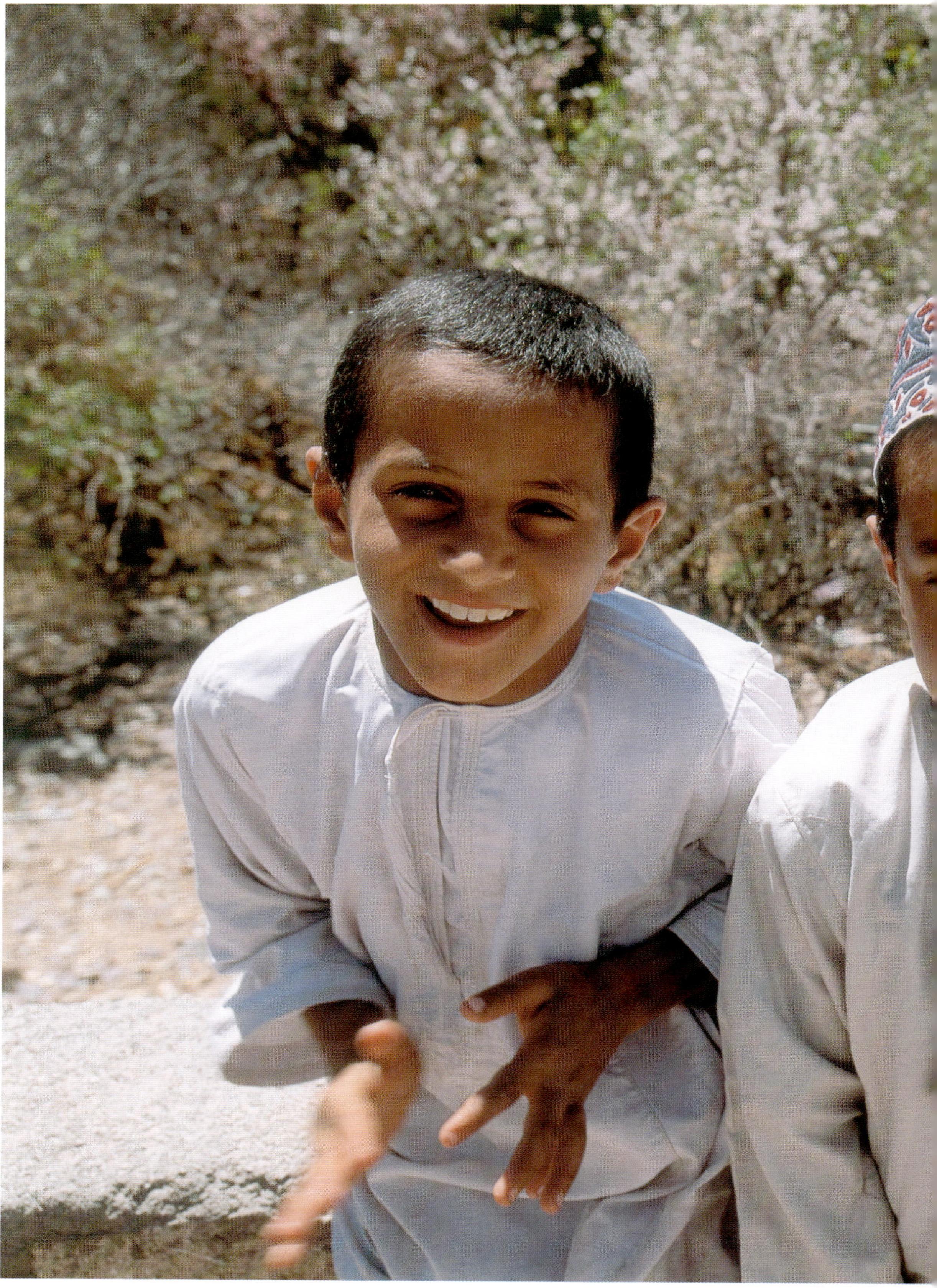

Mehr als 30 % der Omanis sind unter 15 Jahren alt.

RECHTE SEITE:
Der Eingang zur Sultan-Qabus-Moschee in Muscat.

UNTEN:
Verschleierte Frauen und ein Mann beim Studieren von Büchern in der Sultan Qabus-Moschee in der Hauptstadt Muscat

RELIGION

Staatsreligion ist laut Verfassung der Islam. Die Mehrheit der Omaner bekennt sich zur ibaditischen Lehre, eine Glaubensrichtung des sunnitischen bzw. kharijitischen Islams. Grundlage des Glaubens im Unterschied zu dem der Sunniten ist die Meinung, dass der Koran und andere Glaubensinhalte der allgemeinen Entwicklung angepasst werden müssen. Nicht zuletzt deswegen gelten Ibaditen als liberal gegenüber Andersgläubigen und offen für Demokratisierung.

Bei den Ibaditen wurde der Imam frei gewählt, egal von welchem Stamm er war. Er musste eine theologische Ausbildung genossen haben und als Moslem Gelehrsamkeit, politisches und gesellschaftliches Geschick unter Beweis stellen. Es kam allerdings in der Geschichte vor, dass man niemanden fand, der religiös integer genug war, das Amt des Imams zu bekleiden. Deswegen bildete sich im Oman ein zweites profanes Führeramt heraus, das des Sultans. Beides konnte auch von einer Person ausgeübt werden. Seit den 50er Jahren gibt es nur noch einen Sultan in der Position des obersten Führers.

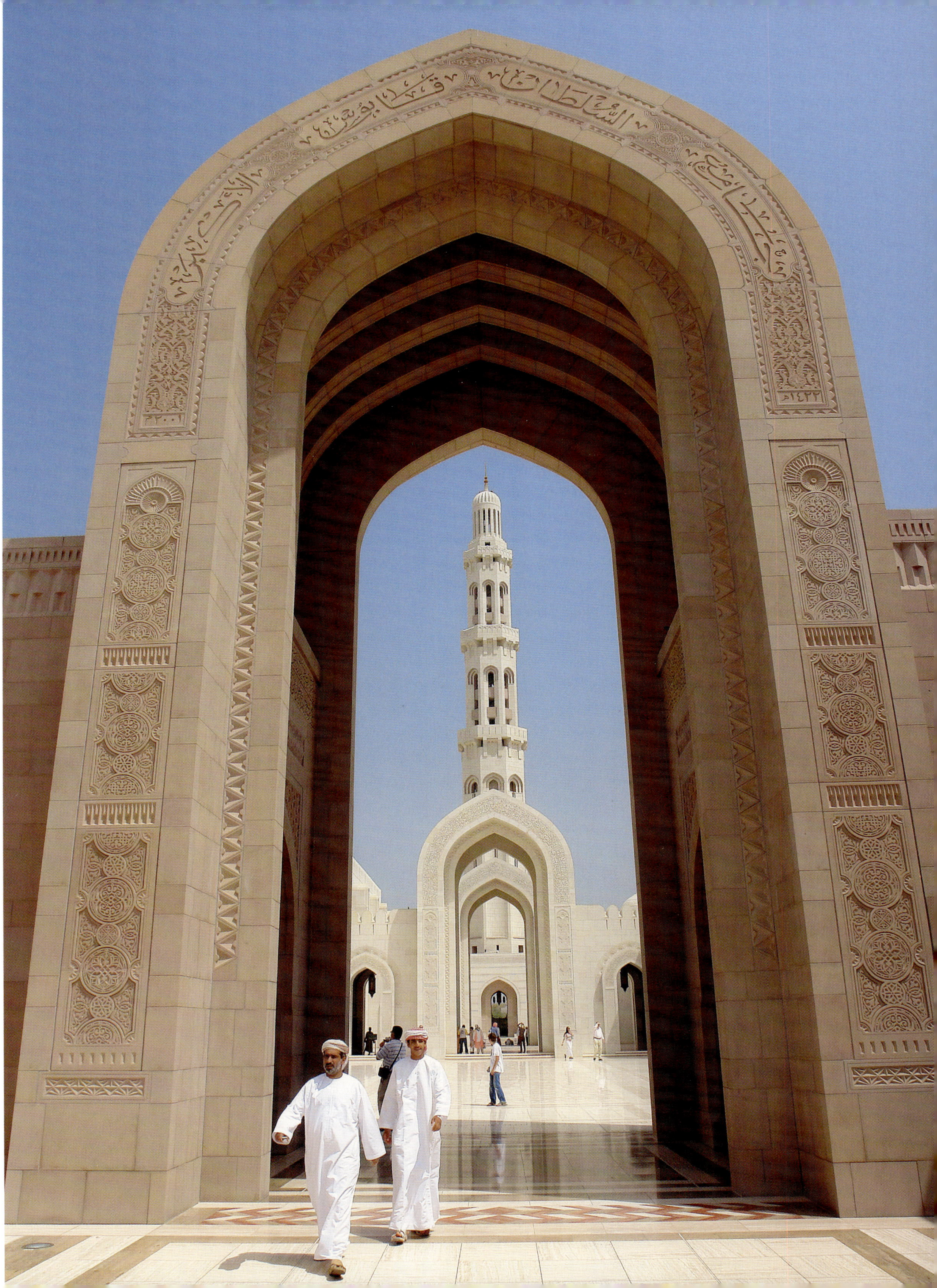

Die sakral bezogenen Aufgaben übernimmt das Ministerium für Stiftungen und religiöse Angelegenheiten. Es bemüht sich, das richtige Verständnis des Islams zu verbreiten, im Zusammenhang mit dessen Erbe, Tradition und Werten. Es hat u. a. die Aufsicht über das Institut der Scharia-Wissenschaften, das Imame und Prediger ausbildet, und ist zuständig für den Bau neuer und den Unterhalt der 13 945 Moscheen im Sultanat.

Religiöse Toleranz ist ein ausgeprägter, historisch verwurzelter Charakterzug der omanischen Gesellschaft. Fanatismus und Extremismus werden strikt abgelehnt. Die persönliche Freiheit sowie die Glaubensfreiheit sind in der Verfassung verankert. Andersgläubige können ihren Glauben in eigenen Andachtsstätten ausüben.

BILDUNG

Grundlage aller Modernisierungsmaßnahmen sind Bildung und Erziehung, so Sultan Qabus. Über umgerechnet 4,2 Milliarden Euro flossen seit seinem Regierungsantritt bis zum Beginn des 7. Fünfjahresplanes (2006–2010) in die Gründung von Schulen, Universitäten und anderen Ausbildungsstätten. Einer Initiative zur Unterstützung der Hochschulbildung erteilte die Regierung einen Zuschuss in Höhe von knapp 20 Millionen Euro. Abgesehen von formaler Schulbildung können sich omanische Bürger kostenfrei für technische Berufe ausbilden lassen, wofür momentan hoher Bedarf besteht. Jungen und Mädchen haben gleichwertige Bildungschancen.

An der Corniche von Sur sitzt eine Gruppe Männer zum Gespräch zusammen.

Knapp 600 000 Schüler und Schülerinnen sind an 1200 Grund- und Hauptschulen registriert, 2200 Studenten schlossen ihr Studium an der Sultan-Qabus-Universität ab. Sowohl im wirtschaftlichen als auch sozialen Bereich spielen Frauen eine aktive Rolle und sind zum Teil in hohen Positionen im staatlichen Verwaltungsapparat etabliert.

Früher sprach man von „Omanisation", heute ganz modern von „Manpower Development Strategy". Grundlage der Strategie, die Sultan Qabus seit Beginn seines Amtsantritts forciert hat, ist die Deckung des hohen Bedarfs an qualifizierten einheimischen Arbeitskräften. Das Arbeitsministerium setzt alles daran, Arbeitsplätze für Omaner zu schaffen, damit sie am Wirtschaftsleben teilhaben. Die Omanisierung hat bei über 50 Wirtschaftszweigen in den verschiedenen Bezirken Wirkung gezeigt.

Rund 1900 Geschäfte werden heute von 4000 Einheimischen geführt. Profitiert haben dabei speziell Frauen, nachdem Gewerbe wie Schneiderei in einigen Landkreisen omanisiert wurde. Dazu muss man wissen, dass Schneiderei im arabischen Raum traditionell Männerarbeit ist und auf der Arabischen Halbinsel besonders von Einwanderern oder Gastarbeitern vom indischen Subkontinent übernommen wird.

Vor der Küste Omans tummelt sich eine Schule Delfine.

WIRTSCHAFT

Oman funktioniert sozusagen im Fünfjahrestakt. Innerhalb dieses Zeitraums werden jeweils wirtschaftliche Prioritäten gesetzt, die innerhalb von fünf Jahren entweder abgeschlossen sind oder in den folgenden als Basis neuer Prioritäten dienen. Damit verfolgt der Staat eine kontinuierliche Entwicklung und generiert mehr Wohlstand für alle.

Der Plan für den Ausbau des Tourismus beispielsweise fiel in den vorletzten, also den 5. Fünfjahresplan (1996–2001), im 6. eröffneten neue Hotels und Resorts, während im derzeitigen an Großprojekten gearbeitet wird. Die bislang vorhandenen 8000 Hotelbetten sollen bis 2010 auf die doppelte Anzahl erhöht werden. Die größten diesbezüglichen Vorhaben sind „The Wave Muscat" mit 250 Hektar Fläche, welches 2013 fertiggestellt sein soll, sowie „Blue City" an der Batinahküste, das noch in der Planungsphase ist.

Nach und nach hat der Tourismus Einzug in Oman gefunden. Viele Reiseveranstalter bieten Wassersport in ihren Resort- und Spa-Hotels an.

Anfang der 1970er Jahre war die Regierung hauptsächlich mit der Schaffung einer Infrastruktur beschäftigt. Der Schwerpunkt lag auf der Einrichtung eines Elektrizitätsnetzes, auf Straßen- und Hafenbau, auf dem Kommunikationssektor und auf der Ausbeutung der natürlichen Ressourcen wie Erdöl, Mineralien und Fisch, die wiederum das finanzielle Fundament für die Weiterentwicklung der Erstgenannten bildete.

1996 legte Sultan Qabus den Grundstein für die Gasverflüssigungsanlage bei Sur, mit der eine neue Industrie-Ära eingeläutet wurde, von kleinen bis mittleren Industriebetrieben bis hin zur Schwerindustrie. Alles trug dazu bei, Einnahmequellen zu diversifizieren und für die Einheimischen Arbeitsplätze zu schaffen. Im jetzigen Fünfjahresplan stehen die Eröffnungen der Raffinerie, einer Polypropylen-Anlage sowie der Meerwasserentsalzungsanlage in Sohar. Neue Wasserressourcen dürften nicht zuletzt der landwirtschaftlichen Produktion an der Batinahküste zugutekommen, wo der Grundwasserspiegel durch die intensive Nutzung stark gesunken ist.

Das Modell von Al-Madina al-Zarqa bei der offiziellen Präsentation des Projekts. Die 200 000-Einwohner-Stadt soll auf einer Landzunge an der Nordküste entstehen und Touristen aus aller Welt anlocken.

Landwirtschaft spielt eine bedeutende Rolle im Sultanat. Oman ist heute zu 93 % autark in der Versorgung mit Datteln und Feldfrüchten, zu 64 % von Gemüse. Landwirtschaftliche Produkte machen rund 37 % des Gesamtwertes der Exporte aus.

Der 6. Fünfjahresplan erlebte hohe Steigerungsraten. Das BIP stieg um 4,6 % anstatt der erwarteten 3 %. Das BNP pro Kopf stieg zwischen 2004 und 2005 um 19,6 %, in Zahlen von 3760 auf 4495 Omanische Rial. Das sind umgerechnet 6318 bzw. 7551 Euro. Die Einkünfte aus dem Erdöl- und Gasgeschäft machen derzeit 79 % der Gesamteinnahmen aus.

KUNST UND KULTUR

Im Gegensatz zu den anderen Staaten der Arabischen Halbinsel wurde zu Beginn der Modernisierung nie das kulturelle Erbe aus den Augen verloren, was sich durch das Ministerium für Erbe und Kultur manifestiert. Diesbezügliche Anstrengungen gipfelten 2006, als Muscat zur Arabischen Kulturhauptstadt erkoren wurde. Das Programm bestand in jenem Jahr aus Kunstausstellungen, Lyriklesungen, Vorträgen zur Literatur, dem Nachdruck omanischer Kalligrafien und anderen Kulturevents. Gegründet wurde auch der Omanische Schriftsteller- und Autorenverband. Zudem setzte die UNESCO fünf traditionelle Bewässerungskanalsysteme (Aflaj) auf die Liste des Welterbes inklusive der zu ihrer Verteidigung gebauten Wachtürme und mit ihnen verbundenen Moscheen, Wohnhäuser, Sonnenuhren und Auktionsgebäude.

Auch das Wadi Dawkah mit 1200 Weihrauchbäumen wurde als eine von vier Stätten im „Land des Weihrauchs" gelistet. In den letzten Jahren wurden mehrere archäologische Ausgrabungen gesponsert, um mithilfe ausländischer wissenschaftlicher Unterstützung Omans Frühgeschichte zum besseren Verständnis der einstigen Zivilisationen in diesem Raum zu dokumentieren.

FALAJ

Der Begriff Falaj (Plural Aflaj) bezeichnet das System der Wasserteilung zwischen denjenigen, die festgelegte Rechte auf eine Versorgungsquelle haben. Persische Stämme brachten nach der Eroberung Mangans 593 v. Chr. das Wissen um den Bau dieses Systems mit. Das Grundwasser, das zwischen einer tieferen, undurchlässigen Steinschicht und der Felskrume in den Ausläufern der Gebirge lagert, Umm Al-Falaj genannt, wird durch Tunnel und Kanäle den Berg hinab in die Oasen geleitet. Die Grundwasserschicht liegt gewöhnlich 30–80 m tief unter der Oberfläche, ist somit vor Verdunstung geschützt und wird gleichzeitig gekühlt.

Zur Anlage der Tunnel, die bis zu 10 km lang sein können, werden im Abstand von etwa 20 m von oben Schächte in der Fels getrieben – in früheren Jahrhunderten war dies ohne technisches Gerät eine enorme Leistung. Das Wasser strömt sogar in der Trockenzeit nach dem Austritt aus dem Berg in einer Art offenen Pipeline kontinuierlich zu Terrassen und Äckern. Dort wird es durch ein verzweigtes Kanalsystem weiter auf die Grundstücke geführt, deren Besitzer über die entsprechenden Wasserrechte verfügen. Die genaue Wasserverteilung wird in Falaj-Büchern gewissenhaft aufgelistet und kontrolliert.

Das kostbare Wasser wird durch das Falaj-Bewässerungssystem in der gesamten Region verteilt.

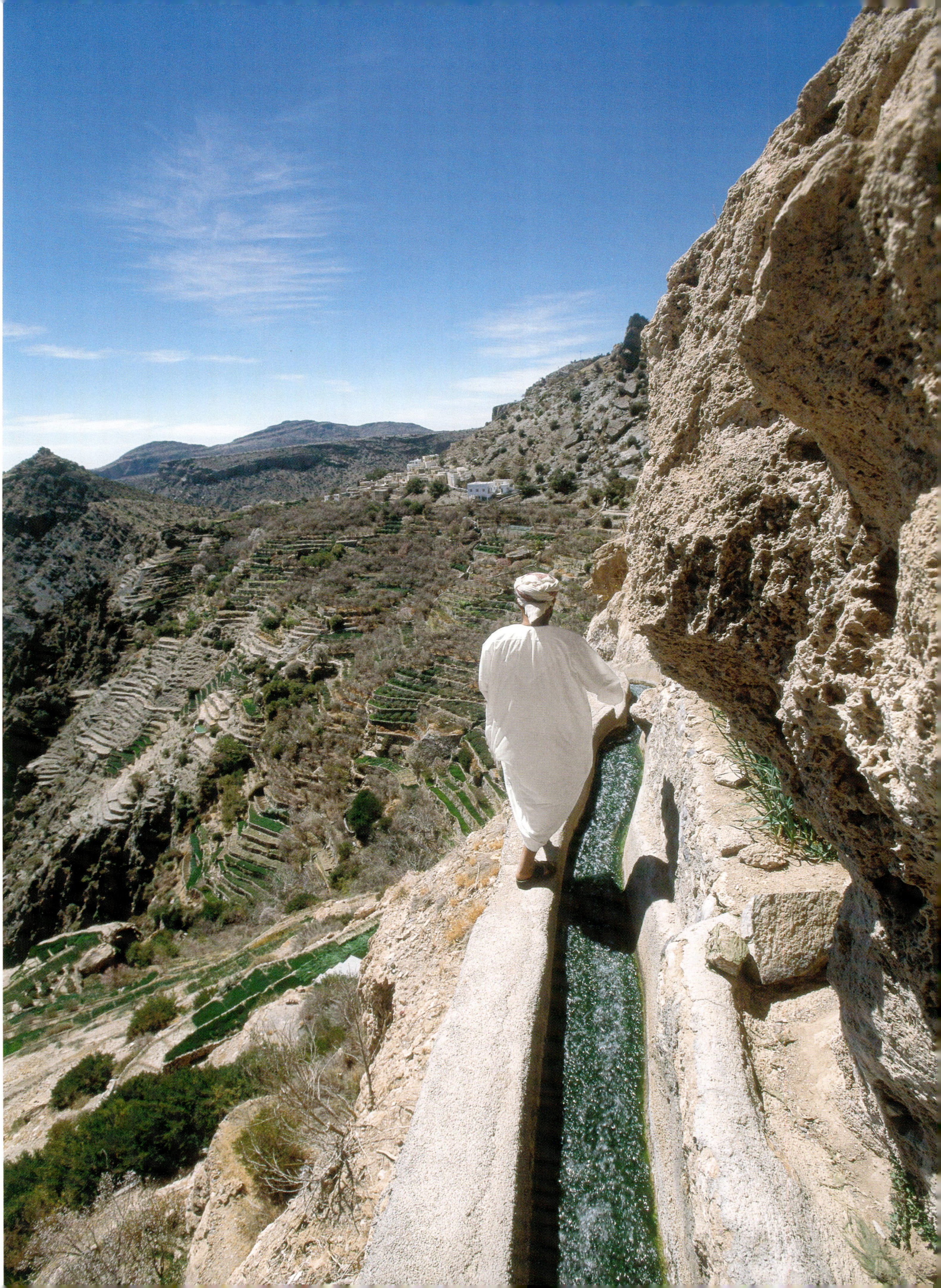

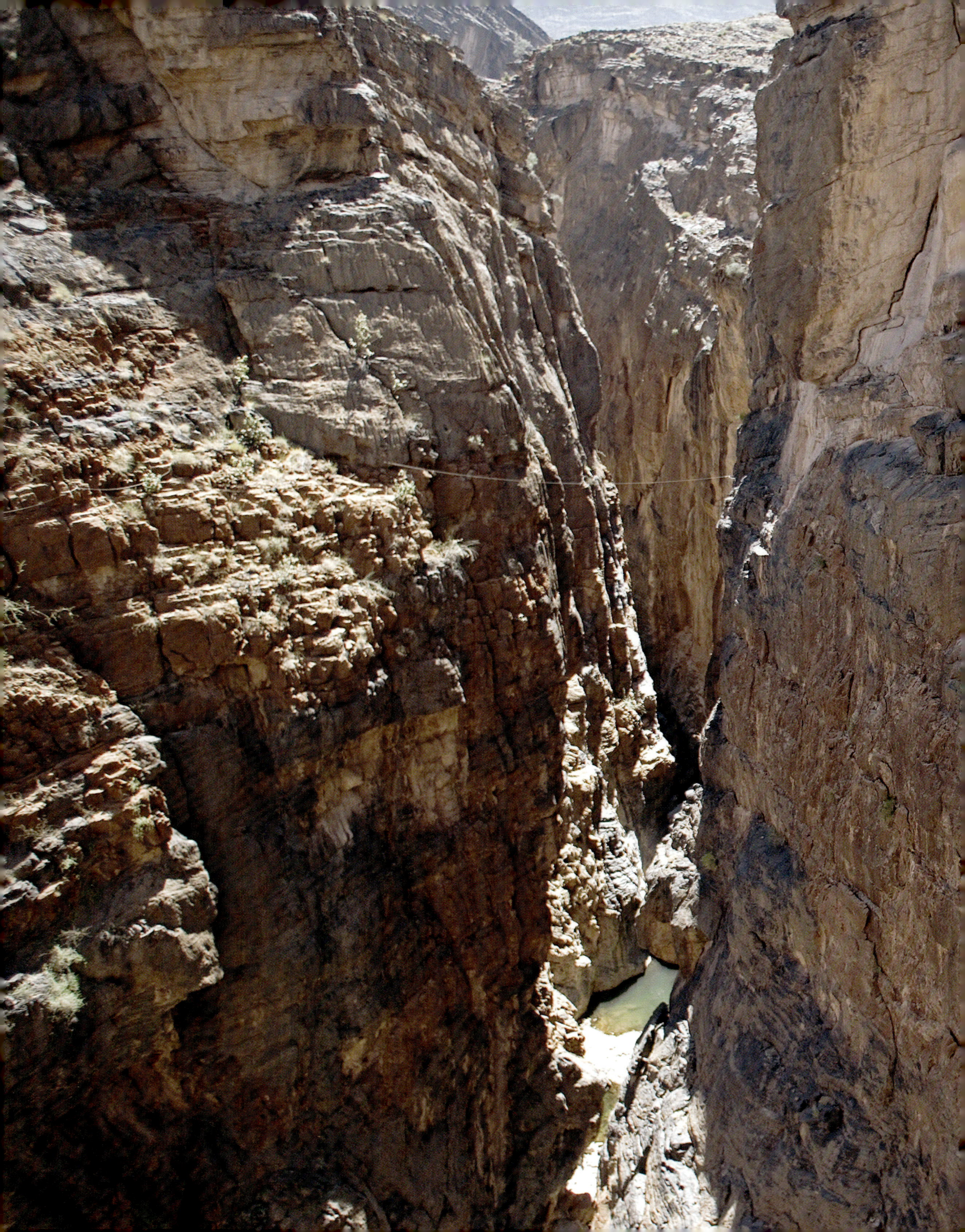

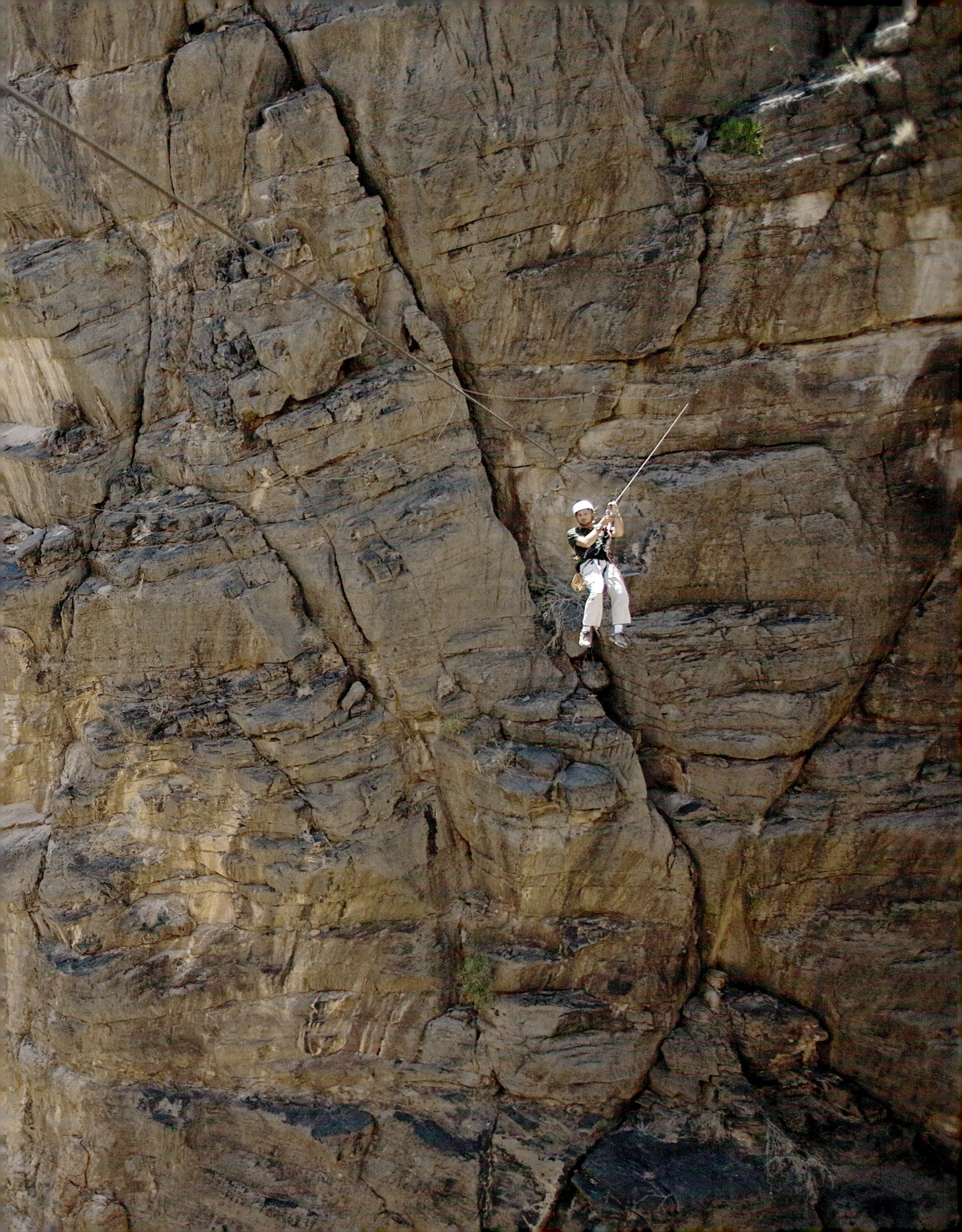

VORHERGEHENDE DOPPELSEITE:
Für Touristen gibt es in Oman viel zu erleben, wie zum Beispiel die Überquerung tiefer Schluchten im westlichen Hajar-Gebirge.

UNTEN:
Traditioneller Bootsbau-Arbeiter beim Kalfatern eines Holzschiffs

Nicht selten nährt ein Falaj bis zu 200 Landbesitzer, die oft verschiedenen Stämmen angehören. Gezwungenermaßen müssen die Nutznießer kooperieren, auch wenn hin und wieder tief verwurzelte Feindschaften die Zusammenarbeit erschweren. In der Vergangenheit führten Kämpfe um die Wasserrechte in einigen Regionen zum Bau mächtiger Befestigungsanlagen und Mauern, die noch heute zu sehen sind. Beispielsweise in Itzki. Man nimmt an, dass vor gar nicht langer Zeit eine viel größere Fläche Omans künstlich bewässert wurde als heute. Aber viele Falaj-Systeme wurden in den häufigen Stammesfehden zerstört.

TRADITIONELLES (KUNST-)HANDWERK

Oman ist reich an schönen Dingen, die sowohl als Schmuck als auch zur praktischen Nutzung produziert werden. Jede Region von Oman wird mit einem dekorbetonten Handwerk assoziiert – Bahla mit Töpferei, Nizwa mit Silberschmiedekunst, Jebel Shams mit Teppichweberei, Sur mit Bootsbau, Shwaimija mit Korbflechterei. 2003 wurde die „Public Authority for Crafts Industries" mit dem Ziel gegründet, traditionelles Handwerk und den Handel mit Kunsthandwerk zu erhalten und zu fördern. Manches war fast ausgestorben, bevor es durch die Ausbildung einer neuen Generation von Handwerkern eine Renaissance erfuhr.

Dazu haben auch Touristen beigetragen, die sich für diese Art authentischer Mitbringsel interessieren. Am auffälligsten sind darunter die Handschar – Krummdolche mit schön verziertem Griff, die einige Omaner bis heute im Gürtel tragen. Echt antike Handschar aus Silber sind allerdings kaum noch zu finden. Aber die neuen sind, wenn sie fein gearbeitet sind, auch nicht übel. Das „Omani Craft House" in Muscats Stadtteil Qurm ist so erfolgreich, dass das Staatliche Amt für Kunsthandwerk Zweigstellen in Sohar, Nizwa und Salalah eröffnete.

An der Batinahküste in der Nähe von Khaburah steht ein traditionelles Lehmhaus, welches das vom Staat geförderte Webereizentrum beherbergt. In diesem klassischen Barasti werden Frauen in der althergebrachten Technik des Webens unterrichtet. Die Handarbeiten werden nicht auf Webstühlen gefertigt, sondern auf dem Boden.

Zu den bekanntesten und renommiertesten Künstlern Omans zählen Hassan Meer und Anwar Sonya. Beide gehören zu einem Kreis von Künstlern, die u. a. jedes Jahr im Winter in Muscat ein großes Kunstfest organisieren, bei dem Museen, öffentliche Gebäude und Plätze, sowie der Muttrah-Suk mit einbezogen sind.

Die Tonkrüge in der Töpferei Abdulla-Bin-Hamadan werden ganz herkömmlich von Hand hergestellt.

Ein Berg Silberschmuck türmt sich auf dem Tisch eines Standes im Suk von Mutrah, einem Stadtteil von Muscat.

SCHMUCK

Keine omanische Frau ist ohne traditionellen Silberschmuck vorstellbar. Sie sind zwar selten mit ihrem ganzen Fundus behängt, aber etwas zur optischen Verschönerung muss sein. Silber symbolisiert die Kräfte des Mondes und schützt, wie Omaner glauben, vor dem „bösen Blick". Oft sind Materialien wie Münzen, Korallen oder auch Zähne und Halbedelsteine eingearbeitet, die manchmal durch preiswertere Varianten wie farbiges Glas und Plastik ersetzt sind. Die Farben haben eine Bedeutung: Rot schützt vor Krankheiten, Grün steht für Fruchtbarkeit, Blau bannt wiederum den „bösen Blick".

Bis vor wenigen Jahren hatte der Schmuck auch materielle Bedeutung, besonders bei den Beduinen. Er war Teil des Familienvermögens und am Körper der Frau leicht transportfähig. In der Hauptstadtregion mit größerem Wohlstand wurde das Silber inzwischen durch Gold ersetzt. Im Landesinneren wie in Nizwa und Bahla überwiegt noch das fein ziselierte Silber. Diese Preziosen sind natürlich auch im Suk zu bewundern und zu kaufen.

Die Vielfältigkeit ist höchst bemerkenswert. Da gibt es Halsketten, Broschen, Fußspangen und -reife, Schnallen, Ohr-, Finger- und Zehenringe, Kopfschmuck und vieles mehr. In Salalah wird zur Hochzeit ein spezieller Kopfschmuck aus Silber getragen, eine Art Kappe, die aus unendlich vielen Gliedern, Anhängern, Ketten und Münzen zusammengesetzt ist. Inzwischen hat sich dieser Brauch in ganz Oman verbreitet.

MUSIK UND TANZ

Es gibt Dutzende traditioneller Gesangs- und Tanzformen, mehr als 130 sind im „Oman Center of Traditional Music" dokumentiert. Oman war das erste arabische Land, dass Mitglied im Internationalen Rat für traditionelle Musik bei der UNESCO wurde. Die Musik Omans ist vielfältig aufgrund seines Seefahrer-, Stammes- und Beduinenerbes. Aus alter Zeit stammt Naham, ein berühmter Ruf der Kapitäne an ihre Crew.

Sehr beliebt ist das Lautenspiel auf dem alten Instrument Ud sowie klassische Musik, für die das Royal Oman Symphony Orchestra steht, gegründet und unterhalten von Sultan Qabus. Jeder Zweig der Streitkräfte besitzt eine Band von internationalem Kaliber, allen voran das Dudelsack-Orchester, das mehr als einmal beim Edinburgh Military Tattoo partizipierte.

LITERATUR

Sowohl Rezitationen von Koran und Hadith als auch Beduinen-Lyrik gehören zu diesem künstlerischen Segment. Insbesondere Lyrik und Fiktion sind Themen der Jugendliteratur, der einmal im Jahr ein Forum gewidmet ist. Auf der jährlichen Buchmesse in Muscat sind unter mehr als 500 Verlagen ein knappes Zehntel omanische vertreten, die private und staatliche Veröffentlichungen präsentieren.

Diese Tänzerinnen bereiten sich auf die Folklore-Vorführung für eine Gruppe westlicher Touristen vor.

LINKE SEITE:
Mit einer orientalischen Galionsfigur am Vordersteven liegt die Barkentine „Shabab Oman" der Marine des Sultanats Oman im Neuen Hafen von Bremerhaven.

RECHTE SEITE:
Ein Tonkrug zum Kühlen von Wasser hängt bei einer historischen Heilquelle in Nizwa.

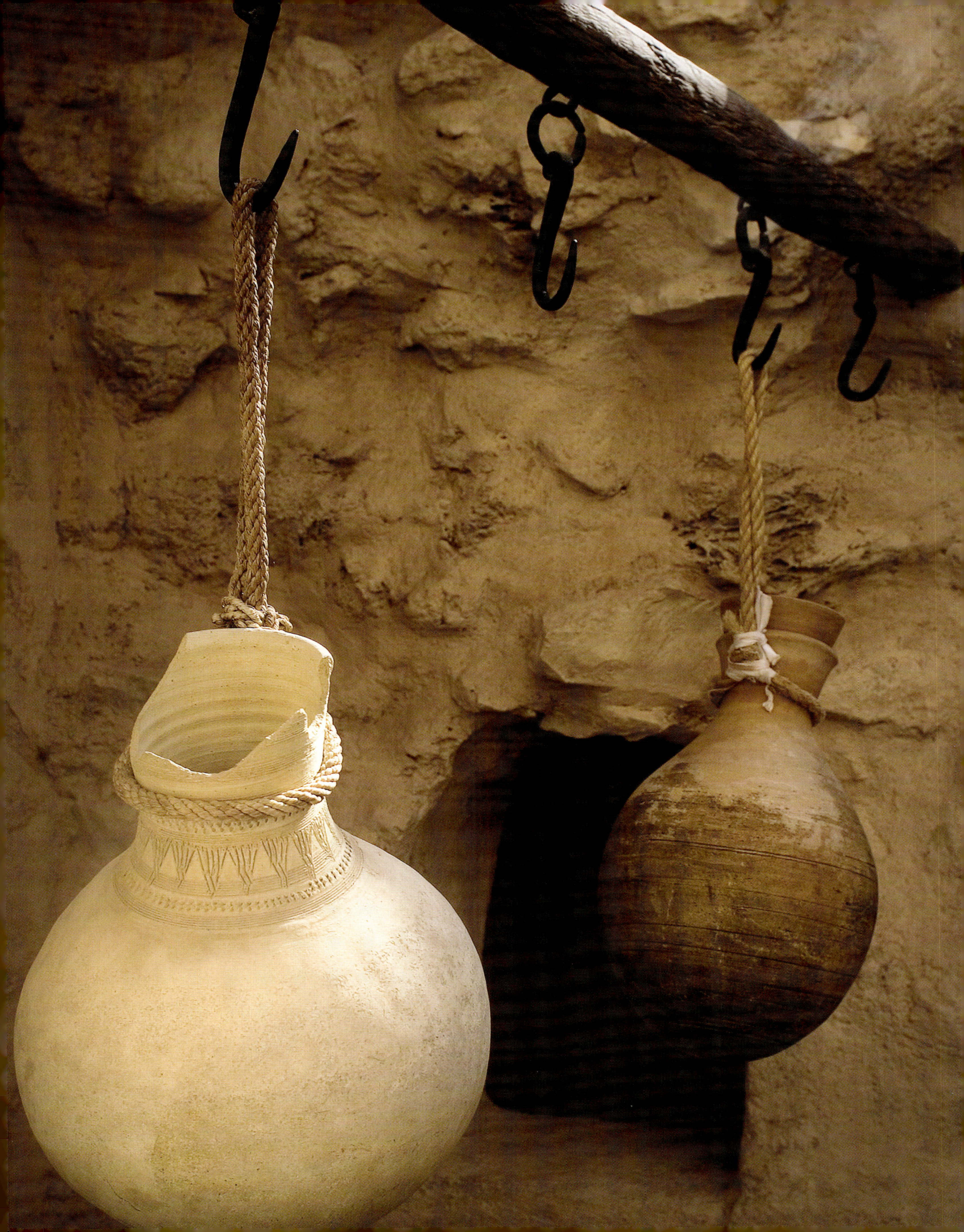

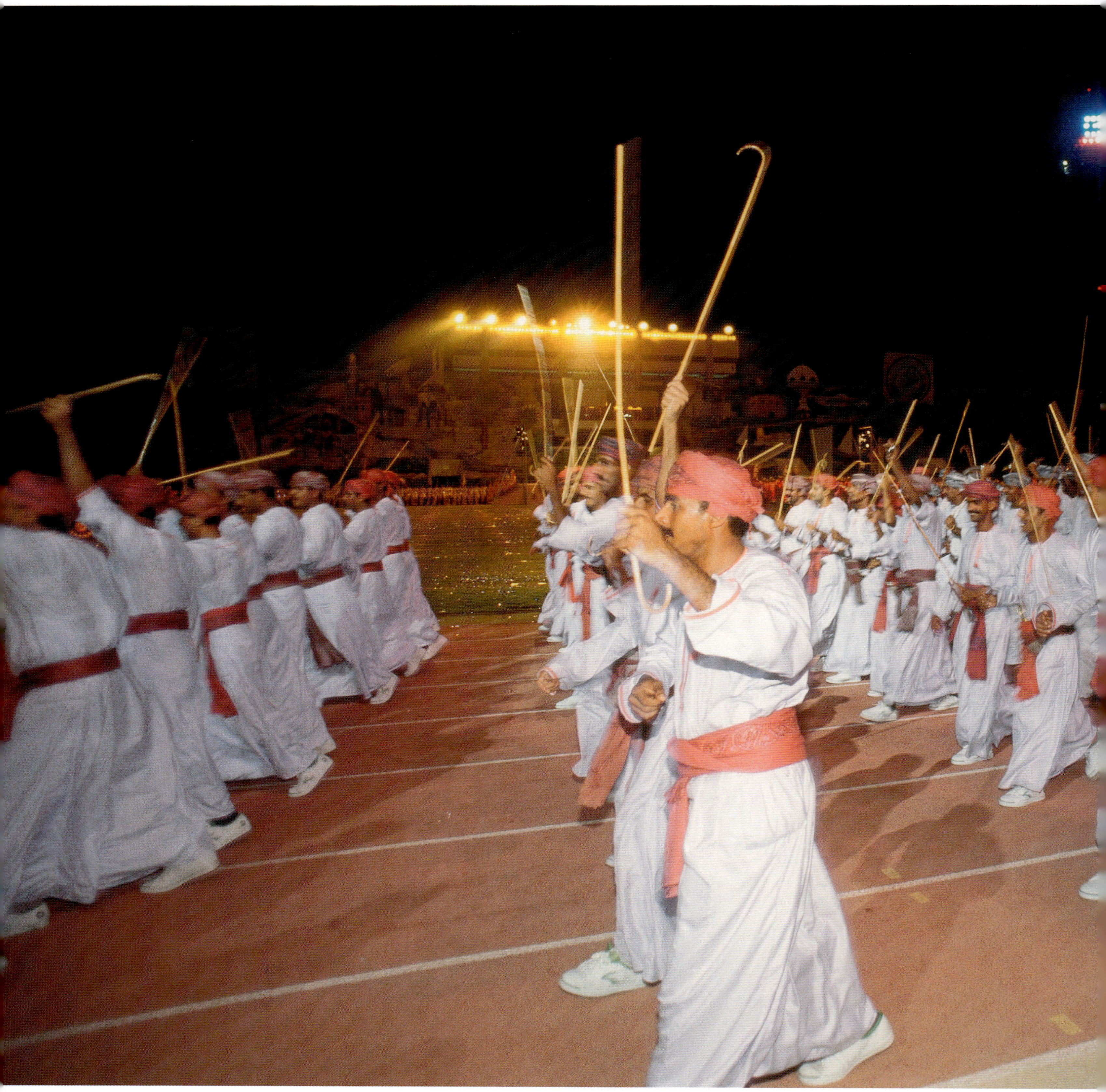

OBEN:
Dieses Stoffgeschäft bietet feinste Tuche aller Art an.

LINKE SEITE:
Bei einem Fest im Sultan Qabus-Stadion in Muscat werden archaische Tänze aufgeführt.

FOLGENDE DOPPELSEITE:
Das Innere der Großen Moschee von Muscat

UMWELT

Die Bestimmungen hinsichtlich Umweltschutz sind streng und werden sowohl im öffentlichen wie auch privaten Sektor eingehalten. 2006 lag der Schwerpunkt im Umweltschutz vornehmlich auf Überwachung und Inspektion von Industrieparks und Meerwasser sowie auf der Ausstellung von sogenannten Umweltlizenzen für Entwicklungsprojekte, auf dem Management von Naturreservaten und auf Projekten zum Schutz wild lebender Tiere, der Artenvielfalt und natürlichen Ressourcen.

WASSER

Aufgrund seiner geografischen Lage in einem der Trockengebiete der Welt mit sehr begrenzten Niederschlägen – durchschnittlich 100 mm im Jahr – leidet der Oman an chronischer Wasserknappheit. Das Problem hat sich durch die Modernisierung noch verschärft, da die Grundwasserressourcen im hohen Maße beansprucht werden. Während das Land früher einzig und allein vom Falaj-System abhängig war, wird jetzt mehr und mehr Wasser mittels elektrischer Pumpen aus dem Boden geholt.

Teil des staatlichen Programms für das Management der Wasserressourcen ist die Instandhaltung der Falaj-Systeme und das Bohren von Hilfsbrunnen, um sie zu speisen. Zudem werden bestehende

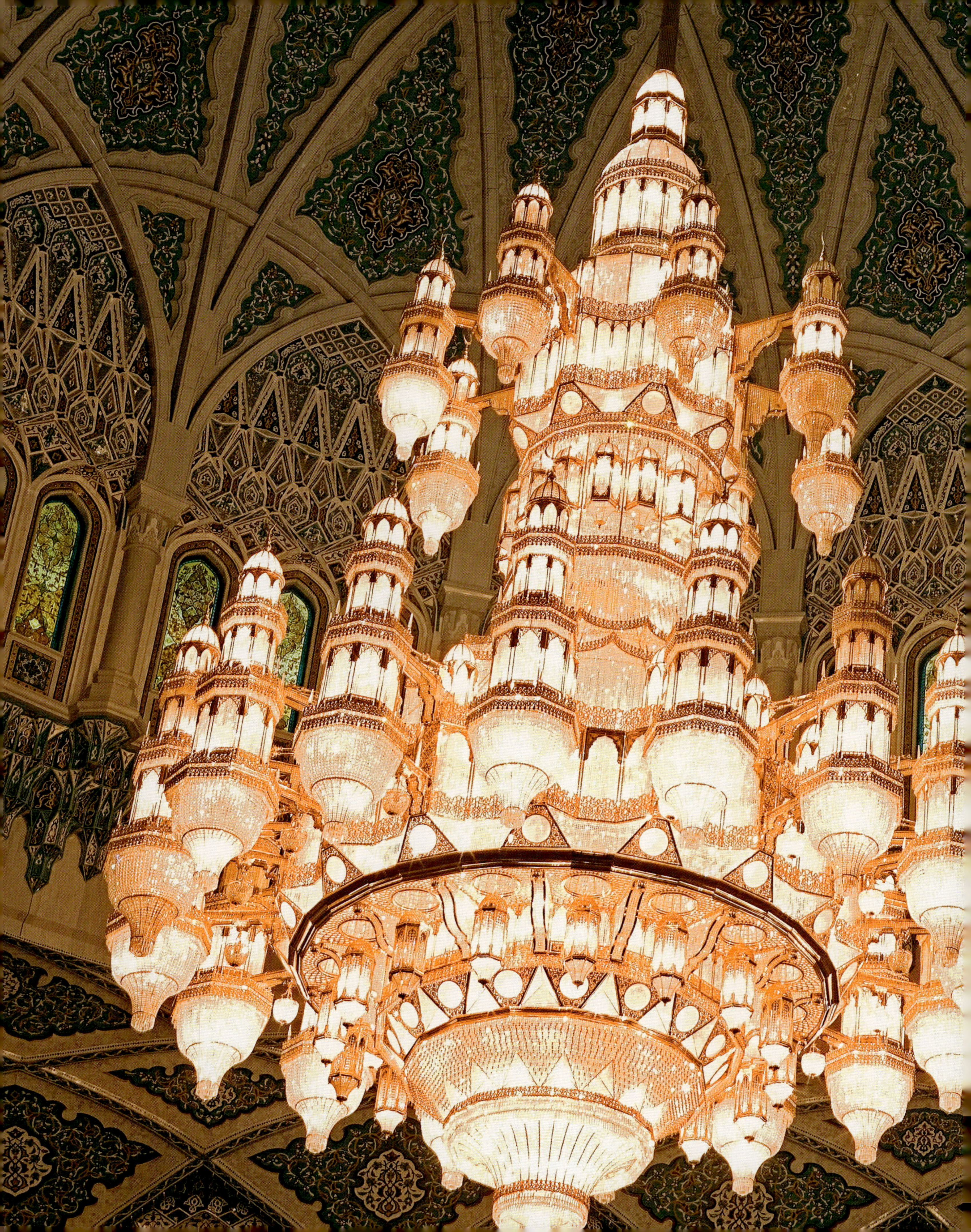

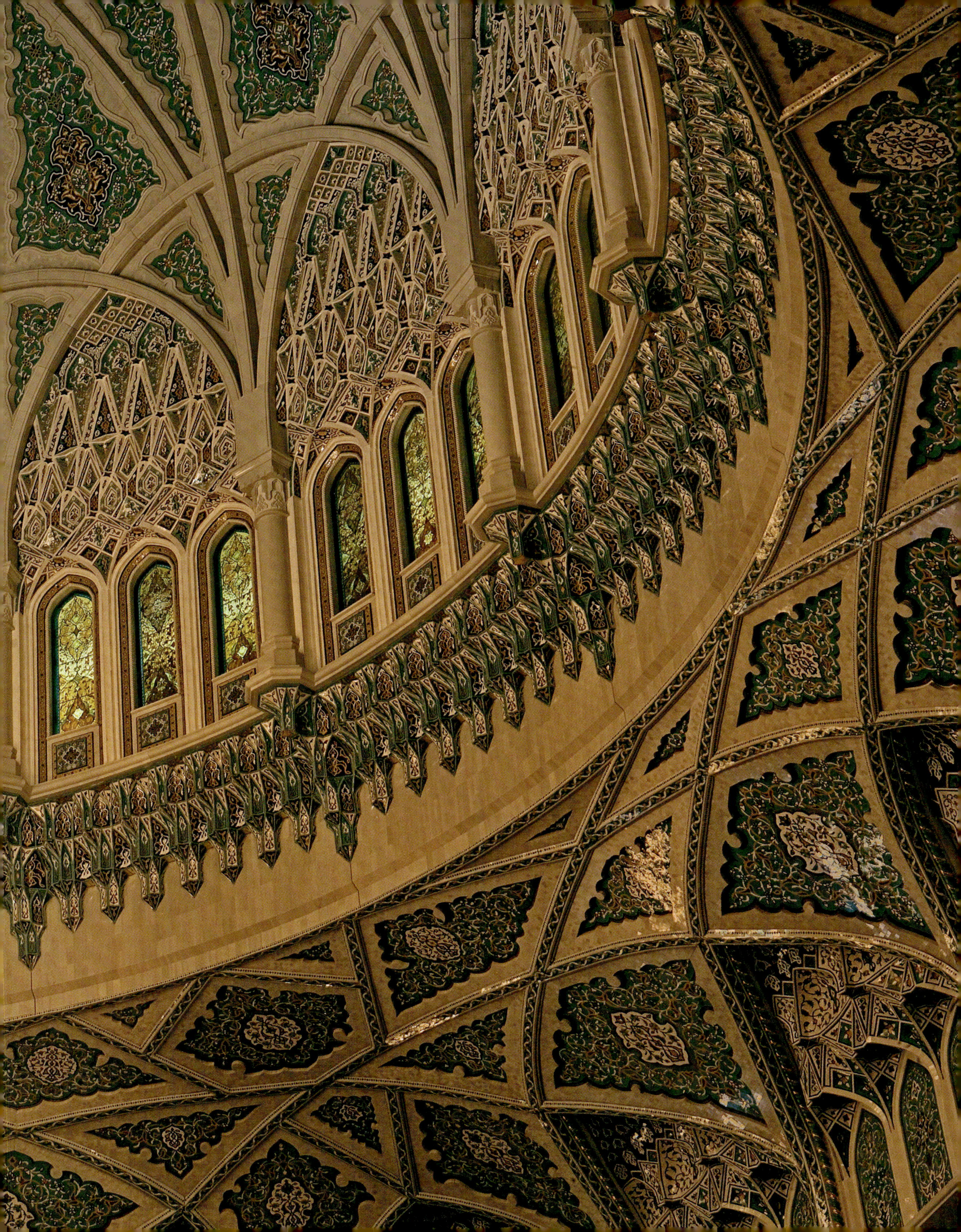

Die Lehmfestung Hisn Tamah in der Oase Bahla bei Sonnenuntergang

Dämme instand gehalten und neue zur Wasserrückhaltung gebaut. Ein neues Meerwasserentsalzungssystem soll Abhilfe schaffen. Man bemüht sich, das öffentliche Bewusstsein dafür zu schärfen, wie wichtig es ist, Wasser zu schützen und zu sparen.

In einer Untersuchung wurden die Quellen im Sultanat dokumentiert, eine weitere wichtige Möglichkeit zur Wassergewinnung. Einige sind heiß, andere kalt, manche sind salzhaltig, andere haben Trinkwasserqualität. Einige dienen als Heilquellen. Sie enthalten verschiedene Konzentrationen von Mineralien. Die meisten Quellen entspringen in den Bergen, beispielsweise beim Dorf Ghala im Regierungsbezirk Mutrah sowie Ain Al-Kasfah und Ain Al-Thuwwrah in der Batinah-Region. In Dhofar fand man in der Bergen 360 Quellen. Die meisten davon fließen das ganze Jahr über wie Ain Razat, aus der 5,52 Millionen Kubikmeter sprudeln.

ERNEUERBARE ENERGIEN

Sonne und Monsunwinde werden bereits erfolgreich für die Energiegewinnung genutzt. Die Meerwasserentsalzungsanlage funktioniert mittels Solarenergie, genauso wie auch die Straßenbeleuchtung im ländlichen Raum und sogar die Parkscheinautomaten im Hauptstadtbereich.

FAUNA UND FLORA

Omans einsame Bergregionen und Wadis bieten exzellente Lebensräume für regen Wildbetrieb. Etwa 50 Säugetierarten wurden gezählt, darunter Wölfe, Füchse, Igel und Hasen. Das größte Landtier ist eine Gazelle, der Nubische Steinbock, das wohl attraktivste die Arabische Oryxantilope mit ihren langen, spitzen Hörnern. Eine Herde von etwa 40 Tieren wandert durch das Schutzgebiet bei Jiddat Al-Hararis. In Dhofar werden noch Arabische Leoparden angetroffen.

Die Festung Nakhl im Hajar-Gebirge ist von blühenden Gärten umgeben, die aus der Oase gespeist werden.

Der Indische Rotfeuerfisch (pterois volitans) und die Schwarze Koralle (antipathidae) sind typische Bewohner der Küste am Indischen Ozean.

Oman 323

In omanischen Gewässern schwimmen 13 verschiedene Wal- und Delfinarten sowie fünf Schildkrötenspezies. Die Insel Masirah ist einer der wichtigsten Nistplätze der Welt für die Unechte Karettschildkröte. Etwa 13 000 Tiere kommen zur Eiablage an Land. Alle Schildkröten stehen unter strengem Naturschutz. Oman besitzt 15 ausgewiesene Schutzgebiete. Nationalparks gibt es keine. Unter den etwa 400 Vogelarten sind Flamingos, Löffelreiher, Störche, Papageien, Kolibris und viele Raubvögel.

Jahrtausendelang war Weihrauch die wichtigste Pflanze im südlichen Oman. Die Bäume werden noch immer angezapft, um den klebrigen Saft zu gewinnen. Er wird zu kleinen Kieseln getrocknet, die, wenn sie mit Weihrauchbrennern erwärmt werden, duften. Inzwischen sind 49 % des kultivier-

Meeresschildkröten legen ihre Eier im warmen Sand ab, wo sie von der Sonne ausgebrütet werden, und kehren direkt nach der Eiablage ins Meer zurück.

ten Landes mit Dattelpalmen besetzt. Die nährstoffreiche und zuckerhaltige Frucht ist wie eh und je ein beliebtes Lebensmittel. Oman besitzt einen großen Reichtum an Wildpflanzen. Eine staatlich geförderte Kräuterklinik in Muscat benutzt viele dieser Pflanzen, um beispielsweise Diabetes und Übernervosität zu behandeln.

Momentan wird in der Nähe von Muscat ein botanischer Garten auf 425 Hektar eingerichtet. Interessierten soll damit ein Überblick über die heimische Flora gegeben werden, um gefährdete Pflanzen zu schützen. Die in speziellen Gewächshäusern gezüchteten Arten sollen in ihrem natürlichen Lebensraum präsentiert werden.

Ein Möwenschwarm überfliegt das Wasser in einem Fjord von Musandam.

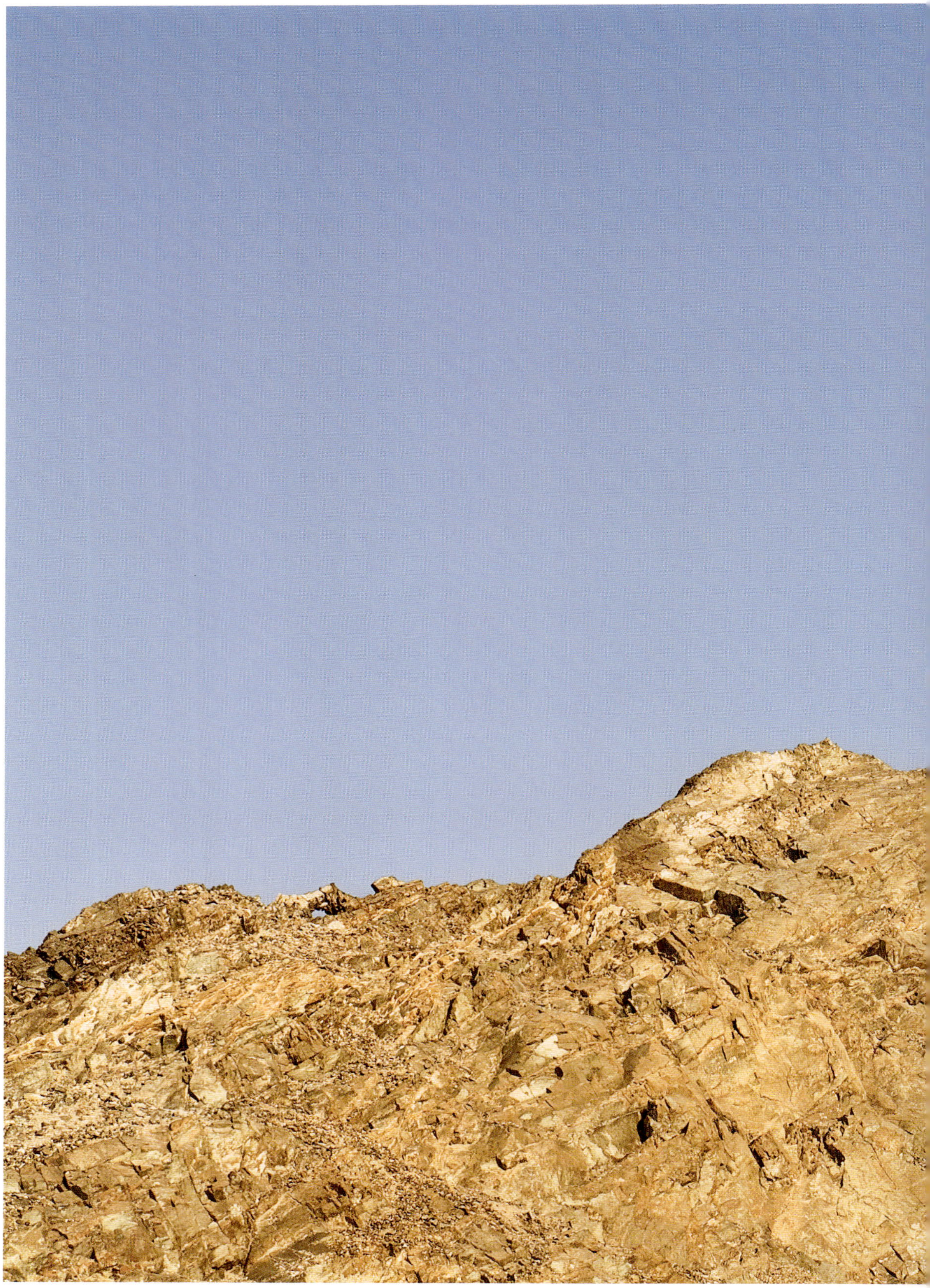

Ein alter Wachturm blickt über den Hafen von Muscat.

STÄDTE UND PROVINZEN

HAUPTSTADTREGION

Bis 1970 galten nur Muscat und Mutrah als Stadt. Der Rest war bis auf ein Dutzend Oasen Ödnis mit plattem Land und von mächtigen grauschwarzen Felsen begrenzt. Jetzt dehnt sich die Capital Area etwa 60 km lang und wird sozusagen von Vororten zusammengehalten. Sie ist mit 632 000 Einwohnern die am dichtesten besiedelte Region im Sultanat.

In Muscat liegt der Diwan, also die königliche Verwaltung und der Empfangspalast. Die Bucht wird von den Festungen Jalali und Mirani bewacht. Mutrah ist ein Hafen mit renovierten Kaufmannshäusern entlang der Corniche sowie einem Suk und dem Mutrah-Fort auf dem Felsen. Moderne Shopping-Center und die Große Moschee liegen im kommerziellen Viertel Ruwi.

Geschichte

Geograf Ptolemäus war im 2. Jahrhundert der Erste, der von einem verborgenen Hafen sprach, der Muscat gewesen sein könnte. Die Siedlung, an drei Seiten von hohen Felsen eingeschlossen, machte sie vom Land her unzugänglich. Die ursprünglichen Siedler, arabische Stämme aus dem Jemen, müssen von der Seeseite gekommen sein. Im 14. und 15. Jahrhundert wuchs der Ort, wurde Station für das Tanken von Süßwasser, wurde aber vom belebteren Sohar übertrumpft. Als Handelshafen tauchte Muscat im 16. Jahrhundert in den Annalen auf. Schiffe nahmen von hier aus Kurs auf Indien.

1507 eroberten Portugiesen den Ort und bauten Festungen. 1649 fiel Muscat an die Omaner zurück, womit die Vormachtstellung der Iberer am Golf beendet war. 1793 wurde es Hauptstadt von Oman und Mittelpunkt der großartigen Seehandelsmacht, die bis nach Ostafrika reichte. Im 20. Jahrhundert geriet es unter Sultan Qabus Vater Sultan Said Bin Taimur in Vergessenheit. Die Stadttore blieben bis 1970 vor dem unvermeidbaren Vordringen der Außenwelt verschlossen. Unter Sultan Qabus erlebte die Stadt eine Renaissance.

Die Stadt

Auf der 35 km langen Strecke vom internationalen Flughafen ins Zentrum sprechen die Bauwerke beiderseits der Autobahn das aus, was Sultan Qabus meinte, als er sagte, das kulturelle Erbe dürfe nicht verloren gehen. In der modernen Architektur spiegeln sich traditionelle arabische Stilelemente wider wie Säulen, Spitzbogen oder Arabesken. Manche Gebäude ähneln alten Palästen, speziell im Stadtteil Al Khuwair, wo Ministerien und Botschaften liegen. Sogar an der Skyline von Ruwi erkennt man bauliche Traditionen.

Königliches Zentrum ist das alte Muscat, das bis 1929 keine Überlandverbindung zur Zwillingsbucht von Mutrah hatte. Man braucht nicht viel Fantasie, um zu erkennen, warum sich die Portugiesen

RECHTE SEITE:
Eine Sommerlaube an der Küstenstraße von Muscat bietet Schutz vor der brennenden Sonne.

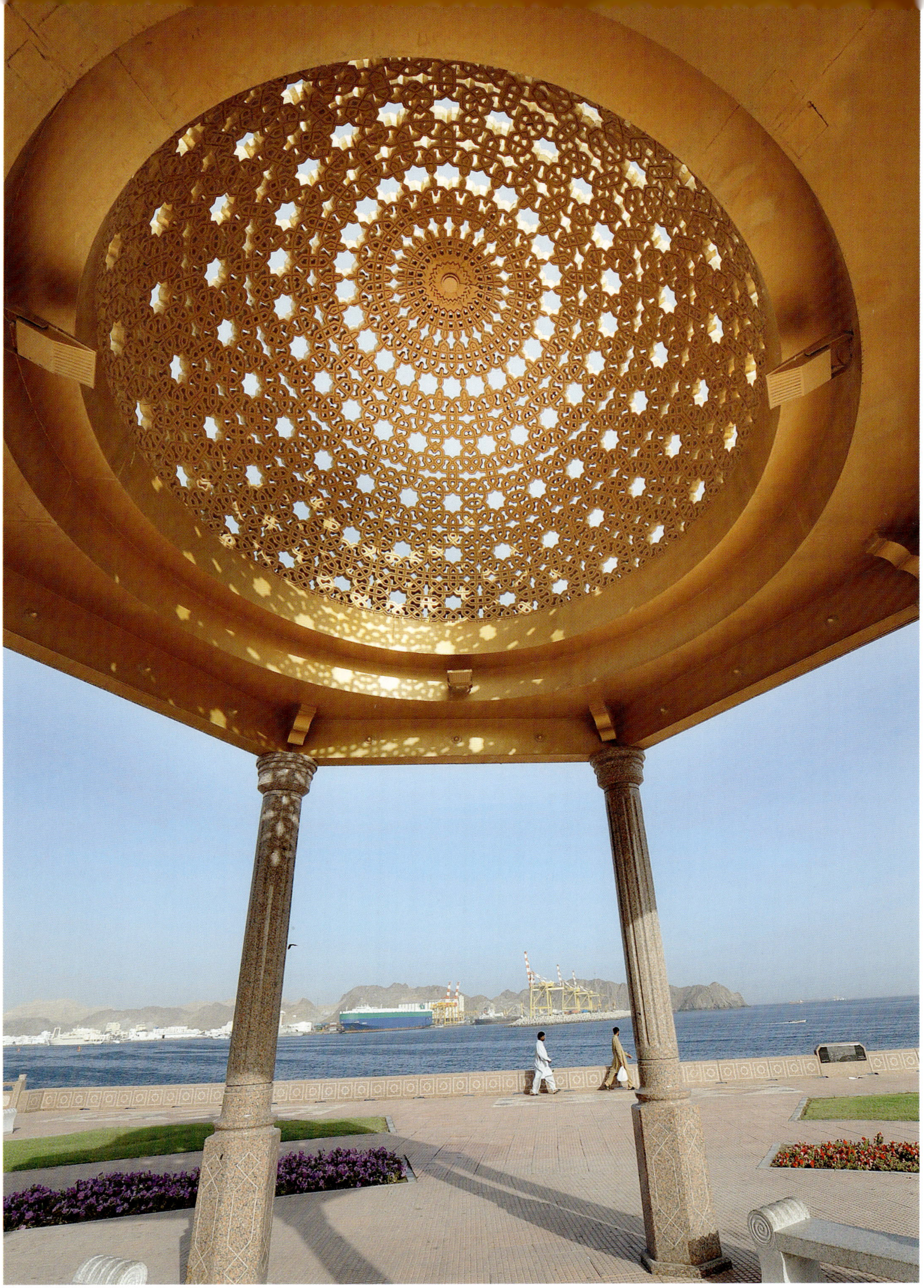

hier 150 Jahre halten konnten. Wie ein natürlicher Schutzwall umschließen karge Hügel die halbkreisförmige Bay. Das Fort Mirani im Osten, das eine Militäreinheit beherbergt, und das Fort Jalali mit dem nicht öffentlichen Museum des Osmanischen Erbes wurden 1587/88 fertiggestellt. Zur Sicherung der Bucht von der Landseite her errichteten die Portugiesen eine Mauer mit einer Reihe von Wachtürmen. Aus luftiger Höhe kontrollierten die Besatzer den steilen Eselspfad, der bis 1970 die einzige Verbindung von Ruwi nach Muscat darstellte.

Es war angeblich die Liebe, die den Fall der Iberer einläutete. Der Kommandant der Portugiesen hatte ein Auge auf die Tochter eines indischen Kaufmanns geworfen und um ihre Hand angehal-

Sonnenaufgang über den Felsen und dem Altstadtviertel Mutrah. Inmitten der weißen Häuser zwischen der Corniche und dem Gebirge steht eine Moschee.

ten. Der Vater lehnte ab, woraufhin ihm die Lieferverträge gekündigt werden sollten. Im Hinblick auf möglichen Ruin willigte er in die Hochzeit ein und bat um ein Jahr Vorbereitungszeit.

Währenddessen schloss er einerseits einen Pakt mit Imam Sultan Bin Said, andererseits machte er dem Kommandanten klar, dass die Einrichtungen der Festung überholt werden müssten. Er bot sich an, für den Austausch des Wassers in den Zisternen und für neue Vorräte und frisches Kanonenpulver zu sorgen. In seinem Auftrag wurde Altes entfernt, aber nicht ersetzt. Stattdessen erstattete der mutige Kaufmann dem Imam Bericht über die leicht einnehmbare Festung. Entsprechend schnell wurde sie von omanischen Heeren erobert. In der Folge wurden die Portugiesen endgültig aus dem Land gejagt.

Ein historisches Navigationsgerät im Sultan Armed Forces Museum, dem Militärmuseum von Muscat.

Das zentrale Bauwerk der Bucht ist der Sultanspalast, der fast das ganze Ufer einnimmt. Von der Straße, die die Bay im Hintergrund quert, flankieren zwei lang gestreckte Gebäude im modernisierten arabischen Stil die Auffahrt. Vom Kreisel hat man einen guten Blick auf das Hauptgebäude des Schlosses mit seinen pilzartigen Säulen in Gold und Blau. Es wird für offizielle Anlässe, Empfänge und die Bewirtung von Staatsgästen genutzt.

Im Zuge der Modernsierung blieb auch vom historischen Mutrah nicht allzu viel übrig. Eine Handvoll schöner Häuser mit hölzernen Eckern stehen noch, ehemalige Residenzen reicher Kaufleute, Baits genannt. Im Bait Fransa ist das Omani-French-Museum untergebracht, sein Besuch ist eine gute Gelegenheit, so ein Bauwerk von innen zu besichtigen. Um den Innenhof verlaufen schattige Galerien mit schön geschnitzten Holzbrüstungen. Unten waren Küche, Lager und Ställe untergebracht, oben Wohnräume. Für die Belüftung sorgten Spitzbogenfenster, für Kühlung dicke Mauern. In den Sommermonaten kann die Lufttemperatur bis auf 50 °C steigen. Das neu eröffnete Bait Al-Baranda-Besucherzentrum ist zum historischen Wahrzeichen geworden. Es informiert über die Geschichte der Stadt, von frühgeschichtlichen Epochen bis in die Gegenwart.

Die Bauwerke im dahinterliegenden Suk sind neu. Sie wurden allerdings nach historischen Plänen des Marktes mit vielen Winkeln angelegt. Zwischen Haushaltswaren und Bekleidung aus Indien und China findet man einige Shops mit typischen lokalen Produkten: Gold- und Silberschmuck, Weihrauch und Kräuter, Dischdaschas (traditionelles arabisches Gewand der Männer) und sogenannte Antiquitäten aus Holz wie Brauttruhen oder Bilderrahmen, die sicherlich gerade erst von Handwerkern auf dem indischen Subkontinent gefertigt wurden.

Die Uferpromenade von Muscat am Abend

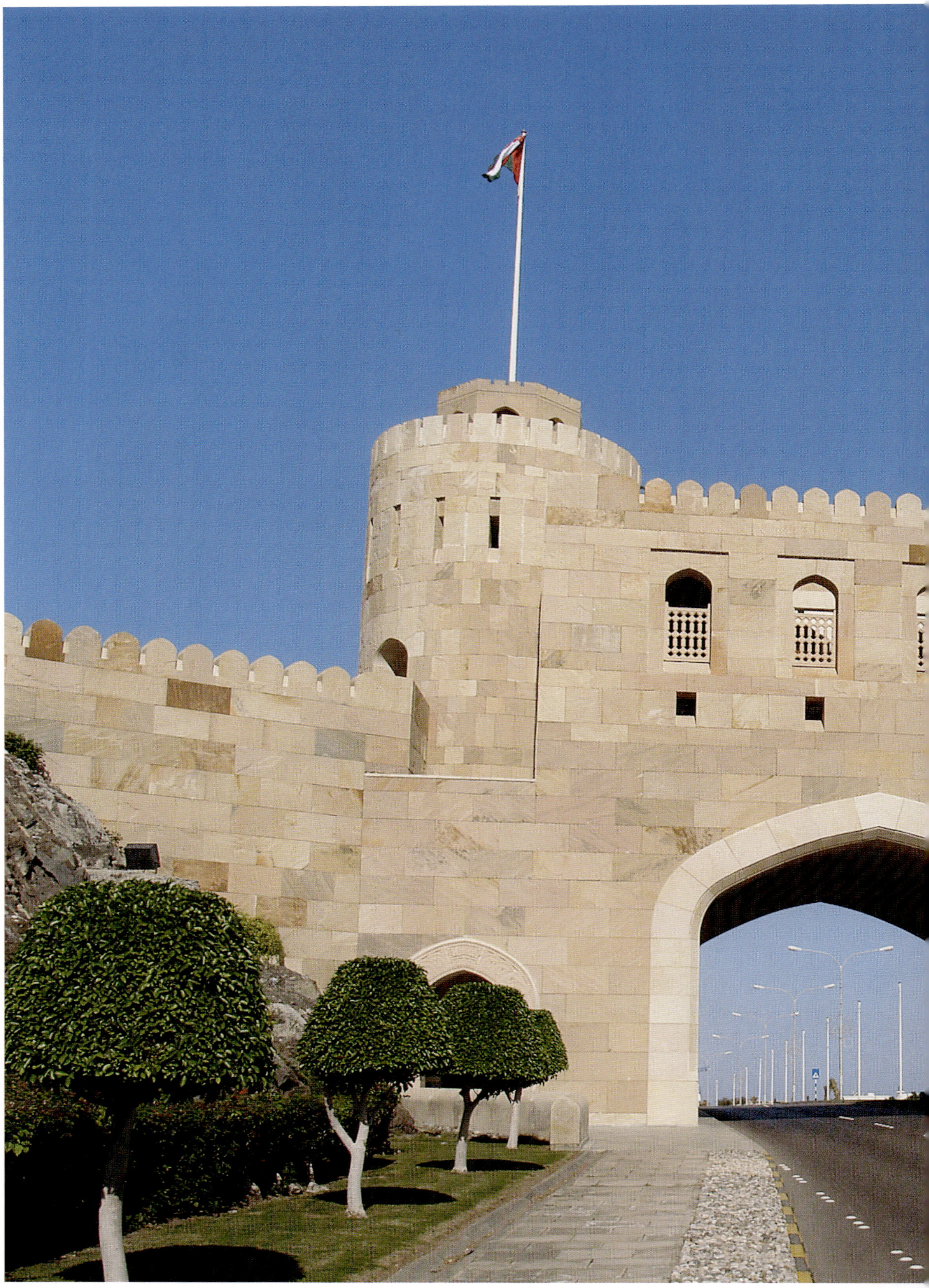

Das Tor in der Stadtmauer von Muscat

Zwischen den strahlend weißen Wohnhäusern der Hafenstadt Muscat bieten Palmen etwas Schutz vor der Sonne.

Ruwi ist das kommerzielle Zentrum von Muscat mit vielen Läden und Fast-Food-Lokalen. Wer gerne die herzhaften Küchen Indiens für kleines Geld probieren möchte, findet entlang der Souq Ruwi Street davon jede Menge. In Ruwi liegen Nationalmuseum, welches über die Al-Said-Dynastie informiert, und das „Sultan´s Armed Forces Museum". Letzteres ist im Bait Al-Falaj untergebracht, ein Bauwerk von 1845. Es wurde als königliches Sommerhaus errichtet, jedoch überwiegend von den Streitkräften des Sultans bewohnt, womit sich die Ausstellung befasst. Auf dem Gelände ist ein Falaj zu sehen.

Im Stadtteil Qurm mit modernen Shopping-Malls und Apartmenthäusern liegt das „Omani Heritage Museum" mit einer interessanten Ausstellung über traditionelles Handwerk und einheimische Architektur. Verlässt man das alte Muscat durch das Saghir Gate, führt die As Sultan Turki Street an der Bucht von Sibab vorbei nach Al-Bustan. Auf der Kreiselinsel vor der Auffahrt zum Hotel Al-Bustan thront eine Dau namens Sohar. Sie ist die originalgetreue Kopie eines traditionellen omanischen Seglers, mit dem der Ire Tim Severin 1980 auf den Spuren Sindbads ins chinesische Kanton reiste. Ein Unternehmen, welches von Anfang bis Ende von Sultan Qabus finanziert wurde.

Dahinter erhebt sich aus hohen Palmenwedeln und blühenden Hibiskus-Sträuchern vor schwarzen Felsen der gewaltige Prachtbau der Luxusherberge. Sie wurde 1985 für die Gulf Cooperative Council Conference errichtet, um den Landesherren nebst Gefolge eine standesgemäße Unterkunft zu bieten. Das Interieur ist spektakulär: Die mit Mosaiken verzierten Säulen der achteckigen Lobby ragen 40 m hoch bis unter die goldene Kuppel.

BATINAH-KÜSTE

Der Küstenstreifen zwischen dem Hajar und dem Golf von Oman, durchschnittlich 25 km breit, zählt geografisch und wirtschaftlich gesehen zu den wichtigsten Regionen im Sultanat. Er war jahrhundertelang Mittelpunkt des omanischen Seehandels und wird nicht zuletzt deswegen als Heimat des legendären Seefahrers Sindbad betrachtet. Heutzutage erstreckt sich hier die größte landwirtschaftlich genutzte Fläche des Landes. Zudem birgt sie bedeutende Mineralvorkommen, die ausgebeutet werden.

Für die Zukunft ist auch schon geplant. In der Nähe von Barka entsteht an der Küste die Stadt Al-Madina A´Zarqa mit 32 Quadratkilometern Fläche. Sie wird exklusive Residenzen, Hotels, Sport- und Freizeiteinrichtungen, ein Kulturzentrum, eine Universität und Schulen bekommen. Die größte Stadt der Küste ist Sohar, Standort wichtiger Schwerindustriebetriebe. Mit 653 000 Einwohnern hat Batinah den höchsten Bevölkerungsanteil in Oman. Von der gut ausgebauten Straße erhält man den Eindruck, die gesamte Fläche sei besiedelt. Moderne Dörfer und dichte Palmenhaine wechseln sich ab mit Limonen-, Bananen-, Feigen-, Papaya- und Mangoplantagen, die wiederum von großen Gemüsefeldern unterbrochen werden.

Die Eingangshalle des Al Bustan Palace Hotel in Muscat ist eine Oase der Ruhe.

Basis aller Erzeugnisse ist der Grundwasserspiegel, der hier dicht unter der Oberfläche liegt. Allerdings sind manche Brunnen durch den Einsatz von Pumpen derart ausgebeutet, dass sie Salzwasser ziehen. Um für kontinuierlichen Wasserfluss zu sorgen, hat das Umweltministerium Dämme gebaut, um überschüssiges Regenwasser aus den Bergen zu halten. Zudem wurden einige Aflaj-Systeme wieder aktiviert. In Zukunft dürfte die Region von der Meerwasserentsalzungsanlage profitieren, die in Sohar gebaut wird.

Der Küstenstreifen ist mit zahlreichen alten Burgen und Wachtürmen besetzt. In den Tälern des Hajar verstecken sich spektakuläre Festungen wie Nakhal, Rustaq und Al-Hazm sowie die Wadis Bani Awf, Bani Kharus und Hoqain und eines der größten Naturwunder des Landes, der 1000 m tiefe Canyon des Jebel Shams.

Sohar

In Saham, südlich von Sohar, flicken Fischer ihre Netze, um danach mit dem traditionellen Palmrippenboot in See zu stechen.

Man kann nicht unbedingt erkennen, dass Sohar die älteste noch existierende Stadt im Sultanat ist. Ein mächtiger Torbogen über der Autobahn lässt zumindest ihre geschichtliche Bedeutung schon mal erahnen. Da sind zunächst zwei berühmte Seefahrer, die aus dem Hafenort stammen. Ahmed Bin Majid, dank dessen navigatorischer Hilfe Vasco da Gama das Kap der Guten Hoffnung umschiffte und damit ironischer Weise den Portugiesen den Weg frei machte, um später Oman zu okkupieren. Und Sindbad, der bis nach China gesegelt sein soll, wenn es ihn überhaupt gab. Zumindest bewies 1980 Tim Serverin mit seiner nachgebauten Dau Sohar, dass so ein Unternehmen durchaus Erfolg haben konnte.

Vor tausend Jahren war Sohar die größte Stadt in Oman, wenn nicht die einzige. Ihre Geschichte geht jedoch bis ins 3. Jahrhundert v. Chr. zurück, als von hier aus Kupfer, das in naheliegenden Minen abgebaut wurde, bis nach Mesopotamien und Dilmun, heute Bahrain, verschifft wurde. Sultan Qabus hat die Bedeutung der Hafenstadt wieder aufleben lassen und einen riesigen Industriepark angesiedelt. Von der Geschichte des Ortes erzählt das kleine Museum in der Festung aus dem 13. Jahrhundert. Reizvoll ist der Kunstgewerbe-Suk und der Fischmarkt am frühen Morgen. Etwas nördlich von Sohar zweigt die Straße nach Buraimi ab. Sie ist eine von zwei alten Handelswegen, die auf omanischem Gebiet den Hajar queren.

Eine Kanone auf den Mauern des Rustaq-Forts zeugt von der Wehrhaftigkeit der Omaner.

Rustaq

Das Städtchen besitzt mit Qala ´at Al-Kesra eine der eindrucksvollsten Festungen im Sultanat. Es ist schon von Weitem zu sehen. Die Anlage ist zehn Hektar groß und von einer Umfassungsmauer mit elf Türmen umgeben. Von 1624 bis 1784 war Rustaq das politische und geistige Zentrum des Landes, Hauptsitz der herrschenden Imame. Perser, die um 600 v. Chr. diese Region besetzten, haben

340 Oman

Das Nakhal-Fort liegt inmitten dramatischer Berge, ist von einer grünen Oase umgeben und beherbergt unter anderem heiße Quellen.

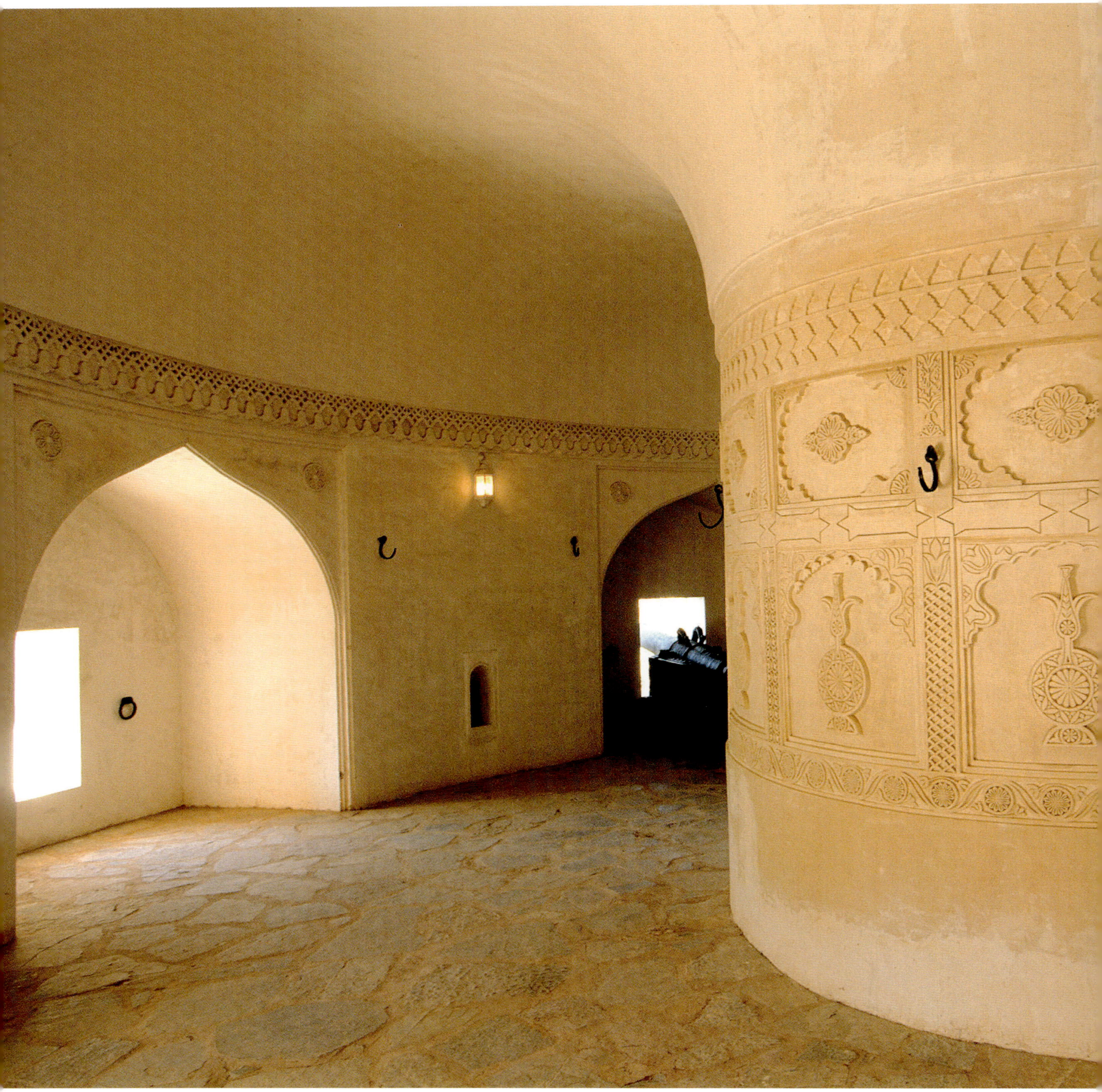

wahrscheinlich die erste Befestigungsanlage errichtet, der Rest wurde im Laufe der Zeit angebaut.

In ihrer jetzigen Form steht die Festung seit etwa 200 Jahren. Auf dem Dach liegen Gräber der Herrscher, darunter das von Imam Ahmad Bin Said Al-Busaid, Vorfahre des heutigen Sultans, der 1783 hier beigesetzt wurde. Das Innere ist ein Labyrinth von Gängen, Treppen, unterirdischen Wasserläufen, Lichtschächten, Höfen und Aussichtstürmen. Die vielen Spalten und Löcher im Boden der oberen Etagen dienten in der Vergangenheit der Abwehr von Feinden. Durch die Öffnungen gossen die Belagerten heißes Öl, Honig oder Wasser auf die Köpfe der Eindringlinge.

In der Nähe liegt ein künstliches Bassin, das von der Quelle Ain Al-Kasfah durch ein Felsenloch mit sprudelnd heißem Wasser gespeist wird. Sein Mineralgehalt soll gegen Gelenkschmerzen helfen.

Al-Hazm

Von Rustaq führt eine Piste über die Berge ins Wadi Hoqain. Sie schlängelt sich durch Plantagen und Dörfer, die vornehmlich nachmittags sehr belebt sind. Später rückt mitten im Wadi eine ummauerte Siedlung mit Wachtürmen und Dattelhainen ins Blickfeld. Ein Abzweig führt nach Al-Hazm hinunter, eine kleine Oase mit einer weiteren eindrucksvollen Burg. Die rechteckige Festung mit dicken Kanonentürmen wurde 1708 von Imam Sultan Bin Said II., Führer des Yaruba-Stammes und späterer Imam, angelegt. Sie gilt als Musterbeispiel eines omanischen Forts. Ihre zahlreichen Korridore und Treppen führen durch Galerien und Gewölbe. Von einem geht ein Geheimgang ins nächste Dorf. Dank diesem konnten die Yarubas 1869 neun Monate lang ohne offensichtlichen Nachschub einer Belagerung durch die Truppen Ibrahim Al-Busaid standhalten.

Bemerkenswert sind die wunderschönen Holztüren der Festung wie auch das 30 Zentimeter starke Eingangstor mit aufwendigen Schnitzereien und Inschriften. Der verschlafene Ort mit alten Lehmbauten und Palmenhain ist von der Küste über eine Teerstraße zu erreichen.

Nakhal

Von Rustaq nach Nakhal führt die Straße an kahlen Bergen mit fast senkrechten Klippen entlang. Hin und wieder schneiden Schluchten ins dunkle Gestein, durch die Schotterwege nach oben führen. Nakhal kündigt sich schon von Weitem mit einer Festung an, weil sie einen halben Kilometer von

Die rechteckige Festung Al-Hazm mit ihren wuchtigen Kanonentürmen wurde 1708 angelegt. Sie gilt als Musterbeispiel omanischer Forts.

هاط	٤كم
كهف الهوتة	٣٩كم
مسفاة العبريين	٤٤كم
وادي غول	٥٤كم
جبل شمس	٧٧كم

Haat	4km
Al Hoota Cave	39km
Misfat Al A'briyeen	44km
Wadi Ghul	54km
Jabal Shams	77km

الرستاق / Al Rustaq

OBEN:
Bei der Fahrt durch das Gebirge durchquert man sehr karge Gegenden.

RECHTE SEITE:
Im Sultanspalast in Muscat

der Hauptstraße entfernt auf einem 60 m hohen frei stehenden Felsen am Fuße des Jebel Akhdar thront. 1990 wurde die Burg aufwendig renoviert. Ihre Räume sind mit traditionellem Kunsthandwerk geschmückt, die Türen mit Schnitzwerk, die Decken mit Malereien. Wie Nakl reichen ihre Ursprünge bis in die Perserzeit zurück. Die 30 m hohe Mauer sowie das massive Tor stammen von 1834.

Hinter der Anlage erstreckt sich ein dichter Dattelpalmenhain. Die Straße windet sich durch eine der schönsten Oasen des Sultanats. Rote Pfeiler markieren den Höchstwasserstand, auf den es das Wadi nach Sturzfluten bringen kann. Beiderseits liegen bewässerte Terrassenfelder, die dank der Palmen vor der stechenden Sonne geschützt sind, dazwischen befinden sich hohe, viereckige Turmhäuser aus Lehm. Unter ihnen hindurch plätschert durch kleine Kanäle frisches Wasser.

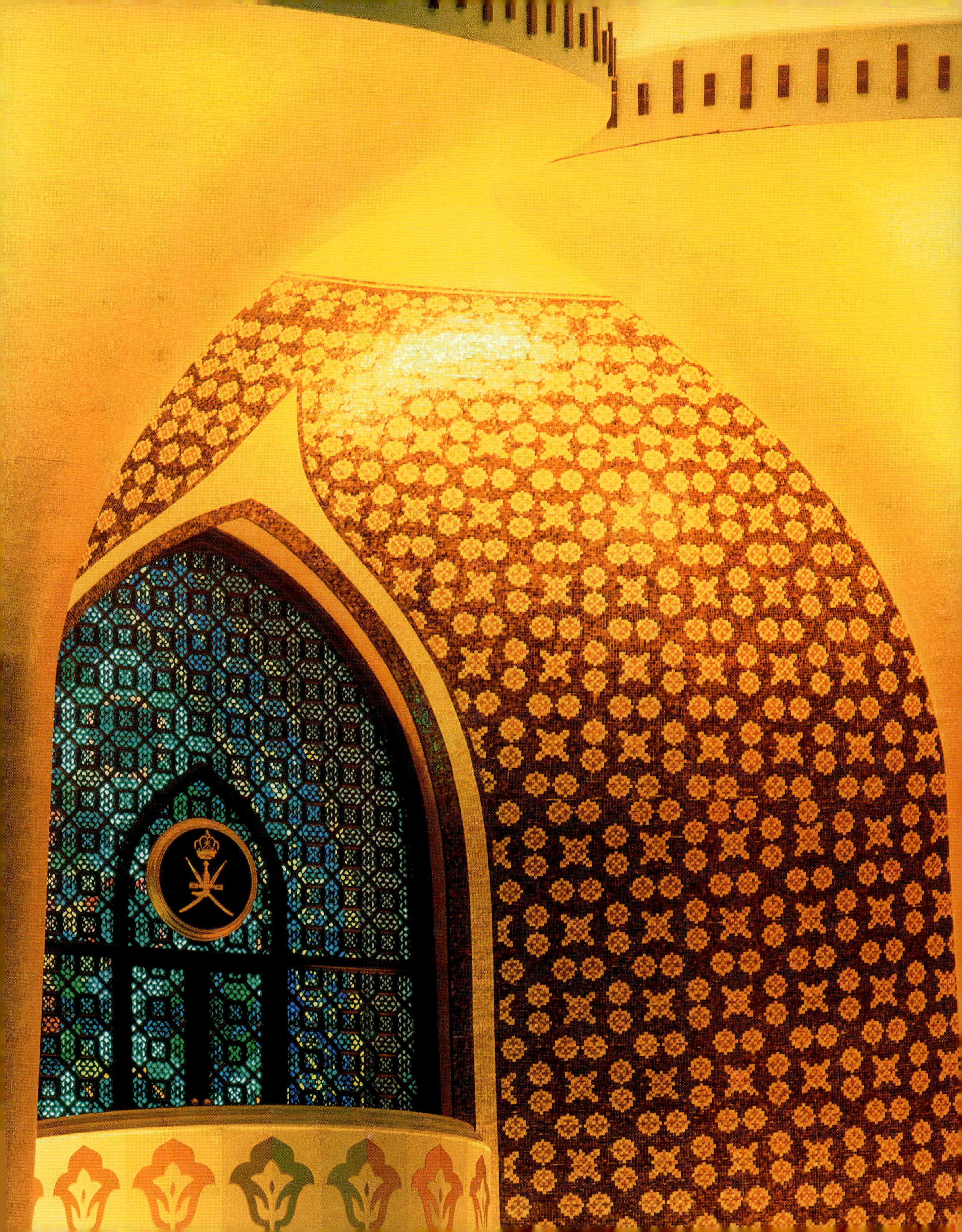

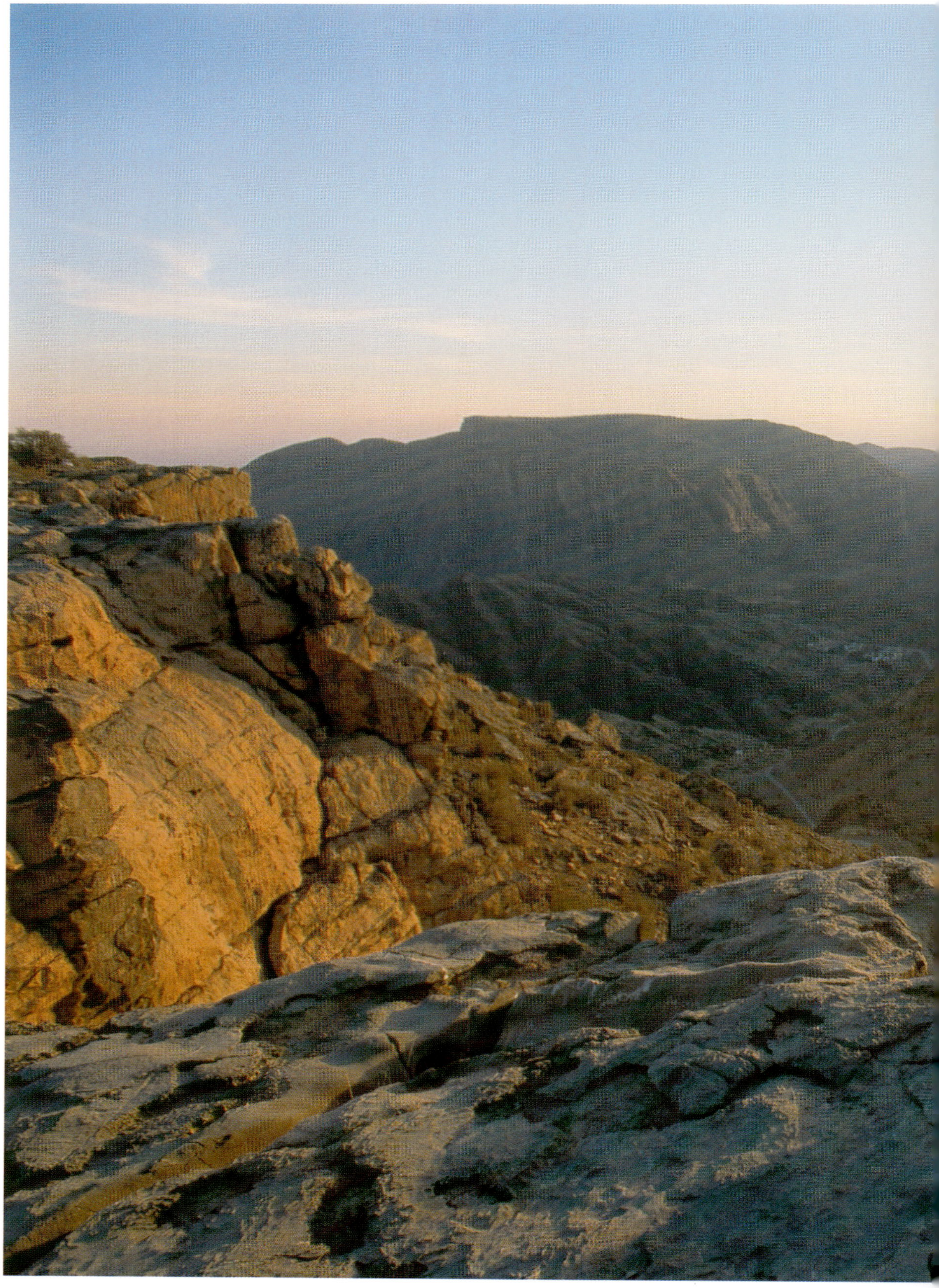

Eine der sensationellen Schluchten bei Sayq Jabal Al-Akhdar

Gesteinsschichten aus mehreren Millionen Jahren türmen sich übereinander

Die Häuser sind von den Bewohnern verlassen, die meisten jedoch noch recht gut intakt. Die Straße endet im Dorf Ath-Thoura, das sich am Ausgang einer dramatischen, mit weißgrauem Felsengeröll gepflasterten Schlucht befindet. Wenn plötzliche Sturzbäche von den Bergen herunterrauschen, kommen die Steine in Bewegung. Eine höchst gefährliche Situation, die schon manches Opfer gefunden hat.

GEOLOGISCHE ABENTEUER

Wadis im östlichen Hajar sind ein Paradies für Geologen. Die Gesteinsschichten den Kliffs bergen schillernde Kupfermineralien und Quarzkristalle, Steinstifte und Schiefer, die Kalksteinwände marine Fossilien. Die meisten dieser Formationen sind im Wadi Bani Awf zu finden.

Wissenschaftlich noch spektakulärer ist das benachbarte Wadi Bani Kharus, welches sich einige Kilometer die Berge hinaufzieht. Hier haben sich Gesteinsschichten aus unterschiedlichen Erdepochen übereinandergetürmt. Die untere entstand vor etwa 600 Millionen Jahren, die obere vor 250 Millionen Jahren. Es wird von wissenschaftlicher Seite immer noch darüber spekuliert, welche tektonischen Kräfte für diese Unterbrechung gesorgt haben. Abgesehen vom ältesten Gestein in Oman verstecken sich Petroglyphen in diesem Wadi, antike Bilder von Menschen auf Eseln oder Pferden.

MUSANDAM

Die Halbinsel im Norden wird durch die VAE vom restlichen Oman abgeschnitten – ein strategisch immens bedeutender Landstrich am Südufer der Straße von Hormuz. Seine dramatische Schönheit wird durch das dunkle, steil aus dem Meer steigende Felsengebirge des Hajar, zahlreiche kleine Buchten und fjordartige Bays, Landzungen und Lagunen bestimmt. Die meisten der etwa 47 000 Einwohner leben in der Küstenoase Khasab. Manche Siedlungen sind in den abgelegenen Buchten von der allgemeinen Versorgung abgeschnitten. Nicht selten muss Trinkwasser mittels Schiff herangebracht werden.

Oasenwirtschaft und Fischerei sind die traditionellen Erwerbsquellen der Region. Das meisten Geld jedoch stammt aus Lohnarbeit in den benachbarten Staaten sowie aus dem Im- und Export mit Iran und den VAE. Die alte Tradition der Wechselwirtschaft ist teilweise noch intakt: Die Bewohner arbeiten als Bauern und als Fischer im jahreszeitlichen Wechsel. Eine nomadische Lebensform ist bis-

Kleine Fischerboote dümpeln auf tiefblauem Wasser an der Küste Omans.

lang auch noch vorhanden. Einige Sippen wandern zwischen Siedlungen in den Bergen und Küstenoasen hin und her.

Musandam wird von zwei Hauptstämmen bewohnt, Shibuh und Kumzari. Beide sprechen eine eigene Sprache. Sie enthält Elemente von Farsi, Hindi, Englisch, Portugiesisch und Arabisch und ist für Außenstehende nicht zu verstehen. Männer der Shibuh sind am Statussymbol in Form einer kleinen, langstieligen Axt zu erkennen, die sie in der Hand tragen oder in den Gürtel stecken. Bis 1992 war Musandam militärisches Sperrgebiet. Der Bau des Villenhotels Evason an der Zighy-Bay gab dem Tourismus einen Schub.

Die Küstenoase Khasab im hohen Norden ist ein wichtiges Gebiet für den Dattelanbau. Steile Felswände flankieren den Ort. Auf der einen Seite öffnet er sich zu einer geschützten Bucht. Auf der anderen mündet aus den Bergen herunterkommend Wadi Khasab. Das einzig sehenswerte, besonders aus der Entfernung, ist das Khasab-Fort. Wahrhaft spektakulär ist die 90-minütige Fahrt von Khasab nach Tibat. Die Straße ist ein Meisterwerk der Technik und öffnet herrliche Ausblicke über die Straße von Hormuz.

An der schroffen Küste Omans haben sich kuriose Felsformationen gebildet.

AD-DACHLIYYA-REGION

Sie erstreckt sich über das Hochland im Inneren von Oman und über den Gebirgszug Akhdar mit seinen Ausläufern. Aufgrund von Geschichte und topografischen Gegebenheiten nimmt sie eine besondere Stellung im Sultanat ein. Ad-Dachliyya ist deutlich traditioneller geprägt als Batinah, verhinderte der Bergzug doch das Eindringen fremder Besatzungsmächte sowie direkte Kommunikation mit dem Ausland jenseits des Indischen Ozeans.

In dieser Region liegen die Orte Nizwa, Bahla, Al Hamra, Itzki und Bidbid. Dramatische Gebirgslandschaften wie Jebel Shams, Omans höchster Berg, und Wadi Ghul mit dem tiefsten Canyon sowie Jebel Akhdar, Obstkorb des Sultanats, reichern die Sehenswürdigkeiten ebenso an wie die Festungen von Nizwa, Bahla und Jabrin. Es führen nur zwei asphaltierte Straßen von der Küste durch die Berge. Von Sohar nach Buraimi durch Wadi Jizzi sowie von Muscat nach Nizwa durch die Wadis Suma´il und Halfayn. Als wichtigste Verbindungsstraße ins Landesinnere ist letztere vierspurig ausgebaut.

Von ihrer turbulenten Historie zeugen zahlreiche Befestigungsanlagen entlang der insgesamt 140 km langen Strecke. Eine der imposantesten gehört zum Dorf Fanja. Die alte Siedlung mit Wachtürmen und einem Fort steht auf einer Hügelkette und ist rundherum von einer Mauer umschlossen. Grund der Wehrhaftigkeit war die strategisch gute Lage des Ortes. Von hier aus konnten zwei Verbindungen gleichzeitig kontrolliert werden. Die von Muscat ins Landesinnere und die zwischen östlichem und westlichem Hajar.

Die alten Lehmhäuser des Dorfes sind 100–200 Jahre alt. Seine Palmenhaine, Limonen- und Mangogärten werden von zahlreichen Quellen gespeist. Ein paar Kilometer weiter liegt Bidbid mit historisch ähnlicher Bedeutung wie Fanja. Deswegen steht auch hier ein Fort.

Die Lehmfestung von Nizwa im Hajar-Gebirge ist ein Anziehungspunkt für Touristen.

Nizwa

Ein knappes Viertel der 267 000 Einwohner von Ad-Dachliyya leben in ihrer Hauptstadt zu Füßen des Jebel Akhdar. Nizwa ist von Palmenhainen und grünen Gärten umgeben und besitzt einen der interessantesten Viehmärkte des Landes. Kein Wunder also, dass ein Besuch der Stadt ins touristische Pflichtprogramm gehört. Abgesehen von der Festung wurde sie vollständig modernisiert. Lediglich außerhalb des Zentrums stehen noch einige alte Lehmhäuser, an denen schon lange der Zahn der Zeit nagt.

Geschichte

Im 7. und 8. Jahrhundert war Nizwa Hauptstadt unter der Julanda-Dynastie. Im Jahre 630 erreichte ein Schreiben Mohammeds den Herrscher. 751 wurde Julanda Bin Masud zum ersten ibaditischen Imam gewählt und erkor die Stadt zu seiner Residenz. Der Status wurde erst im 12. Jahrhundert an Bahla weitergereicht. Im frühen 17. Jahrhundert war Nizwa wieder Hauptstadt und zweitweise Residenz der Yaruba-Dynastie. Sie blieb bis 1959 Hauptstadt. Aufgrund ihrer Bedeutung als politisches und geistiges Zentrum über so viele Jahrhunderte stellte Sultan Qabus nach seiner Amtsübernahme Überlegungen an, Nizwa zum administrativen Zentrum von Oman zu machen, kam aber wieder davon ab.

Die Festung

Wie die Sultan Qabus-Moschee fällt auch von Weitem schon Omans gewaltigster Turm ins Auge. Er ist 20 m hoch und 40 m im Durchmesser. Ihm angegliedert ist das rechteckige Nizwa-Fort. Es wurde im 17. Jahrhundert von Sultan bin Saif Bin Malik Al-Yaruba errichtet. Der ehemalige Wohnbereich innerhalb der dicken Mauern ist ein verschachtelter Komplex von Räumen und Vorratslagern. Im Turm führt eine Treppe nach oben, die ersten 14 Höhenmeter durch aufgeschütteten Sand und Stein.

Zur Verwirrung von Eindringlingen wurden Scheintüren und „tote" Abzweigungen eingebaut. Nach jeder Wendung konnte der Aufgang mit einer stabilen Holztür verschlossen werden. Durch die Schlitze

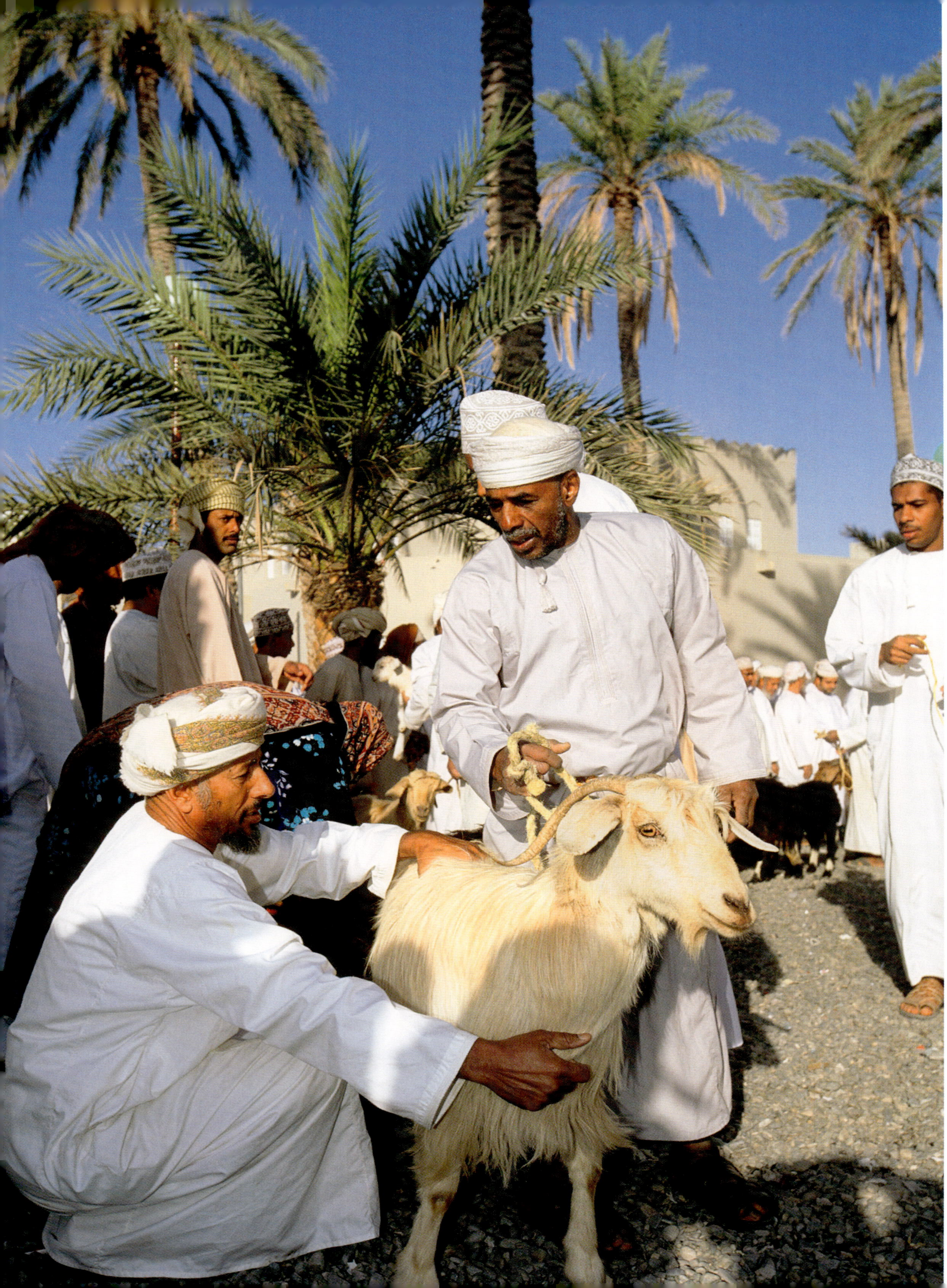

kippte man zur Verteidigung heißen Sirup. Die oberste Plattform wird von einer fünf Meter hohen Mauer umschlossen, mit Schießscharten für Kanonen und Zinnen obendrauf. Durch die Öffnungen hat man einen herrlichen Blick auf Stadt und Land.

Suks

Direkt neben der Festung liegen die neu erbauten Suks. Nach Produkten gegliedert, beherbergen West- und Ostsuk überwiegend Souvenirgeschäfte und Shops mit traditionellem Kunsthandwerk wie Silberschmuck, Weberei- und Töpferwaren. Es gibt einen Markt mit Obst und Gemüse und für Fisch, Fleisch und Datteln. Dazu Handwerks-, Süßwaren- und Textilien-Suk. Der Viehmarkt befindet sich im Palmenhain, der sich an die Gebäude anschließt.

Beduinen-Traditionen und Viehmarkt

Traditionell ist Donnerstag der Tag, an dem Bauern und Beduinen aus allen Teilen des Umlands zusammenkommen, um vornehmlich mit Ziegen und Schafen Handel zu treiben. Die potenziellen Käufer hocken auf dem Boden, während die Tiere von ihren Besitzern an der Leine im Kreis herumgeführt werden. Die Auktion vollzieht sich in aller Stille. Wer Interesse hat, lässt Händler und Tiere anhalten, prüft Zähne, Fell und Muskeln und handelt ohne große Gesten den Preis aus. Das Geschäft wird per Handschlag besiegelt.

Wer intensiv beobachtet, wird bemerken, dass die Männer hin und wieder aufstehen und zu den Frauen gehen, die im Hintergrund warten. Sie verwalten in der Regel die Haushaltskasse und bestimmen bei größeren Einkäufen mit. Einige verbergen ihr Gesicht hinter schwarz-goldenen Masken. An ihren Handgelenken und Knöcheln klimpert schwerer Gold- und Silberschmuck. Sie gehören zum Beduinen-Stamm der Duru, der in der Wüste südlich des Jebel Akhdar lebt.

Die Duru sind wie auch andere Wüstenvölker Omans Semi-Nomaden. Seit Menschengedenken gehören sie zu den „Zweihaussippen". Das heißt, den größten Teil des Jahres verbringen sie mit ihren Herden im Freien und wohnen in Zelten. In den heißen Sommermonaten indes ziehen sie sich heutzutage in komfortable Häuser zurück und bewirtschaften Palmengärten. Doch diese Lebensart stirbt mit der Modernisierung des Landes langsam aus.

Viele Beduinen arbeiten inzwischen auf Ölfeldern oder im Straßenbau in der Wüste und verdienen gutes Geld. Häufig sieht man deswegen – falls man überhaupt Beduinen zu Gesicht bekommt – neben traditionellen Zelten bzw. Hütten Autos der höheren Preis- und Prestigeklasse.

Von dem harten, entbehrungsreichen Leben in der Wüste, als Familien noch auf Leben und Tod zusammengeschweißt waren, kann man nur noch lesen. Beispielsweise bei dem Briten Wilfred Thesiger, der seine faszinierenden Erlebnisse mit omanischen Nomaden in den 1940er Jahren im Buch „Die Brunnen der Wüste" beschrieben hat. Er war einer der ersten Europäer, die die Rub Al-Khali durchquerte.

LINKE SEITE:
Auf dem Freitagsmarkt im Suk in der Altstadt von Nizwa werden selbstverständlich auch lebendige Ziegen verkauft.

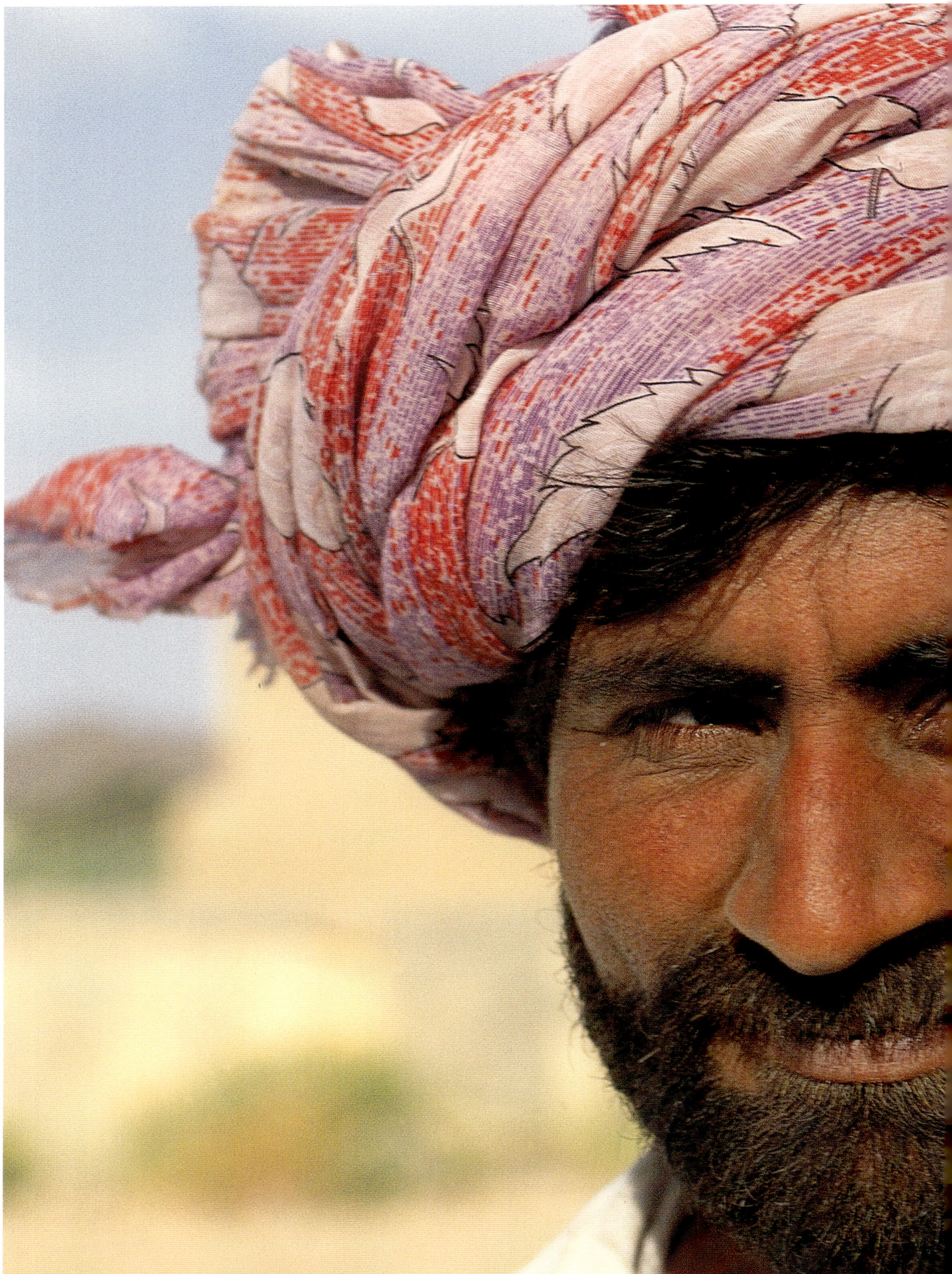

Die Omanis scheinen nicht kamerascheu zu sein.

Die traditionellen Verzierungen auf den Tontöpfen aus Bahla werden natürlich noch in Handarbeit gefertigt.

Bahla

Eine halbe Autostunde westlich von Nizwa liegt Bahla in einer engen Senke. Bevor die Teerstraße gebaut wurde, umschloss eine 12 km lange Mauer Ort und Festung Hisna Tamah. Heute liegt die gewaltige Burg links des Weges, und man sieht sie eigentlich erst, wenn man fast schon vorbei ist. Die Festung ist das größte Lehmbauwerk im Sultanat. Die UNESCO hat es als Welterbe auf seine Liste gesetzt, und man hat längst begonnen, die Ruine zu restaurieren.

Bei Ausgrabungen im Sommer 2006 entdeckte man unter Schutt und Geröll der noch nicht restaurierten Festungsmauern vier unterirdische Kammern. Sie enthielten Fragmente von Gipsabdrücken, eine Kanonenkugel, ein Tongefäß, Münzen und zwei Pferdestatuen. Erbaut wurde die Burg in der jetzigen Form im 17. Jahrhundert auf den Resten einer persischen Anlage.

Der durch die Straße abgetrennte Ort liegt auf einem Hügel über dem breiten Wadi Bahla. Zwischen dem 12. und 17. Jahrhundert war Bahla Herrschersitz der Nabhani-Dynastie. Die Stadtmauer soll vor etwa 600 Jahren von einer Frau namens Gheitha geplant und gebaut worden sein. Es hält sich aber weiterhin die Legende, dass sie in einer einzigen Nacht von Jinnen (Geistern) hochgezogen wurde. Die Oase hat sich noch ein beträchtliches Maß an traditionellem Ambiente erhalten.

Ein sehr hübsches Motiv bietet der kleine Platz unter einem riesigen Maulbeerbaum. In seinem Wipfel soll es zwar spuken, aber das hält wackere Omaner nicht davon ab, sich im Schatten der Krone zum Schwätzchen, Kaffeetrinken oder Handel zu treffen. Im alten Suk werden Haushaltswaren und Silberschmuck gehandelt. Ein Schmied arbeitet noch dort, ebenso wie auch ein Färber, der auf traditionelle Weise die Tuche in eine Indigolösung tunkt. Die alten Gemäuer sollen renoviert werden. Vielleicht verschwindet dabei die altarabische Atmosphäre. Weiterhin gepflegt wird das Töpferhandwerk. Am Dorfeingang hat die Regierung eine Töpferei eingerichtet. Am Rande des Dorfes im Palmenhain wird dieses Handwerk in originalen Werkstätten betrieben. Die attraktiven Tonkrüge, die Wasser schön kühl halten, sind mit Stricken an Wand oder Baum aufgehängt.

Etwa 4 km vom Ort entfernt werden im Wadi al Ameri archäologische Ausgrabungen betrieben. Bislang wurden Gräber aus dem 3. Jahrtausend v. Chr. sowie Grabbeigaben aus Tonkrügen, Perlen und Speckstein gefunden. Ein zweites Terrain enthielt Skelette und Tonscherben.

Im Dachgestühl des Palastes von Jabrin in der Nähe von Bahla befinden sich traumhafte Malereien.

Oberhalb einer Oase schmiegt sich ein Dorf fast unsichtbar an die Berghänge.

Jabrin

Hinter Bahla verlässt man die Bergwelt des Jebel Akhdar und fährt in eine Ebene, auf der sich der Palast von Jabrin erhebt. Im Gegensatz zu den Festungen diente er ursprünglich nicht der Verteidigung. Hier wurde gelebt, gelehrt und gelernt. 1675 von Imam Bil-Arab Bin Sultan erbaut, war das Schloss wichtiges Zentrum für Astrologie, Medizin und Islamisches Recht. Erst die Nachkommen des Imams mussten dafür sorgen, dass man ihnen das elegante Bauwerk nicht wieder abspenstig machte. Deswegen gibt es auch die Türme mit den Kanonenplattformen.

Die fünf hohen, lichtdurchfluteten Räume mit feinen Deckenmalereien wurden detailreich restauriert. Die Vielfalt farbiger und formenreicher Ranken, Blüten, Ornamente und Kalligrafien ist sehenswert. An der Wand des Treppenhauses zu den Repräsentationsräumen haben sich omanische Poeten in kalligrafischen Stuckaturen verewigt. Unscheinbar ist dagegen das Grab des Erbauers in der unteren Etage, wo sich auch Vorratsräume, Küche, Waffenlager und die Frauenmoschee befinden. Mitten hindurch fließt ein Falaj.

BERGDÖRFER UND SCHLUCHTEN

Nahe Nizwa erstreckt sich das Jebel Akhdar mit Omans höchstem Berg Shams (3075 m). Auf der Strecke liegt das verträumte Wadi Ghul. Die Neubausiedlung befindet sich im Tal, während das alte Dorf jenseits einer palmengesäumten Schlucht wie verschachtelte Bienenwaben oben am Berg klebt. Die Lehmhäuser sind längst verlassen. Sie werden höchstens noch als Viehställe benutzt.

Eine Steinmauer zieht sich den Berg hinauf, auf dessen Kamm Ruinen und Stadtmauern aus frühislamischer Zeit thronen. Bis auf eine Höhe von 2000 m reihen sich kleine Siedlungen inmitten von Terrassenfelder mit Walnussbäumen, Limonen, Feigen und Pfirsichen. Die Bewohner sind für ihre Weberei bekannt, schwere Decken und Teppiche aus Schafs- und Ziegenwolle in Schwarz, Weiß, Rot und Orange. Weben ist reine Männersache, während Frauen beim Spinnen der Wolle auf Handspindeln helfen. Auf Holzgestelle gehängt werden sie entlang der Piste zum Verkauf angeboten.

Die Mauer erreicht ein Hochplateau, das vor Millionen Jahren auseinanderbrach und den „Grand Canyon" Omans bildete. Das Wadi liegt 1000 m tiefer. Geradezu unmöglich erscheinen die Terrassen, die am Steilhang angelegt sind. Vom Dorf Al-Kathim führt der sogenannte „Balcony Walk" zur verlassenen hängenden Siedlung Sap Bani Khamis.

Die Arbeit auf den Weiden ist in der sengenden Sonne sehr anstrengend.

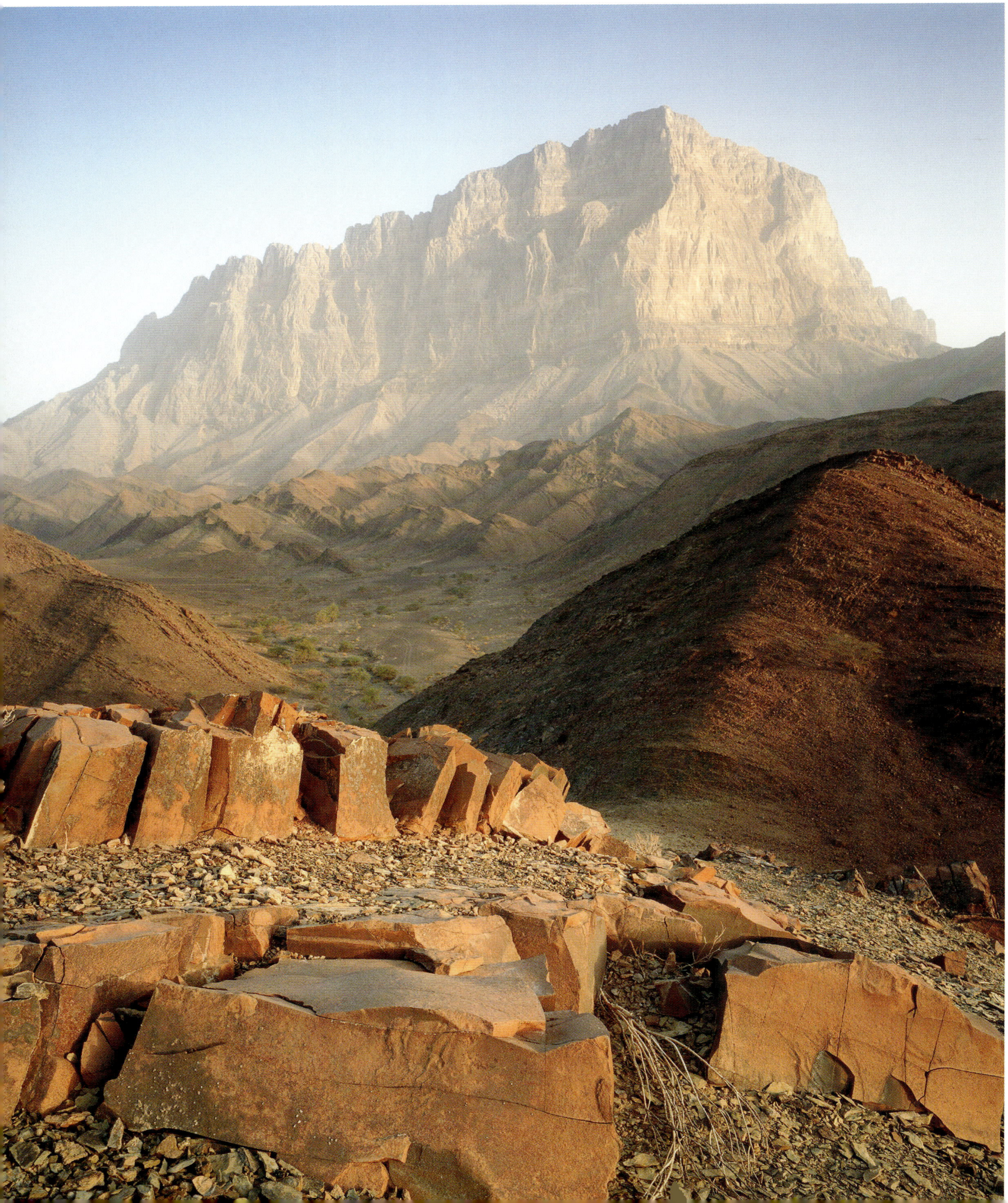

AL-ZAHIRA-REGION

Die Zahira-Region zieht sich von den westlichen Ausläufern des Hajar bis zum Rub Al-Khali. In der platten Halbwüste wird hauptsächlich Landwirtschaft betrieben. Der Jebel Kawr trennt diese Region im Osten von Dachliyya, im Süden schließt sich die Wusta-Region an. Vor dem Zeitalter der Lastwagen führten bedeutende Karawanenrouten durch das Gebiet. Sie wurden teilweise in der Neuzeit durch Straßen ersetzt. Jetzt sind es Öl- und Gasfelder, dank derer eine gute Infrastruktur entstand. Wichtigster Marktort ist Ibri mit altem Suk und Festung. Drum herum liegen einstöckige Lehmziegelhäuser. Der Ort selbst ist von einem schönen Dattelpalmengürtel umschlossen. Höchst malerisch präsentiert sich Al-Sulaif am Zusammenfluss der Wadis Al-Ayn und Sanasyl. Der Ort ist allerdings verlassen und verfällt.

OBEN:
Alte Silberwaren aus Oman: eine kunstvoll gearbeitete Dose, Serviettenhalter und zwei Windlichter

LINKE SEITE:
Die Berge und Felsen haben je nach Lichteinfall unterschiedliche Farben.

Ein einsamer Baum belebt die ansonsten so trockene Wahiba-Wüste westlich von Sur.

Bat und Al-Ayn

Die Oase Bat mit ihren Festungsruinen ist weniger interessant als die Ausgrabungen in der Region, mit denen derzeit ein deutsches Archäologen-Team in Zusammenarbeit mit dem Ministerium für Erbe und Kultur beschäftigt ist. Dabei sind bis jetzt zwei runde Strukturen aus dem 3. Jahrtausend zum Vorschein gekommen, in denen man Tontöpfe, Schwerter, Steinstößel und zum ersten Mal einen Klumpen Weihrauch fand.

Frühere Ausgrabungen beschäftigten sich mit oberirdischen Massengräbern auf den Hügeln rund um den Ort. Säulenartige Strukturen aus aufgeschichteten Steinen gaben etwa 200 Toten Ruhe. Zwischen dem 3. und 2. Jahrtausend v. Chr. konstruiert, gehören sie in die Epoche der Hafit- und Umm Al-Nar-Kulturen. Bekannt ist lediglich, dass damals Handel mit den persischen Reichen jenseits des Golfes getrieben wurde.

Während sich in Bat die meisten dieser Gräber befinden, liegen im 30 km entfernten Al-Ayn die am besten erhaltenen. Aufgereiht vor dem zerklüfteten Gebirgsmassiv des Jebel Misht, dessen Flanke fast senkrecht in die Tiefe fällt, befinden sich 21 sogenannte Bienenkorbgräber. Ihre konische Bauweise erinnert an Trulli in Apulien. 18 darunter haben noch ihre vor etwa 5000 Jahren angelegte Form. Die Bauwerke aus grob behauenen Steinen sind etwa drei bis vier Meter hoch und besitzen einen bogenförmigen Eingang, der nach Osten ausgerichtet ist. Anhand von Keramikscherben konnte man ihr ungefähres Alter bestimmen.

Kutwa und Buraimi

Die Straße nach Buraimi an der Grenze zu den VAE verläuft durch trockene rotbraune bis anthrazitfarbene Gerölllandschaft mit einigen alten Festungen am Wegesrand. Die Passkontrolle liegt 35

RECHTE SEITE:
Viele der Verkaufsstände auf den Märkten haben nur wenige Quadratmeter Grundfläche, dafür türmen sich dann die Produkte sehr hoch.

UNTEN:
Frühmorgens, wenn es noch kühl ist, fahren die Fischer in der Sharqiya-Region auf das Meer hinaus und kommen so recht früh zum Markt ausch wieder zurück.

km vor der Stadt. Die weißen Pfähle mit den roten Köpfen zu beiden Seiten sind Wasserstandsanzeiger. Von Zeit zu Zeit ist das Wadi überschwemmt.

Etwas abseits liegt die kleine Oase Khutwa, die sich hinter einer Neubausiedlung versteckt. In der Oase selbst zeugen bunte Eisentüren und ein paar Autos von moderner Zeit. Hinter den alten Lehmbauten liegen lauschige Gärten, die von einem Falaj gespeist werden. Rechts davon tut sich ein kleines Naturwunder auf: ein Felsplateau mit einem zehn Meter tiefen Schlitz, durch den Wasser strömt. An manchen Stellen ist dieser Bruch nur einen Meter breit.

Bergan öffnet sich das Wadi auf fünf bis zehn Meter Breite und wird weiter oben zu einer richtigen Schlucht. Riesige Felsbrocken säumen die Ufer – sie wurden von gewaltigen Sturzfluten aus dem Berg hinuntergespült.

Bis vor wenigen Jahren waren Buraimi und Abu Dhabis Oasenstadt Al-Ayn nicht sichtbar voneinander getrennt. Inzwischen wurde ein Zaun gezogen. Deutlich erkennbar sind die unterschiedlichen Bauweisen beider Orte. Während in Oman alle modernen Gebäude mit traditionellen Stilelementen versehen sind, hat man in Abu Dhabi darauf verzichtet. Malerisch präsentiert sich das alte Viertel

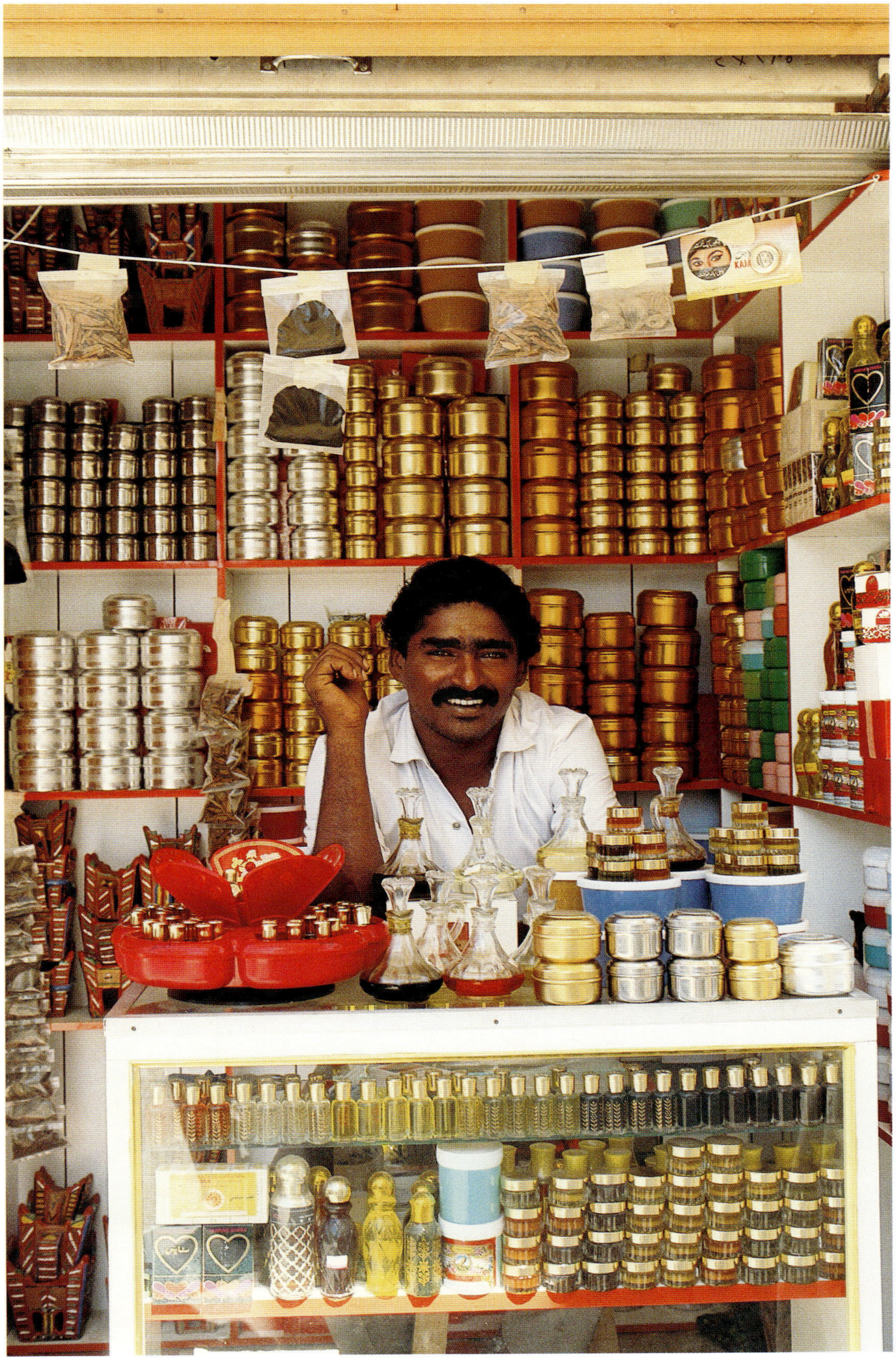

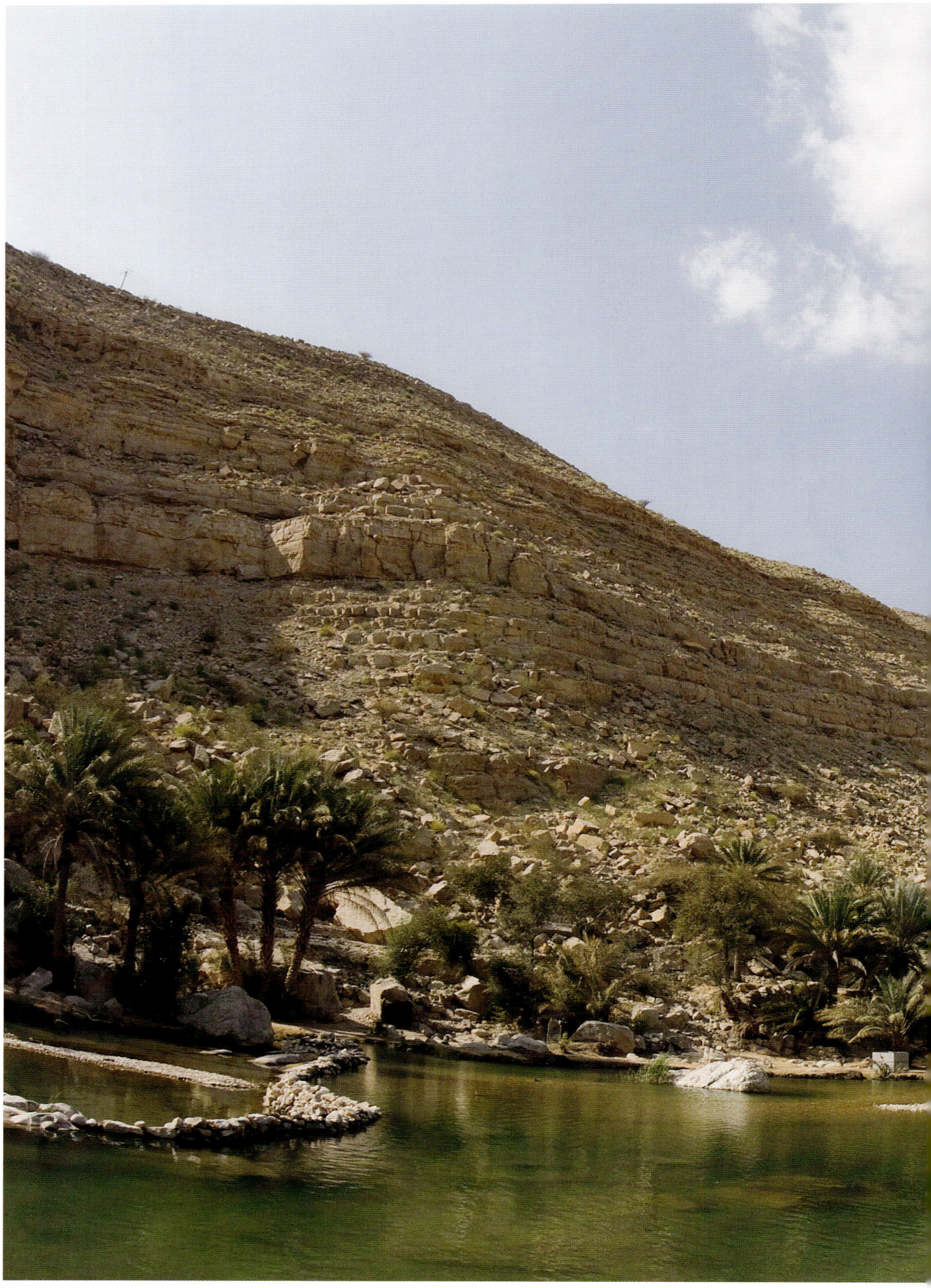

Das Wadi Bani Khalid ist das bekannteste Wadi der Sharqiyah-Region.

Sur liegt nahe des östlichsten Punktes Omans. Die Seefahrertradition wird hier heute noch durch den Bau der Holzschiffe, der Daus, gepflegt.

Buraimis mit Lehmhäusern und Aflaj-Systemen im Schatten hoher Dattelpalmen. Es ist ein kleiner Garten Eden mit Vögeln und Schmetterlingen, und in den künstlichen Bächen schwimmen sogar Fische. Gleich daneben steht das Fort Khandaq, welches mit traditionellen Bautechniken restauriert wurde.

An jeder Ecke erhebt sich ein runder Wehrturm, jeweils mit anderen Ornamenten verziert. Eine Besonderheit stellt der Burggraben dar. Wahrscheinlich wurde er in der ersten Hälfte des 19. Jahrhunderts von Wahhabiten aus dem heutigen Saudi-Arabien gezogen, nachdem sie Buraimi besetzt hatten.

SHARQIYAH-REGION

Omans östlichste Region reicht vom südlichsten Punkt der Hauptstadtregion über das östliche Hajar-Gebirge bis zu den Sharqiyah Sands und im Westen bis Dachliyya. Die größten Orte des Bezirks sind Ibra im Landesinneren und Sur an der Küste. Auf relativ kleinem Raum findet man hier viele unterschiedliche Landschaften: zerklüftete Felsenberge bis 2200 m Höhe, kleine Buchten und lange Strände, Wüsten mit hohen Dünen, Oasen und Wadis. Eine gut ausgebaute Küstenstraße verbindet Muscat mit Sur, eine weitere führt im Hinterland über Ibra ans Meer. Durch das Hajar-Gebirge verlaufen allenfalls Schotterpisten.

Ab dem 17. Jahrhundert spielten Sur und Ibra bedeutende Rollen im internationalen Seehandelsverkehr und häuften beträchtliche Reichtümer an. Sur war Bootsbaumetropole und ein wichtiger Hafen für den Umschlag von Sklaven und Waren von und nach Ostafrika. Aus Ibra stammten viele Nawakhid, Männer, die gleichzeitig Kapitäne und Kaufleute waren.

Anfang des 19. Jahrhunderts entvölkerten sich ganze Oasen der Region, als ihre Bewohner Sultan Said nach Sansibar folgten und sich dort ansiedelten. Viele Familien kehrten 1964 zurück, nachdem eine Rebellion auf der afrikanischen Insel ausgebrochen war. Sie brachten neuen Aufschwung nach Sharqiyah. Ihre Geschichte lässt sich an vielen Einwohnern Surs ablesen, die eine dunklere Hautfarbe und krauses Haar haben und noch Suaheli sprechen. Auch Musik und Kunst unterscheidet sich vom restlichen Oman, weil afrikanische Einflüsse eingewoben sind.

Es erstaunt immer wieder, wenn man mitten in der trockenen Wüste auf das klare Wasser einer Oase stößt.

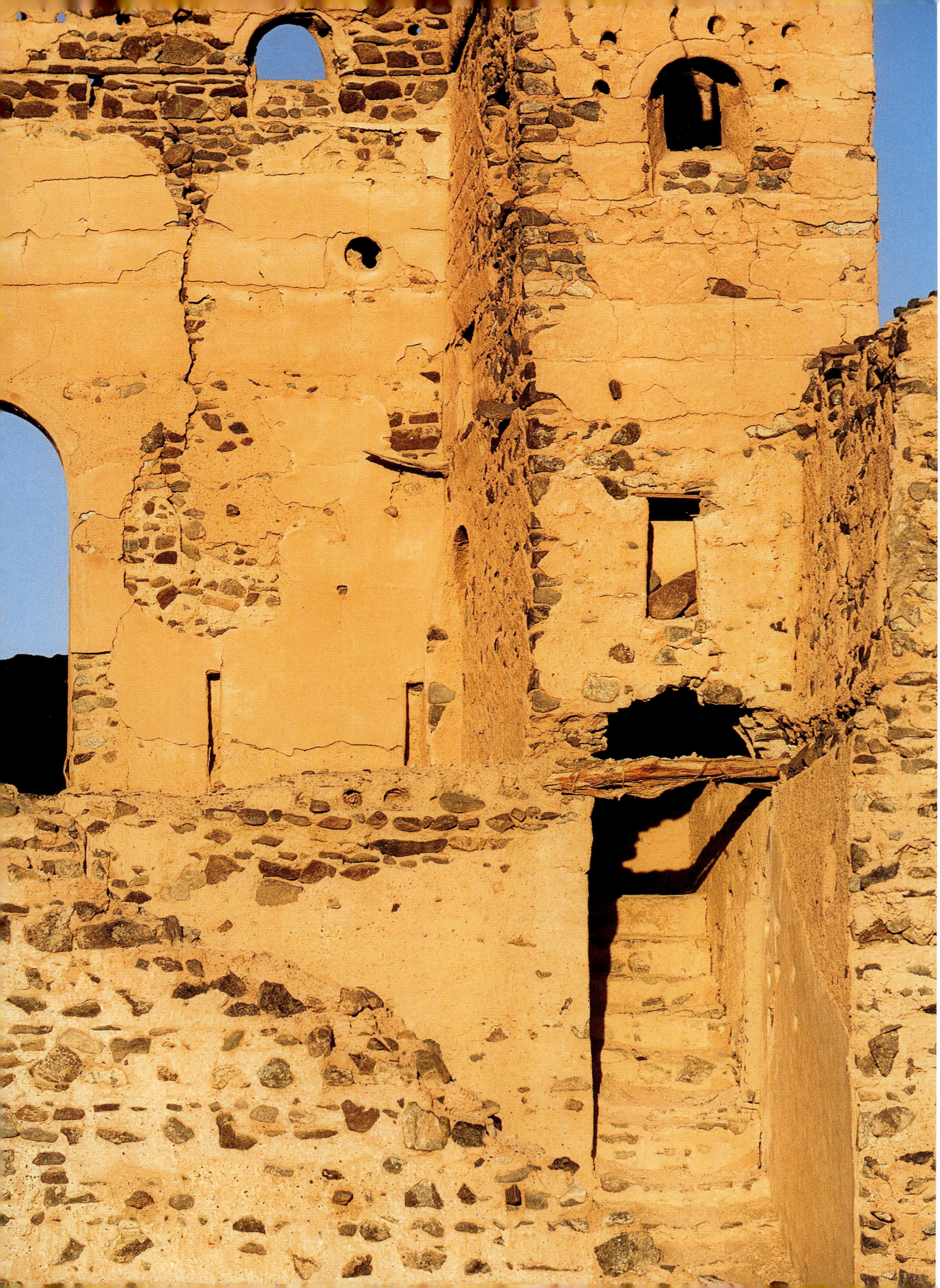

Sur

Das attraktive Städtchen liegt auf einer Halbinsel, die die große Lagune (Khor) Al-Butah fast umschließt. Die stattlichen Kaufmannshäuser sind bei der Modernisierung so gut wie verschwunden. Übrig blieben einige reich verzierte Holztüren in den flachen Wohnhäusern. Nach Vertreibung der Portugiesen im 17. Jahrhundert spielte Sur als Seehandelshafen für knapp 200 Jahre eine bedeutende Rolle. Schiffe brachten Datteln nach Ostafrika und kamen mit Sklaven, Gewürznelken, Hirse, Kaffee und Mangrovenholz wieder zurück.

Sur war auch eine Hochburg des Schiffsbaus. Seit 2003 werden aber keine Daus mehr gebaut. Man fertigt lediglich Modelle verschiedener Typen an, damit die Tradition erhalten bleibt. In den Dau-Werften an der Lagune sind die schönen Holzschiffe allerdings noch zu bewundern. Hier werden sie überholt und ausgebessert. Eines der letzten seiner Art ist die 300 Tonnen schwere Dau „Fatah al-Khair", die 1920 gebaut wurde und jetzt am Strand liegt. Die Errichtung der beiden Festungen Bilad Sur und Sinesilas geht ins 16. Jahrhundert zurück. An der östlichen Seite des Khor Al-Butah liegt der Ortsteil Al-Ayjah mit verwinkelten Gassen und alten Häusern. Das Viertel ist Wohnort von Werftarbeitern.

LINKE SEITE:
Dieses Haus steht in der Altstadt von Al-Minzafah bei Ibra, wo es langsam, aber sicher verfällt.

UNTEN:
Die Ruinen von Qalhat, einer ehemaligen Hauptstadt Omans aus dem Mittelalter.

Ibra

Im Westen bildet Ibra das Tor zur Sharqiyah-Region, eine lang gezogenes Oasenstädtchen, das wie Sur während Omans kolonialer Ostafrika-Epoche seine Blütezeit erfuhr. Mitglieder wohlhabender Kaufmannsfamilien waren als Nakhuda auf der Ostafrika-Route unterwegs und etablierten sich dort als Händler. Somalias Hauptstadt Mogadischu soll von ihnen gegründet worden sein. Den kenianischen Hafen Mombasa regierten sie als Gouverneure. Die wirtschaftlichen Aktivitäten bescherten ihnen ausreichend Vermögen, um Geld nach Hause zu schicken. Damit wurden die Landwirtschaft ausgebaut und große Residenzen errichtet. Man sieht Letztere noch in den historischen Vierteln der Stadt. Erkennbar ist auch der afrikanische Einfluss in der Architektur der alten Suks. Um den Ort herum wird bis heute wird viel angebaut: Gemüse, Bananen, Mangos und Datteln.

Turmgrab in der Sharqiyah-Ebene

In der Vergangenheit bestand Ibra aus zwei eigenständigen Teilen: In Ibra Alayat wohnte der Stamm der Al-Maskri und in Ibra Sufalat die Al-Harthis. Jeder besaß eigenständige Suks, Falaj-Systeme, ein Fort und Wachtürme. Sowohl die Feindschaft zwischen den Stämmen als auch die Bedeutung der Stammeszugehörigkeit ist im Laufe der Modernisierungsmaßnahmen verschwommen. Vom heutigen Wohlstand künden die neuen Villen zwischen den alten Lehmburgen in Ibra Alayat.

Zur Attraktion hat sich der Frauen-Suk in Sufalat entwickelt. Die Weiblichkeit der gesamten Region versammelt sich am Mittwochmorgen zum Kaufen und Verkaufen von allerlei Kunsthandwerk: Körbe, gewebte Kissen und Kameltaschen, dazu jede Menge Haushaltswaren, bunte Kinderkleidchen und allerlei Duftkräuter und -harze. Die Männer warten geduldig am Rande, bis die Damen ihre Shoppingwünsche erfüllt haben.

Das alte Fort von Nizwa

Die Geschichte dieses Suks ist keine 30 Jahre alt und eng mit dem benachbarten Krankenhaus verknüpft: Nur mittwochs wurden dort schwangere Frauen aus der ganzen Region untersucht. Die Ärmeren von ihnen versuchten, ihre Reisekasse mit dem Verkauf von kleinen Handarbeiten aufzubessern. Daraus entwickelte sich im Laufe der Zeit ein kleiner Markt im Innenhof. Er wurde immer größer und entsprechend lauter bis es der Klinikleitung zu viel wurde und sie ihn abschob.

Die Frauen fanden gleich daneben einen neuen Handelsplatz, der schließlich von der lokalen Stadtverwaltung genehmigt wurde. Abgesehen vom Handel entstand ein gesellschaftlicher Treffpunkt, wo Freundinnen Klatsch und Tratsch austauschen.

STEINTÜRME UND HÖHLEN

Durch den Wadi Samaiya führt eine Schotterpiste hinauf in die Einsamkeit des Hajar Al-Sharqi. Auf 2000 m Höhe erstreckt sich das weite Hochplateau des Jebel Bani Jabr. Darauf erheben sich in un-

Das Fort von Musandam

regelmäßiger Anordnung ein paar Dutzend Rundtürme, etwa 8 m hoch und 6 m im Durchmesser. Bislang weiß man noch nicht sicher, als was sie einst dienten. Archäologen sehen sie als Grabstätten, obwohl in den 4000–5000 Jahre alten Monumenten noch keine Grabbeilagen gefunden wurden. Sicher ist, dass nur eine gut organisierte Zivilisation sie errichteten konnte, denn um die Mauern aufzuschichten, bedurfte es einerseits einer Vielzahl von Steinmetzen und Maurern, andererseits eine gute Landwirtschaft, um die Arbeiter zu versorgen.

Nicht allzu weit entfernt und nur zu Fuß ist das Selma-Plateau erreichbar. Ein Loch im Boden gewährt Zugang zu einer der größten bekannten Höhlen der Welt. Einheimische nennen sie Majlis Al-Jinn (Treffpunkt der Gespenster), weil sie dem lokalen Glauben zufolge nur von Geistern geschaffen worden sein kann.

Die Decke der größten Kammer ist 158 m hoch, ihre Grundfläche beträgt etwa 60 000 Quadratmeter. Ohne professionelle Ausrüstung ist das Höhlensystem, das sich vor Jahrmillionen gebildet hat, bislang nicht zu erkunden.

SHARQIYAH SANDS

Bis vor einigen Jahren sprach man von Wahibi Sands. Nachdem die Regierung Oman in Verwaltungsbezirke einteilte, wurden die Wüsten jedoch umgetauft. Sharqiyah Sands ist eine eigenständige Wüste. Sie erstreckt sich auf mehr als 8000 Quadratkilometer, ist aber mit dem Rob Al-Khali nicht verbunden, sondern durch eine Schotterwüste von diesem getrennt. Sharqiyahs rötlich schimmernde Sandberge verlaufen in Ost-West-Richtung, unterbrochen von flachen Tälern mit festem Boden. Dieser erlaubt es, tief in die Wüste hineinzufahren. Als Heimat von Beduinen bietet sie einen letzten Blick auf das traditionelle Leben, das vielleicht mit der nächsten Generation verschwunden sein wird.

Die Nomaden haben sich auf die Kamelzucht spezialisiert. Von Mitte Oktober bis Mitte April finden Kamelrennen in der Region statt. Hier kommt man wohl eher als anderswo mit den selbstbewuss-

Selbst an den scheinbar trockendsten Stellen der Wahiba-Wüste wachsen Pflanzen, die sich an die klimatischen Verhältnisse angepasst haben.

ten Beduinen-Frauen in Kontakt. Das Gesicht hinter einer Maske versteckt und in farbenprächtige Gewänder gekleidet, kurven sie gekonnt mit dem Geländewagen durch die Sanddünentäler, um Touristen zu finden, denen sie ihre Handarbeiten anbieten können. Oder um sie gegen etwas Geld gegebenenfalls aus dem Sand zu befreien, wenn der Wagen sich darin festgefahren hat.

WADI BANI KHALID

Auf der Strecke zwischen Capital Area und Sur gehört das Wadi zu den beliebten Ausflugszielen von Großstädtern und Touristen. Im reizvollen Flusstal reihen sich Plantagen und Siedlungen aneinander. Das ganze Jahr über plätschert Wasser von den Bergen herunter. Es speist an seinem Ursprung natürliche Pools, in denen Ausflügler gerne baden, und bewässert im weiteren Verlauf Palmenhaine und Gärten. An der Quelle liegt die Moqal-Höhle. Man kann sie besichtigen, sofern man eine geeignete Lampe mitbringt.

Die Oase Wadi Bani Khalid mitten in den Bergen Omans

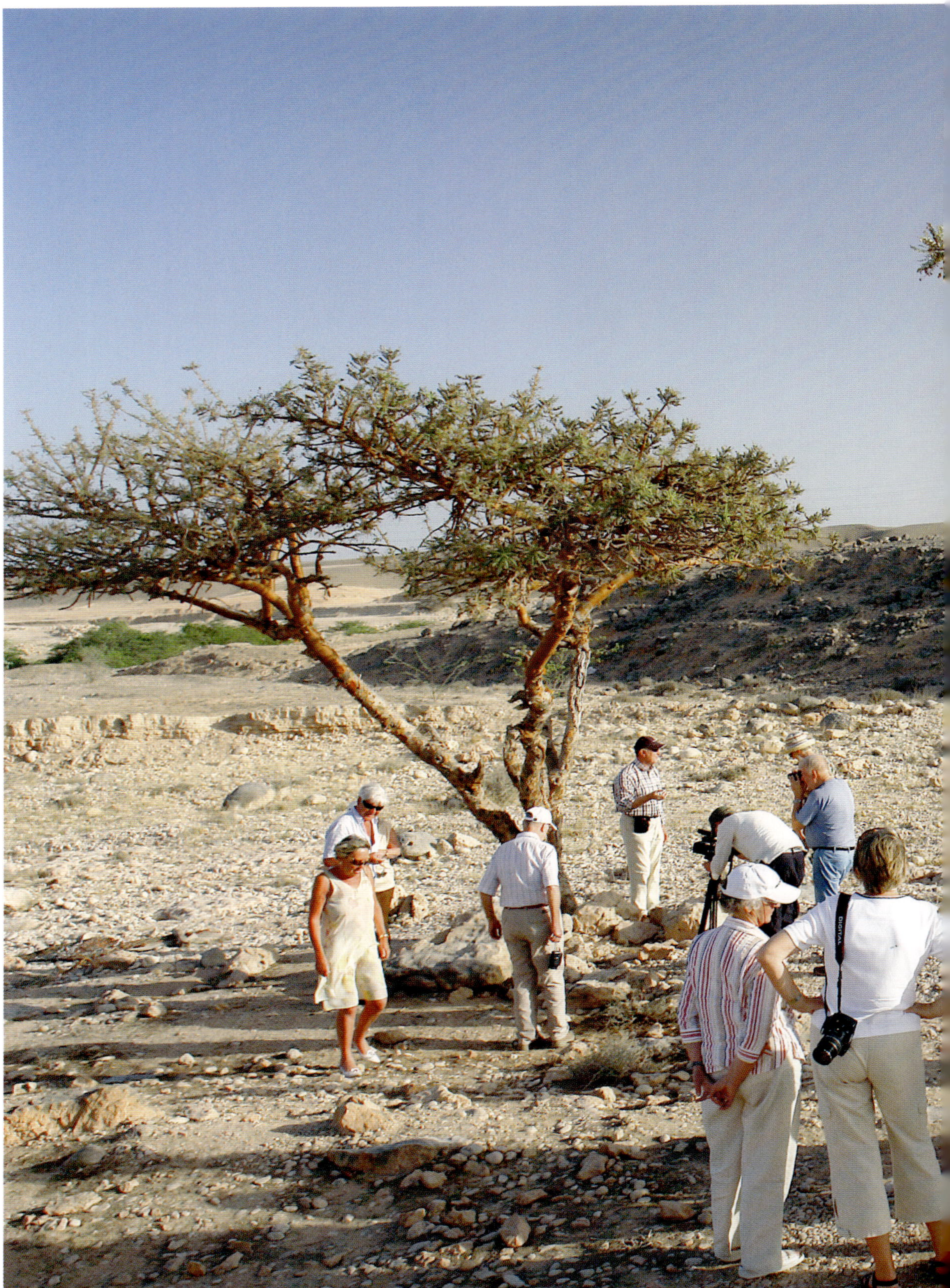

Eine Gruppe Touristen betrachtet zwei Weihrauchbäume am Stadtrand von Salalah.

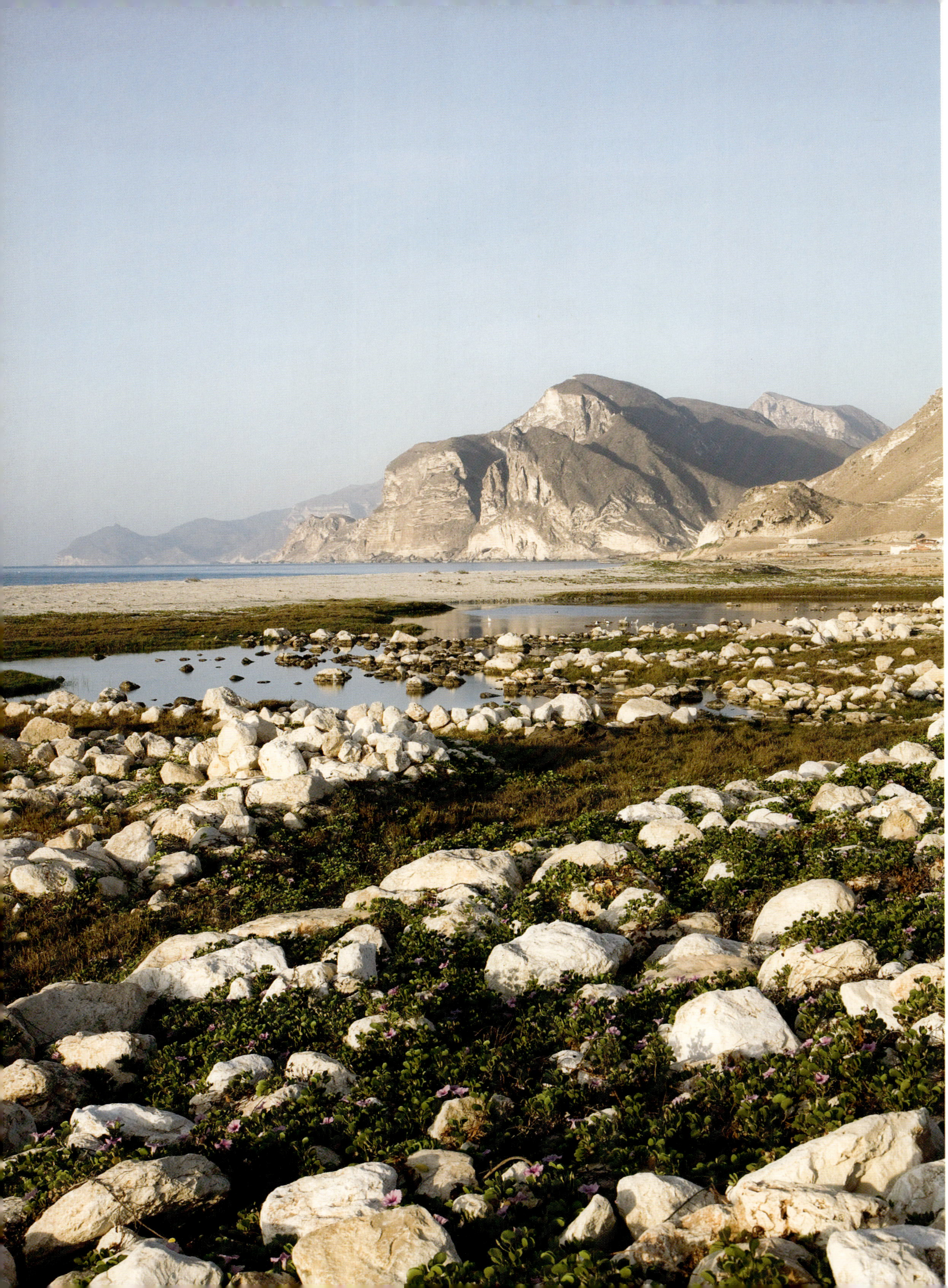

WUSTA-REGION

Wusta grenzt im Norden an die Bezirke Ad-Dachliyya und Dhahirah, im Westen an den Rub Al-Khali und im Osten an den Indischen Ozean mit der Halbinsel Barr Al-Hikman und der Insel Masirah. Die Halbinsel besteht überwiegend aus Salztonebenen und wird abhängig von den Jahreszeiten vom Meer überflutet. Bis zu 5 km weit kann das Meerwasser eindringen. Die dort ansässigen Menschen leben vom Fischfang. Die Straße, die von Nizwa 900 km fast schnurgerade nach Südwesten verläuft, führt vornehmlich durch Schotterwüsten, bevor das Land in Dhofar zur Hochebene ansteigt.

Jenseits der Berge am Meer liegt Salalah, Dhofars einzige Stadt. Im Landesinneren von Wusta befinden sich ergiebige Öl- und Gasfelder. Entlang der Küste verstecken sich vereinzelt Fischerdörfer. Insgesamt leben weniger als 25 000 Menschen in der Region, wenn man mal von Salalah absieht. Sie profitieren von großzügigen staatlichen Zuwendungen. Um der Provinz mehr Wohlstand zu bescheren, hat die Regierung Entwicklungsmaßnahmen eingeleitet. Dazu zählt die Modernisierung der Infrastruktur hinsichtlich Wasserversorgung, Elektrizität, Straßen und Häfen.

OBEN:
Die Ernte des duftenden Harzes vom Weihrauchbaum entspingt einer sehr alten Tradition, die die Arabische Halbinsel schon in der Antike mit Geld aus Europa versorgte.

LINKE SEITE:
Einige der Küstenstreifen in der Dhofar-Region muten fast mediterran an.

Im Grenzgebiet nach Jemen ist die Landschaft rau und karg.

Geschichte

In Dhofar wächst der Strauch, dessen Harz seinen Nutznießern vor 3000 Jahren immensen Wohlstand brachte. Es ist das legendäre Weihrauchland. Hier wurde der klebrige Saft zu Kieseln getrocknet und von Kamelen und Schiffen ins Hadramaut und weiter bis in den Nahen Osten und Europa gebracht. Geografisch vom restlichen Oman abgeschnitten, war seine Geschichte eng mit der des heutigen Nachbarlandes verwoben.

Erst 1879 trat ein Sheikh von Dhofar mit dem Sultan von Muscat Kontakt. Stammesmitglieder ersuchten Hilfe, um der Herrschaft eines Seeräubers und der unstabilen Lage der Region ein Ende zu setzen. Omans Staatsoberhaupt schickte zwar Soldaten und einen Gouverneur, aber sie konnten nicht viel ausrichten. Auch Sultan Said Al-Busaid, der 1958 seine Residenz nach Salalah verlegte, war dazu nicht in der Lage. Sultan Qabus´ Vater hatte nicht nur wenig Einfluss, sondern schaffte sich Feinde, was nicht zuletzt daran lag, dass er seine Residenz selten verließ und das Land durch das Telefon regierte.

Schlimmer allerdings waren noch seine Bemühungen, Dhofar und den Rest des Landes von jeglicher Entwicklung abzuschotten. Das rächte sich fürchterlich. 1964 begann ein Guerillakrieg, dessen

Kämpfer sich aus den Jebalis (Bergbewohner) des Hinterlandes rekrutierten. Sie gründeten die „Dhofar Liberation Front". Ziel war es, Dhofar sowohl vom Sultanat als auch von britischen Einflüssen zu befreien.

Der Rückzug der Briten aus Südjemen 1967, der Siegeszug der Sozialisten sowie die eigennützigen Aktionen des Sultans bestärkten die Jebalis in ihrem Freiheitskampf. Sultan Said hatte Salalah durch sesshafte Araber gegen die nomadisierenden Jebalis abgeriegelt, womit er rigoros in ihre traditionelle Lebensweise und ihr Wirtschaftssystem eingriff. Auch Sultan Qabus gelang es nach Amtsantritt nicht, den Bürgerkrieg zu beenden. Erst 1976 kam es zum Waffenstillstand.

Sultan Qabus ließ der Region anschließend mehr Entwicklungshilfe zukommen als dem Rest des Landes. Ehemalige Widerstandskämpfer wurden in eine Art Sicherheits- und Friedenstruppe aufgenommen. Mit beiden Maßnahmen sorgte er nicht nur für Ruhe im Land, sondern suchte Loyalität, die er im Falle einer Invasion seitens Südjemen unbedingt brauchte.

Ein großer Teil der Entwicklungshilfe floss in die Infrastruktur, speziell in den Straßenbau, der allerdings nicht nur den Bewohnern der Region zugutekam. Eines der teuersten Straßenbauprojekte

FOLGENDE DOPPELSEITE:
Endlose weiße Strände, strahlende Sonne, Schatten spendende Palmen und türkisblaues Wasser – auch das ist Oman: ein Palmenstrand am Arabischen Meer bei Salalah.

Zwergbananen findet man in Oman weitaus häufiger als die in Mitteleuropa zumeist verkaufte Obstbanane.

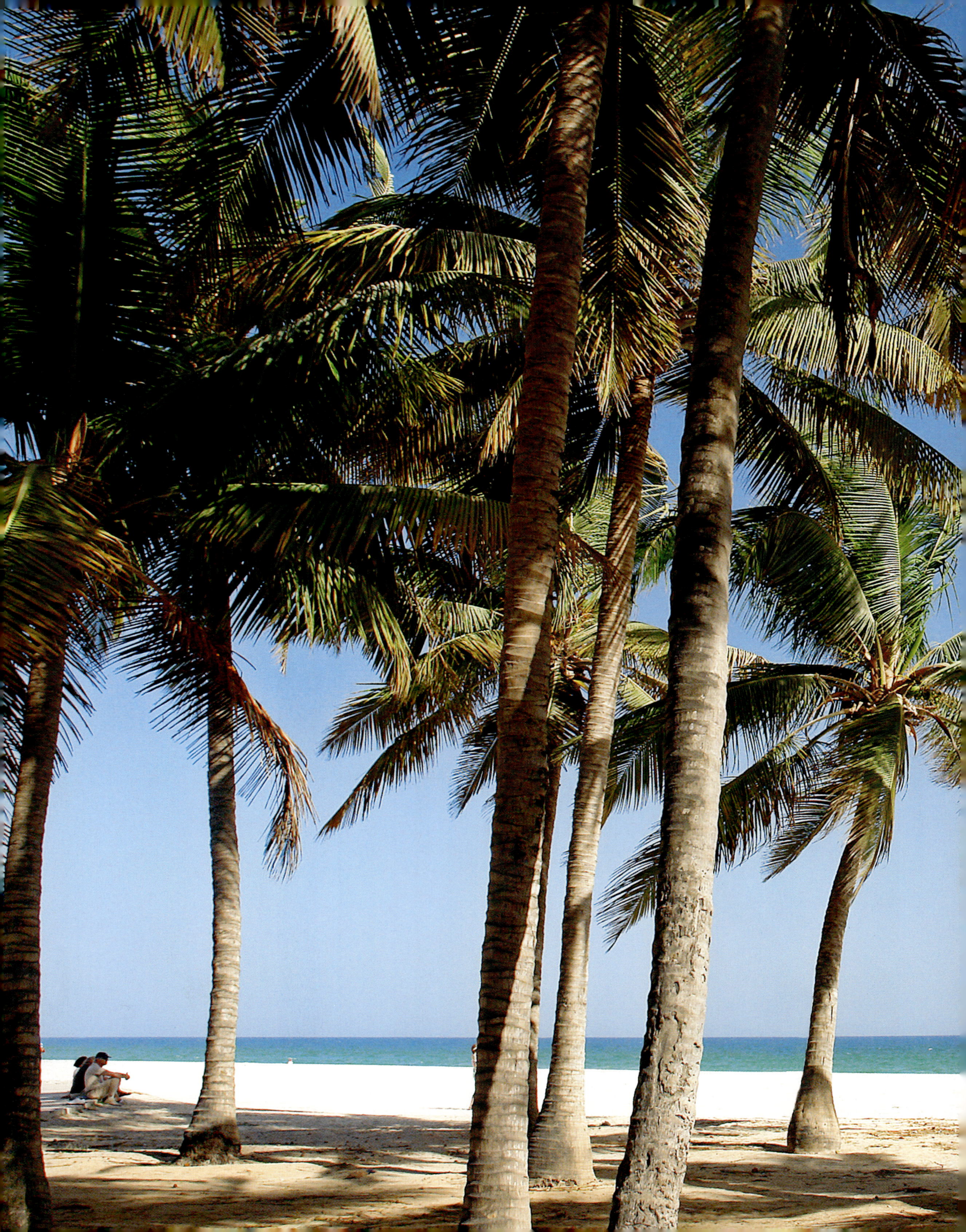

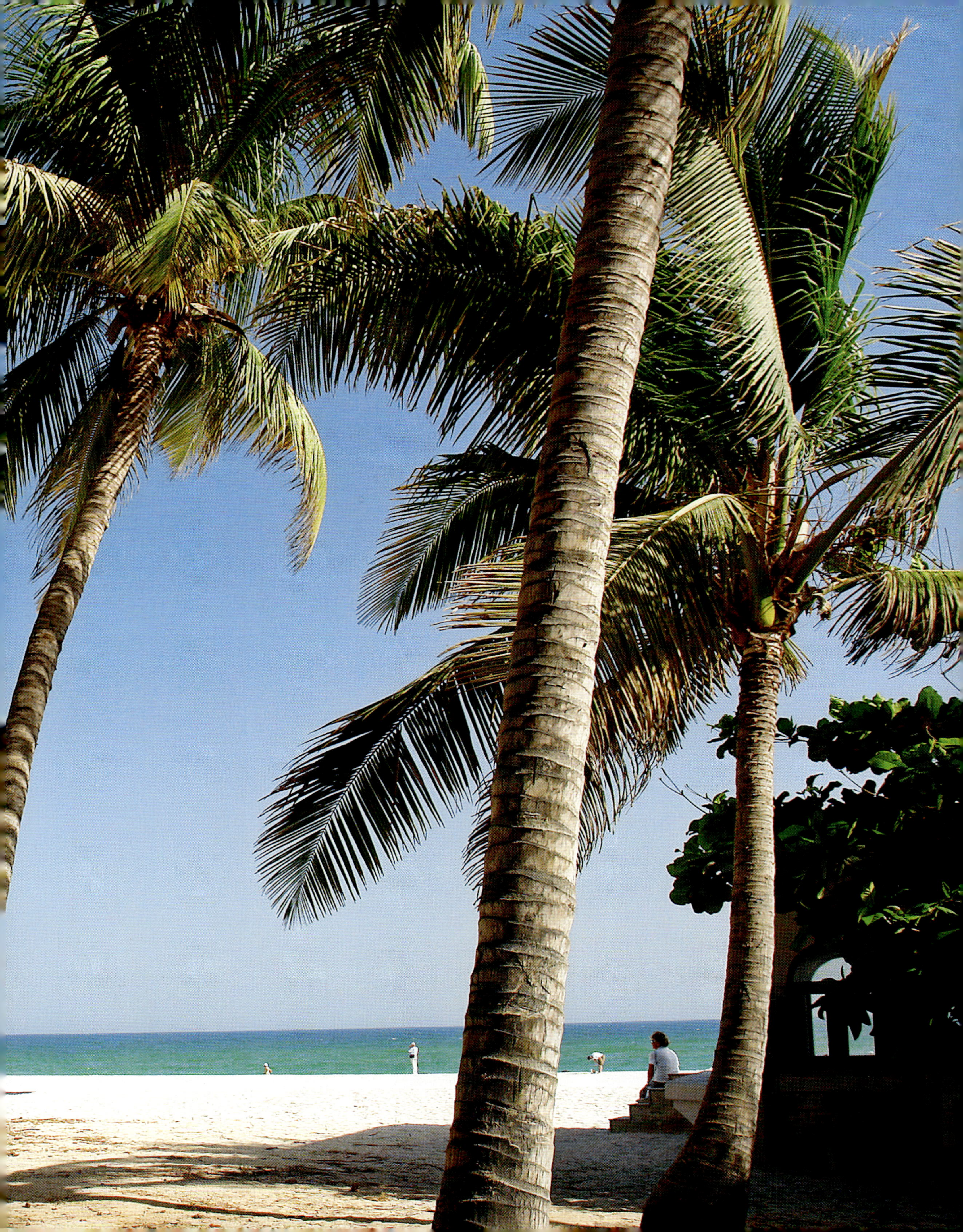

weltweit war die Mughsayl Road, eine breite Straße, die von 1985 bis 1989 in engen Haarnadelkurven an der Flanke des Jebel Qamar angelegt wurde, auf 800 Meter steigt und im Nichts an der Grenze zu Jemen endet. Die vielen Millionen aus der Staatsschatulle ergaben sich nicht nur aufgrund großräumiger Sprengungen im Fels, sondern auch, weil die Trasse besonders stabilisiert und drainiert werden musste. Der Grund dafür waren die gewaltigen Wassermassen, die im Wadi Afawl hin und wieder von den Bergen herunterstürzen, und zwar nicht nur während der Monsunzeit.

Offiziell soll Sultan Qabus an einer guten Straßenverbindung zum ehemaligen Südjemen gelegen gewesen sein. Inoffiziell wurde sie wohl gebaut, um im Falle des Falles für zügige Truppentransporte ins Gebirge zu sorgen. Für die Jebalis bedeutete die neue Verbindung nach Salalah das Ende ihrer Isolation. Sie hat zur deutlichen Verbesserung ihrer Lebensverhältnisse beigetragen..

Land und Leute

Dhofar besitzt nicht nur eine eigenständige Historie, auch in puncto Klima und Vegetation unterscheidet es sich deutlich vom restlichen Oman. In den Sommermonaten erfreut sich die Küste nämlich einiger Niederschläge, die der Monsun heranträgt. In Form von Nieselregen bewässert er die Plateaus des 200 km langen und bis zu 1300 m hohen Mittelgebirges – seine Südhänge ebenso wie die Klippen über dem Meer – und sorgt für einen dichten grünen Mantel, der die ganze Region überzieht.

Selbst in den neuen Gebäuden, wie hier in einer Gasse der Altstadt Al-Hafah in Salalah, finden sich die traditionellen Formen und Strukturen wieder.

Es erscheint wie ein Wunder, wenn alles blüht und zahlreiche Bäche und Flüsse in den engen Schluchten sprudeln. An manchen Stellen rauschen sogar eindrucksvolle Wasserfälle herunter. Durch ihre exponierte Lage fangen die Berge die Wolken ab, deren Nass Laubbäume wie wilde Kirschen, Feigen und Oliven wachsen und Kokosnüsse und Bananen reifen lässt. Dem Wasser und dem Wind hat Dhofar letztendlich seine über 5000 Jahre lange Besiedlung zu verdanken.

Aus der Vogelperspektive betrachtet, endet die Wüste ziemlich abrupt etwa 90 km nördlich von Salalah. Vor Jahrmillionen hat sich die Erdkruste bei der Verschiebung der Kontinentalplatten aufgewölbt und ist an der Küste abgebrochen. Erosion schuf Hügel mit abgeflachten Kuppen und andere mit bizarren Zacken. Dazwischen winden sich dunkelgrüne Streifen. Das sind Schluchten, in denen sich bis zum Jahresende Blätter an den Bäumen halten, bevor sie in der Hitze vertrocknen.

Jenseits der Berge bis zum Meer erstreckt sich die Salalah-Ebene, in deren Mitte die gleichnamige Stadt am weißen Strand liegt. Die unbewohnten Flächen werden intensiv bewirtschaftet. Um das urbanisierte Areal ranken sich Äcker mit Gemüse, Zuckerrohr, Getreide und Blumen.

In den Straßen von Al-Hafah laden kleine Cafés zum Verweilen ein, hier sitzen Touristen und Einheimische einträchtig zusammen.

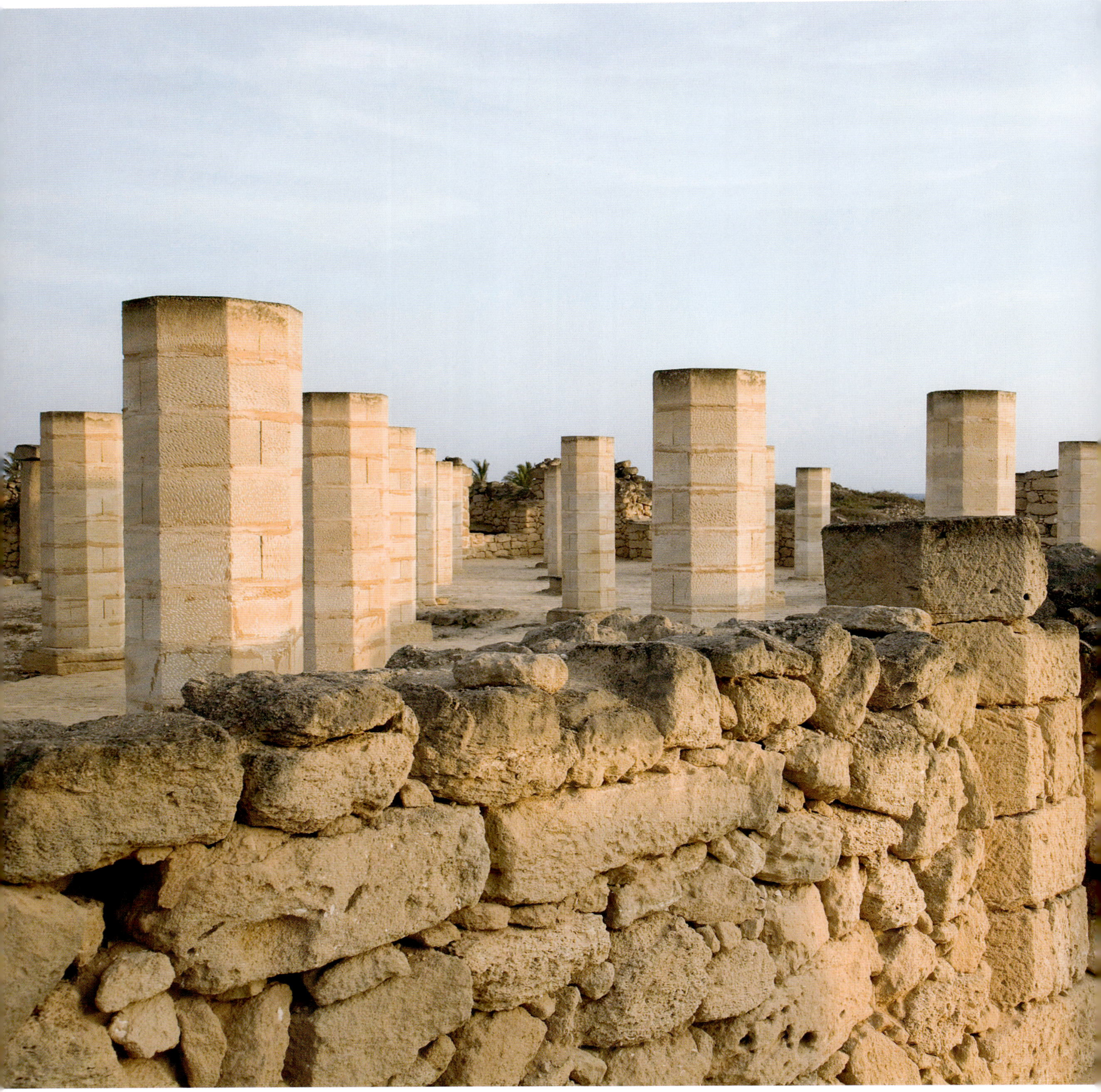

Grundsätzlich unterteilen sich Dhofarer in sesshafte Araber und Bergnomaden. Viele der etwa 100 000 Bewohner Salalahs haben eine dunkle Hautfarbe, die auf ihre Herkunft aus Ostafrika zurückzuführen ist. Ihr Leben als Städter ähnelt dem im restlichen Oman. Die Jebalis indes sehen ganz anders aus. Von der Sonne gebräunt, gerne mit freiem Oberkörper und mit einem bunt gewebten Tuch um die Hüften, ziehen die Männer mit ihren Herden durch das bergige Landesinnere. Nicht selten tragen sie ein Gewehr über der Schulter, das wie der omanische Krummdolch im Gürtel dem Prestige und nicht der Verteidigung dient.

Auch die Frauen tragen gern bunt, haben schwere Silberketten und einen großen goldenen Ring durch die Nase. Ihre Hände zieren kunstvolle rotbraune Henna-Ornamente. Sie dienen nicht nur als Schmuck, sondern sollen vor bösen Geistern schützen. Beide Volksgruppen sind für ihre warmherzige Gastfreundschaft berühmt, die dem Besucher allerdings auch im restlichen Oman begegnet.

Salalah

Die Provinzhauptstadt präsentiert sich modern und lebhaft. Dank ihres angenehmen Klimas ist sie sommerliches Feriendomizil von Omanern, der ständig hier lebenden Ausländer und der Touristen aus dem Ausland. Zu sehen gibt es nicht viel. Interessant sind der Fisch- und Gemüsemarkt und der Gold- und Weihrauch-Suk im alten Stadtviertel Al-Hafah, wo zwischen Neubauten noch einige alte, marode Kalksteinhäuser mit geschnitzten Holzrahmen stehen. Architektonisch sind sie mit denen des jemenitischen Hadramaut verwandt.

Das Wissen um den Verlust der architektonischen Vielfalt, die hier mehr als in anderen Orten Omans arabisches, afrikanisches und indisches Erbe verband, schmerzt. Der älteste Teil von Salalah ist das Ruinenfeld Al-Baleed. Man muss allerdings eine gehörige Portion Fantasie mitbringen, um vor dem geistigen Auge aus dem Steinhaufen eine Stadt zu erbauen, die selbst der weit gereiste Marco Polo als groß, schön und nobel beschrieb. Sie wurde im 12. Jahrhundert auf den Grundmauern einer sabäischen Anlage errichtet und etwa 400 Jahre lang bewohnt. Unklar ist, wohin ihre Be-

Der Weihrauchhafen von Al-Baleed ist seit alters her ein wichtiger Umschlagplatz für das Harz gewesen: Seit etwa 3000 Jahren ist der Ort besiedelt.

Dau mit Touristen vor der
Küste der Khasab-Halbinsel
Musamdam im Persischen Golf

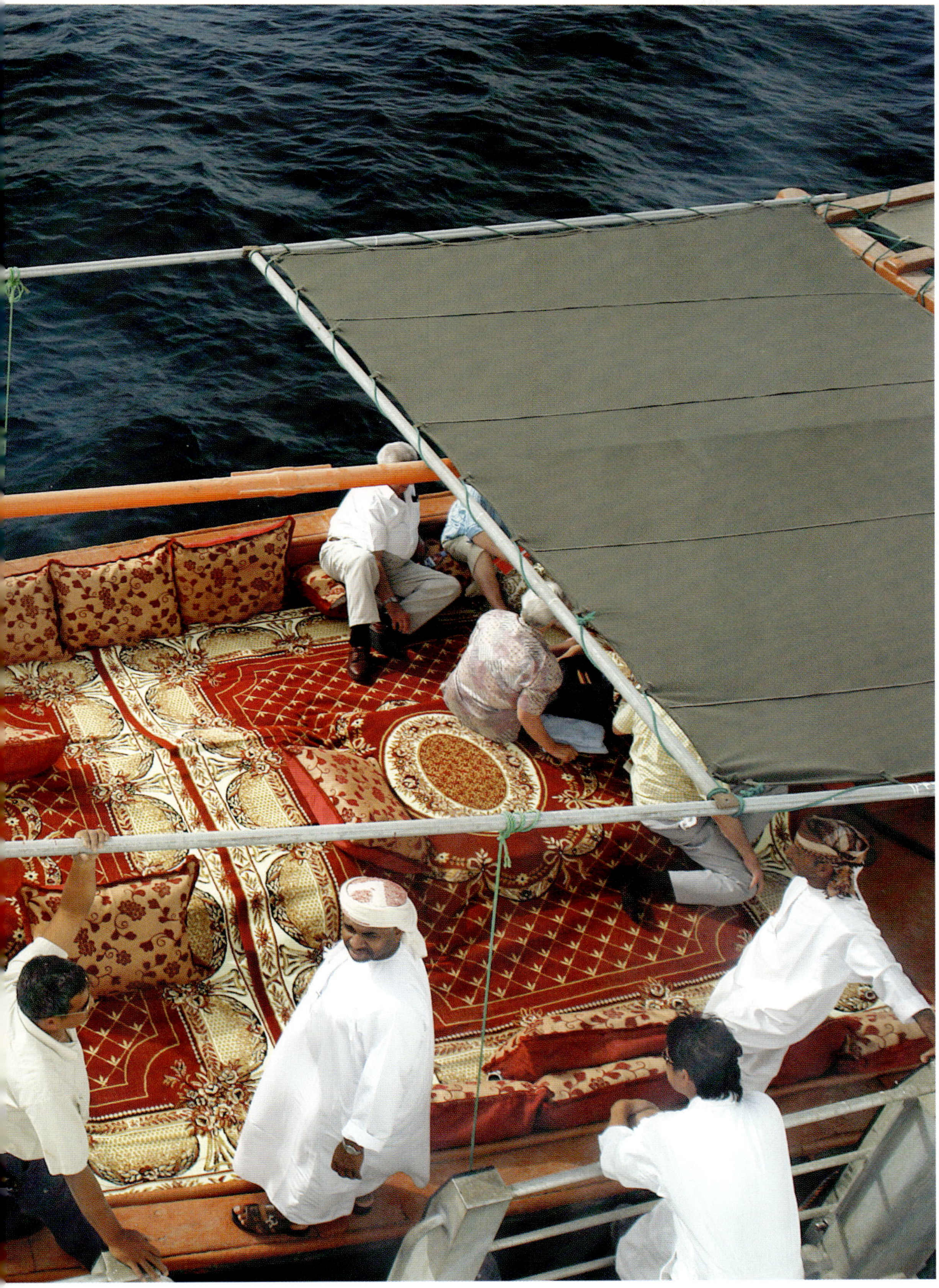

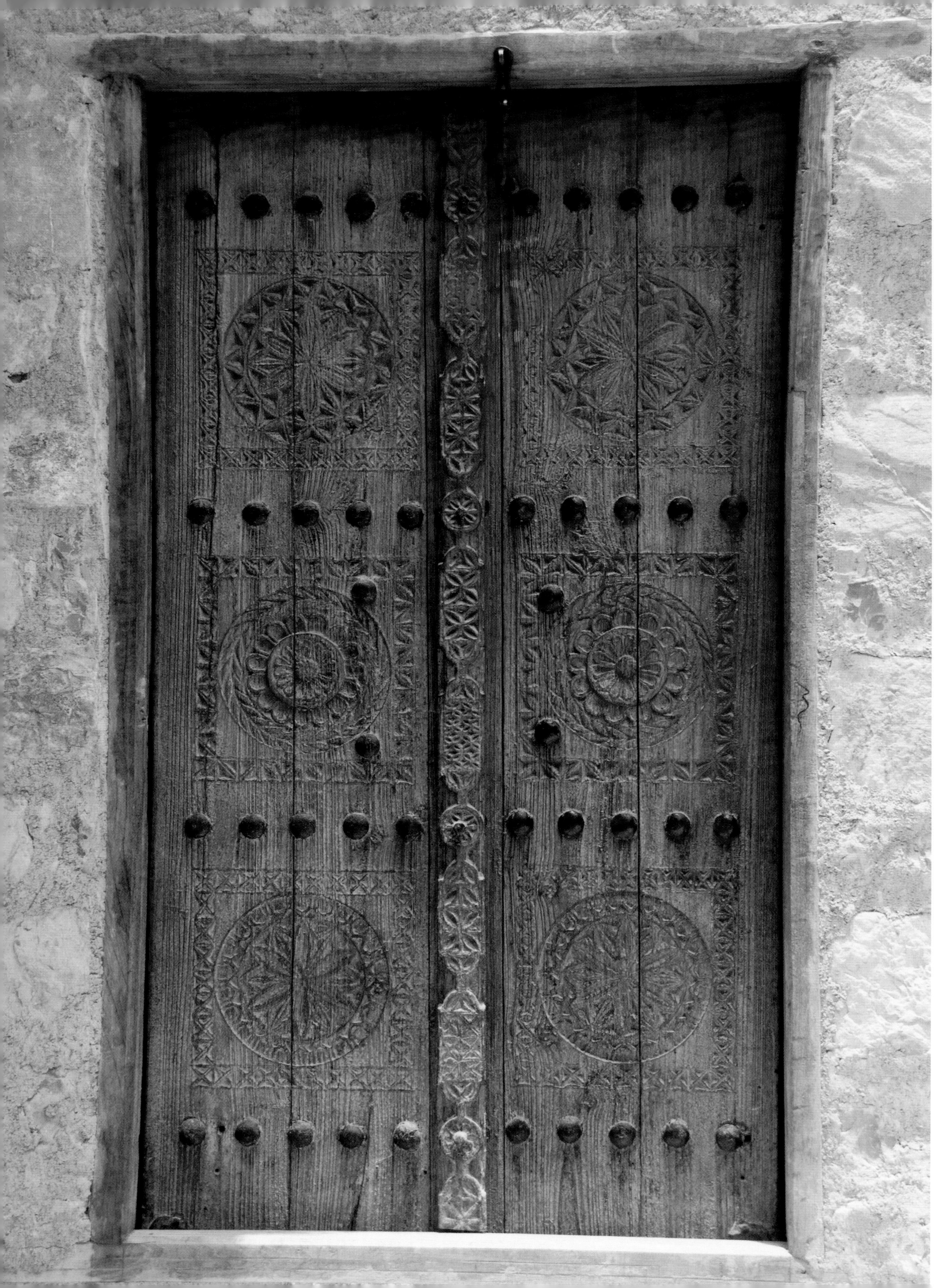

wohner zogen. Ein Großteil der Überreste steckt inzwischen als Baumaterial in den neuen Häusern der Stadt. Im Mittelalter war Al-Baleed mit seiner Lage an zwei Lagunen der vielleicht wichtigste Hafen für den Export von arabischen Pferden, Omans profitreiche Handelsware. Sie konnten dank des Klimas und des Wasserreichtums in den Ausläufern der Berge gezüchtet und gehalten werden.

Eines der bedeutendsten Bauwerke in Al-Baleed war die im 10. Jahrhundert erbaute Große Moschee, von der Archäologen 144 Säulenfundamente ausgruben. Seit 2007 ist das Areal archäologischer Park. Er ist mit einem Aussichtsturm und mit einem Museum ausgestattet, das dem Weihrauchland gewidmet ist. Von der Plattform ergibt sich nicht nur ein guter Blick über die Ruinen, sie ist zudem ideal, um die artenreiche Vogelwelt in den Lagunen zu beobachten.

OBEN:
In Khor Rouri befand sich einst ein wichtiger Hafen, in dem Weihrauch verladen wurde.

LINKE SEITE:
Eine kunstvoll verzierte Holztür, wie man sie oft in Oman sieht.

Touristengruppe vor dem Mausoleum mit Hiobs Grab im Gebirge Jebel Qara bei Salalah Sultanat von Oman

Östliche Küste von Salalah

Mit dem Geländewagen kann man bei Ebbe kilometerweit über den Strand fahren, ohne einer Menschenseele zu begegnen. Abgesehen von Gleichgesinnten, die aber nicht nur des Vergnügens wegen unterwegs sind, sondern um nach Sardinenschwärmen Ausschau zu halten. Möwenschwärme über dem Meer zeigen sie an. Mittels Handy oder Funk wird der Fund an die Fischer in Salalah gemeldet. Mit kleinen Booten kämpfen sie sich durch die Brandung bis zum vorgegebenen Platz. Während sich die Fischer langsam mit ihrer Beute zur Küste treiben lassen, zieht sich das Netz zusammen. Die Fische werden danach in der Sonne getrocknet. Man benutzt sie überwiegend als proteinreiches Futter für Rinder.

Der Strand ist auch Lebensraum zahlreicher Reiherarten, Strandläufer und Flamingos. Erst nach 50 km blockieren Felsen den Weg. Die erste größere Siedlung nach Salalah ist Taqah. Die örtliche Women´s Association forciert traditionelle Weberei und Töpferei. Ihre Produkte werden im Suk angeboten. Charmant ist das 250 Jahre alte Taqah-Fort, welches mit traditionellen Alltagsgegenständen eingerichtet ist.

Auf der asphaltierten Küstenstraße geht es gen Osten nach Khor Rouri weiter. Eine 100 m hohe Felswand, über die sich in der Monsunzeit der rauschende Darbat-Wasserfall ergießt, weist den Weg zur Lagune Rouri. Ein unförmiger Hügel entpuppt sich beim Näherkommen als Ruinenstadt Samhuram. Sie wurde mit drei weiteren omanischen Orten an der einstigen Weihrauchroute in die Liste des UNESCO-Welterbes aufgenommen.

Zwischen dem 4. Jahrhundert v. Chr. bis etwa zum 5. Jahrhundert n. Chr. war Samhuram die bedeutendste vorislamische Siedlung in Dhofar. Ausgrabungen belegen einen wohlhabenden, gut befestigten Ort. Gefunden wurden Bronzemünzen, Lagerräume für Weihrauch, römische Keramiken und griechische Amphoren. Eine Inschrift belegt, dass der vorislamische Tempel der antiken Hafenstadt dem Sonnengott Sin der Hadramauts gewidmet war.

Politisch betrachtet war Samhuram damals eine Kolonie von Saba, von der aus indische und arabische Waren nach Jemen verschifft und dann über den Landweg, später über das Rote Meer ins Mittelmeer transportiert wurden.

Etwa 15 km weiter liegt das Grabmal des Heiligen Bin Ali. Eine Grabinschrift spricht von seinem Stammbaum, der bis zum Schwiegersohn des Propheten Mohammed zurückreicht. Aus dem Hadramaut eingewandert, verstarb der Sheihk hier 1161. Mirbat, einige Kilometer östlich gelegen, stieg zwischen dem 17. und 19. Jahrhundert als größter und letzter Handelshafen des Dhofar auf.

Von seiner Blüte zeugen große Kaufmannshäuser im südjemenitisch beeinflussten Baustil. Im Ort wurden Kamelkarawanen beladen, die Waren ins heutige Saudi-Arabien brachten, nachdem die maritimen Handelsrouten wegen wachsender Piraterie zu unsicher wurden. Sein Fort hat wahrscheinlich eine der letzten Schlachten in Oman gesehen. Die gut dokumentierte „Battle of Mirbat" fand 1972 zwischen Regierungstruppen und Dhofar-Rebellen statt.

Der Strand von Salalah im Sonnenuntergang

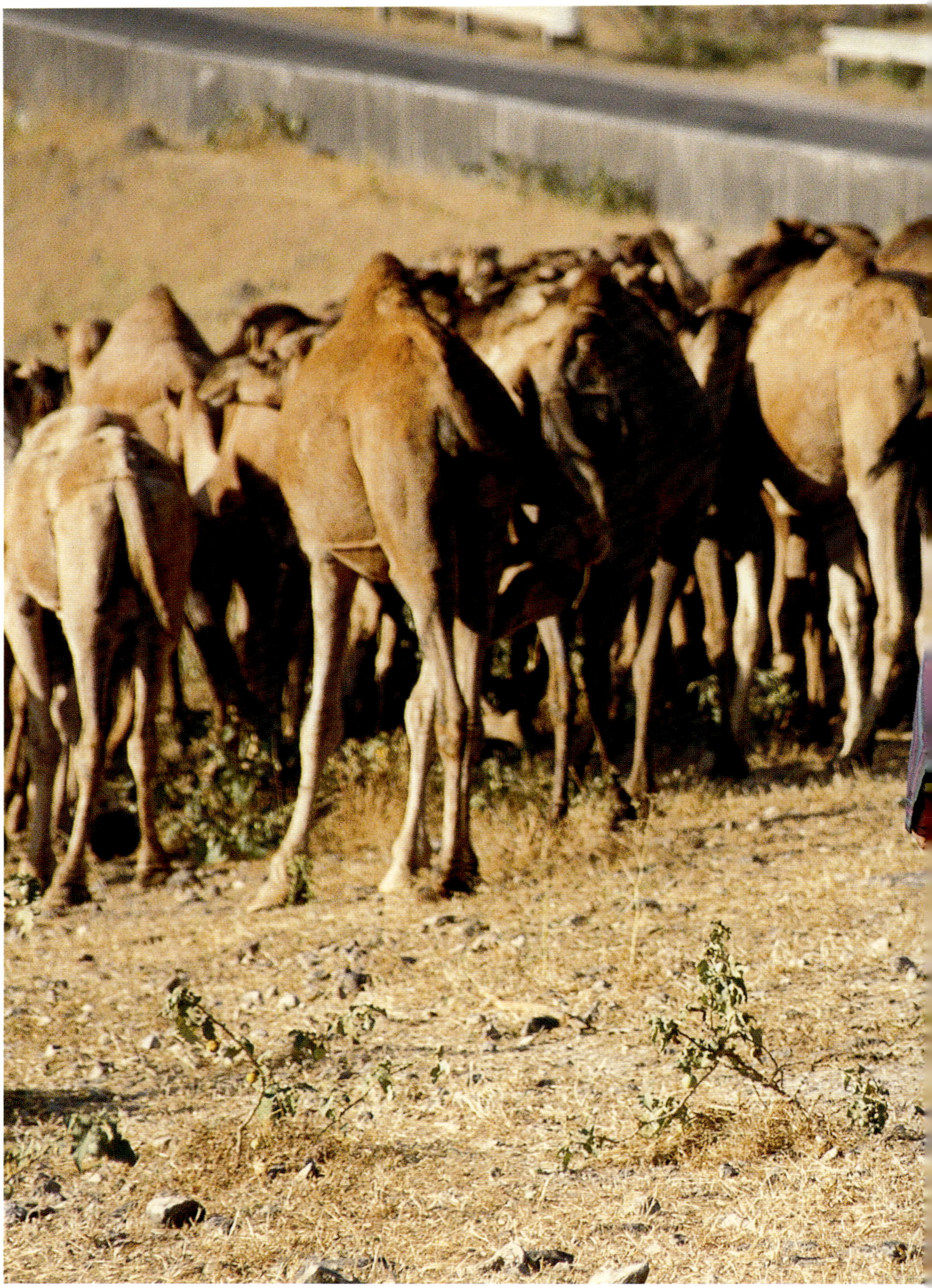

Eine Herde Kamele wird in der untergehenden Sonne zusammengetrieben.

Der Turm eines arabischen Forts ist in Wakrah vor dem Verfall bewahrt worden.

schaften der Welt. Dies zeichnet sich deutlich an seiner urbanen Entwicklung in den letzten zehn Jahren und an seiner Fluggesellschaft Qatar Airways ab, die zu den weltweit am rasantesten expandierenden gehört. Beiden haftet das für arabische Länder so untrügliche Luxusambiente an. Das bedeutet, dass auf der einen Seite öde Wüste und Einsamkeit herrschen, auf der anderen Seite Marmor, Glanz und Gloria.

Enge Gassen durchziehen den alten Suk in Doha.

GESCHICHTE

Der griechische Historiker Herodot war im 5. Jahrhundert der Erste, der die ursprünglichen Bewohner von Qatar als seefahrende Kanaaiter identifizierte. Auf der Weltkarte des griechischen Naturforschers Claudius Ptolemäus, der viele seiner maritimen Weisheiten auf phönizischen Aufzeichnungen stützte, erscheint im 14. Jahrhundert „Qatara" auf der Halbinsel, womit wahrscheinlich Al-Zubara gemeint war, der wichtigste Hafen des Landes bis zum 19. Jahrhundert.

Die Geschichte des Landes geht laut archäologischer Funde allerdings bis ins 5. Jahrtausend v. Chr. zurück, als die damalige Insel eine Blütezeit mit reicher Vegetation erlebte. Klimaveränderungen verursachten im Laufe der Zeit eine Ausbreitung der Wüsten und die Abwanderung früher Bewohner. Wahrscheinlich waren es erst wieder die Christen, die Qatar besiedelten und mit Einzug des Islams 628 wieder verschwanden. Ausgrabungen belegen eine Stadt des 9. Jahrhunderts mit zwei Moscheen und einer Festung im Süden der Halbinsel. Ansonsten hinterließ die Geschichte der folgenden 800 Jahre wenig Spuren, was nicht zuletzt mit den Beduinen zu tun hatte, die kamen und gingen.

Eine der Sippen blieb: die Al-Thani, die um 1760 das Dorf Al-Bid gründeten, aus der später Qatars Hauptstadt Doha entstand. Sie musste sich in den nächsten Jahrhunderten immer wieder gegen die Al-Khalifas behaupten, die bis heute regierende Familie des Nachbarstaates Bahrain. Der erste Emir Scheich Mohammed Al-Thani, Begründer der heutigen Dynastie in Qatar, wählte im 19. Jahrhundert

Nicht wenige der Kamele in der Wüste Qatars haben die Aufgabe übernommen, Touristen zu beweisen, dass man auch an Land seekrank werden kann.

Al-Bid als Machtzentrum. Um seine politische Position gegenüber anderen Beduinenstämmen zu behaupten schloss er 1867 einen Schutzvertrag mit den Briten. Sein Sohn entschied sich fünf Jahre später für die Osmanen und erlaubte ihnen, einen Stützpunkt zu errichten, das heutige Doha-Fort. Der dritte Emir Scheich Abdullah Al-Thani, der in dem Palast lebte, welcher jetzt das Nationalmuseum beherbergt, warf sie wieder raus, woraufhin die Briten erneut an Einfluss gewannen.

Qatars Wirtschaft basierte vornehmlich auf Fischerei und Perlenhandel. Letzterer brach um 1930 mit dem Aufkommen japanischer Zuchtperlen zusammen. Nachdem 1939 das erste Öl gefunden wurde, setzte trotz Verzögerung seines Abbaus durch den 2. Weltkrieg eine Modernisierung des Staates ein, welche die verarmte kleine Bevölkerung schnell in eine Nation zu einer der höchsten Bruttoinlandsprodukte pro Kopf katapultierte.

Mit dem Abzug der Briten aus den Küstenstädten der Arabischen Halbinsel erklärte sich Qatar 1971 für unabhängig. Wie Bahrain schloss es sich nicht den Vereinigten Arabischen Emiraten an, sondern suchte in einem Vertrag Freundschaft mit Großbritannien. Im selben Jahr wurde das größte Gas-

Die Tour of Qatar ist das größte Radrennen der Region und findet seit 2002 jedes Jahr zwischen Ende Januar und Anfang Februar statt.

In riesigen Tankschiffen wird Gas im Hafen von Ras Laffan abtransportiert, um den Energiehunger der Industriestaaaten zu stillen.

feldfeld der Welt entdeckt. Kurz darauf stürzte Khalifa Ibn Hamad Al-Thani seinen politisch apathischen Onkel und begann aufzuräumen.

Über eine Periode von 15 Jahren leitete er viele Ministerien des Landes und bestimmte die Außenpolitik, die Ölförderung und die Polizei. Unter seiner Führung gewann Qatar Stabilität. Scheich Khalifa legte die Basis für einen Wohlfahrtsstaat. 1995 übernahm sein Sohn Hamad nach einem Coup die Regierungsgeschäfte. Dank politischer und institutioneller Reformen beschleunigte der neue Emir die Modernisierung des Landes. Dazu gehörte auch, das Bildungssystem zu fördern, für Frauen die gleichen bürgerlichen Rechte wie für Männer zu erlassen und das Land dem Tourismus zu öffnen. Scheich Hamad sponserte zudem mit 150 Millionen Dollar den ersten auf der arabischen Halbinsel unzensierten TV-Kanal Al-Jazeerah, der in der Folge die Presselandschaft der Region grundlegend veränderte.

REGIERUNG

Das Auswärtige Amt spricht in Hinsicht auf die Regierungsform von Autokratie mit beratender Versammlung. Im April 2003 entschieden sich 96,6 % der Qatarer in freier Wahl für die erste Verfassung der absoluten Monarchie. Regierungsoberhaupt, gleichzeitig Verteidigungsminister und Oberkommandierender der Streitkräfte ist Scheich Hamad Ibn Khalifa Al-Thani. Premier- und Innenminister ist sein Bruder Abdullah. Das Kabinett, also der Rat der Minister, assistiert in der Umsetzung der generellen Staatspolitik mithilfe einer 35 Mitglieder starken beratenden Versammlung. Politische Parteien gibt es nicht.

WIRTSCHAFT

Qatar gehört zu den wirtschaftlich am schnellsten wachsenden Staaten der Welt mit einem BIP von 62,9 Milliarden Dollar und einem Pro-Kopf-Einkommen von 70 754 US-Dollar im Jahr 2007. Erdgas, Erdöl und Düngemittel bzw. deren Industrien sind die größten Erwerbsquellen, aus denen 67,2 % der wirtschaftlichen Einkünfte generiert werden. Bedeutend sind auch die Gewinne aus der Bereitstellung von Zonen für die US-Armee. 37,6 % stammen aus dem Dienstleistungssektor. Qatar ist das drittgrößte Erdgasförderland, sein North-Gas-Field mit etwa 10 Billiarden Kubikmetern das größte Naturgasfeld der Welt.

BEVÖLKERUNG UND GESELLSCHAFT

Abgesehen von etwa der Hälfte der 885 000 Qatarer, die in Doha leben, ist das Land nur spärlich besiedelt. Auch die schätzungsweise ebenso große Zahl von Fremdarbeitern ist in der Hauptstadt zu finden. Die männlichen Bürger sind an ihrem blütenweißen Gewand, Thobe genannt, dem ebenso weißen Tuch über dem Kopf (ghutra) und dem schwarzem Band (agal) darum als solche zu erkennen. Frauen tragen in der Öffentlichkeit die lange schwarze Robe (Abbeya) und ein Kopftuch. Die Verfassung legt fest, dass alle Bürger – ungeachtet von Geschlecht, Rasse und Religion – die gleichen Rechte genießen.

Auf dem alten Suk von Doha wartet ein Esel auf Touristen, die sich von ihm tragen lassen wollen.

Auf dem großen Suk in Doha bekommt man Kunsthandwerk und Gebrauchsgegenstände in Hülle und Fülle.

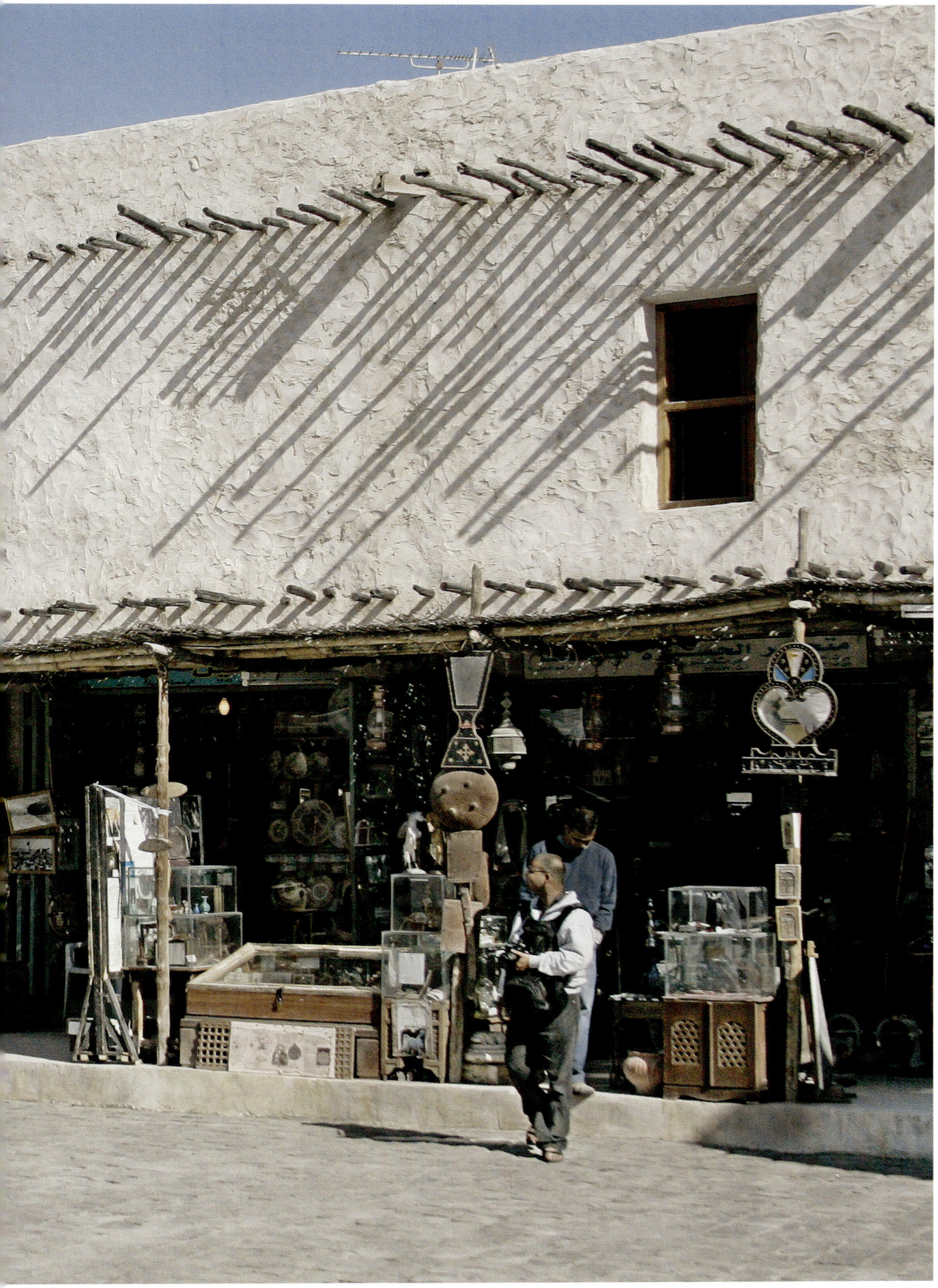

Auf dem alten Suk von Doha bekommt man in den Läden neben den herkömmlichen Produkten auch immer noch Handgefertigtes.

Frauen können ihre Rechte voll wahrnehmen. Sie bilden 25 % der einheimischen Arbeitskräfte und sind auch in hohen Positionen zu finden. Mit gutem Beispiel geht die Ehefrau des Emirs Mozar Bint Nasser Al-Missnet voran, die unter anderem durch die Gründung von „Qatar Investment Corporation for Ladies" das Engagement von Frauen in der Wirtschaft fördert. Dank dem Recht auf freie Meinungsäußerung haben sich viele Frauen auf den Mediensektor spezialisiert und sind beispielsweise beim TV-Kanal Al-Jazeerah tätig.

Trotz des gleichen Glaubens wie in Saudi-Arabien – Qatarer folgen der Sunniten-Wahhabiten Schule – nehmen sich Staat und Bürger deutlich mehr Liberalität in puncto Religionsausübung heraus. Andersgläubige werden mit der gleichen Gastfreundschaft empfangen wie Moslems. Die Regierung pflegt Verbindungen zum schiitischen Iran und sogar zu Israel, das eine Handelsmission in Doha unterhält. Im Gegensatz zum Nachbarland dürfen Frauen selbst Auto fahren und mit Männern zusammen arbeiten. Auch der Genuss von Alkohol ist nicht unbedingt verpönt.

BILDUNG

Volksbildung wird in großem Umfang gefördert und aus einer eigens dafür reservierten Ölquelle in Form der „Qatar-Stiftung" finanziert. Private Schulen und Hochschulen wurden eingerichtet, zum Teil unter Führung einiger namhafter ausländischer Universitäten. Die 1973 gegründete „University of Qatar" folgt dem System angelsächsischer Hochschulen mit dem Unterschied, dass neben Jura auch islamische Jurisprudenz sowie historische islamische Studien betrieben werden können. Etwa 70 % der Studenten sind junge Frauen.

Die Wasserpfeife gehört für viele Männer in Qatar selbstverständlich zum Tagesablauf.

KÜNSTE

Trotz der Hinwendung zur Kunst und Kultur der westlichen Welt sind die traditionellen Elemente des Beduinenerbes noch sehr präsent. Speziell kann man dies in Musik und Tanz beispielsweise während der Festivitäten am Ende des Ramadan oder in den Sommermonaten in Dohas Montazah-Park erleben, wo jeden Freitag Tanzgruppen auftreten. Am Nationalfeiertag, dem 3. September, sind männliche Tanz- und Gesangstruppen nicht ungewöhnlich, die auf Beduinenart den Al-Ardha aufführen, eine Kombination von Schritten und gesungener Poesie inklusive Säbelschwingen. Mitreißend ist Al-Qulta, ebenfalls hin und wieder an diesem Tag zu beobachten. Dabei stehen sich zwei Poeten gegenüber, die zu bestimmten Themen Verse extemporieren und dabei vom synkopischen Tasfiq begleitet werden, womit das Klatschen in bestimmtem Rhythmus gemeint ist.

Traditionelles Kunsthandwerk ist im Laufe der Modernisierung des Landes zum großen Teil ausgestorben. Es werden in einigen Dörfern noch Zelte aus Ziegenhaar gewebt, Körbe aus Palmenblättern geflochten und Silber zu filigranem Schmuck geschmiedet.

SPORT

In den letzten Jahren machte sich Qatar mit großen Sportevents bekannt, angefangen mit den 15. Asienspielen im Jahr 2006, dem nach der Fußball-WM und der Olympiade drittgrößten Sportereignis der Welt. 45 Nationen partizipierten in 423 Wettkämpfen. Die fußballbegeisterten Qatarer wol-

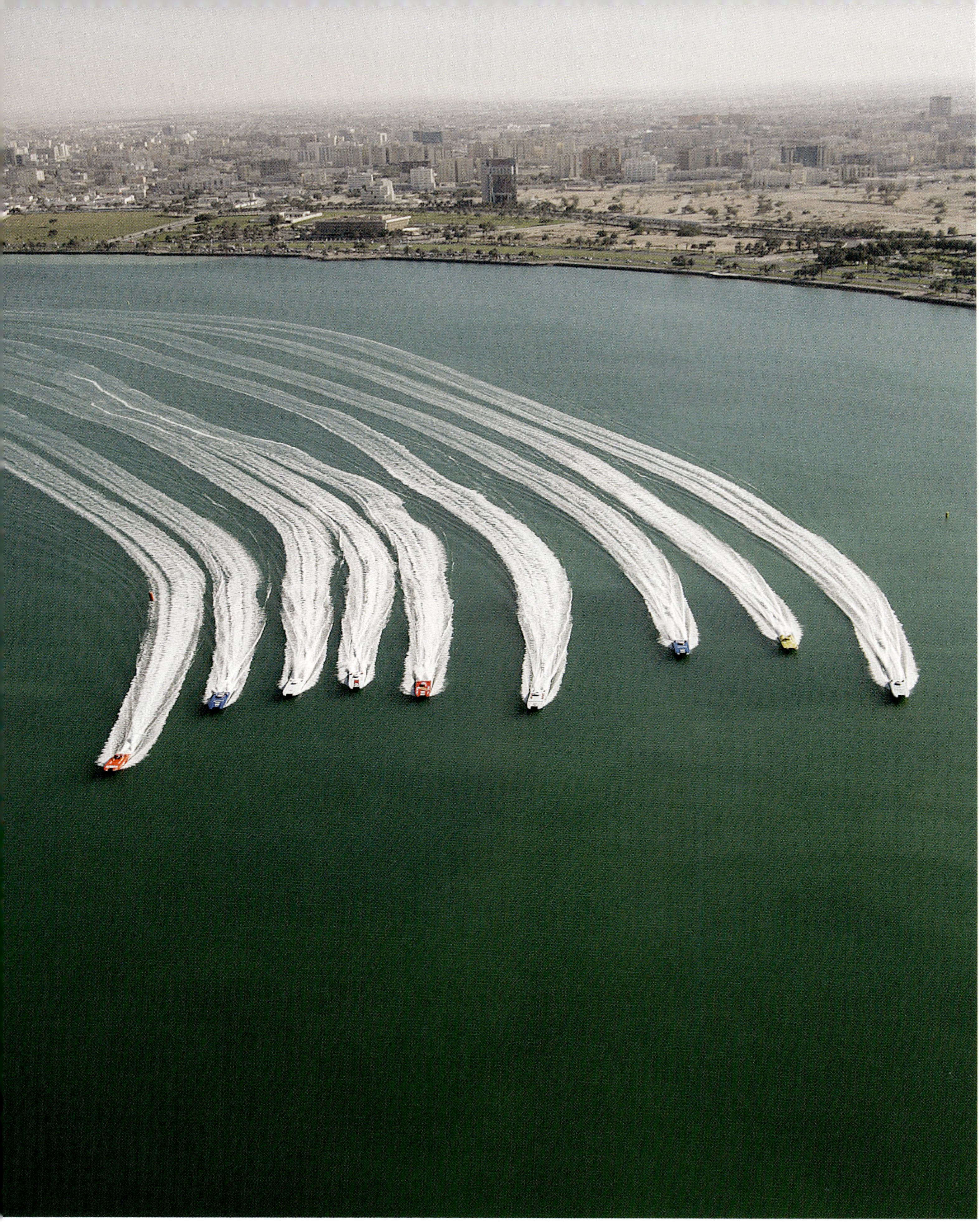

len sich für die Ausrichtung der WM 2018 bewerben, nachdem die Kandidatur als Ausrichter der Olympiade 2016 mit dem Aus endete. Internationale Turniere im Motorsport, Tennis und Golf stehen auf dem jährlichen Programm und locken dank hoher Preisgelder bekannte Stars der jeweiligen Kategorie an. Große lokale Bedeutung haben zudem die Kamel- und Pferderennen.

UMWELT

Wie Fachleute konstatierten, liegt die Halbinsel dank einer geologischen Hebung zwei Meter höher als vor 400 Jahren, ein Phänomen, bei dem Bewegungen der Erdkruste Grundgestein nach oben liftet. In der Folge sank der Grundwasserspiegel bzw. ist schwieriger zu erreichen. Daraus resultieren wiederum zunehmende Trockenheit und die Verödung des Landes. Zusammen mit dem Vormarsch von Wüste und Salzmarschen gibt dies zu großer Sorge seitens Umweltschützern Anlass. Für die landwirtschaftliche Bewässerung und das Trinkwasser stammt das Nass größtenteils aus Meerwasserentsalzungsanlagen.

Wildtiere wie die Oryxantilope, der Arabische Steinbock oder die Gazelle sind aufgrund von Bejagung ausgestorben. Allerdings haben sich Zuchtprogramme als erfolgreich erwiesen. Nördlich von Al-Khor wurde ein Areal für Meeresschildkröten unter Schutz gestellt, damit sie in Ruhe ihre Eier am Strand ablegen können.

Bei Kamelrennen sitzen oft Kinder im Sattel. Vielfach werden diese in Ländern wie Pakistan und Bangladesch gekauft und wie Sklaven gehalten. Diese Praxis ist in Qatar mittlerweile verboten.

LINKE SEITE:
Der rasante Powerboot-Grand-Prix in Qatar hat in den letzten Jahren viele Touristen in das kleine Land gelockt.

RECHTE SEITE OBEN:
Eine klassische Dau liegt im trüben Wasser des Hafens von Doha vertäut.

RECHTE SEITE UNTEN:
Auf dem traditionellen Markt im Herzen Dohas werden Gewürze in großen Mengen angboten.

UNTEN:
Auch Schwerter bekommt man auf dem Suk Waqif in Doha, schön verziert und mit Quasten versehen.

DOHA

In den letzten zehn Jahren sind Gebäude in Qatars Hauptstadt weniger wie Pilze denn wie rasant wachsender Riesenbambus in die Luft geschossen. Wohn- und Bürotürme, Hotels und Shopping-Malls verteilen sich über die urbanisierte Fläche und über riesige Entwicklungsareale wie Pearl Qatar mit kommerziellen Zentren, Wohngebieten, Touristen- und Freizeitkomplexen.

Von einem Stadtzentrum kann man indes nicht sprechen. Die 8 km lange Küstenstraße schließt die Stadt zur Bucht ab und gilt sozusagen als wichtigste Schneise geschäftlichen und touristischen Interesses. Am südlichen Ende der achtspurigen Straße liegt das Nationalmuseum, untergebracht im Fariq Al-Salata-Palast, der ursprünglich 1901 gebaut wurde.

Auf einer aufgeschütteten Halbinsel erhebt sich das monumentale Museum Islamischer Kunst, entworfen vom Architekten Ieoh Ming Pei. Einer postmodernen Festung gleich beinhaltet es die größte Sammlung dieser Art der Welt. Aus dem alten Suk Waqif neben dem Doha-Fort entstand unlängst eine leicht disneyfizierte Version mit Lehmmauern und dicken Holzbalken, in der traditionelles Kunsthandwerk, Gewürze, arabische Kleidung und Souvenirs verkauft werden.

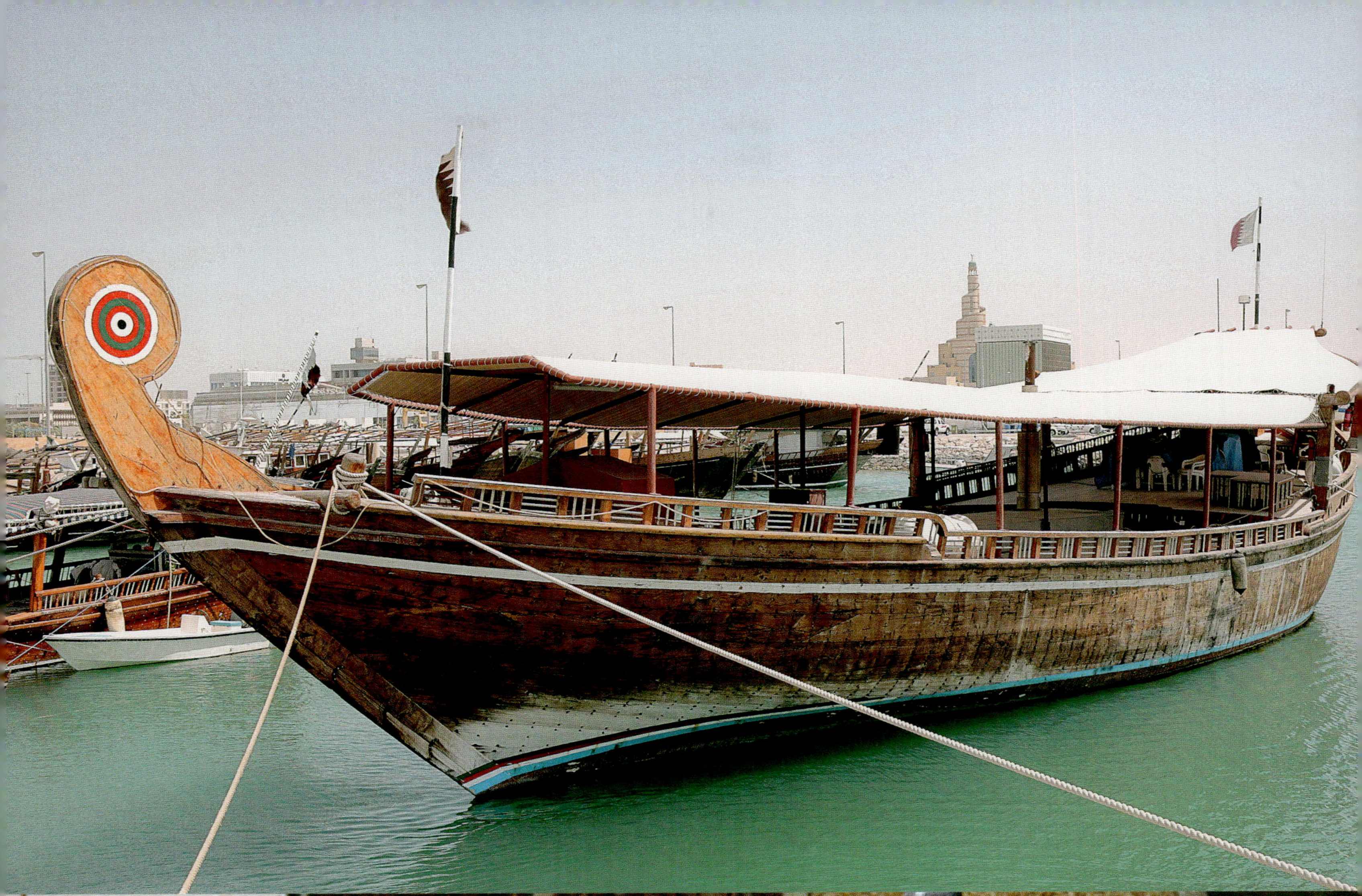

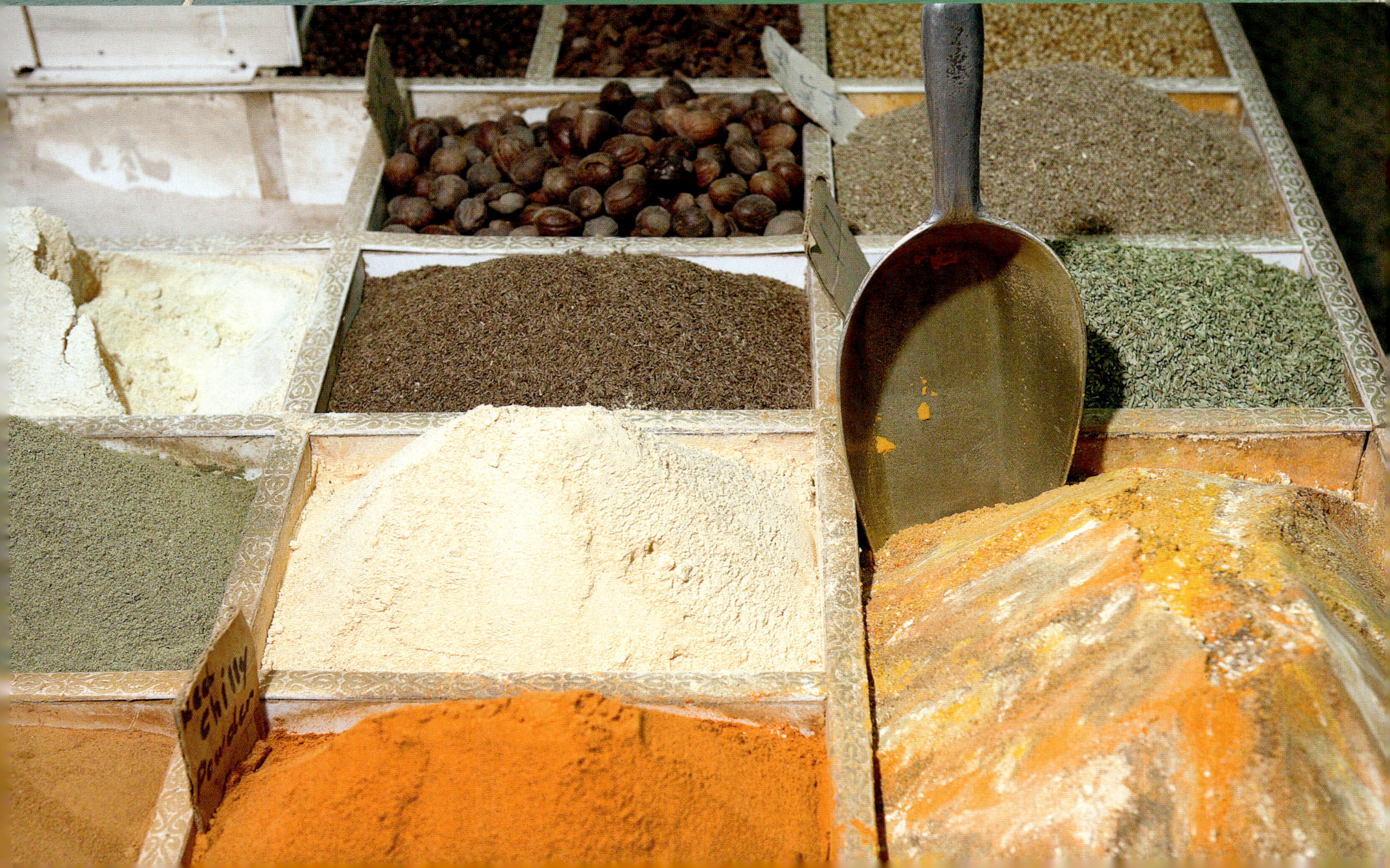
Chilly
Powder

SYRIEN
IRAK
IRAN
ISRAEL
JORDANIEN
KUWAIT
BAHRAIN
QATAR
VEREINIGTE ARABISCHE EMIRATE
OMAN
JEMEN
ÄGYPTEN
SUDAN
ERITREA
ÄTHIOPIEN
DSCHIBUTI
SAUDI-ARABIEN
Nefud-Wüste
Anaza Ruwala
Al-Hagara
Ad Dahna
Ad Dibdiba
Al-Hasa
Harrat Al-Uwairid
Gabal Al-Higaz
Asir-Gebirge
Tihama
Rub Al-Khali
Uruq Hibaka
Ad-Dikaka
Al-Hibak
Al-Mahra
Dhofar
Persischer Golf
Rotes Meer
Indischer Ozean
Golf von Aden
Farasan
Dahlak Archipel
Sokotra
Bubiyan
Qesm
Riyadh
Jeddah
Mekka
Medina
Kuwait-City
Dammam
Al-Chubar
Manama
Doha
Dubai
Abu Dhabi
Sanaa
Aden
Taiz
Al-Hudaida
Turaif
Al-Qurayyat
Al-Galamid
Arar
Sakaka
Rafha
Tabuk
Sarma
Duba
Al-Wagh
Hafar Al-Batin
Gubba
Hail
Mudarraq
Al-Gazala
Al-Bukairiya
Riyad
Buraida
Uqlat as-Sugur
Ar-Rass
Al-Magmaa
Haibar
Al-Mulailih
As-Suwaidira
Bir Durb
Tarmida
Hurais
Hufuf
Harad
Yanbu al-Bahr
Mafrak
As Sidr
Afif
Mahd ad-Dahab
Haliban
Al-Harg
Al-Hulwa
Tuwal
Hulais
Radwan
Zalim
Laila
Al-Haddar
Al-Ubaila
Damrur
Turaba
Ranya
As Sulayyil
Al-Hamasin
Al-Baha
Bisa
Tatlit
Al-Lit
Al-Mudailif
Al-Birk
Chamis Muschait
Zahran
Dschisan
Abu Aris
Samita
Al-Harf
As Saraura
Zamak
Sayun
Makinat Sihan
Marmul
Habarut
Salalah
Al-Gaida
Qisn
Asch-Schir
Al-Baida
Maifaa
Gabal At-Tubaiq 1366
Halwan Al-Hunfa 964
Gabal az-Zalma 1258
G. Ras Madhar 1200
G. Al-Qahb 1025
Gabal Al-Hasa 3227
Buraika 2185
N
S
W
O
0
200
400
600
km

SAUDI-ARABIEN

Wüste, Wüste und noch mal Wüste sieht der Fluggast beim Überqueren von Saudi-Arabien, wenn er von Dubai, Abu Dhabi oder Qatar in die Heimat fliegt. Hin und wieder entdeckt er große grüne Kreise auf der hellgelben Fläche. Das sind bewässerte Gemüsefelder. In der Wüste Nefud zeichnen sich bei klarer Sicht die Wellenlinien der hohen Dünen ab. Von den immensen Erdölreserven, die unter dem Sand lagern, sieht er naturgemäß nichts. Sie machten aus dem Königreich, das vor Entdeckung von Öl die Heimat der Nomaden war, einen der reichsten und modernsten Staaten der Erde.

DAS LAND

Saudi-Arabien ist ein trockenes, überwiegend karges Land. Mit 2,15 Millionen Quadratkilometern nimmt es knapp drei Viertel der Arabischen Halbinsel ein. An der westlichen Küste erstreckt sich

In Saudi-Arabien befindet sich das Heiligtum des moslemischen Glaubens: die Kaaba. Aus der ganzen Welt pilgern die Gläubigen nach Mekka.

Seit jeher haben Kamele die saudi-arabische Landschaft geprägt.

die Tihama-Ebene: heiß, schwül und so gut wie ohne Niederschläge. Hier liegt Jeddah, die zweitgrößte Stadt des Landes, und Mekka, die heiligste. 25–120 km landeinwärts erhebt sich steil die Abbruchkante des Felsengebirges, das sich von Nord nach Süd durch das gesamte Königreich zieht. Nicht allzu weit von Mekka entfernt, im Zentrum der Bergkette, liegt Taif. Das Städtchen ist die Sommerresidenz der Regierung und ihres Gefolges, wenn es in der Hauptstadt zu heiß wird.

Im Süden, wo sich der Gebirgszug zum hügeligen Hochplateau verbreitert, erstreckt sich die dichter besiedelte Provinz Asir. Im Osten fallen Berge und Hochland langsam in eine Ebene ab. Sie erstreckt sich bis zum Golf. Geografisches, kulturelles und politisches Herz des Königreiches ist das Nedsch-Plateau mit der Hauptstadt Riyadh. Es ist Heimat der königlichen Familie und ihres strikten einheitlichen Glaubensbekenntnisses. Nedsch ist eine relativ dicht besiedelte Region, was nicht zuletzt mit großen Süßwasserreservoirs im Boden zu tun hat. Zudem regnet es im Winter hin und wieder.

Südlich von Riyadh rund um die Stadt Al-Kharj wird in großem Stil Weizen angebaut. 500 km nördlich in der Provinz Qasim ist die landwirtschaftlich bearbeitete Fläche noch größer. Das Nedsch-Plateau geht auf der östlichen Seite in einen schmalen Streifen von Sandbergen über, die mit dem riesigen Dünenmeer des Rub Al-Khali verbunden sind. Die menschenlose Wüste, in der manchmal jahrzehntelang kein Tropfen Regen fällt, bedeckt ein Viertel der Landfläche Saudi-Arabiens. An seiner nordöstlichen Seite, in der Provinz Dahna, erstreckt sich bis zur Küste trostlose Geröllwüste.

Weiter südlich, rund um Dhahran, Abqaiq und Hofuf mit den größten Ölfeldern im Boden, ist das Land gewellt und mit felsigen Hügeln gespickt. Nahe der Golfküste in Höhe von Bahrain und der Halbinsel Qatar befinden sich riesige Oasen. In der einen liegen die Orte Qatif, Sayhat und Safwa, in der anderen, Al-Hasa, der Ort Al-Hofuf. Beide sind seit alters her relativ wasserreiche Gebiete, in denen Feldfrüchte und Dattelpalmen angebaut werden.

GESCHICHTE

Der größte Geschäftssinn im nördlichen Arabien wird den Nabatäern zugesprochen, die zu Zeiten des Weihrauchhandels seit etwa dem 3. Jahrhundert n. Chr. durch Zölle und Schutzgebühren, die sie den Karawanen auferlegten, großen Reichtum erlangten. Macht und Einfluss reichten im Norden bis Syrien, im Süden bis in den Hadramaut im heutigen Jemen. Sie entwickelten sich in relativ kurzer Zeit vom einfachen Nomadenvolk in eine sesshafte, kultivierte und vermögende Gesellschaft mit einem König als Oberhaupt. Von ihrer Hauptstadt Petra im jetzigen Jordanien breiteten sie sich im nordwestlichen Arabien aus, wo sie entlang der Karawanenroute zwischen Mekka und Petra Madain Saleh gründeten, die heute bedeutendste historische Sehenswürdigkeit im Königreich.

Bei Ebbe liegen die Fischerboote verlassen da und werden dann und wann von Graureihern in Beschlag genommen.

In den Jahren nach Mohammeds Tod (632 n. Chr.) wurde die im Laufe der Zeit islamisierte Wüstenregion aus weiter Ferne von umayyadischen und abbasidischen Kalifen regiert. 1517 übernahmen die Osmanen die Kontrolle über die Region Hejaz.

1703 wurde Mohammed Ibn Abd Al-Wahhab in der Oase Ujaina in Nedsch geboren. Er studierte islamische Wissenschaften und predigte später eifrig puristischen Islam im Sinne der Hanbali-Schule islamischer Jurisprudenz. Als eine Art islamischer Luther beschwor er die Reinigung der Gesellschaft von Korruption und die Abkehr von mystischen Praktiken, die sich seit dem Tod des Propheten Mohammed immer mehr eingebürgert hatten.

Im Sinne Abd Al-Wahhabs war die Verehrung von Heiligen, die Errichtung von den ihnen gewidmeten Grabstätten sowie das Pilgern dorthin eine Art Polytheismus. Wahhabiten beerdigen ihre Toten – auch ihre Könige – bis zum heutigen Tag in nicht markierten Gräbern in der Wüste. Aus diesem Grund mag es verständlich sein, dass sie die Schiiten, bei denen die Heiligenverehrung eine bedeutende Rolle spielt, als Abtrünnige betrachten.

Dünen und Sand so weit das Auge reicht. Wenn es Saudi-Arabien an etwas nicht mangelt, dann an Wüsten.

Anfangs wurde Abd Al-Wahhab von lokalen Autoritäten akzeptiert. Später jagte man ihn fort, als er harte Strafen für diejenigen, die nicht am gemeinschaftlichen Gebet teilnahmen, und die Steinigung untreuer Frauen forderte. Er fand Zuflucht in Diryyah, 65 km von seiner Heimatoase entfernt, wo ihm Emir Mohammed Ibn Al-Saud Schutz garantierte. Auf die Dynastie Al-Saud geht schließlich der Name Saudi-Arabien zurück. Der reformistische Glaube Abd Al-Wahhabs breitete sich unter den Sunniten in der Region aus. Die Saudis folgen bis heute dieser puristischen Glaubensrichtung.

Die Allianz zwischen dem religiösen Reformer und Mohammed Ibn Al-Saud war durch die Verbreitung des einheitlichen Glaubensbekenntnisses später die theoretische raison d´etre des Staates Saudi-Arabien. Die Nachfahren Abd Al-Wahhabs, bekannt als Al-Shaykh (Familie des Lehrers), sind bis heute eng mit der Saud-Familie verbunden und besetzen zahlreiche ministeriale und juristische Posten.

1803 marschierte die saudische Armee unter Abdul Aziz Ibn Al-Saud in Hejaz ein und eroberte Mekka. Kurz darauf wurde Abdul Aziz ermordet. Dennoch wurde das Saudi-Wahhabi-Emirat von den Klerikern der heiligen Stadt Mekka anerkannt. Das erste saudische Reich erstreckte sich von Al-Ha-

Der Papst ist trotz aller Gegensätzlichkeiten sehr um den Dialog zwischen den Religionen bemüht.

sa im Osten bis Hejaz im Westen und Najran im Süden. 1814 holten sich die Osmanen mithilfe arabischer Stämme, die sich gegen die strengen Religionsgesetze der Saudi-Wahhabiten auflehnten, erst Medina und Mekka, vier Jahre später Diryyah zurück.

Die entscheidende Schlacht für das zukünftige Arabien fand 1902 statt, als der 21-jährige Abdul Rahman Ibn Al-Saud mit einer kleinen Gruppe Anhänger Riyadh im Sturm nahm und in der Folge Allianzen mit den religiösen Autoritäten der Stadt einging. 1924 besetzten die Saudi-Wahhabiten Mekka und Medina. 1926 rief sich Ibn Saud als König von Hejaz und Sultan von Nedsch aus, 1932 proklamierte er das Reich Saudi-Arabien.

Die wirtschaftliche Zukunft des neuen Staates war umgehend gesichert, nachdem Erdöl gefunden und 1933 die erste Konzession zur Förderung vergeben wurde. 1937 entdeckte die Arabian American Oil Company (Aramco) kommerziell abbaubare Ölreserven nahe Riyadh und in der Nähe von Dammam im Osten. 1943 wurde das Königreich großzügig von Präsident Roosevelt anerkannt. Er gab offiziell kund, dass Saudi-Arabien „lebenswichtig für die Verteidigung der USA" sei.

Nach Ibn Sauds Tod 1953 folgte ihm sein gleichnamiger Sohn auf den Thron. Er machte sich zwar bei den Bürgern Arabiens beliebt, indem er Ägypten in der Suez-Krise zur Seite stand, geriet aber bald in wirtschaftliche Schwierigkeiten und dankte 1964 ab. Bruder Feisal übernahm nun die Macht und investierte die Gewinne aus dem Abbau der Ölreserven im Land. Er führte z. B. kostenlose medizinische Versorgung ein und begann das arme Wüstenreich mittels zeitgemäßer Infrastruktur zu modernisieren.

Als Antwort auf die vorbehaltlose Unterstützung Israels seitens der Amerikaner läutete er aber auch ein Ölembargo gegen die USA ein. Die Energiepreise explodierten. Die westliche Weltwirtschaft wurde schmerzlich daran erinnert, welch bedeutende Rolle Saudi-Arabien als Energielieferant spielte. In Deutschland wurde Benzin so knapp, dass 1973 vier autofreie Sonntage eingeführt wurden.

König Feisal wurde am 25. März 1979 von seinem Neffen ermordet. Der Thron ging an Feisals Bruder Khalid. Sein Bruder Fadh, ein bescheidener, höchst frommer Mann, etablierte sich als wahre Macht hinter dem Thron. Im November 1979 wurde die Große Moschee in Mekka von 250 fanatischen Anhängern Juhaiman Ibn Saif Al-Otais, einem militanten Wahhabiten-Führer, überrannt, nachdem er verkündet hatte, dass der Madhi (Messias) an just diesem Tag erscheinen würde. In den folgenden zwei Wochen fielen 129 Menschen den Kämpfen zum Opfer. Der Konflikt ließ die Glaubwürdigkeit der saudischen Herrscher als der wahren Bewahrer des Wahhabismus und Beschützer der heiligen Stätten rapide sinken.

Im folgenden Jahr brachen in der Qatif-Oase, dem Hauptsiedlungsgebiet der 300 000 Schiiten des Königreiches, Aufstände aus. Sie wurden von ihren Glaubensbrüdern im Iran inspiriert, wo Ayathollah Khomeni inzwischen den persischen Schah ins Exil gejagt und die schiitische Revolution ausgerufen hatte. Die Aufstände wurden brutal niedergeschlagen.

Fahd Ibn Abd Al-Aziz war von 1982 bis zu seinem Tod im August 2005 der König Saudi-Arabiens.

Farbenprächtig wird in der Hafenstadt Jeddah das Wasser in einer Fontäne in den Himmel geschossen.

Nach dem Tod Khalids 1982 wurde Fahd König. Er rief sich als moderner Herrscher und Freund des Westens aus, erklärte sich aber auch 1986 zum Hüter der „Zwei Heiligen Harams", die für Ungläubige verbotenen Städte Medina und Mekka. Zwischen 1987 und 2001 gerieten während des Pilgermonats Hadsch dennoch schiitische Gläubige aus dem Iran und saudische Sicherheitskräfte mehrmals blutig aneinander, was zahlreiche Tote zur Folge hatte und die Beschützerrolle des Königs infrage stellte.

Als der Irak im August 1990 in Kuwait einmarschierte und Saudi-Arabien ausländische Kampfeinheiten auf seinem Territorium billigte, die von dort aus operieren konnten, war diese Haltung, wie sich später herausstellte, auch Auslöser für die islamistische Al-Quaida-Bewegung unter Osama bin Laden. 1991 erging eine Petition seitens liberaler Intellektueller an König Fahd, die nach Reformen und größerer Öffnung des Landes rief. Konservative islamische Gelehrte brachten eine Gegenpetition ein – eine Auseinandersetzung, die bis heute die zwei gegensätzlichen Seiten saudi-arabischer Politik symbolisiert.

Nach dem 11. September 2001 und der Erkenntnis, dass 15 der identifizierten 19 Entführer saudi-arabischer Nationalität waren, stellten westliche Regierungen die Frage nach der vermeintlichen Finanzierung der Terroristen seitens des Königreichs und forderten Maßnahmen, um Al-Qaida-Zellen auf saudischem Territorium zu bekämpfen. Terroristische Anschläge in den Jahren 2003 und 2004 in Riyadh, Al-Khobar und Yanbu richteten sich gegen Europäer und Amerikaner, woraufhin etwa 50 %

der amerikanischen und 30 % der europäischen Ausländer das Land verließen. Dies war ein erheblicher Verlust für die Saudis, die vom technischen Know-how dieser Menschen abhängig waren und größtenteils immer noch sind.

Dem Königreich fällt eine schwere Doppelrolle zu: Einerseits muss es sich als zuverlässiger Partner der USA und des Westens etablieren und glaubhaft den Terrorismus bekämpfen, andererseits muss es versuchen, zunehmende Ressentiments und Feindschaften zwischen seinen eigenen Leute und dem religiösen Establishment zu zügeln. Und nicht zuletzt wird es auch den Einfluss westlicher liberaler Lebensart klein halten, der dem ultrakonservativen Wahhabismus konträr gegenübersteht.

Während des Golfkrieges waren in Saudi-Arabien Soldaten der US-Army stationiert, die angehalten waren, mit den Einheimischen freundschaftlichen Kontakt zu halten.

WIRTSCHAFT

Saudi-Arabiens Wirtschaft basiert zu mehr als 95 % auf Erdöl und dem damit verbundenen Business. Ausschließlich den Ölreserven ist die rasante Entwicklung des Landes in den letzten 50 Jahren zu verdanken. Bis heute ist es noch vor Russland der größte Ölexporteur der Welt. Momentan werden 9,45 Millionen Barrel (ein Barrel = 159 Liter) pro Tag gefördert. Mit geschätzten 250 Milliarden Barrel Reserven, die sich unter der Wüste bzw. unter dem Meeresboden vor der Küste befinden, könnten die Ölvorkommen bei gleichbleibender Nachfrage – was trotz des weltweit steigenden Energiebedarfs vorstellbar ist – allerdings schon in 70 Jahren versiegen.

FOLGENDE SEITE:
Tausende von Kilometern ziehen sich die Ölpipelines quer durch die trockenen Wüsten

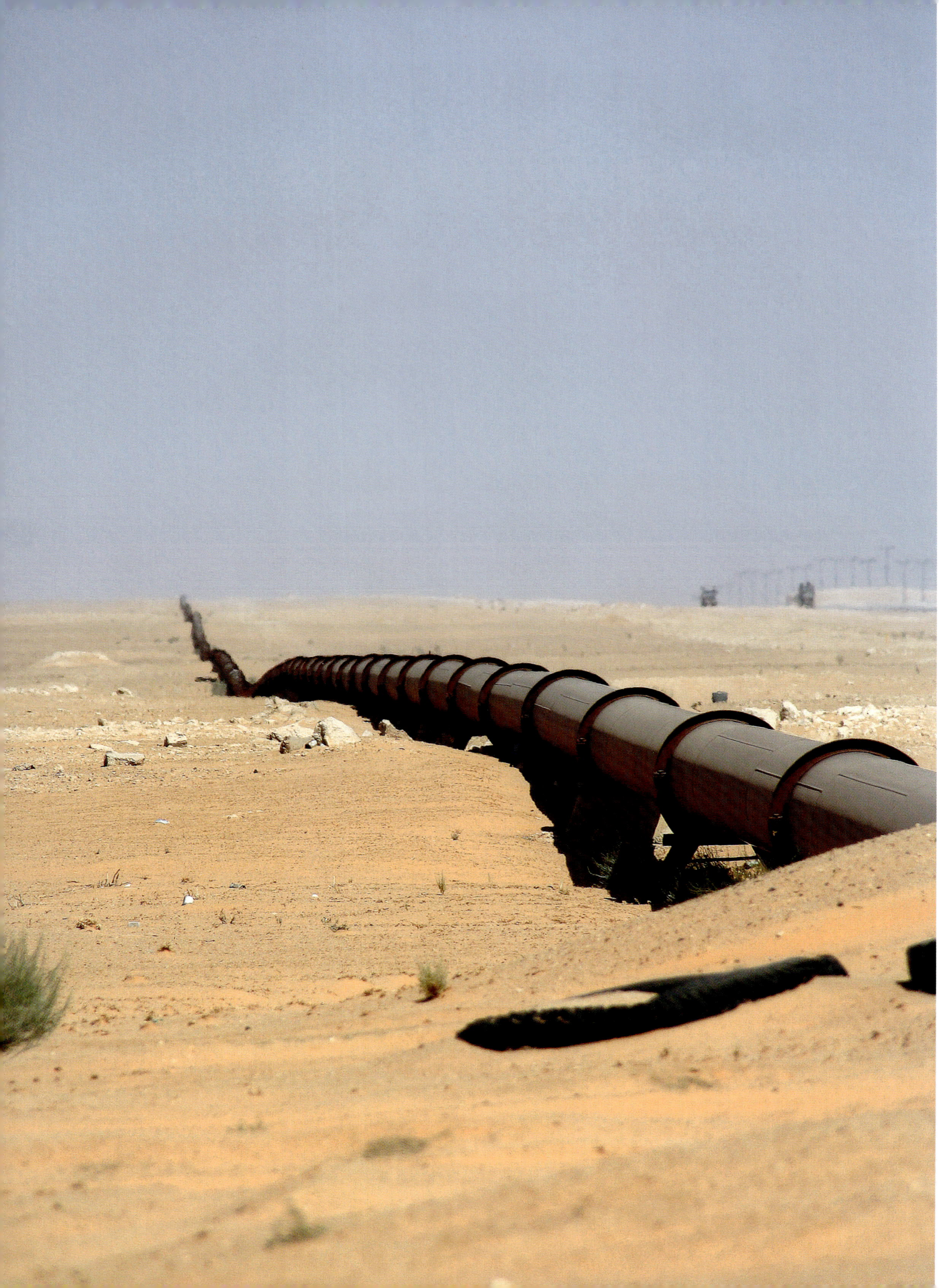

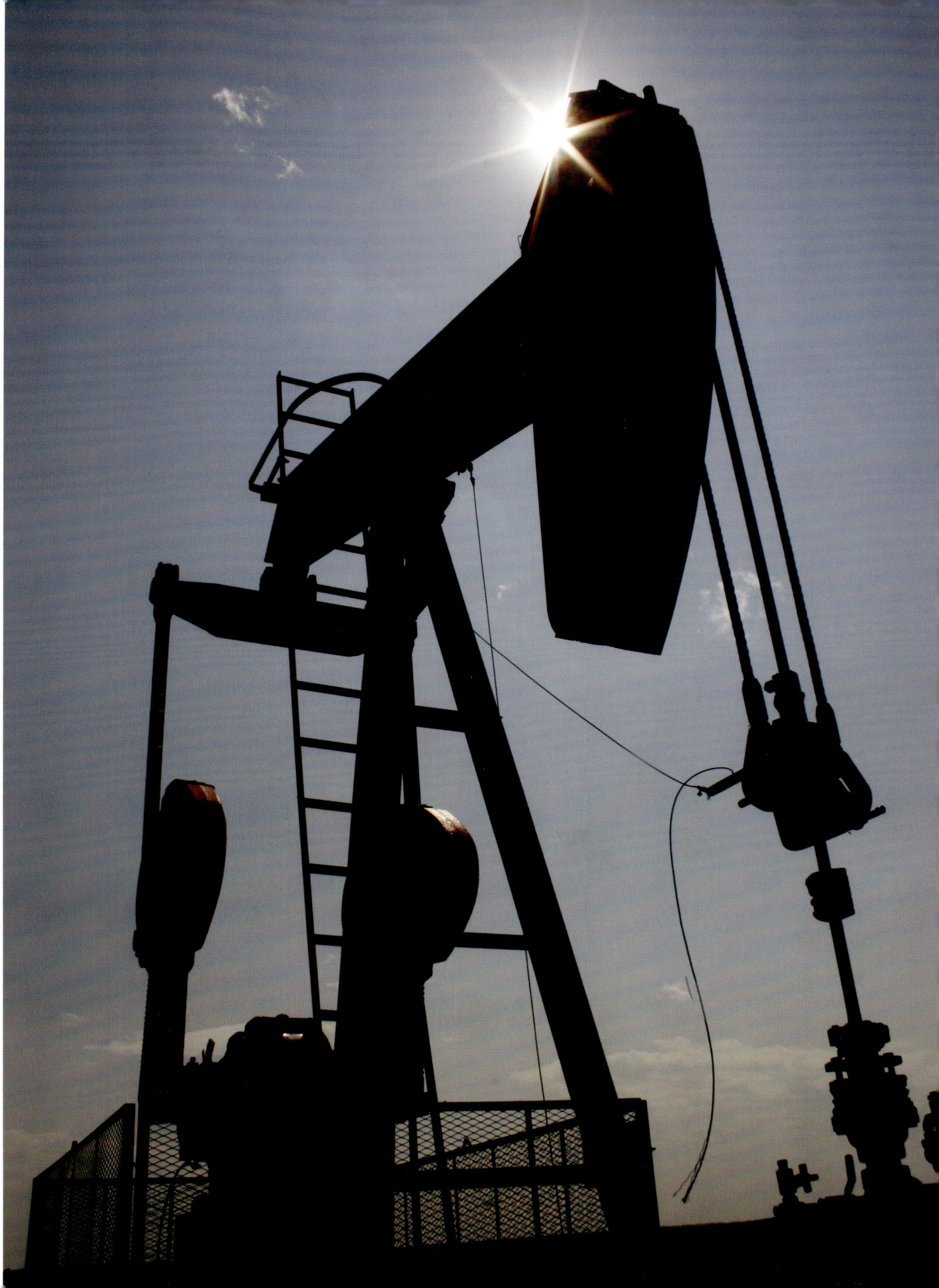

Allen religiösen und kulturellen Unterschieden zum Trotz gibt es etwas, was alle Jungen der Welt immer wieder in ihren Bann zieht: Fußball!

VORHERGEHENDE SEITE:
Unaufhaltsam fördern Tausende von Pumpen das Öl aus den Tiefen der Erde an die Oberfläche.

Die Abhängigkeit von einem einzigen Wirtschaftszweig ist nicht das einzige Problem, welches sich dem Königshaus stellt. Auch die schnell wachsende Bevölkerung, die sich, so wird nach heutigen Maßstäben geschätzt, bis 2030 verdoppeln wird, trägt dazu bei. Hinzu kommt die hohe Arbeitslosigkeit – etwa 13 % unter Männern – sowie die relativ schlechte Ausbildung der Arbeitskräfte. Man schätzt, dass 54 % der arabischen Bevölkerung unter der Armutsgrenze leben.

Das Erziehungssystem bedarf dringend notwendiger Reformen, um denjenigen, die für den Arbeitsmarkt reif sind, eine schulische Erziehung und berufliche Ausbildung zukommen zu lassen. Noch immer orientiert sich die schulische Ausbildung an religiösen Studien des Korans und ist so kaum in der Lage die Jugend für eine moderne Arbeitswelt vorzubereiten.

Dem gegenüber stehen mehr als 30 % ausländische Arbeitskräfte. Die Regierung hat allerdings ein Programm ins Leben gerufen, das die Position der saudischen Bevölkerung stärken soll, um einerseits die Zahl saudischer Arbeitskräfte zu erhöhen, andererseits den Geldfluss ins Ausland einzuschränken. Denn ausländische Arbeitskräfte schicken den größten Teil ihres Einkommens in die Heimat. Marktwirtschaftlich betrachtet ist es nicht unbedingt gesund, wenn ein zu großer Teil des Arbeitslohns über die Grenzen geht, anstatt im Land verbraucht zu werden. Inzwischen hat die Regierung erklärt, den Anteil ausländischer Arbeitskräfte gegenüber der saudischen Bevölkerung bis 2013 auf 20 % zu verringern.

Weitere zukünftige Maßnahmen beinhalten die Diversifikation der Wirtschaft in ölunabhängige Industrien, Gewerbe und Dienstleistungen. Saudi-Arabien muss zudem, da es seit 2005 Mitglied der

WTO (World Trade Organisation) ist, seine Wirtschaft liberalisieren, um mit den Regeln der Organisation konform zu gehen. Das beinhaltet unter anderem die Öffnung für ausländische Investitionen. Das durchschnittliche Wirtschaftswachstum liegt bei 5 % im Jahr, das durchschnittliche Pro-Kopf-Einkommen bei 8150 US$.

MULTIKULTUR

Das moderne Saudi-Arabien ist ein Paradox. Auf der einen Seite ist es eine der am stärksten abgeschotteten Gesellschaften der Erde. Auf der anderen sind schätzungsweise ein Drittel der Bevölkerung Ausländer. Offizielle Zahlen berufen sich auf Arbeitsvisa und sprechen von etwa neun Millionen Gastarbeitern. Europäer, Amerikaner, Australier und Asiaten sind in hoch qualifizierten Jobs tätig, für die viele Saudis keine ausreichende Ausbildung haben.

Gastarbeiter aus dem mittleren, südlichen und südöstlichen Asien, vornehmlich Pakistan, Bangladesch, Indien und den Philippinen arbeiten als Taxifahrer, Bauarbeiter, Händler, Krankenschwestern oder Haushaltshilfen, also in Jobs, die viele Saudis als unter ihrer Würde betrachten. Trotz des oben genannten Programmes bilden diese Gastarbeiter bis heute das Rückgrat der Wirtschaft.

Die traditionellen Häuser des Landes sind mit Lehm beworfen, da dieser gut isoliert und billig ist.

BEVÖLKERUNG

Mehr als 80 % der Bevölkerung lebt in Städten, 30 % der insgesamt 27,6 Millionen Einwohner des Königreichs in und um Riyadh, Jeddah und Mekka. Die Bevölkerungsdichte indes ist klein, 14 Menschen pro Quadratkilometer, in den Wüsten ist es weniger als einer. Trotz Reichtum und Modernisierung des Staates gibt es schätzungsweise noch 1,8 Millionen Beduinen, die ein seminomadisches Leben führen.

Saudi-Arabiens Bevölkerung ist jung, mehr als 40 % der Bevölkerung sind unter 15 Jahren. Das Bevölkerungswachstum beträgt momentan 2 %. Saudische Obrigkeiten werden immer stärker mit dem Problem konfrontiert, der entfremdeten und schlecht ausgebildeten Jugend ohne Arbeit und Geld ein angemessenes Leben bieten zu müssen.

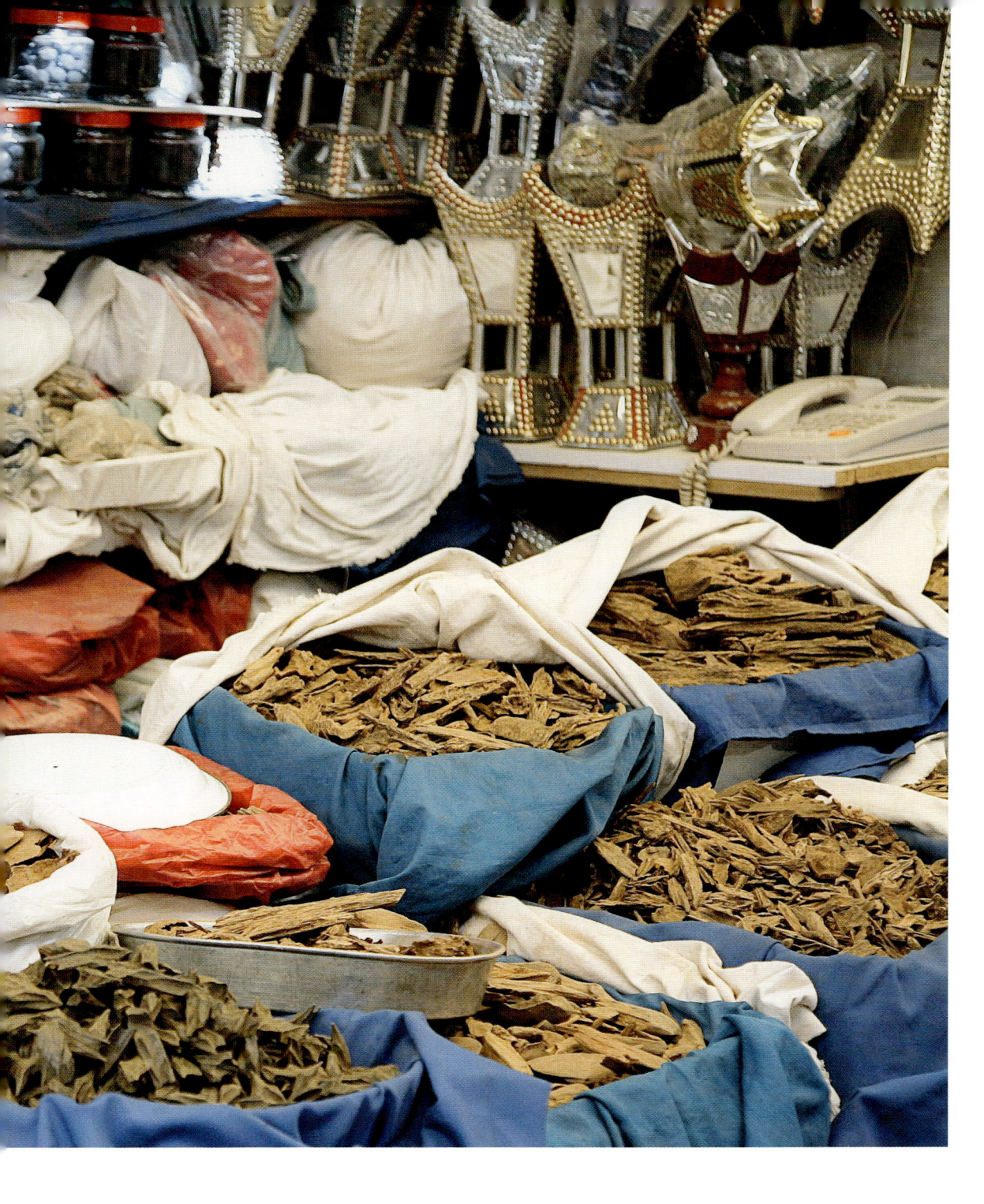

Ein Händler sitzt auf dem Suk in Riyadh inmitten seiner Waren, dem Riechholz und den Räuchergefäßen.

Die Saudis, die im Ursprungsland des Islams leben, sind sehr stolz auf ihr islamisches Erbe. Mehr als in irgendeinem anderen Land der Welt greifen der fromme und aus unserer Sicht strenge Glaube und das tägliche Leben ineinander. Dennoch gehören Satelliten-TV, Computer und Internet in jeden städtischen und nicht selten auch ländlichen Haushalt. Obwohl nach „verbotenen Früchten" des Westens schmachtend, sind den Saudis gleichzeitig westliche Einflüsse verdächtig, die die islamischen Werte beschmutzen könnten. Darunter fallen offensichtlich weder Fast Food und Popkultur noch das Fahren benzinfressender Autos nach amerikanischem Vorbild.

Bewegungsarmut und kalorienreiche Kost haben bereits für eine der welthöchsten Quoten an Diabetes innerhalb der arabischen Bevölkerung gesorgt – einer ursprünglich westlichen Zivilisationskrankheit. Wenn sie sich auch auf der einen Seite ihres Erbes als Nomaden stolz bewusst sind, so

Auf einer Straße von Riyadh ist diese Frau tief verschleiert, während das Mädchen noch ohne Kopftuch unterwegs ist.

würden sie auf der anderen Seite den modernen Komfort der Stadt nicht gegen ein genügsames Leben in der Wüste eintauschen wollen.

Ein positiver Effekt der gesellschaftlichen Umwälzung ist der steile Anstieg der Lebenserwartung dank medizinischer Versorgung. Männer werden heutzutage statistisch betrachtet 75, Frauen 77 Jahre alt. Die Geburtenrate lag 2007 bei 4,1 Kindern auf 1000 Einwohner im Jahr und ist somit in den letzten 30 Jahren dramatisch gefallen: Anfang der 1970er Jahre lag sie noch bei 7,3. Verglichen mit dem Weltdurchschnitt von 2,7 ist diese Zahl allerdings immer noch sehr hoch.

Der Teil der Bevölkerung, der das politische und kulturelle Leben Saudi-Arabiens dominiert, sind die Nedschis. Obwohl Nedsch nur eine relativ kleine Region von Saudi-Arabien ist, werden Nedschis im kulturellen Sinn landesweit als die wahren Wüstensöhne betrachtet. Man sagt, in ihren Adern fließe pures arabisches Blut. Sie gelten als stolz, selbstbewusst und zurückhaltend. Ihre Überlegenheit gegenüber anderen Volksgruppen rekrutiert sich aus der Geschichte vor der Entdeckung des Öls, als sie sich in der lebensfeindlichen Wüste behaupten konnten und den Rest des Königreiches eroberten.

Ein älterer saudi-arabischer Mann mit traditioneller Kopfbedeckung in der Altstadt von Dschidda

Bis zur Ölförderung, also bis in die Mitte des letzten Jahrhunderts, unterteilte sich die Nedsch-Gesellschaft in Beduinensippen – die wichtigsten von ihnen waren Bani Atiya, Ananyza (der Stamm der Al-Sauds), Ruwala, Shammar, Billi, Juhayna, Harb, Mutayr, Utabyba, Subay, Bani Khalid, Ajman, Dawasir, Qahtan, Sharan, Yam und Murra. Obwohl die einzelnen Stämme nach dem 2. Weltkrieg ihre politische Bedeutung verloren haben, spielt es gesellschaftlich noch immer eine große Rolle, ob ein Mann seine familiäre Vergangenheit belegen kann oder ob der Ursprung seiner Sippe unbekannt ist.

Nedschis, deren Familie ihre Stammeswurzeln nicht kennen, sei es, weil ihre Vorfahren einem Krieg oder einer Hungerperiode zum Opfer fielen oder weil sie in einem Dorf sesshaft wurden, in dem der Stammeszusammenhalt bzw. dessen Unterstützung nicht mehr nötig war, genießen nicht die gleiche Anerkennung wie solche mit lückenlosem Stammbaum. Die Männer dieser Familien kommen als Heiratskandidaten für Frauen der „wahren" Nedschis nicht infrage. Dazu gehören auch Mitglieder großer Handelsfamilien im Westen und Osten des Königreichs. Sie hatten sich in diesen Regionen etabliert, nachdem ihre Vorfahren in einer Zeit der Hungersnot die Nedsch-Region verlassen hatten, um dem Stigma, keine Sippe als die ihre benennen zu können, zu entfliehen.

Die kulturelle Überlegenheit der Nedschi-Gesellschaft wird zudem dadurch untermauert, dass sie eingeschworene Anhänger des Wahhabismus bzw. des Unitarianismus sind, wie man in Saudi-Arabien sagt.

Die größte Volksgruppe neben den Nedschis sind die Hedschas, die überwiegend Stadtbewohner in Jeddah, Mekka, Taif, Medina, Yanbu, Wajh und anderen Orten im zentralen und nördlichen Teil von Tihama und den anschließenden Gebirgsregionen sind. Die Hedschas sind Vermischung unterschiedlicher Völker – Nomaden, die in Dörfern sesshaft geworden sind, die Nachfahren von Pilgern, die in Arabien blieben, oder auch Abkommen von Sklaven. Man bedenke dabei, dass der Sklavenhandel in Saudi-Arabien erst 1963 offiziell abgeschafft wurde.

Medina ist für seine Familien bekannt, die ursprünglich aus Syrien, der Türkei, Ägypten und Zentralasien stammen, Mekka hingegen für seine Gemeinden aus Indien und Südostasien. Jeddah gilt als polyglotte Metropole mit Sippen aus dem Hadramut sowie aus Ostafrika und dem Iran.

Unter doktrinärem Aspekt gibt es keinen religiösen Unterschied zwischen Hedschas und Nadschis, beide folgen der orthodoxen Glaubensrichtung des sunnitischen Islams, wobei Hedschas als etwas liberaler gelten. Die Tatsache, dass in der Region Hijaz die beiden heiligsten Stätten der Moslems

Der Saad Bin Saud-Palast ist eines der größten erhaltenen Gebäude in Diriyyah, ausgestattet mit einem wunderbaren Innenhof, der als Stall genutzt wurde

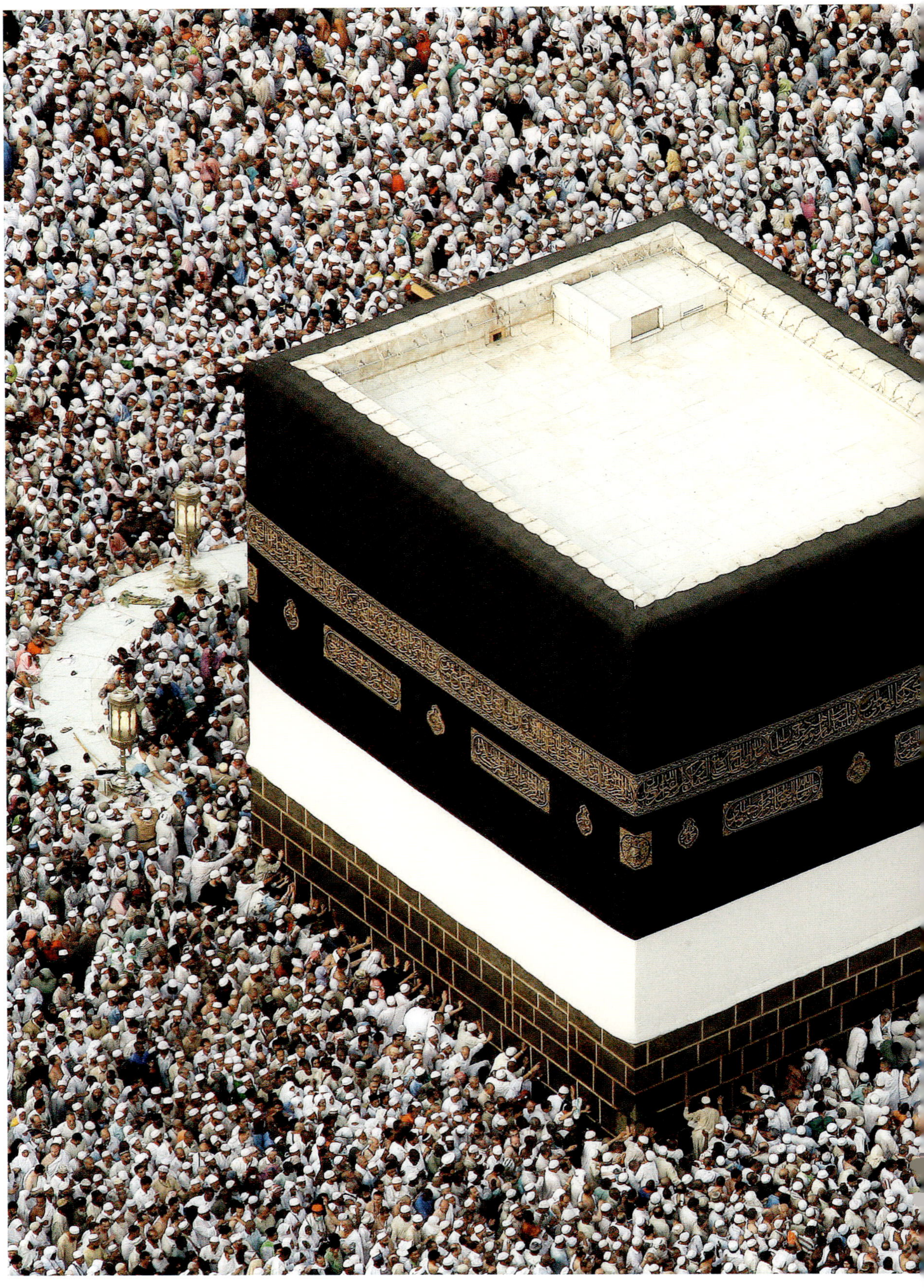

Tausende von Pilgern beim Gebet in der großen Moschee von Mekka

liegen, mag den Stolz und das Prestige Saudi-Arabiens vergrößern, sie hat jedoch keine besondere Bedeutung in Bezug auf gesellschaftliches Ansehen innerhalb des Königreichs.

Kleine Unterschiede zwischen beiden Gesellschaften sind dennoch vorhanden. Die Hedschas gelten als sanftere Menschen als die der Nadsch-Region. Sie gelten als humorvoller, toleranter und weniger streng gegenüber der Einhaltung von Religionsgesetzen. Zu Beginn der Öl-Epoche waren sie dank engerer Kontakte mit dem Ausland besser ausgebildet und kultivierter als die Nadschis, besetzten deswegen die meisten Beamtenposten.

Inzwischen haben die Nadschis gleichgezogen. Es scheint ihnen Spaß zu machen, ihre Konkurrenten auszutricksen, um ihre eigenen Interessen in der Verwaltung durchzusetzen. Wenn Riyadh heutzutage auch die zentralistische Hauptstadt des Königreichs ist, so waren bis in die frühen 1980er Jahre das Außenministerium, die Botschaften, die Zentralbank, die meisten Auslandsbanken und die Hauptquartiere fast aller großen Handelshäuser in Jeddah angesiedelt.

Weitere bedeutende Bevölkerungsgruppen sind die Bewohner des Asir-Plateaus und die Schiiten. Die Asirer gehören zur gleichen Volksgruppe wie die Jemeniten, sind aber im Gegensatz zu denen in Nordjemen religiös orthodox. Ihre politischen und religiösen Ansichten gleichen denen der Hed-

Straßen ziehen sich endlos durch die faszinierenden Farben der flachen Wüsten.

schas. Der schiitische Teil der saudischen Gesellschaft lebt in der östlichen Provinz des Königreichs, speziell in den Oasen Qatif, Sayhat Safwu und Al-Hasa. Eine Minderheit ist in Medina beheimatet. Die heilige Stadt spielt für Schiiten eine ganz spezielle Rolle, denn dort befinden sich mehrere Gräber von Familienmitgliedern Mohammeds sowie von vier Imamen.

Insgesamt leben schätzungsweise 350 000 bis 400 000 Schiiten in Saudi-Arabien. Ihr traditionelles Gewerbe sind Dattelanbau und Bewässerung. Etwa die Hälfte von ihnen ist heutzutage beim Ölförderunternehmen Saudi Aramco beschäftigt. Obwohl es Freundschaften und geschäftliche Partnerschaften zwischen Schiiten und Sunniten gibt, sind Erstere der königlichen Sippe und dem Klerus suspekt. Man betrachtet sie als Abtrünnige und religiös Verrückte, was den Schiiten wiederum Angst vor den Obrigkeiten einjagt. Es werden auch keine Schiiten für die Nationalgarde rekrutiert, die für die innere Sicherheit des Landes zuständig ist, und nur sehr wenige hohe Regierungsposten sind mit Schiiten besetzt.

In den 1980er Jahren sorgten saudische Prinzen als Gouverneure für eine bessere Entwicklung und mehr Wohlstand in der östlichen Provinz, was zur Folge hatte, dass die Region inzwischen als politisch stabiler gilt als zuvor. Dies ist angesichts der Erdölförderung in dieser Region und der relativen Nähe zum Irak und dem Iran nicht unwichtig.

In den Wüsten finden sich immer wieder alte halb verfallene Wehranlagen.

Der Blick auf einen Teil der Altstadt von Riyadh.

POLITIK, DAS KÖNIGSHAUS UND DIE REGIERUNG

Saudi-Arabien ist alles andere als eine Demokratie. Es gibt keine Verfassung, kein gewähltes Parlament und keine politischen Parteien. Der Ministerrat verfügt über jegliche exekutive und legislative Macht. Oberste Staatsmacht ist der König, und er ist zugleich Premierminister, der alle Minister im Rat ernennt. Das Grundgesetz basiert auf der Scharia, dem islamischen Gesetz.

Zusätzlich zum Obersten Wirtschaftsrat gibt es eine Beratersektion, die jedoch wenig Einfluss ausübt. Der Wahhabismus als ultrakonservative Form des sunnitischen Islams ist Grundlage der Al-Saud-Legitimität, seit 2005 unter König Abdullah, wobei der politische und moralische Einfluss des Klerus derart groß ist, dass Reformen häufig kaum durchsetzbar sind.

Obwohl der Staat dank seines Erdöls wirtschaftlich umgewälzt und modernisiert wurde, bleibt es politisch eine zutiefst konservative Gesellschaft. Lokalwahlen im Jahr 2005 wurden von der Außenwelt als zarte Anfänge einer Demokratisierung betrachtet. König Abdullahs Absicht, Reformen einzuführen, verlieh ihm im Ausland Ansehen. Nicht zuletzt, weil er sich für die Unterstützung von Reformen in puncto Frauenrecht und gegen die unverhältnismäßig hohen Ausgaben der königlichen Familie aussprach.

Es gibt keine politischen Parteien, keine Gewerkschaften, keine Opposition. Konzepte dergleichen entsprechen nicht der saudischen Politik im eigentlichen Sinne. Mitglieder der Saud-Familie fungieren als Minister, Gouverneure, Präsidenten staatlicher Einrichtungen und auch als Botschafter. Man spricht von ihnen als Al-Fadh (Familie von Fadh), die sich aus Brüdern und Schwestern nebst Ehepartnern und Kindern zusammensetzt.

Zwei weitere prominente Familien in der Regierung sind die Al-Shaykh, Nachfahren von Mohammed Ibn Abd Al-Wahhab. Sie besetzen drei Ministerposten und zahlreiche Stellen des Gerichtswesens. Langjährige Alliierte der Saud sind die Sudayrer, die ursprünglich aus der Dawasir-Sippen stammen. Sie regieren einige der Grenzregionen bzw. deren Hinterland wie Najran und Jizan im Süden und Juf und Quarayyat im Norden.

Der König von Saudi-Arabien, Abdullah Bin Abdulaziz Al-Saud, am Schreibtisch in seinem luxuriös ausgestatteten Arbeitszimmer des Palastes von Riyadh.

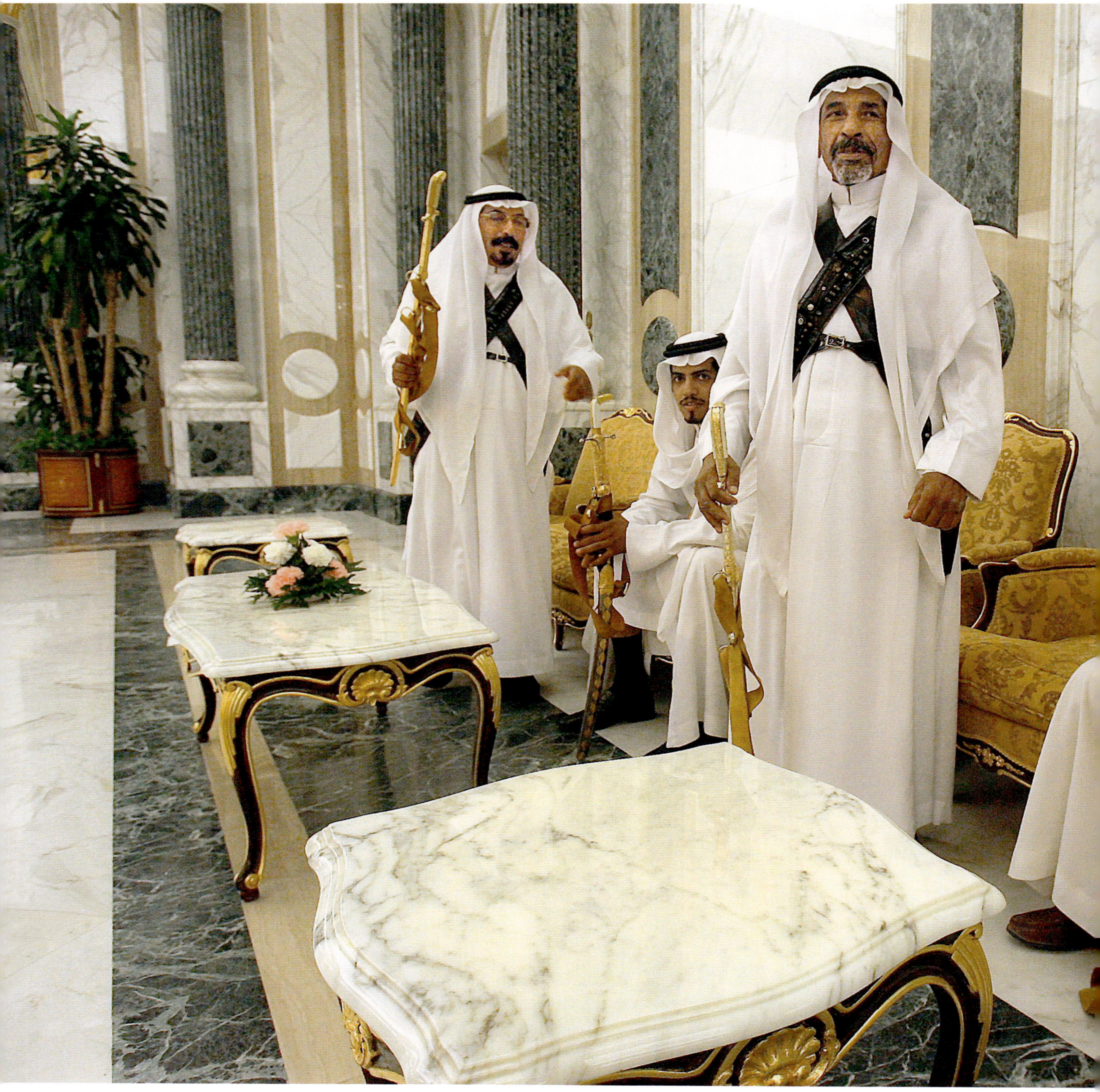

Die königliche Familie wird in ihrem Regierungsprogramm von Mitgliedern des Uluma (Klerus) beeinflusst, die ihre Ansichten in Meetings mit der königlichen Familie oder auch in Predigten sehr eindringlich behaupten. Allerdings kann es passieren, dass ihnen der Mund verboten wird, wenn ihre Kommentare und Kritiken zu heftig ausarten. Es sind bis heute diejenigen, die sich Reformen widersetzen und den König am Handeln hindern. Sowohl in punkto freier Presse als auch bei der Erlaubnis, Frauen ohne männliche Familienbegleitung ein Auto steuern zu lassen.

Die königliche Familie wiederum muss sich mit liberaleren Gruppierungen auseinandersetzen und argumentiert gern, dass sie nicht handeln kann, weil die Uluma dagegen sei. Zyniker außerhalb der Familie behaupten, dass die Uluma finanziell von der Saud-Familie unterhalten und von ihr streng überwacht wird und dass der Mangel an Reformen dem Konservatismus der Sauds zuzuschreiben sei.

Auch die saudi-arabische Geschäftswelt, die in regelmäßigem Kontakt mit den Ministern steht, nimmt Einfluss auf das Regierungsprogramm. Viele Geschäftsleute stammen aus großen traditionellen Handelsfamilien. Zudem gibt es zahlreiche Prinzen, die Joint Ventures mit Leuten außerhalb der königlichen Familien eingegangen sind. Diese setzen sich für die Belange ihres eigenen Business, die der Geschäftspartner und somit für die ganze Geschäftswelt ein.

Normale Saudis haben Zugang zur königlichen Familie durch das Majlis – eine Art Ratsversammlung. Alle Provinzgouverneure und auch der Innenminister und Stellvertreter empfangen täglich 200–300 Untertanen, die Petitionen einbringen können. Der König selbst empfängt weniger Leute, was unter anderem daran liegt, dass er vor ihrer Aufwartung „filtern" lässt.

Die Gründe, einflussreiche Prinzen im Majlis zu besuchen, sind so unterschiedlich wie die Probleme

Die Leibwache des Königs ist mit Säbeln bewaffnet.

der Untertanen. Sie suchen beispielsweise Hilfe bei schwerwiegenden Auseinandersetzungen mit Nachbarn oder Beistand im Umgang mit der Bürokratie. Oder sie bitten um finanzielle Unterstützung, die sie für die Mitgift der Tochter oder für einen Trip ins Ausland benötigen, wo sie eine spezielle medizinische Versorgung erhalten. In ländlichen Regionen besuchen Leute häufig das Majlis, weil sie gern Gespräche verfolgen, anderer Leute Meinung hören möchten und um eine gute Mahlzeit zu bekommen.

Der Königspalast in Riyadh ist dem Klima der Region zum Trotz mit üppigen Wasserspielen umgeben.

DAS GROSSBÜRGERTUM

Das Majlis-System funktioniert sehr gut für die kleinen Leute. Innerhalb der Mittelklasse, die mit besserer Ausbildung stetig wächst, ist es eher verpönt. Sie hat es nicht nötig, Petitionen einzubringen. Geschäftsleute interessieren sich wenig für allgemeine Diskussionen, geschweige denn für ein warmes Mahl. Vielmehr wäre einigen an einer demokratischen Institution gelegen, die ernsthafte De-

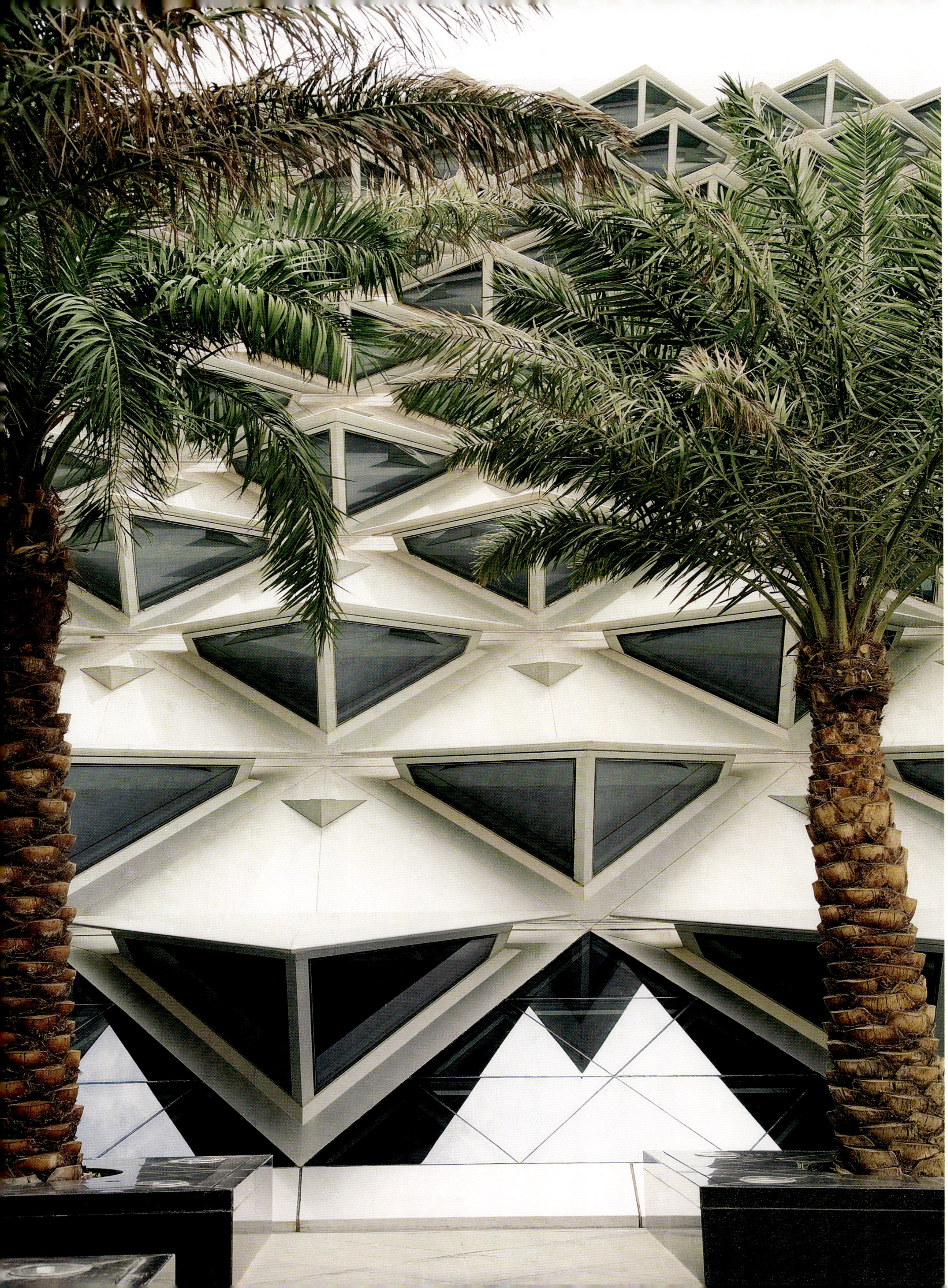

batten erlaubt und ihnen eine gewisse Autorität verleihen könnte. Im Allgemeinen jedoch ist der Ruf nach Demokratie im Land selbst so gut wie nicht vorhanden. Familien der Mittelklasse, deren Leben sich in den letzten Jahrzehnten sehr modernisiert hat, sind unsicherer als früher, ob sie Reformen wollen.

Das Interesse an politischen Innovationen wird durch den außergewöhnlich starken Konformismus der saudischen Gesellschaft relativiert. Selbst junge Männer, die zum Studium im Ausland weilten und radikale Töne anschlugen, akzeptieren den Status quo, kaum dass sie in die Heimat zurückgekehrt sind. Ebenso gehen sie mit den traditionellen Mustern des Familienlebens um. Das Klima des Konservatismus verhärtet sich durch die Tatsache, dass die meisten gut ausgebildeten Saudis aus vermögenden Familien stammen, in Ruhe leben können und nichts zu befürchten haben.

OBEN:
Blick in einen Bogengang der Universität in Riyadh

LINKE SEITE:
Details an der Fassade des Al Faisaliyah Centers in Riyadh

Die saudische Reporterin Ebtihal Mubarak an ihrem Arbeitsplatz in der Frauenredaktion der Zeitung „Arab News" in Jeddah. Weil die Verbindungstür zur Männerredaktion meist offen steht, tragen sie und ihre Kolleginnen auch bei der Arbeit ein langes Gewand und ein Kopftuch.

DAS SOZIALE LEBEN DER FRAUEN

Die saudi-arabische Gesellschaft betreibt eine strenge Geschlechtertrennung zwischen der öffentlichen (Männer) und der privaten (Frauen) Domäne. Abgesehen vom Islam ist die Familie die wichtigste Einheit. Familienmitglieder verlassen den Clan erst bei der Heirat, sie bleiben ihrer Sippe aber immer verbunden. Die traditionelle arabische Gesellschaft setzte sich aus nomadischen und sesshaften Wüstenbewohnern und Händlern zusammen. Sippen waren die wichtigste Quelle kultureller Identität und Loyalität. Und noch heute fühlen sich viele Saudis diesen Traditionen eng verbunden.

Die Schulbildung ist kostenlos, allerdings werden Mädchen und Jungen voneinander getrennt unterrichtet. Männliche Professoren halten lediglich manchmal Video-Vorträge vor weiblichen Studenten. Das Unterrichtspensum wird dabei häufig kritisiert, weil es sich zu viel auf den Islam bezieht: Ein Drittel aller Fächer beschäftigen sich mit dem Koran. Mädchen und jungen Frauen genießen die gleichen Rechte, Schulen und Universitäten zu besuchen, wie die Jungen und Männer. So besuchen momentan mehr weibliche als männliche Studenten die Hochschulen des Landes: Ihr Anteil beträgt etwa 70 %. Allerdings besetzten Frauen nur 5 % der Arbeitsplätze – das entspricht dem niedrigsten Anteil weltweit.

Frauen können als Lehrerinnen, Ärztinnen, Krankenschwestern, Sozialarbeiterinnen, Managerinnen oder Journalistinnen der Printmedien arbeiten, also überall dort, wo sie innerhalb weiblicher Teams tätig sind und ausschließlich mit Frauen zu tun haben.

Für viele Frauen indes ist das tägliche Leben außerhalb des Hauses stärker kontrolliert als anderswo auf der Welt. Sie dürfen bislang nicht Rad fahren, kein Fahrzeug ohne Begleitung eines männlichen Familienmitglieds steuern und nicht ohne die Erlaubnis von Vater, Ehemann oder Bruder reisen. Ironischerweise dürfen Frauen als Pilotinnen arbeiten, müssen aber zum Flughafen chauffiert

Saudi-arabischer Fan bei der WM 2006 in Hamburg

Traditionelle Laternen schmücken die Decken der Häuser.

werden. König Abdullah beabsichtigt allerdings, Reformen einzuführen, denn Saudi-Arabien hat die UN-Konvention zur Eliminierung der Diskriminierung von Frauen unterschrieben. Innerhalb der Familie bzw. des Hauses indes haben die Frauen das Sagen, was auf die Scharia zurückzuführen ist. Sie kümmern sich um Haushalt, Kinder und interne Finanzen. Ihre Geschäftstüchtigkeit lässt sich daran ablesen, dass 70 % aller Spareinlagen in saudi-arabischen Banken einheimischen Frauen gehören.

Frauenrechte sind bislang so gut wie nicht vorhanden. Frauen werden in vielen Lebensbereichen rechtlich diskriminiert, was sie allerdings weniger zu stören scheint, als man nach unserem westlich-demokratischen Empfinden annehmen sollte. Immerhin sind sie im islamischen Glauben und nach dessen Regeln aufgewachsen und erzogen worden. Erst die Möglichkeit, über die Grenze zu schau-

OBEN:
Die Präsenz des Militärs ist in dem immer wieder von Terror geplagten Land allgegenwärtig.

UNTEN:
Lebhafte Diskussionen gibt es in Saudi-Arabien immer wieder über das Autofahrverbot von Frauen. Als Pilotinnen dürfen sie arbeiten, aber auf einer Straße Riyadhs nicht mit dem Auto fahren.

Saudi-Arabien

RECHTE SEITE:
Die saudi-arabische Schriftstellerin Rajaa Alsanea bei der Präsentation ihres in die deutsche Sprache übersetzten Buches in Berlin.

UNTEN:
Die islamischen Kleidervorschriften gelten selbstverständlich auch für Badebekleidung.

en, sei es mittels Fernsehen, Internet oder auf internationalen Reisen, hat ihnen in den letzten 30 Jahren Gelegenheit gegeben, westliche Emanzipation und gleiche Rechte wie Männer zu erfahren.

In Saudi-Arabien gehört die Diskriminierung der Frau zu den strengen Regularien des islamischen Rechts (Scharia). Sie dürfen beispielsweise nicht wählen oder höhere Posten besetzen. Sie müssen sich bei der Wahl des Ehemanns dem Willen des Vaters bzw. Bruders beugen und dürfen keine ausländischen Nicht-Moslems heiraten.

Negativ wirkt sich die Ungleichbehandlung vor allen Dingen vor Gericht aus. Internationale Menschenrechtsgruppen belegen das mit Prozessen, bei denen es um Vergewaltigung, Misshandlung oder Ehebruch geht und die Aussage der Frau als Betroffene bzw. Zeugin nicht für voll genommen wird. Oft zitiert wird der Fall einer jungen Frau, die 2007 zu sechs Jahren Haft und 200 Peitschenhieben

RAJAA ALSANEA

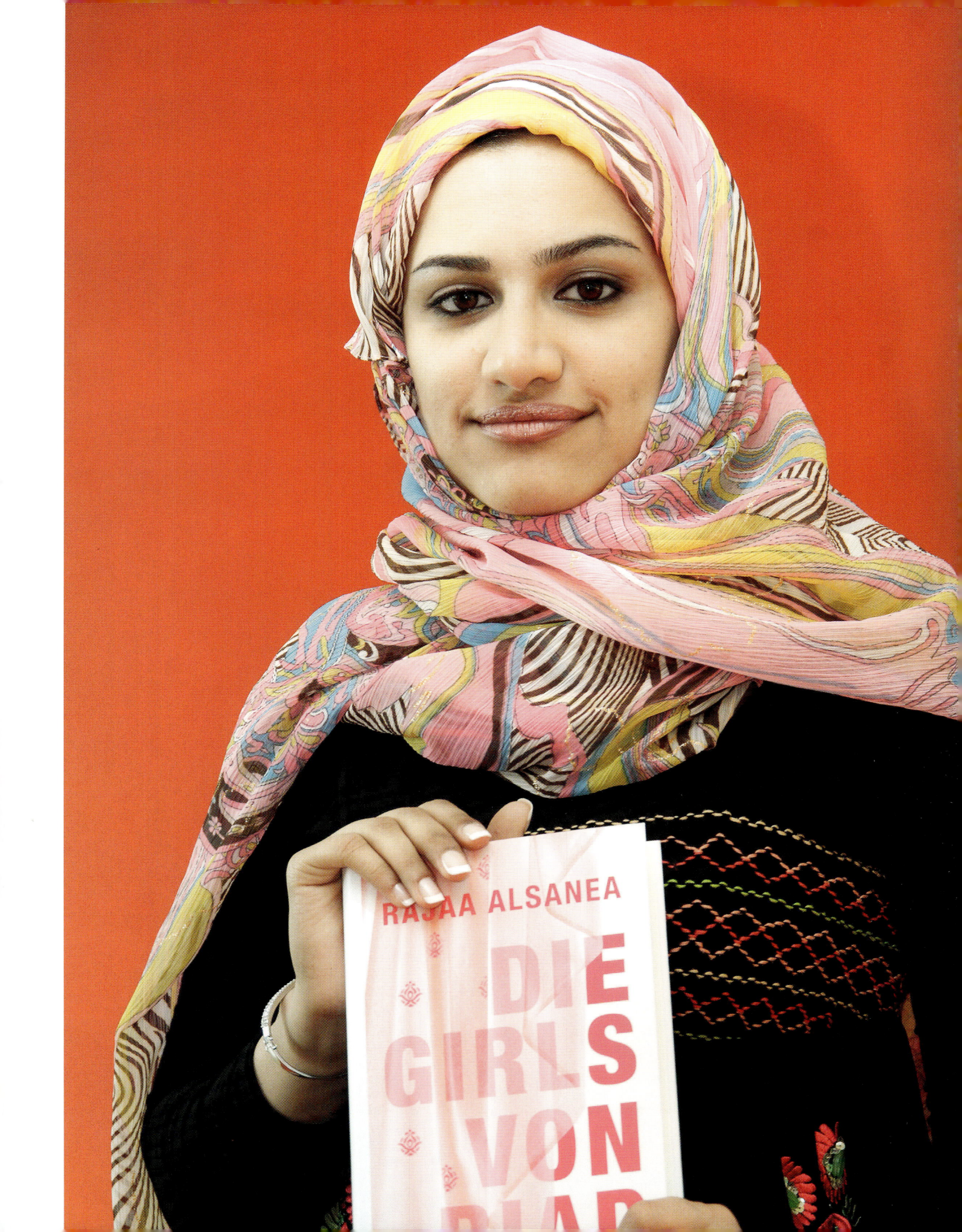

DIE GIRLS VON

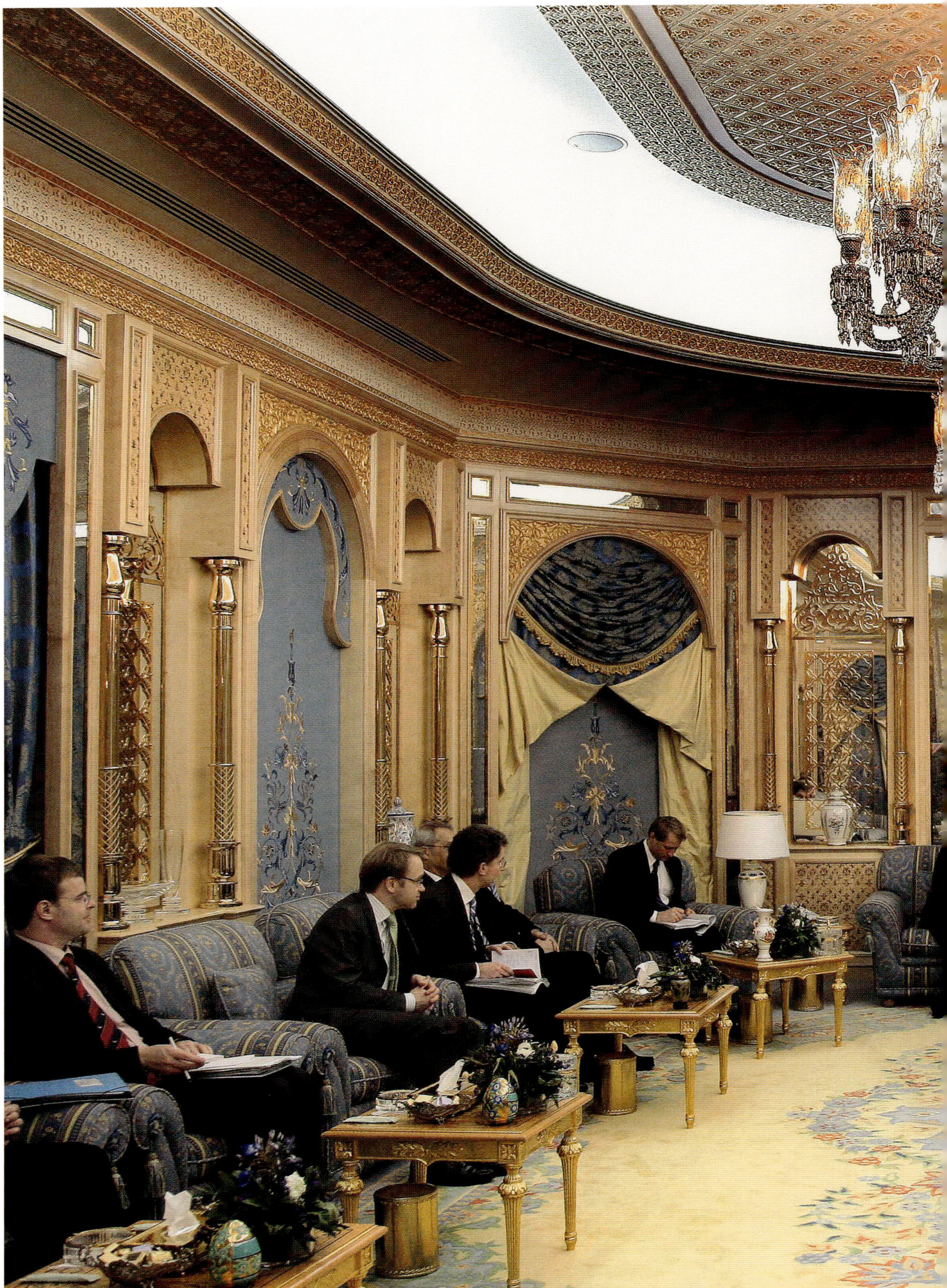

Bundeskanzlerin Angela Merkel und der saudische König Abdullah Bin Abdulaziz Al-Saud trafen in Riyadh zusammen.

verurteilt wurde, nachdem sie im Auto von einer Gang überfallen und vergewaltigt worden war. Zur Begründung wurde angeführt, sie sei im Auto nicht in Begleitung eines Verwandten gewesen. König Abdullah begnadigte sie letztendlich auf internationalen Druck hin.

Ein winziger Schritt Richtung Emanzipation ist die vor Kurzem offiziell erteilte Erlaubnis, dass sich saudische Frauen ohne männliche Begleitung in einem Hotel aufhalten dürfen.

Die Bedeutung dieses Schritts kann man nur erahnen, wenn man weiß, dass Hotels, ihre Lobbys, Restaurants und Konferenzräume wichtige soziale und geschäftliche Treffpunkte der Gesellschaft sind.

Die Regierung gab darüber hinaus 2008 ihre Zustimmung zur Bildung einer Frauenrechtsorganisation. Zudem dürfen Frauen jetzt auch Fußball spielen – allerdings nur in Stadien ohne männliche Zuschauer.

Die Ganzkörperverschleierung mit einem Schlitz über den Augen ist indes weiterhin an der Tagesordnung, außer wenn Frauen unter sich sind.

Während die schwarze Abaya nach westlicher Meinung gern als Symbol der Unfreiheit gesehen wird, gilt sie unter arabischen Frauen eher als Schutz vor männlichen Anzüglichkeiten. Nicht selten tragen sie unter dem Gewand westliche Mode von Top-Designern.

Unter saudischen Männer wird Folgendes behauptet: An den Knöchelfalten kann man ihr Alter erkennen, am Umfang ihres Handgelenks ihren Körperbau ablesen, an Bewegung und Faltenwurf der Abaya ihre Figur und an den Händen ihre Gesichtsfarbe. Und die Augen erzählen den Rest.

Die saudi-arabische Gesellschaft hat immer noch große Schwierigkeiten, sich einer Gleichberechtigung zwischen Männern und Frauen anzunähern.

Einer der vielen Eingänge zur Prophetenmoschee in Madinah. Diese Moschee ist nach der großen Moschee in Mekka die zweitwichtigste im Islam.

WAHHABI- BZW. MUWAHHIDEN-ISLAM

Die vorherrschende orthodoxe Glaubensrichtung in Saudi-Arabien ist der wahhabitische Islam. Die Bezeichnung geht auf den im 18. Jahrhundert lebenden Reformisten Mohammed Ibn Abd Al-Wahhab zurück. Die Saudis selbst bezeichnen sich als Muwahhiden und führen ihre Wurzeln auf Emir Mohammed Ibn Saud zurück, den Beschützer des Reformers.

Die zentrale Doktrin basiert auf der Ablehnung der Praktiken des islamischen Volksglaubens und in der puristischen Anerkennung von Tawhid – der Einheit Gottes. Unter Wahhabiten werden nur der Koran und die Sunna, als die Aussprüche, Entscheidungen und Verhaltensweisen Mohammeds, die im Hadith gesammelt sind, als akzeptable Quellen des Islams anerkannt. Der Hadith enthält vor allem auch die Verbote und religiös-moralische Warnungen, die im Koran als solche nicht enthalten sind.

Bereits zu Lebzeiten Mohammeds wurde das sogenannte Zakat eingeführt, das einer Verpflichtung der Gläubigen entspricht, eine Steuer an den Führer der Gemeinde zu bezahlen, bemessen nach ihrem persönlichen Vermögen. 2007 betrug das Zakat 2,5 % des steuerpflichtigen Einkommens. Gemeinschaftliche Gebete gehören zur Pflicht des Gläubigen. Alles schließt während der Gebetszeit für etwa 30 Minuten: Shops, Restaurants, Büros.

Um sich keinen Ärger mit der Mutawwa, der Religionspolizei, einzuhandeln, werden Ausländer kurz vor dem Gebet nicht mehr eingelassen oder hinausgebeten. Die Gebetszeiten variieren im Königreich und von Tag zu Tag.

Obwohl Moslems im Allgemeinen gegenüber Mitgliedern anderer monotheistischer Religionen wie Christen und Juden als tolerant gelten, verhalten sich Wahhabiten eher feindlich gegenüber Abtrünnigen, seien es Schiiten oder Juden.

Ausländer müssen sich den islamischen Gesetzen anpassen. So haben sich Frauen beispielsweise an die Kleiderordnung zu halten, wobei die Verschleierung nicht unbedingt vorgeschrieben ist. Um kein Aufsehen zu erregen oder Anzüglichkeiten zu vermeiden, sollten sie ihre Gesichter in der Öffentlichkeit bedecken.

Die Prophetenmoschee in Madinah wurde 1817 vollendet. Sie steht an der Stelle, an der Mohammed angeblich die erste Moschee errichtete und wo er auch begraben liegt.

MUSIK

Seit den frühen 1980er Jahren hat die Regierung die Volksmusik von fast jedem Dorf im Königreich aufgenommen. Manche wird im Fernsehen übertragen. Im Hijaz wird in der sogenannten Al-Sihba-Folklore die Poesie der Beduinen mit Liedern der mittelalterlichen arabisch-andalusischen Epoche verbunden.

Zu den in der arabischen Welt bekanntesten Interpreten gehören Tariq Abdul Hakim, Mohammed Abdou, Abadi Al-Johar, Mohammed Aman und Abdou Mejeed Abdullah.

UMWELTPROBLEME

Saudi-Arabien sieht sich mit schweren Umweltschäden konfrontiert, seien es die sich ausweitenden Wüsten, die Verschmutzung, die Abholzung und die kritische Absenkung des Grundwassers. Erschwerend kommt der Mangel an Umweltbewusstsein und Umwelterziehung hinzu. Ein spezielles Problem ist die Wilderei. Einst war die Jagd eine Grundlage der Ernährung unter den Beduinen, aber auch heute mögen Saudis sie nicht sein lassen.

Dattelpalmen werden bis zu 20 m groß, benötigen viel Sonne und ebenfalls viel Wasser. Ansonsten gelten sie als anspruchslos. Die Früchte werden sowohl frisch als auch getrocknet konsumiert.

Die Ausdehnung urbanisierter Flächen, um die schnell wachsende Bevölkerung unterzubringen, und die Überweidung der Flächen führte zu einer starken Dezimierung der Huftiere und der Pflanzenarten. Spezielle Zuchtprogramme sowie das Wiedereinsetzen von Arabischem Oryx und der Kragentrappe haben sich als sehr erfolgreich erwiesen. Dank seines Reichtums ist das Königreich in der Lage, Wassermangel mit kostspieligen Meerwasserentsalzungsanlagen auszugleichen.

In der saudi-arabischen Wüste findet man immer wieder wilde Müllkippen. Der Umweltschutz steckt hier noch in den Kinderschuhen.

NATIONALPARKS

Saudische Obrigkeiten haben kürzlich 13 Wildschutzgebiete mit insgesamt etwa 5000 Quadratkilometern Fläche benannt. Sie sind Teil eines Projektes, das zukünftig mehr als 100 geschützte Areale haben soll. Zahlreiches Wild lässt sich im Schutzgebiet Uruq Bani Maarid im Rub Al-Khali und auf den Farasan-Inseln im südlichen Teil des Roten Meeres beobachten.

Kamele sind an die extremen Bedingungen der Wüste so gut angepasst wie kaum ein anderes Tier. Innerhalb weniger Minuten können sie über hundert Liter Wasser aufnehmen.

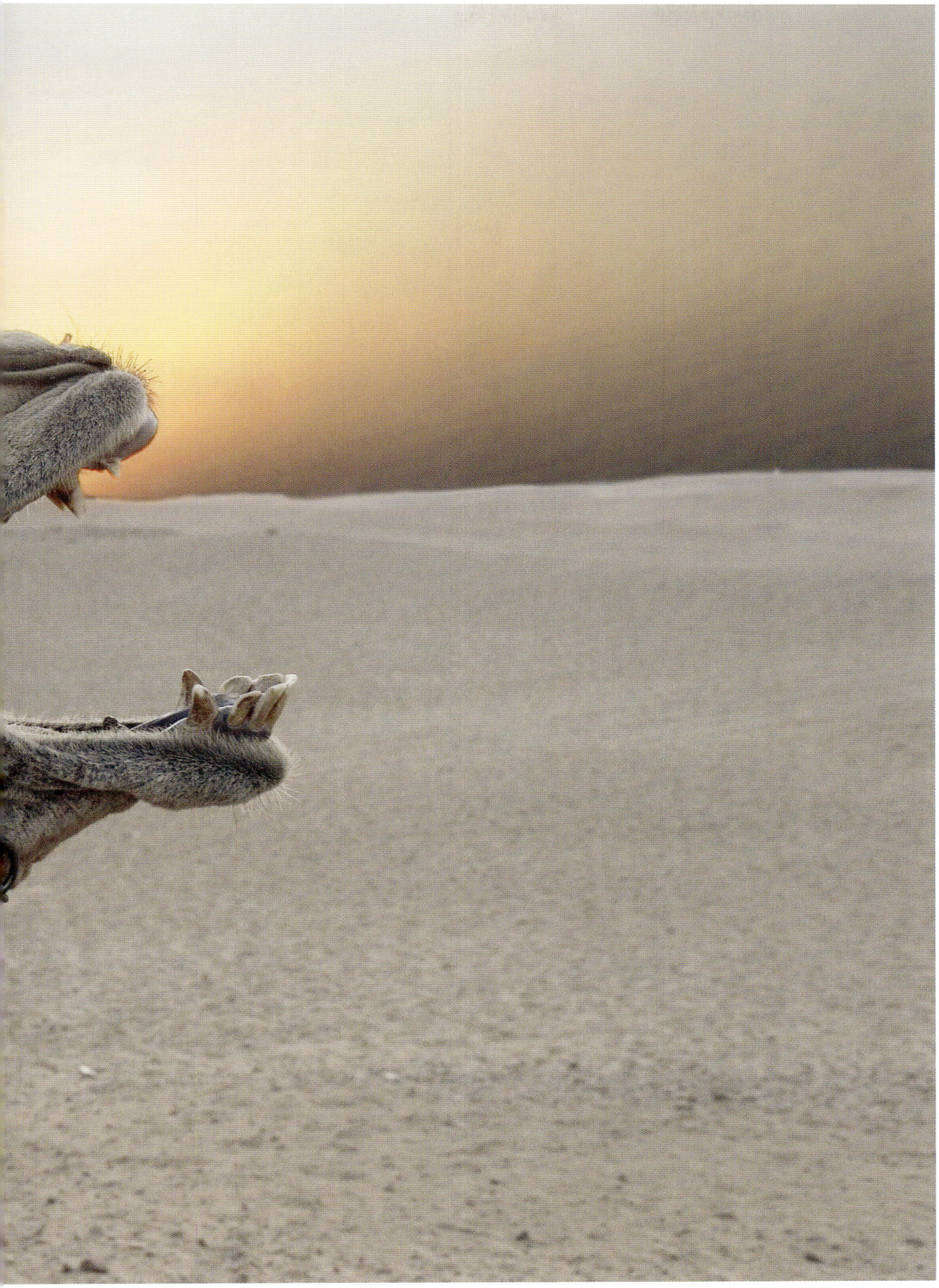

Der Schädel der Kamele ist flach und lang gestreckt, die Oberlippe gespalten, und die Nüstern sind verschließbar.

KAMELE

Obwohl die nomadische Lebensart der Vergangenheit anzugehören scheint, erfreuen sich Kamele, das traditionelle Transportmittel in Arabien, weiterhin großer Beliebtheit. Unter Saudis nehmen sie in etwa die gleiche Stellung ein, wie bei uns Katzen, Hunde und Hamster. Man redet über sie, diskutiert über Körperbau, Fellfarbe und Schnauze und bewundert ihre Bewegungen. Manche Männer besuchen täglich ihre Kamele, andere nehmen Freunde oder die Familie auf Wochenendausflüge zu den Farmen mit.

Kamele dienen heutzutage keinem besonderen Zweck mehr, dennoch sind mehrere Hundert Tieren im Besitz einer Familie nichts Ungewöhnliches. Die Attraktivsten werden gern auf Pick-ups zu Schönheitswettbewerben gekarrt, an dem Tausende der Höckertiere teilnehmen. Dem Gewinner, besser der Gewinnerin – die meisten tierischen Teilnehmer sind weiblich – winken hohe Preise. Das können schon mal 100 Autos sein. Andere Kameldamen werden in Rennen getestet (siehe VAE) oder als Hochzeitsgeschenk dargebracht. Aber man vernachlässigt auch kulinarische Traditionen nicht. Ein Babykamel als Braten gilt als nicht zu verachtendes Festmahl.

STÄDTE UND PROVINZEN

RIYADH

Aus einem kleinen Außenposten im sandigen Hochland entwickelte sich eine der am schnellsten wachsenden Städte der Welt. Seit den 1970er Jahren hat sich ihre Einwohnerzahl verdreifacht und zählt jetzt 3,7 Millionen Menschen. Sie ist Hauptstadt des Königreichs mit Regierungs-, Finanz- und Wirtschaftszentren.

Nirgendwo anders präsentiert sich der Widerspruch zwischen moderner Infrastruktur und islamischen Traditionen deutlicher. Hier Wolkenkratzer und Luxuskarossen auf mehrspurigen Autobahnen, dort schwarz gewandete, verschleierte Frauen und Männer im blütenweißen Kaftan, Thob genannt. Hier Shops mit teuersten Fashionlabels, dort die Matawwa, die Religionspolizei, die Kunden und Kaffeehausgäste zum Gebet scheucht. So konservativ und nüchtern Riyadh wirkt, es besitzt einige glamouröse Hotels, exzellente Restaurants und gemütliche Cafés. Zudem gibt es ein Nationalmuseum, das als eines der besten der Region gilt. Und nicht zu vergessen das King Fahd-Fußballstadion mit seinen dramatischen weißen „Segeln", die an Beduinen-Zelte erinnern.

Ein abendlicher Blick über das Zentrum von Riyadh. In der Mitte steht der Kingdom Tower.

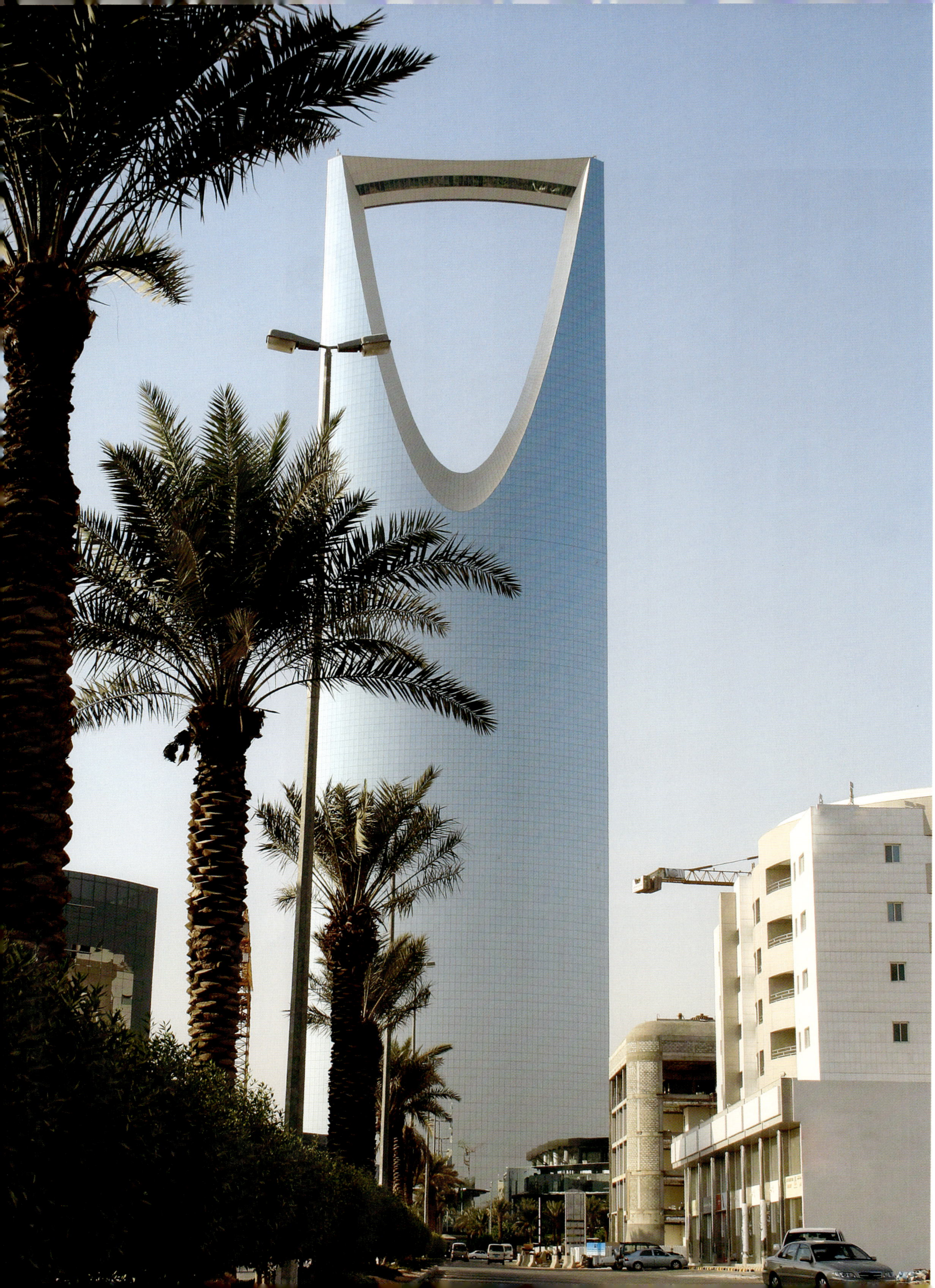

LINKE SEITE:
Das Kingdom Centre in Riyadh wurde zwischen 1999 und 2002 erbaut und ist das Wahrzeichen der Stadt.

RECHTE SEITE:
Alte Türme säumen die Altstadt von Riyadh.

menten zusammengesetzt ist. In 34 Stockwerken befinden sich ein Fünf-Sterne-Hotel, vier Gourmetrestaurants, Büros und Apartments sowie die Sky Shopping Mall und eine Aussichtsplattform.

Ein Zwillingsturm hat sich unlängst dazugesellt, der spektakuläre Kingdom Tower mit 302 m Höhe. Er wird wegen seiner ungewöhnlichen Spitze „Halskette" genannt und ist vor allen Dingen bei Nacht im Wechselspiel der Farben fulminant anzusehen. Das bemerkenswerteste architektonische Detail ist die 300 Tonnen schwere Brücke, die die beiden Türme miteinander verbindet. Highspeed-Fahrstühle sausen mit 180 km/h nach oben zur Sky-Bridge, sodass einem fast die Luft wegbleibt. Aber wenn man einmal tief durchgeatmet hat, lässt sich der Blick über Stadt und Land wunderbar genießen.

Es ist eine Stadt ohne Entertainment, so heißt es. Abgesehen von musikalischen Unterhaltungsabenden und Theatervorführungen, die die Botschaften regelmäßig organisieren, oder auch von Partys in den Vierteln der Ausländer, ist in unserem Sinne wirklich nichts los. Es gibt weder Kinos noch Clubs. Singles werden strikt nach Geschlechtern getrennt.

Saudi-Arabien

Dennoch hat die Jugend Riyadhs Mittel und Wege gefunden, untereinander Kontakt aufzunehmen, der Technik sei Dank. „Numbering" heißt die saudische Version der unauffälligen Kommunikation, die in den Shoppings-Malls gut zu beobachten ist. Mittels Bluetooth in Handys werden unauffällig Texte ausgetauscht, ohne die Nummer des Empfängers zu kennen.

Unter männlichen Teenagern ist das Cruising vor Mädchenschulen beliebt, wobei sie gern ihre Handynummern aus dem Autofenster werfen, in der Hoffnung, einen Anruf zu bekommen. Viel frequentiert werden natürlich die Chatrooms im Internet. Unterhaltung bietet auch die Straße, wo man wunderbar im Auto auf und ab jagen kann, um andere Fahrer zu beeindrucken. Und wenn alles nichts hilft: Söhne gut betuchter Eltern fliegen am Wochenende gerne mal in benachbarte liberalere Staaten, um sich dort zu vergnügen. Manche Nobelhotels können ein Lied davon singen.

Riyadhs Kamelmarkt ist für Einheimische und Reisende gleichermaßen ein faszinierender Ort. Etwa 30 km nördlich der Stadt liegt einer der größten Märkte dieser Art auf der Arabischen Halbinsel. Am späten Nachmittag finden Auktionen statt.

Im Winterhalbjahr sind im Thumamah-Distrikt, 10 km von Riyadh entfernt, donnerstags um 16 Uhr Kamelrennen angesagt. Der Markt, auf dem alles verkauft wird, was ein Kamel so braucht, ist dabei allerdings interessanter als die Rennen selbst. Auf der kilometerlangen Rennstrecke verschwinden die Teilnehmer schnell in einer Staubwolke und tauchen erst eine Viertelstunde später wieder auf. Es geht dabei einzig und allein um das Prestige des Kamelbesitzers. Wetten sind nach islamischem Recht verboten. Die Anerkennung wird den Jockeys und Trainern in Form von Autos erteilt.

Das Nationalmuseum beherbergt sowohl eine Dauerausstellung als auch Räume für wechselnde Präsentationen.

Historische Ruinen wie in Diriyyah findet man in Saudi-Arabien an vielen Orten.

DIRIYYAH

Man sollte meinen, dass Diriyyah als Stammsitz der Saud-Familie und Keimzelle der Wahhabiten seitens des Königshauses mehr Aufmerksamkeit zuteilwird. Aber das würde ihrem islamischen Konzept, worin weder Ahnen noch Autoritäten des Glaubens verehrt werden, widersprechen. Abgesehen von einigen restaurierten Bauwerken liegen die von einer Mauer umschlossenen Lehmbauten des Oasenortes in Trümmern.

Diriyyah wurde 1446 von Vorfahren der Al-Sauds gegründet und erlebte im 18. und frühen 19. Jahrhundert während des ersten Saudi-Reiches eine Blüte. Nach sechsmonatiger Belagerung eroberten und schleiften Osmanen 1818 die Stadt. Die Al-Sauds wurden nach Riyadh vertrieben.

Eine kostenlose Broschüre vom „Visitor´s Centre" erklärt die Bauwerke, die man sich auf einem Spaziergang ansehen kann. Gleich am Eingang liegt der „Palace of Salwa". Einst vier Stockwerke hoch, beherbergte er Wohn- und Verwaltungsgebäude. Hier lebte Mohammed Ibn Al-Wahhab unter dem Schutz des Emirs Mohammed Ibn Al-Saud. Die Al-Saud-Moschee gegenüber war einst mit dem Palastkomplex durch eine Brücke verbunden.

Ein halbes Dutzend ehemaliger fürstlicher Residenzen liegen entlang dem Weg: Der von Fahd, von Abdullah Bin Saud, Thunayyan Bin Saud und Mishaari. Das restaurierte Badehaus Al-Turaif hat hübsch bemalte Türen. Auch die Paläste von Nasser und Saad Bin Saud wurden wiederhergestellt, letzterer mit dekorativem Schmuck an Türmen, Mauern und Türen. Man kann davon ausgehen, dass Bauwerke Anfang des 19. Jahrhunderts diesem sehr ähnlich gewesen sind.

Interessant ist auch der Teil der restaurierten Stadtmauer, die früher 15 km lang um den Ort verlief, im Norden vom Feisal-Turm überwacht. Auf dem Rückweg zum Eingang kommt man an recht gut erhaltenen Wohnhäusern vorbei.

Die traditionelle Bauweise ist schlicht, die Wände bestehen aus Lehm, und die Türen sind filigran verziert.

NEDSCH

Das „Hochland", wie der Name übersetzt heißt, wird im Westen vom Hijaz-Gebirge begrenzt, zu den anderen drei Himmelsrichtungen von Sandwüste. Jahrhundertelang war die Region von Zwietracht zwischen unterschiedlichen Sippen geprägt, der im Laufe der Zeit fast alle Orte, Stämme und Bewohner zum Opfer fielen. Längst ist Friede eingezogen. Die größte Attraktion sind die vorislamischen Felszeichnungen von Jubba.

HAIL

Der Stammsitz der Al-Rashid-Sippe, den historischen Feinden der Al-Sauds, liegt an der alten Karawanenroute. Abgesehen von köstlichen Datteln, die hier wachsen, ist Hail als Landeplatz Hunderter Kraniche berühmt, die auf ihrem Zug gen Norden im März und April einen Zwischenstopp einlegen. Über dem Dorf erhebt sich das aus Lehm gebaute Arif-Fort, welches vor 200 Jahren als Stützpunkt und Beobachtungsposten gebaut wurde. Wohnräume, Bäder, Moschee und Lager sind leer. Von Aussichtsturm hat man einen schönen Blick über den Ort und die Landschaft. Auf dem Basar des Ortes, dem Suk, kann man Schmiede beobachten, die traditionelle Kaffeekannen produzieren. Im Winter werden hier Fagh verkauft, die schmackhaften Mittelmeertrüffel.

Wunderschöne Mosaike verzieren vor allem das Innere der Gebäude.

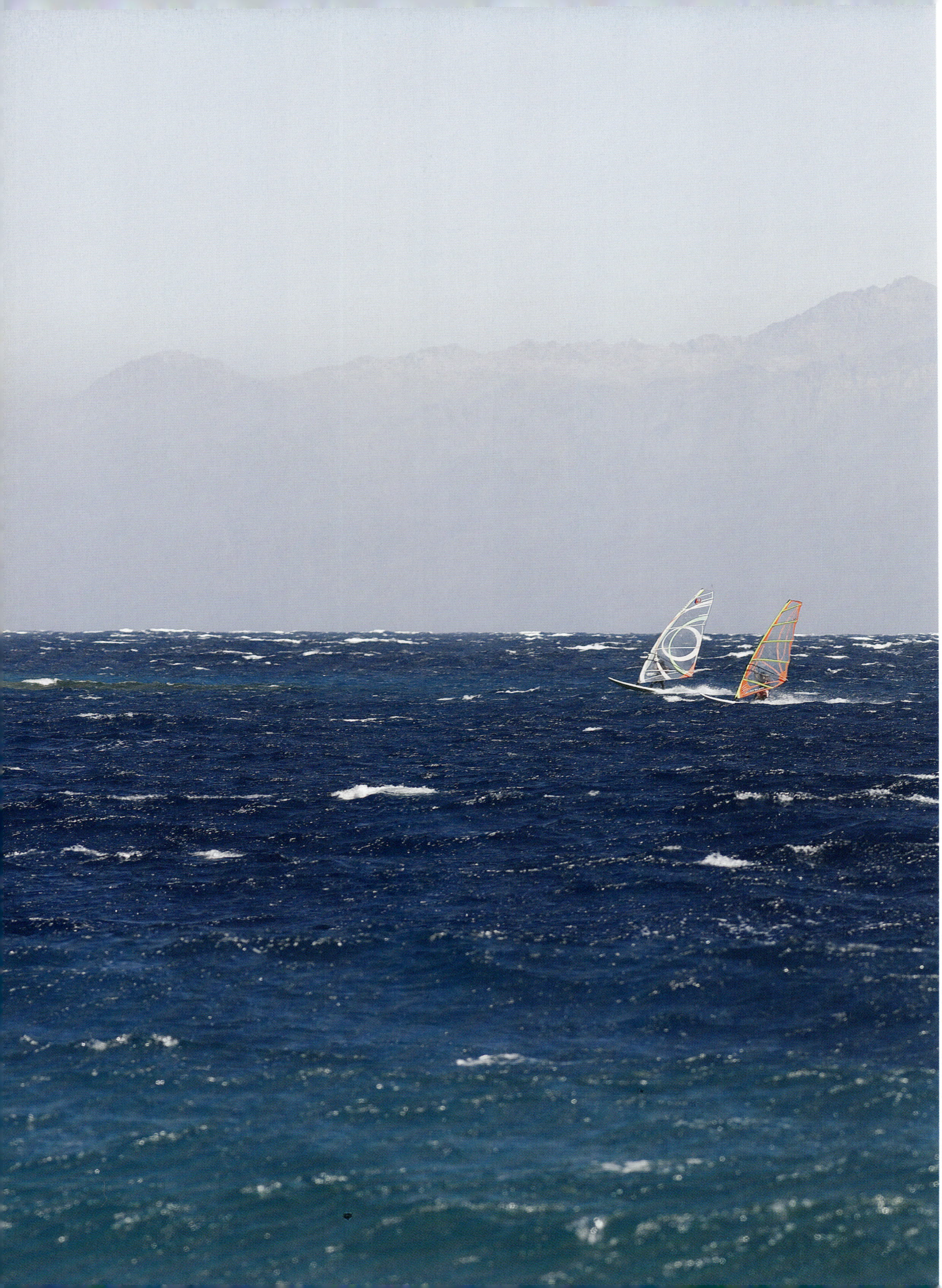

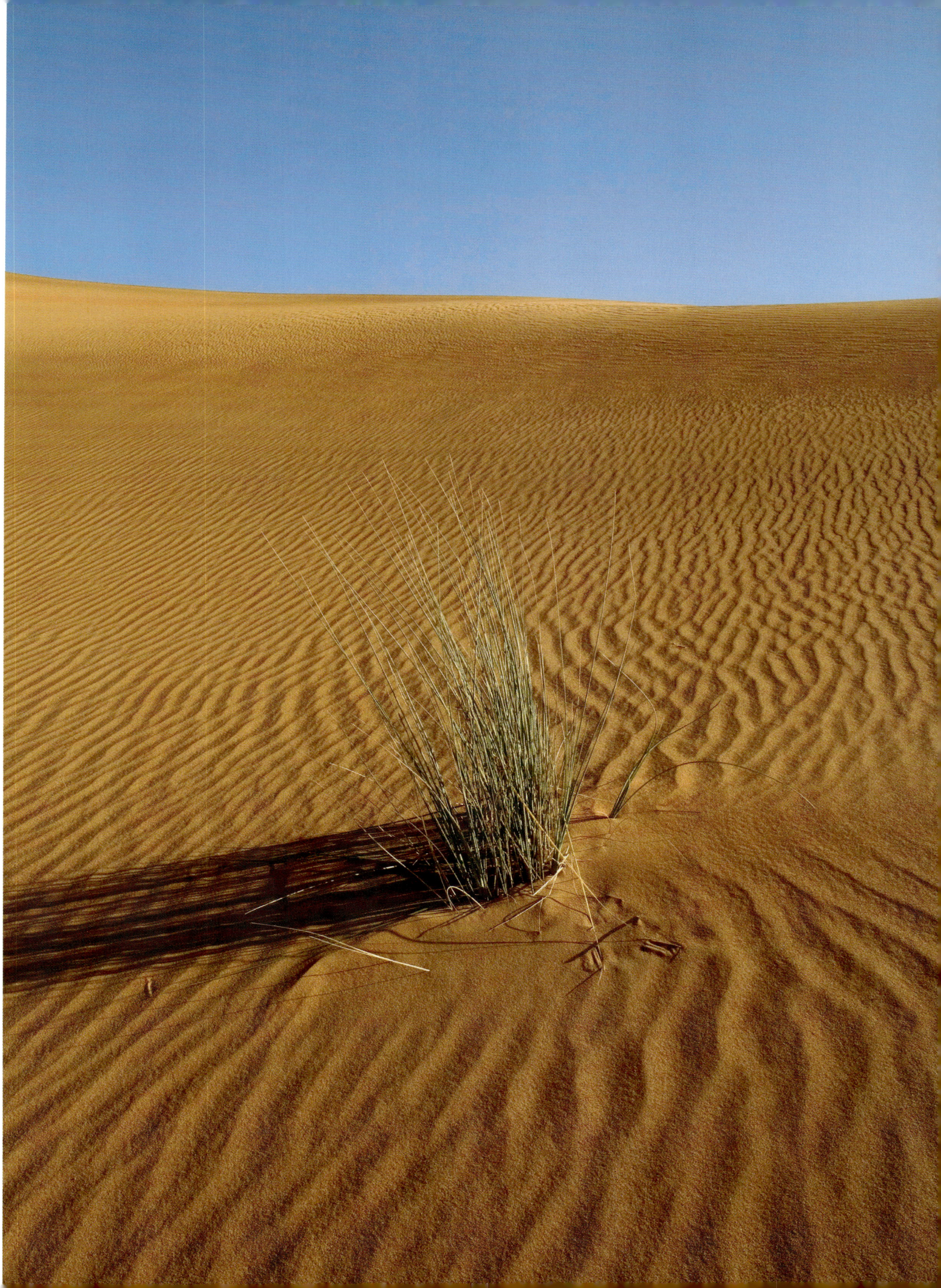

OBEN:
Beduinen bewohnen noch heute an einigen Orten die Wüste als Nomaden.

VORHERGEHENDE DOPPELSEITE:
Saudi-Arabien bietet eine Reihe von extremen Gegensätzen, Wüste und aufgewühlte See liegen oft nah beieinander.

JUBBA

Mehr als 2000 Stätten mit Felszeichnungen wurden bereits gefunden. Damit gehört Saudi-Arabien zu den reichsten Open-Air-Museen der Welt. Je älter sie sind, desto feiner sind die Linien und der Ausdruck. Die eindrucksvollsten Beispiele stammen aus dem Neolithikum und sind mehr als 7000 Jahre alt. Sie kommen aus der Epoche, als sich die Menschen von Jägern und Sammlern zu sesshaften Bauern entwickelten. Während die frühesten Motive Antilopen, Gazellen, Strauße und Steinböcke zeigen, stellen die späteren domestizierte Rinder, Kamele und Hunde dar. Weil Vergleiche fehlen, fällt es der Wissenschaft allerdings schwer, sie historisch eindeutig zuzuordnen.

Einer der zugänglichsten Orte mit Felszeichnungen ist Jubba, 100 km nordwestlich von Hail. Zu sehen sind ausdrucksvolle Steinböcke mit langen, geschwungenen Hörnern und Gruppen von gestreckten, schlanken menschlichen Figuren, die wahrscheinlich aus der Zeit vor 7000 Jahren stammen als das Klima feuchter war und mehr Wasser vorhanden. Interessant in Jubba ist auch der „Palace of Heritage" mit Museum, das eine Familiensammlung von alten Waffen, Artefakten und antiken Relikten zeigt.

HEDSCHAS

Der Name Hedschas bedeutet übersetzt „Barriere" und bezieht sich auf die Aufbruchkante, die sich am Rand des Hedschas-Gebirges erstreckt und dieses von den Plateaus des Binnenlandes trennt. Es scheint zudem eine kulturelle und historische Trennlinien zu sein, was sich auch darin ausdrückt, dass die Hedschas sehr stolz auf ihr Erbe sind und ungern mit anderen Volksgruppen in einen Topf geworfen werden.

Über den Hedschas sind seit Tausenden von Jahren Kaufleute, Händler und Pilger auf dem Weg nach Mekka und Medina gezogen. Dies ist wohl Grund genug für den vielfältigen kulturellen Mix Saudi-Arabiens. Aufgrund der natürlichen Gegebenheiten mit dem Roten Meer an der einen, bergigem Hinterland an der anderen Seite und mit der faszinierenden Altstadt von Jeddah gehört die Region zu den attraktivsten Reisezielen des Landes.

In Jeddah spürt und sieht man jederzeit die Nähe zum Wasser.

JEDDAH

Mit 3,2 Millionen Einwohnern ist Jeddah die zweitgrößte Stadt im Königreich, und sie gilt gleichzeitig als einer der größten kulturellen Schmelztiegel der arabischen Welt. Kaufleute, Händler und Pilger, Seefahrer, Soldaten und Sklaven ließen sich hier in den letzten 2000 Jahren nieder und brachten Traditionen aus der Heimat mit. Bereits in den Gesichtern der Menschen lässt sich der vielfältige Einfluss ablesen. Zudem spiegelt er sich in der liberaleren Lebenseinstellung im Vergleich zu Riyadh wieder. Dank seiner Geschichte ist Jeddah die kommerzielle Hauptstadt des Königreichs. Ein letzter Rest bewegter Vergangenheit ist im Suk Al-Alawi mit seinen schmalen hohen Häusern und Läden zu erleben, dem größten traditionellen Markt Saudi-Arabiens. Speziell im Wallfahrtsmonat Hadsch, wenn Pilger aus aller Welt die Stadt belagern, erlebt man einen Hauch des alten Arabien.

Jeddah heißt Großmutter. Eine lokale Legende besagt, dass Eva hier begraben wurde. Als Karawanenstützpunkt und Hafen wurde der Ort 646 unter Kalif Uthman offiziell zum Tor nach Mekka ernannt. Seitdem hat sich unter dem Einfluss der Pilger, die auf dem Weg in die heiligste Stadt des Königreiches unterwegs waren, der Reichtum stetig vermehrt. Vom 16. bis ins frühe 20. Jahrhundert wurde die gesamte Region Hijaz überwiegend von Osmanen kontrolliert, die ihr allerdings ein geraumes Maß an Selbstständigkeit zubilligten. 1925 übernahmen die Saudi-Wahhabiten unter dem zukünftigen König Abdul Aziz Ibn Saud die Stadt.

Vor 20 Jahren wären die historischen Viertel um ein Haar komplett der Abrissbirne zum Oper gefallen. Man besann sich aber noch rechtzeitig seines Erbes und restaurierte zumindest ein paar Bauwerke wie das Stadttor oder das Shorbathly-House.

Der klare blaue Himmel strahlt über den Dächern Jeddahs.

Eine Überraschung dürften die modernen Skulpturen und Objet d'Arts entlang der 35 km langen Corniche sein, die Jeddahs Bürgermeister Mohammed Said Farsi gesammelt hatte. Womöglich bilden sie die wertvollste permanente Open-Air-Ausstellung der Welt. Es sind Bronzen von Henry Moore darunter, Werke von Joan Miró, Eila Hiltunen, César Baldaccini und Julio La Fuente. Die Küstenstraße mit ihrer breiten Promenade ist Treffpunkt von Jung und Alt am späten Nachmittag und Abend.

Die Oase in Tabouk leuchtet farbenprächtig in der Sonne.

MADAIN SALEH & DER NORDEN

Die einstige Stadt der Nabatäer ist der wohl eindrucksvollste antike Ort in Saudi-Arabien. Zusammen mit Al-Ula und Rajajil zeugt sie von einem Reich vor mehr als 2000 Jahren, das vom heutigen Jordanien bis zum Jemen reichte. Von ihrer Hauptstadt Petra, die im 3. Jahrhundert v. Chr. gegründet wurde, begannen sich die Nabatäer auszubreiten, übernahmen im 2. Jahrhundert v. Chr. die Kontrolle über das nordwestliche Arabien und etablierten mit Madain Saleh eine zweite Hauptstadt an der Karawanenroute zwischen Petra und Mekka. Als die Römer unter Trajan 106 n. Chr. die Hauptstadt annektierten, verfiel auch Madain Saleh.

Gräber waren die einzigen steinernen Bauwerke, die die Nabatäer errichteten, während sie selbst in einfachen Lehmhäusern wohnten. 131 Grabstätten sind in Madain Saleh zu sehen, 45 davon besitzen spätaramäische Schriften über der Tür. Die moderne arabische Schrift entwickelte sich aus genau dieser aramäischen Schrift.

Die Gräber befinden sich an den Kanten gelber Sandsteinkliffs, aus denen sie herausgeschlagen wurden. Insgesamt erstrecken sich die Gräber auf 13 km, für die man einen ganzen Tag benötigt, um sie alle zu besichtigen. Es gibt mehrere Abschnitte, die man besuchen kann. Beispielsweise Qasr Al-Saleh, das mit dem Auto erreichbar ist. Hier sind die Stilelemente nabatäischer Architektur gut zu erkennen:

Der Eingang dieses Hauses ist in der traditionellen Weise mit Steinen aus der Wüste erbaut.

eine schlichte Fassade mit einem Eingang, Inschriften über der Tür, zwei Dachaufsätze, zum Teil mit Treppen, eine einfache Grabkammer mit in den Stein geschlagenen Ruhestätten für die Toten.

Etwa 750 m entfernt liegt der Abschnitt Al-Khuraymat mit den 20 am filigransten gemeißelten Gräbern. Zu erkennen sind greifvogelartige Figuren mit menschlichen Köpfen, Löwenkörpern und Flügeln. Interessant ist auch der sogenannte Diwan, der aufgrund des Namens wohl später von Ara-

2008 wurden die über 100 nabatäischen Monumentalgräber von Madain Saleh von der UNESCO als Welterbe ausgezeichnet.

bern benutzt wurde, eine nabatäische Kultstätte mit Reliefs von Götterfiguren. Das größte Grab ist Qasr Farid, ein Solitär, der aus einem allein stehenden Fels gemeißelt ist.

Aus neuer Zeit stammt die Bahnstation Hejaz, die 1907 in Madain Saleh gebaut wurde. Sie besteht aus 16 Gebäuden inklusive einer großen Werkstatt, Skeletten von Waggons und einem nachgebauten türkischen Fort, das als Ruheplatz für Pilger nach Mekka diente.

Blick in den Vorbereich einer Moschee in Saudi-Arabien. Der Aufbau der Moscheen ist regional sehr unterschiedlich, und die Räumlichkeiten sind unter anderem auch vom jeweiligen Klima abhängig gestaltet.

AL-ULA

Eines der letzten Überbleibsel eines traditionellen Dorfes an einem faszinierenden Ort: Al-Ula liegt in einem Wadi mit Hunderten Dattelpalmen und ist von rotbraunen Sandsteinklippen umgeben. Gräber und Felszeichnungen in der Umgebung belegen die etwa 2000-jährige Geschichte. Ein gut ausgestattetes Museum informiert über Geschichte, Kultur, Flora und Fauna sowie über Madain Saleh und die Nabatäer.

Das Dorf verfällt leider immer mehr. Es steht an der Stelle des früheren Dedan, das in der Bibel als Ruheplatz für Karawanen und als Handelspartner für die phönizische Stadt Tyros erwähnt wurde. Die jetzigen Backstein-Bauwerke sind mehrere Hundert Jahre alt, wobei Material von einer viel älteren Siedlung in den Mauern verbaut wurde.

Ein paar Kilometer nordöstlich von Al-Ula liegt Al-Khuraibah. Ärchäologen gehen davon aus, dass das Dorf Teil der antiken Hauptstadt des altarabischen Königreiches Lihyan war. Mehrere Gräber wurden gefunden mit Inschriften auf lihyanisch, dedanitisch und minoisch. Nordöstlich von Al-Ula ist ein lihyanitischer Opferplatz zu sehen, genannt Um Al-Daraj, Mutter der Stufe. Verwitterte Treppen führen hinauf auf den Hügel, wo Inschriften und ein paar Felszeichnungen von Menschen und Kamelen zu sehen sind.

TAYMA

Der Brunnen, der sich an diesem Ort befindet, gilt nicht nur als ältester im Königreich, er ist mit 18 m Durchmesser und 12 m Tiefe auch der größte. Wahrscheinlich reicht seine Geschichte bis in babylonische Zeit zurück. Ursprünglich wurde das Wasser mittels 60 Zugrädern geschöpft, die über Taue von Kamelen bewegt wurden. Aus dem Stein geschlagene Kanäle führten das Wasser in die Gärten der Oase, für die Tayma berühmt war. Der Brunnen wird noch heute benutzt, allerdings mittels einer elektrischen Pumpe.

Im Museum mit einer Ausstellung über den Brunnen und die Region sind auch merkwürdige Gesichter zu sehen, die auf Taymas Gräbern gefunden wurden. Deutsche Archäologen sind mit den Ausgrabungen in der Umgebung beschäftigt. Tayma war im 1. Jahrtausend v. Chr. ein wichtiger Haltepunkt für Karawanen auf dem Weg zwischen den heiligen Stätten und Damaskus.

SAKAKAH

Der abgelegene Ort sowie die mysteriösen Stelen in circa 25 km Entfernung wurde durch Lady Anne Blunt bekannt, die ihn 1879 mit ihrem Ehemann Wilfrid besuchte. Sie beschreibt dies in ihrem Tagebuch „A Pilgrimage to Nedj". Darin berichtete sie auch über die arabische Gesellschaft in der Region. Im Dorf erhebt sich eine restaurierte Festung aus dem 19. Jahrhundert. Die bis zu drei Meter hohen Stelen von Rajajil sind am Fuß gebündelt und ragen kreisförmig nach außen. Sie sind nach Sonnenauf- und Sonnenuntergang ausgerichtet und mit thamudischen Felszeichnungen geschmückt. Ihr Ursprung liegt im 3. Jahrtausend v. Chr. und geht laut Archäologen wahrscheinlich auf einen bronzezeitlichen Kult zurück, in dem astrologische Kenntnisse eine bedeutende Rolle spielten.

Palmen der unterschiedlichsten Art und Größe wachsen auf der gesamten arabischen Halbinsel.

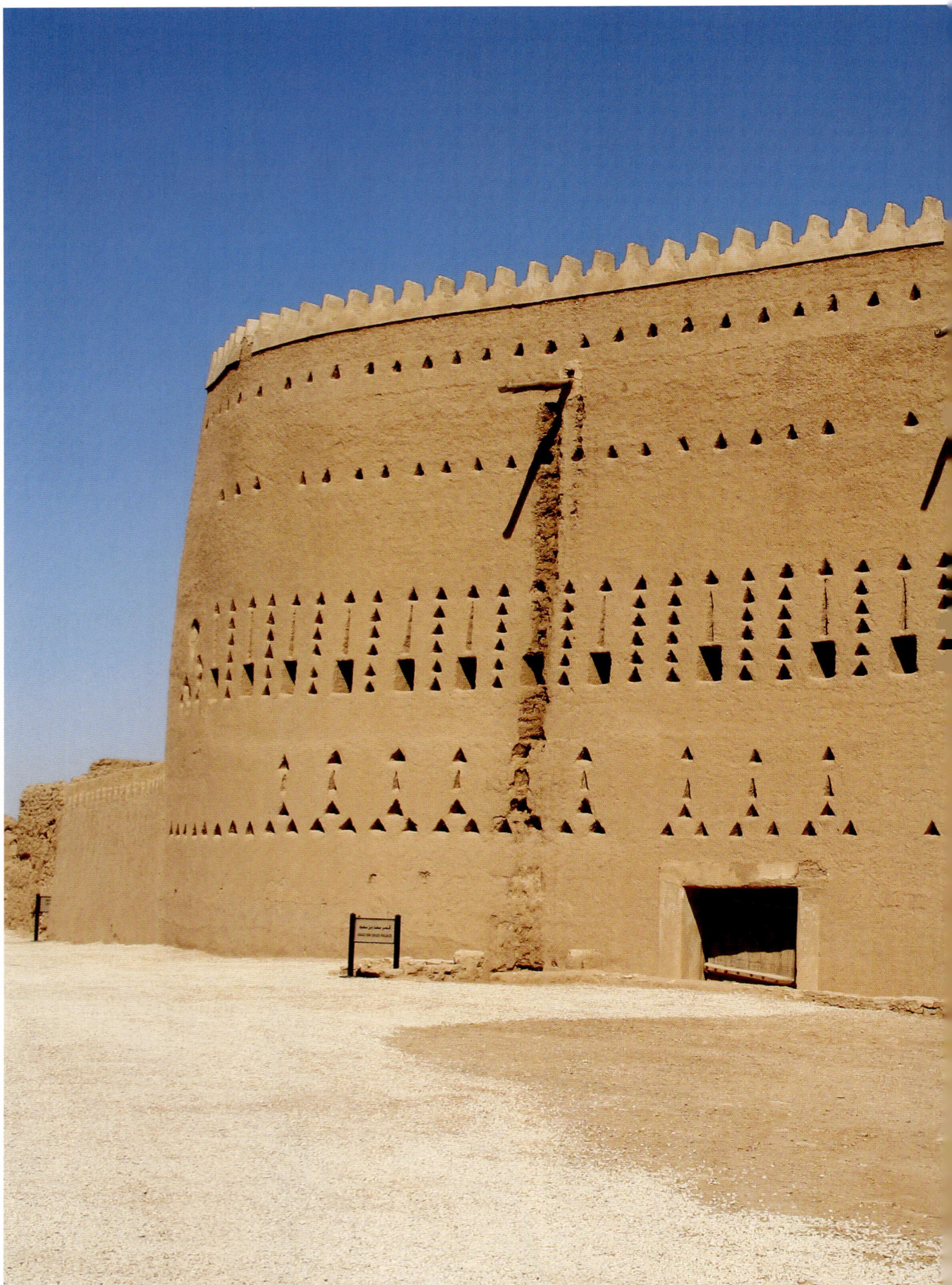

Ein alter Königspalast in traditioneller Bauweise

Saudi-Arabien 493

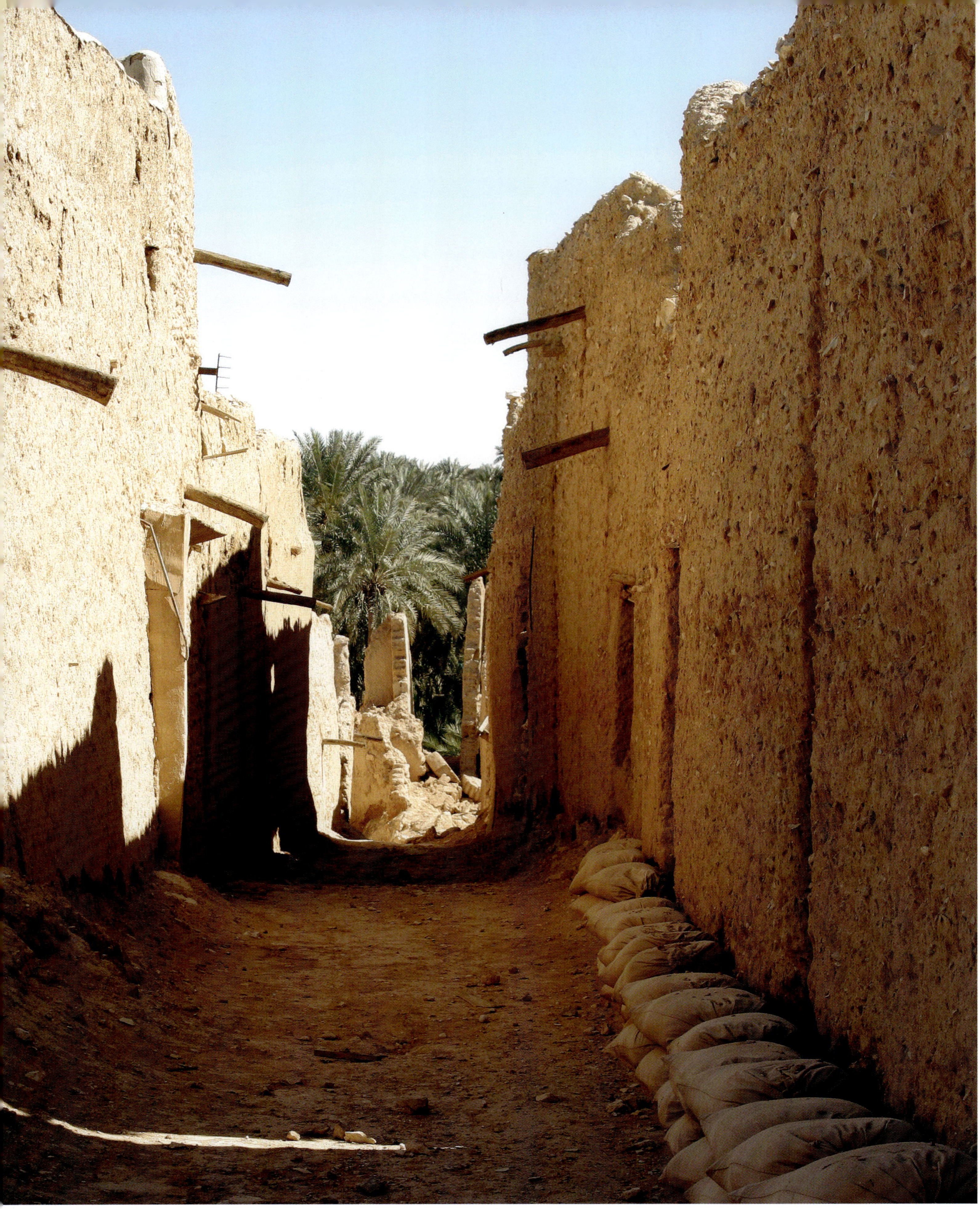

DOMAT AL-JANDAL

Die Kleinstadt besitzt eine Festung, die in römischen Chroniken des 3. Jahrhunderts n. Chr. auftaucht. Aufgrund des vorislamischen Ziegelwerks im unteren Bereich datiert man sie in die Zeit der Nabatäer. Qasr Marid wurde im 19. Jahrhundert instand gesetzt und als Regierungssitz genutzt. Bald aber bauten die Al-Rashids eine noch großartigere Trutzburg.

Domat Al-Jandal besitzt zudem eine der frühesten Moscheen in Saudi-Arabien. Sie wurde wahrscheinlich von Kalif Omar Ibn Al-Khattab gebaut, der bis 644 regierte, und nach ihm benannt. Ihr allein stehendes Minarett, das sich nach oben verjüngt, stammt noch vom Vorgänger-Bauwerk und könnte bereits vor Mohammeds Zeiten als Wachturm genutzt worden sein. Die Ruinen des alten Viertels an der Moschee weisen mittels nabatäischer Schriften in einigen Steinen darauf hin, dass die Siedlung eine 2000-jährige Geschichte besitzt.

HISMA-REGION

Das höchste Gebirge im nordwestlichen Gebiet des Königreichs mit Gipfeln bis in 2500 m Höhe erstreckt sich mit seinen Ausläufern bis zur jordanischen Grenze. Frühgeschichtlich ist es eine höchst interessante Region, weil sie zahlreiche Relikte der Nabatäer beherbergt. Ihre außergewöhnliche Ge-

OBEN:
Ein verstecktes Wüstendorf in Saudi-Arabien

LINKE SEITE:
Enge Gassen durchziehen die halb verfallenen Ortschaften in der Wüste Saudi-Arabiens.

RECHTE SEITE:
Die Minarette der Moscheen recken sich in allen Teilen des Landes in den Himmel.

schicklichkeit, haltbare Bewässerungsanlagen aus Gräben, Kanälen und Brunnen zu bauen, zeigt sich darin, dass diese bis zum heutigen Tag teilweise noch benutzt werden.

Im antiken Ort Madyhan-Magabir Shuaib (Klein Madain Saleh) befinden sich 30 gut erhaltene Nabatäer-Gräber, die in einen Felshügel geschlagen wurden. Bis 500 n. Chr. war es eine Siedlung von Bauern, die nach 20 Jahre langer Trockenheit weiter in den Norden zogen, wo der Boden fruchtbarer war. Am Ende des Wadi Al-Afal liegt Al-Bad, von Ptolemäus „Al-Uyayhnah" genannt. Gräber und Siedlungsreste beweisen seine mehr als 2000-jährige Geschichte.

Weitere 6000 Jahre älter sind Felszeichnungen und Inschriften am Jebel Al-Jaws, dem mit 2578 m höchsten Berg im nördlichen Arabien, und die thamudischen, nabatäischen und frühislamischen Inschriften. Mehr als 100 Stellen mit ausdrucksvollen Felszeichnungen von Menschen und Tieren im Wadi Dam gehen ebenfalls bis in die Steinzeit zurück.

PROVINZ ASIR

Die Kraftanstrengung, mit der einst die Karawanen das Gebirge überwanden, gab ihm und der Region den Namen: Asir heißt „schwierig". In dem kulturell enger mit Jemen als mit dem Rest Saudi-Arabiens verwandten, hoch gelegenen Tälern findet man reich dekorierte Bauwerke aus Stein, Schiefer und Lehmziegeln, aber auch Wälder – dem Lebensraum von Pavianen – und steil zur Küstenebene abfallende Kliffs. In der Region am Roten Meer stehen immer noch traditionelle, konisch geformte Hütten, die vom Einfluss Afrikas zeugen. Rund um Abha sieht man noch die berühmten „Blumenmänner", die ihr Haupt mit Blumenkränzen schmücken.

UNTEN:
Auf den arabischen Märkten weht der Duft geheimnisvoller Gewürze durch die Gänge und über die Plätze.

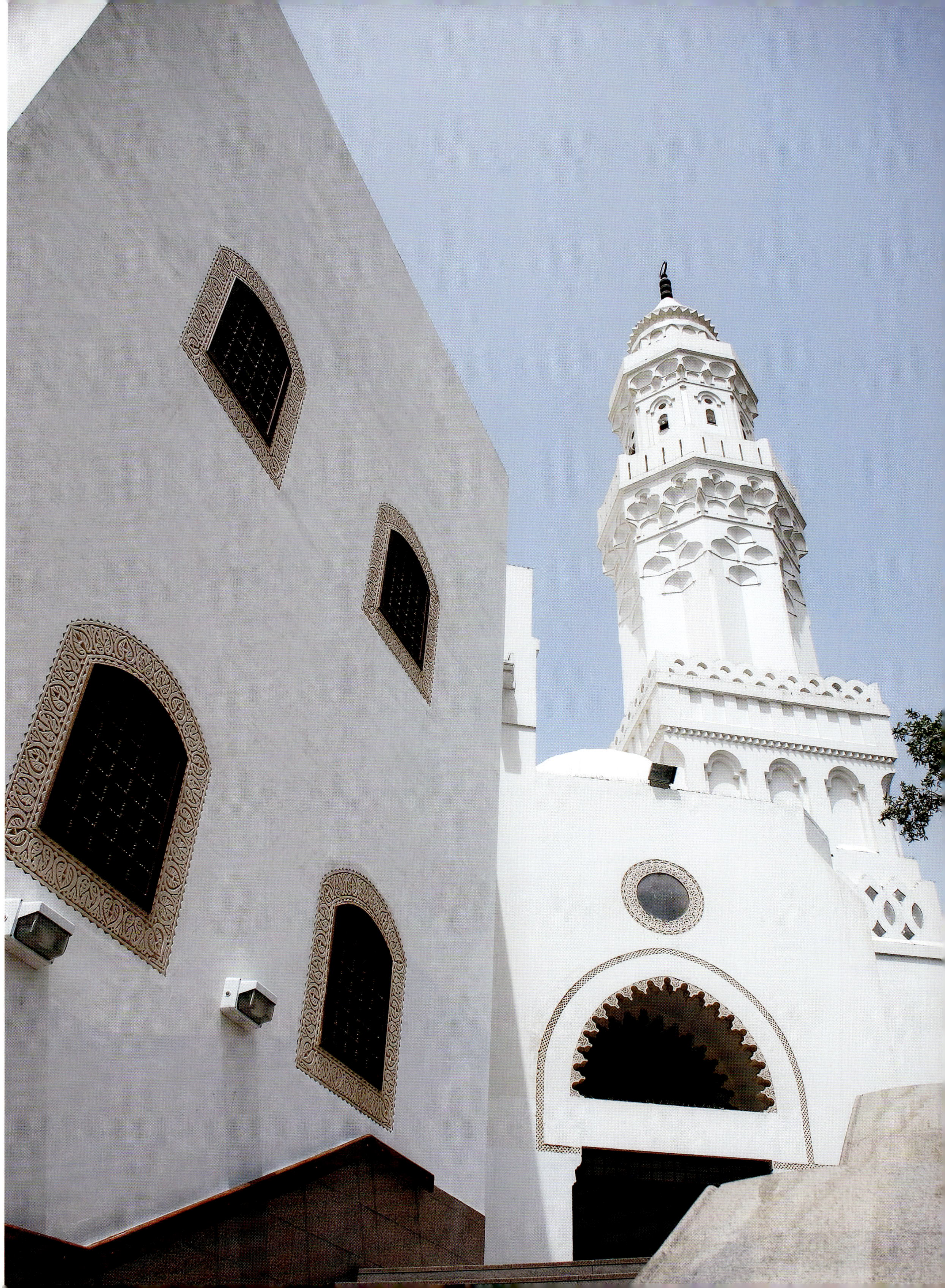

Am Roten Meer wird seit 2005 eine neue Stadt aus dem Boden gestampft: Die King Abdullah Economic City wird sich über 168 Quadratkilometer ausdehnen und Heimat für etwa 2 Millionen Menschen bieten.

ABHA

In dem 163 000-Einwohner-Ort Abha auf 2200 m Höhe herrscht angenehm kühles Klima. Nebel, Hagel und Regen sind allerdings auch nicht ungewöhnlich, vornehmlich in den Sommermonaten. Abgesehen vom Shada Palace, 1927 als Residenz für den saudischen Gouverneur gebaut und eines der wenigen alten Gebäude, ist der Markt Lockmittel für Einheimische und Touristen. Hier werden Kunsthandwerk, Goldschmuck und viele Gewürze, Kräuter und Duftessenzen verkauft. Einige der am besten erhaltenen traditionellen, schmuckreichen Häuser aus Lehm und Stein stehen nahe der Großen Moschee und dem Rathaus.

Südwestlich der Stadt liegt der Asir-Nationalpark mit atemberaubenden Landschaften, die erste Einrichtung dieser Art in Saudi-Arabien. Über eine Fläche von 4500 Quadratkilometern erstreckt er sich von der Küste über Kliffs und knapp 3000 m hohe Berge bis zur Wüste im Osten. Al-Soudah, der „Schwarze", benannt angeblich nach den düsteren Wolken, die häufig die Gipfel umspielen, ist als touristischer Anziehungspunkt mit einer Seilbahn erreichbar.

Der Name könnte aber auch von den uralten dunklen Wacholderbäumen stammen, die hier wachsen. Leider sind bereits viele abgestorben und der Boden durch Erosion ausgewaschen. Grund dafür ist die zu starke Belastung durch lokale Ausflügler und Touristen. Sie fügen der dünnen Schicht

Muttererde einen derartigen Schaden zu, dass die Nahrungskette für die Bäume unterbrochen wird. Al-Soudah liegt dicht am Gipfel des Jebel Soudah, dem mit 2910 m höchsten Berg im Königreich. Seine steilen Klippen und tiefen Täler machen den Park sehr spektakulär.

NAJRAN

Die von Bergen umrahmte Oase, die sich fast 30 km entlang eines Wadis erstreckt, ist aufgrund ihrer traditionellen Lehmziegelbauwerke höchst sehenswert. An diesen Turmhäusern zeigt sich die enge kulturelle Verbundenheit mit Jemen. Senkrecht aus Gärten, Feldern und Palmenhaine aufsteigend, sind sie aus luftgetrockneten Lehm- und Strohziegeln errichtet. Manche sind weiß verputzt, andere um ihre großen Fenster und Türen herum bunt bemalt. Mit ihren halbrunden Fenstern im obersten Stockwerk, die nicht selten mit farbigem Glas ausgefüllt sind, gleichen sie, wenn das Licht abends im Haus brennt, riesigen Laternen.

Das Najran-Fort mit seinen insgesamt 60 Räumen ist der architektonische Höhepunkt im gesamten Komplex. Im Innern befinden sich eine Moschee, ein artesischer Brunnen aus vorislamischer Zeit und das zweistöckige Prinzenhaus. Es ist über eine Brücke mit dem Eingang der Trutzburg verbunden und führt zu den Audienzsälen.

RECHTE SEITE:
Der King Fahd Causeway verbindet Saudi-Arabien mit dem Inselstaat Bahrain. Der Damm, der in den 80er Jahren gebaut wurde, ist 26 km lang.

UNTEN:
Leere Fässer zeugen auch mitten in der Wüste vom Hauptindustriezweig des arabischen Staates.

AL-UKHDAD – AUSGRABUNGSSTÄTTE UND MUSEUM

Al-Ukhdad war vor 2000 Jahren und früher einer der wichtigsten Orte an der Karawanenroute, auf der Weihrauch und Myrrhe aus dem heutigen Jemen und dem südlichen Oman über die Arabische Halbinsel bis zum Mittelmeer und Mesopotamien transportiert wurden. Nachdem es zunächst durch Wegzölle zu großem Reichtum gekommen war, erfuhr es seinen Niedergang, da die Duftharze einerseits immer öfter über das Rote Meer geschifft wurden und andererseits durch die Christianisierung des Römischen Reiches weniger gebraucht wurden.

Im Koran wird der Ort als Stätte des Massakers an Christen genannt, welches im Jahre 525 stattgefunden hat. Seine Bewohner wurden nach der Kapitulation vor dem letzten Himjaren-König Dhu Nawas vor die Wahl gestellt, entweder zum Judentum zu konvertieren oder ins Feuer geworfen zu werden. Sie wählten das Feuer und wurden in den brennenden Graben geworfen, der bis heute zu sehen ist. Archäologen haben Beweise eines Brandes gefunden – eine Tatsache, die den Wahrheitsgehalt der Geschichte stützt.

Al-Ukhdads Ausgrabungen bedecken eine Fläche von fünf Quadratkilometern. Es sind die etwa 1400 Jahre alten Ruinen der antiken Stadt und die Befestigungsanlagen zu sehen. Die Ausstellung im Museum beschäftigt sich mit der Geschichte und der Kultur der Region. Ausgrabungsfunde wie Keramiken und südarabische Inschriften des 2. Jahrtausends v. Chr. werden durch die Informationstafeln ergänzt.

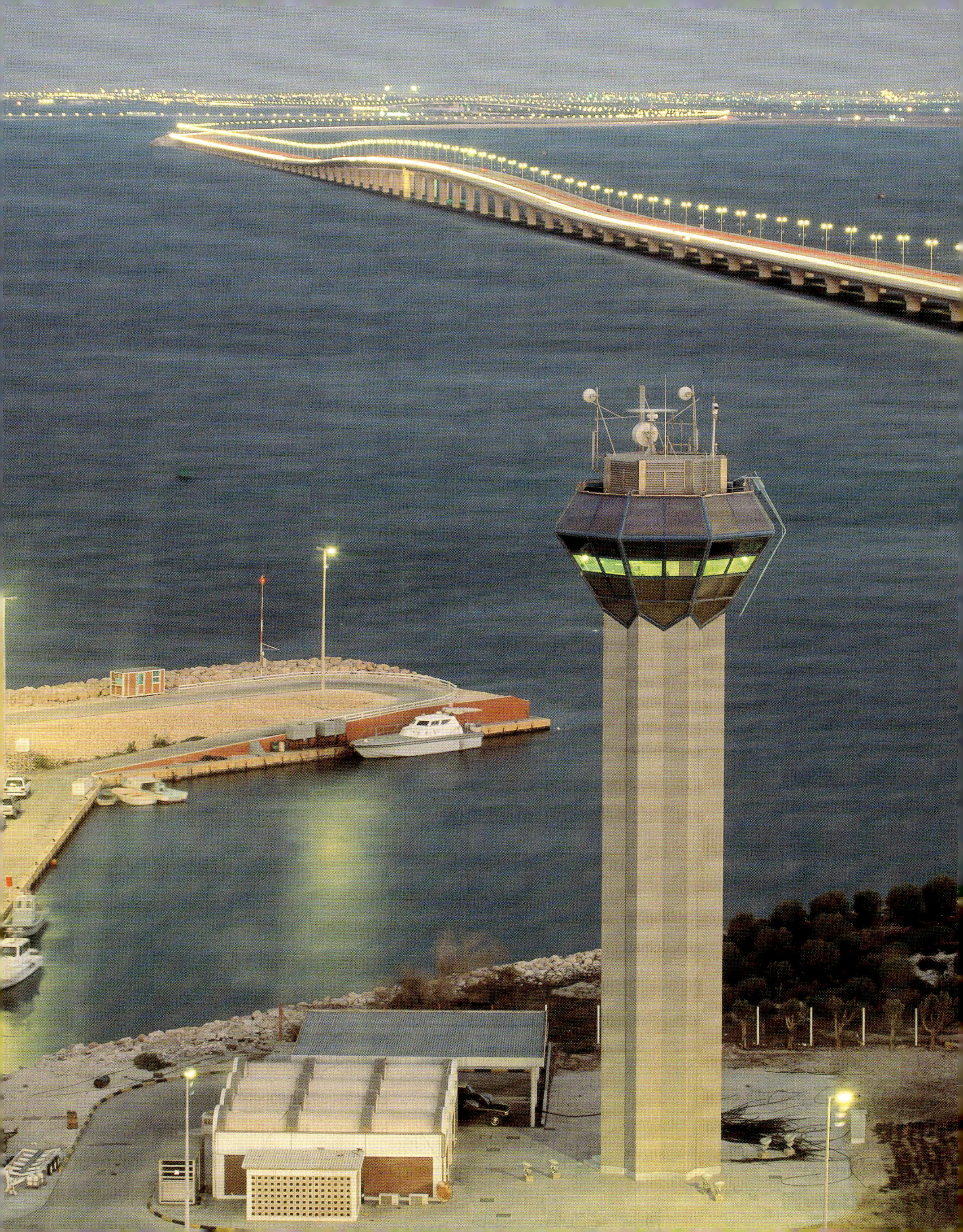

Am Arabischen Golf geht die Sonne hinter einem der klassischen Boote der Region unter.

RUB AL-KHALI – DAS LEERE VIERTEL

780 000 Quadratkilometer ist Rub Al-Khali, die größte Sandwüste der Erde, groß. In lang gestrecktem Schlangenmuster haben sich Dünen bis 300 m Höhe formiert und präsentieren sich je nach Mineralgehalt und Sonnenstand von vanillegelb über pink bis orangerot. Nach dem 11. September 2001 wurden Off-Road-Exkursionen in die Wüste ohne Genehmigung des Innenministeriums verboten. Legal ist der Besuch der „Uruq Bani Ma´arid Protected Area", ein Schutzgebiet 222 km nördlich von Najran. Dort sind spektakuläre Dünenmeere zu bewundern und im Morgengrauen oder zum Sonnenuntergang mit viel Glück auch Gazellen und die fast ausgestorbene Oryxantilope.

ÖSTLICHE PROVINZ

Die flache Region ist im wahrsten Sinne des Wortes Saudi-Arabiens Quelle des Reichtums, denn dort ist die Ölindustrie angesiedelt. Satellitenstädte wie Dammam, Al-Khobar und Dhahran entwickelten sich in den letzten 40 Jahren von kleinen Orten zu Industriestädten. In dieser Provinz erstreckt sich aber auch die wohl größte Oase der Erde, Al-Hasa, in der mehrere Millionen Dattelpalmen stehen.

Zur Oase gehört Al-Hofuf mit 326 000 Einwohnern und einem der letzten traditionellen Suks in Saudi-Arabien. Nachdem dieser 2001 bei einem Großfeuer zerstört wurde, ließ König Abdullah ihn im Originalstil wieder aufbauen. Der Ibrahim-Palast, dessen Al-Quba-Moschee 1571 gebaut wurde, ist nicht unbedingt einfühlsam renoviert. Die restlichen Bauwerke stammen aus dem frühen 19. Jahrhundert. Interessant sind die hohen Türen der Ställe, die es den Reitern ermöglichten, hoch zu Ross oder Kamel hineinzureiten.

Saudi-Arabien

Vereinigte Arabische Emirate

VEREINIGTE ARABISCHE EMIRATE

DAS LAND

Die VAE, wie sie kurz genannt werden, auf Arabisch Al-Imarat al-Arabiya al-Muttahida, sind seit 1971 ein Zusammenschluss von sieben Emiraten: Abu Dhabi, Dubai, Sharjah, Fujairah, Ras Al-Khaimah, Ajman und Umm Al-Qaiwain. Sie bedecken im Osten der Arabischen Halbinsel eine Fläche von 83 600 Quadratkilometern, teilen sich mit Oman die Halbinsel an der Straße von Hormuz, grenzen an den Arabischen bzw. Persischen Golf, an den Golf von Oman und im Süden an Rub Al-Khali, das „Leere Viertel", und Saudi-Arabien.

Der Jachthafen von Dubai ist in jeder Hinsicht beeindruckend.

In allen Emiraten ist der Landesname mit dem der Hauptstadt identisch. Die Kapitale der Föderation ist Abu Dhabi, ihr Herrscher ihr Präsident. Abu Dhabi ist mit Abstand das größte Emirat und dank seiner Erdölreserven auch das reichste. Insgesamt nimmt es 85 % der Gesamtfläche der VAE ein.

Dubai, wichtigste Handelsmetropole der VAE, ist das bekannteste Emirat unter allen. Seine Herrscherdynastie hat es in den letzten 15 Jahren verstanden, sich durch Megaprojekte – seien es der Hotelturm Burj Al-Arab, die künstlichen Palmeninseln oder auch seine stetig expandierende Airline Emirates – weltweit einen Namen zu machen.

Es ist wohl eines der berühmtesten Hotelensembles der Welt: das Jumeirah Beach Hotel mit seinem Jachthafen und das Hotel Burj Al-Arab.

Bis weit in die 1970er Jahre gab es, bis auf einige Küstensiedlungen und Oasen im Landesinneren, nicht viel mehr als Sand, platte Schotterwüste und Salzmarschen. Im Osten werden die VAE vom bis zu 2134 m hohen Felsengebirge des Hajar begrenzt, im Süden vom Dünenmeer des Rub Al-Khali. Im Verhältnis zu ihrer Landmasse haben die VAE eine relativ lange Küstenlinie.

Im Westen misst diese 750 km, die durch künstliche (Halb-)Inseln inzwischen um etwa 500 km verlängert wurden. Im Osten erstreckt sie sich am Golf von Oman über 75 km und verschafft den Emiraten damit Zugang zum Indischen Ozean.

Das Gebirge zwischen beiden Teilen zwang die Bewohner früher dazu, Handel und Kommunikation weitgehend über das Meer denn über Land abzuwickeln. Diese Situation und die Tatsache, dass die Bewohner vor der Entdeckung der Öl- und Gasreserven überwiegend vom Fischen und Perlentauchen, vom Seehandel und der Seeräuberei lebten, erklärt auch, weshalb sich die wichtigsten Siedlungen an der Küste entwickelt haben.

Inzwischen verbinden vier- und sechsspurige Autobahnen Emirate und Küsten, Städte und Oasen. In einigen Regionen wurde auf großräumigen künstlich bewässerten Flächen Acker- und Weideland geschaffen, wie in den Liwa-Oasen und in Al-Ain, Al-Dhaid und Ras Al-Khaimah. Heute ist die Selbstversorgung mit vielen Feldfrüchten gewährleistet.

Auch exzellente Ausbildungsstätten und erstklassige Hospitäler wurden eingerichtet. Dazu existiert eine vorbildliche touristische Infrastruktur, vornehmlich in Dubai. In den anderen Emiraten befinden sich diesbezügliche Projekte bereits in der Bauphase.

Luftbild der Wüste zwischen Dubai und Al-Ain

Die sprunghafte Entwicklung der VAE hat dafür gesorgt, dass die Landesbewohner heutzutage alle Annehmlichkeiten des modernen Lebens genießen können. Die derzeitige Volkszählung wird schätzungsweise fünf Millionen Einwohner ergeben, wobei etwa 80 % der Bevölkerung Ausländer sind. Dies sind Fremdarbeiter, auch Expatriates genannt, die eine gewisse Zeit in den VAE tätig sind, und Ausländer, die sich bereits vor vielen Jahren angesiedelt haben. Das entspricht einem der höchsten Ausländeranteile der Welt.

GESCHICHTE

Im Dezember 1971 wurde die Konföderation der Vereinigten Arabischen Emirate gegründet. Nur wenige Monate zuvor hatten sich die Staaten Qatar und Bahrain gebildet. Obwohl die Formung dieser Nationen der jüngeren Geschichte angehört, reichen ihre politischen Ursprünge bis zum Beginn des 18. Jahrhunderts zurück.

Der Eingang zum Al-Fahidi-Fort in Dubai mit einer Dau davor.

Durch die Lage nah am Wasser gibt es ein recht reges Leben in den Häfen.

Während an der nördlichen Golfküste der seefahrende Stamm der Qasimi ihre Handelsrouten jahrhundertelang gegen „Ungläubige" verteidigte, kamen die Bani Yas, die die Liwa-Oasen im Landesinneren bewohnten, erst in der zweiten Hälfte des 18. Jahrhunderts an die Küste von Abu Dhabi.

Ausgrabungen belegen allerdings, dass die Region bereits 3000 v. d. Z. von einer bislang unbekannten Zivilisation bewohnt war. Sitten und Gebräuche der damaligen Bevölkerung wurden stark vom Handel mit Mesapotamien, dem heutigen Irak, und Indien beeinflusst. Auch die Griechen hinterließen Spuren. Handel und Seefahrt sorgten für einen regen Austausch von Waren. Jahrhundertelang dienten die Stämme des Golfes als Mittelsmänner zwischen Indien, China und dem Mittelmeergebiet.

Ruinen bzw. Begräbnisstätten wie Dilmun im heutigen Bahrain, Umm Al-Nar und Hili in Abu Dhabi oder Shimal und Julfar im heutigen Ras Al-Khaimah weisen auf gut strukturierte Kulturen hin sowie auf Epochen großen Reichtums. Marco Polo notierte im 13. Jahrhundert in sein Tagebuch: Wenn die Welt ein Ring wäre, dann wäre Hormuz sein Juwel.

Es gelang weder dem Osmanischen Reich noch den Persern, der Piraterie im Golf und Indischen Ozean Herr zu werden. Ebenso wenig gelang dies den Portugiesen, die bis etwa 1650 in der maritimen Region dominierten, noch der holländischen und britischen East India Company, für die die Freibeuter eine ständige Bedrohung darstellten.

Im Verlauf des 18. Jahrhunderts siedelten sich Beduinenstämme aus dem Landesinneren an der Küste an. Die Scheichtümer Umm Al-Qaiwain, Ajman und Sharjah entstanden. Auch ein Zweig der mächtigen Bani Yas, die Al-Bu Falah, ließ sich auf der Insel nieder, auf der sich dann Abu Dhabi entwickelte.

Zu Beginn des 19. Jahrhunderts erreichte die Seeräuberei ihren Höhepunkt. Die Wahhabiten Saudi-Arabiens stachelten die Stammesfürsten der Küstenvölker gegen die Nicht-Moslems an. Es kam zu systematischen Überfällen auf die Handelsrouten der Europäer. Das Zentrum der Piraten lag in Ras Al-Khaimah, das über eine Kaperflotte von 880 Schiffen und 19 000 Mann Besatzung verfügte.

Erst die Briten konnten sich erfolgreich gegen die Golfstämme durchsetzen, indem sie mithilfe des Sultans von Oman die Kaperflotte ausradierten. 1806 schlossen sie mit der Dynastie der Qasimi einen Waffenstillstandsvertrag, der ihnen freien Zugang zu den Häfen zwischen „Surat und Bengalen" zusicherte. Die Al-Qasimi wiederum respektierten Besitzrechte und Flagge der Ostindischen Kompanie.

1820 unterzeichneten Großbritannien und die Oberhäupter der Golfdynastien einen Friedensvertrag, dem sich 1835 die Scheiche von Sharjah, Dubai, Ajman und Abu Dhabi anschlossen. Dieser Vertrag wurde wiederholt verletzt und neu formuliert, bis schließlich 1853 ein „ewiger" Waffenstillstand („Truce") die britische Oberhoheit und Kontrolle über die Golfregion sicherstellte. Die inneren

Ein Hof des Museumsdorfes Hatta im Emirat Dubai

Der Gebetsraum der Sheikh Zayed Bin Sultan Al-Nahjan-Moschee besticht durch seine Größe und Pracht.

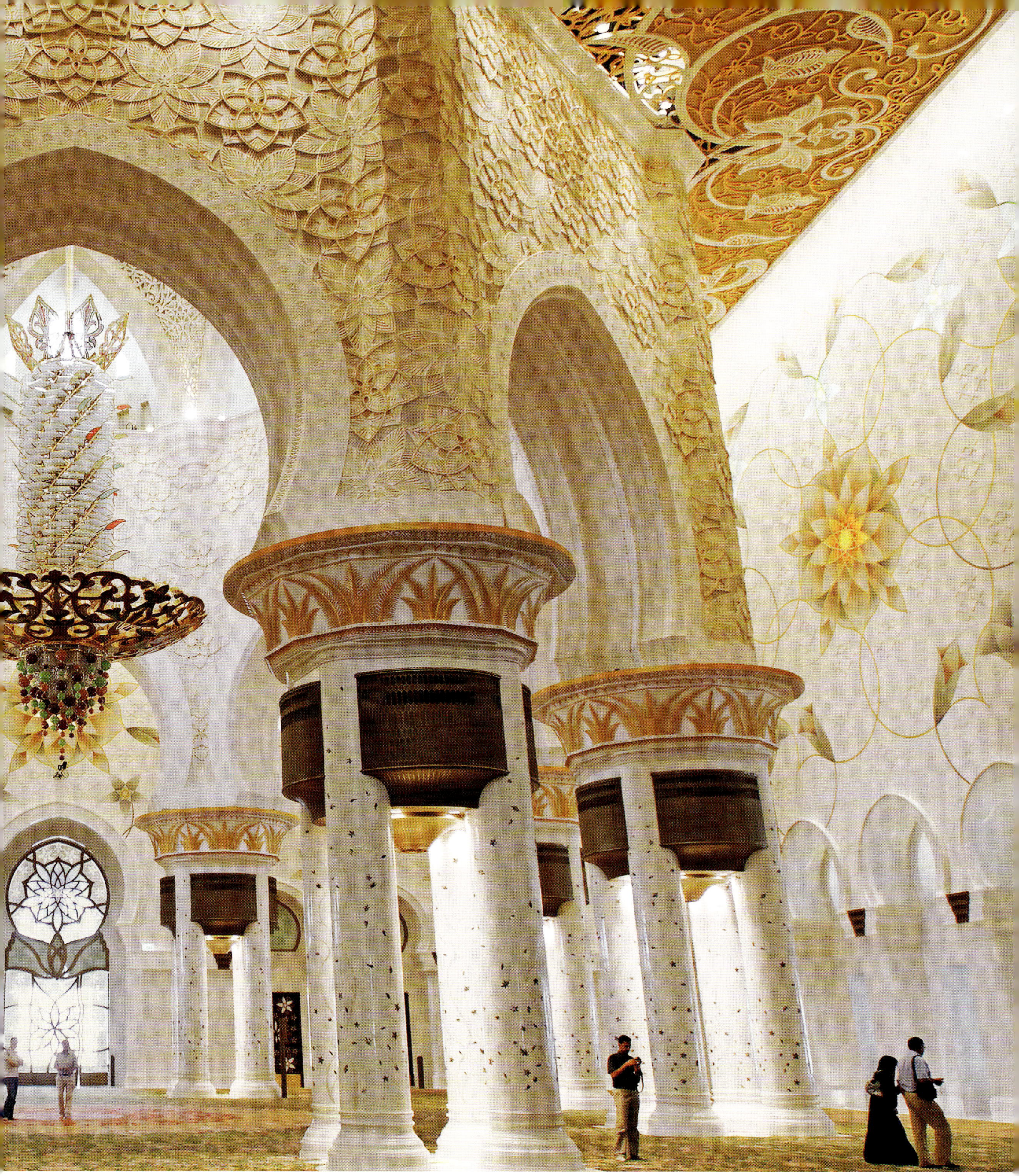

OBEN:
Die Dachkonstruktionen am Hafen von Dubai setzen der Fantasie keine Grenzen.

RECHTE SEITE:
Die Märkte sind in den Vereinigten Arabischen Emiraten erheblich geordneter, und die angebotenen Produkte kommen westlichen Standards sehr viel näher als in vielen anderen Staaten der Arabischen Halbinsel.

Strukturen der Stämme und die traditionellen Verbindungen zwischen ihnen blieben dabei weitgehend unangetastet. Dieser Vertrag bildete 1971 eine der Grundlagen für die Bildung der VAE.

Wichtigster Nebeneffekt des Vertrages war die Machtbeschränkung der Al-Qasimi und der Aufstieg der Beduinen-Dynastie Bani Yas, die sich etwa 50 Jahre vorher für eine Verlegung ihres Hauptsitzes von den im Inland gelegenen Liwa-Oasen an die Küste nach Abu Dhabi entschieden hatte. Ab Anfang des 20. Jahrhunderts wurden die Zusammenkünfte der Stammesfürsten der „Trucial States" vom Herrscher Abu Dhabis geleitet. Bis heute regiert der Emir von Abu Dhabi die VAE als Präsident.

Da die Trucial States für die Briten nur von strategischer Bedeutung für ihre Handelsroute nach Indien waren, mischten sie sich kaum in die interne Politik des Staatenbündnisses ein. Erst 1939, als das Interesse an dem Ölvorkommen, das in dieser Region vermutet wurde, und an Lande- bzw. Überflugrechten für die zivile Luftfahrt stieg, setzte die britische Krone einen politischen Offizier in Sharjah ein.

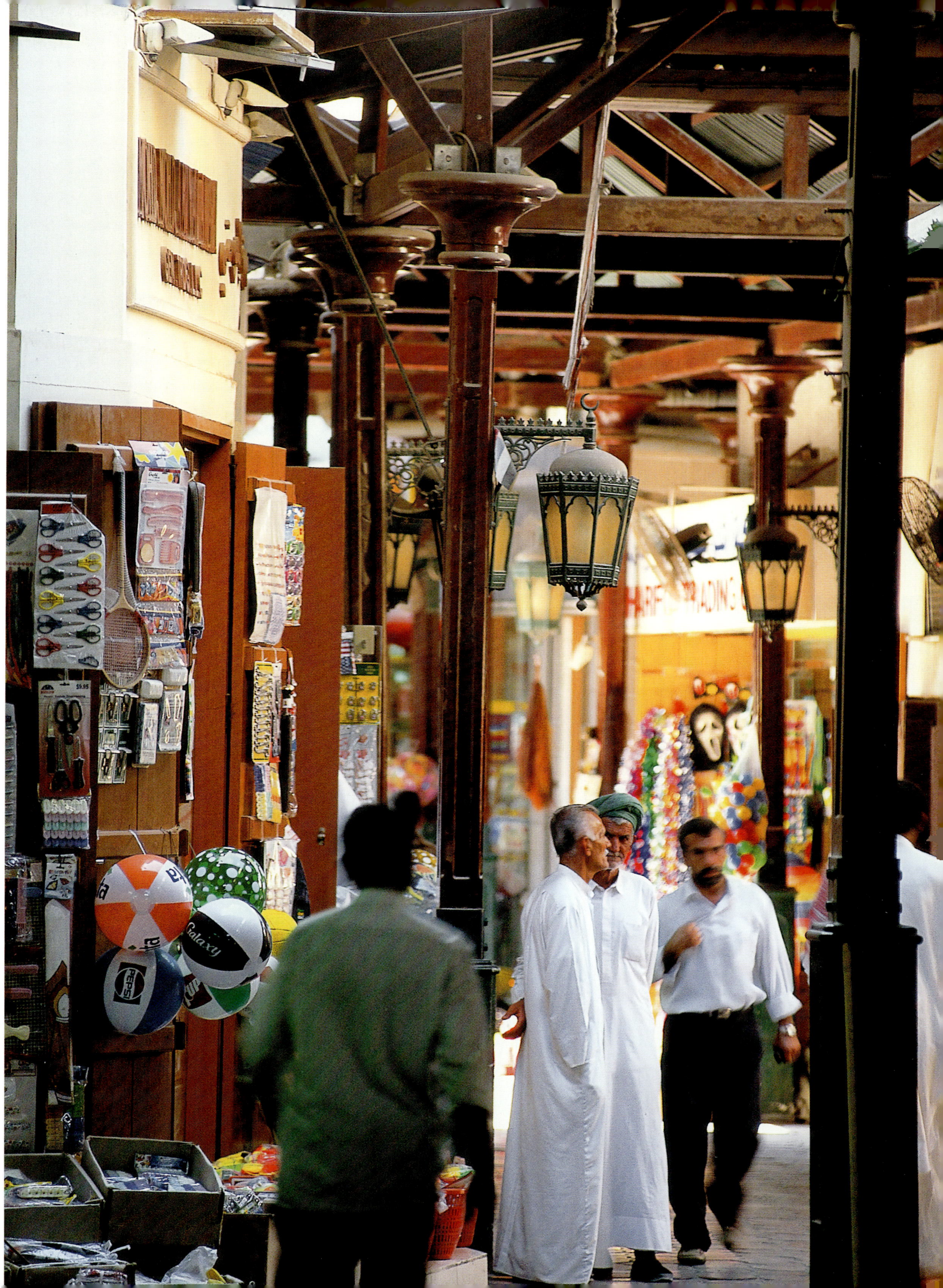
Galaxy
PEPSI

RECHTE SEITE:
In Ermangelung von Schnee fahren die Emirater einfach mit den Snowboards die Sanddünen herunter.

Während Ölbohrungen in den 50er Jahren für eine Reihe von internen Reibereien zwischen den Scheichtümern sorgten, wurden auf Initiative der Briten hin bereits die Grundlagen für den neuen Bundesstaat gelegt. Die Briten gründeten 1951 die „Trucial Oman Scouts", eine kleine, aber effiziente Sicherheitstruppe.

Ab 1952 trafen sich die Herrscher der einzelnen Scheichtümer zweimal jährlich unter dem Vorsitz des britischen Repräsentanten in Bahrain. Sie versuchten, die einzelstaatlichen Verwaltungen aufeinander abzustimmen und damit eine Voraussetzung für den späteren Zusammenschluss zu schaffen. Finanzierten zunächst die Briten das 1965 von ihnen gegründete „Trucial State Development Council", übernahm diese Rolle zwei Jahre später Abu Dhabi. Inzwischen waren zwei Ölquellen in dem Land erschlossen worden und mit Scheich Zayed Bin Sultan Al-Nahyan ein wahrhaft zukunftsorientierter Herrscher an die Macht gekommen.

Vizekanzler und Außenminister Steinmeier beim Staatsbesuch in den VAE.

Das Ende der britischen Präsenz wurde 1968 mit der Ankündigung des Rückzuges aus allen Gebieten östlich von Suez eingeläutet. Zur gleichen Zeit waren die Briten mit der Bildung eines militärischen Stützpunktes in Sharjah beschäftigt. Am 2. Dezember 1971 erfolgte die Gründung der VAE. Ras Al-Khaimah schloss sich ein Jahr später an, während Bahrain und Qatar der Föderation fernblieben. Angesichts der vielen Stammesfehden und Zwistigkeiten innerhalb der Herrscherfamilien war die Bildung der VAE ein gewaltiger Fortschritt.

Vereinigte Arabische Emirate

Der Strand von Abu Dhabi mit der Skyline der Stadt im Hintergrund

REGIERUNG UND POLITIK

Die Föderation funktioniert ähnlich wie ein europäischer Bundesstaat – allerdings ohne Parlamente, Parteien oder Gewerkschaften. Die Emire haben das Sagen, der Rest fungiert beratend.

Der Begriff „Emirat" stammt vom Titel „Emir", Herrscher. In der VAE werden die sieben Emire „Sheikh" genannt. Obwohl es auf Bundesebene eine Regierung des föderativen Bundesstaates mit dem Präsidenten der VAE und Vorsitzenden des Rates der Herrscher gibt, regiert jeder Emir innerhalb seines Staates souverän. Die Thronfolge ist erblich. Gemeinsame Politik und Gesetzgebung beschränken sich vornehmlich auf die Außen- und Verteidigungspolitik sowie auf einige wirtschaftspolitische und juristische Teilbereiche.

Seit der Gründung der Vereinigten Arabischen Emirate im Jahr 1971 haben die Emirate ihre jeweilige nationale Identität stetig weiterentwickelt und dabei von einem für die Region sehr hohen Maße an politischer Stabilität profitiert. Gemäß der provisorischen Verfassung von 1971 sind die VAE eine Föderation von sieben autonomen Emiraten. Im Mai 1996 genehmigte der Oberste Rat der Herrscher (Federal Supreme Council) Änderungen an der Verfassung, mit denen Abu Dhabi endgültig als Hauptstadt festgelegt und die vorher provisorische Verfassung als permanent verabschiedet wurde.

Die Staatsform wird vom Auswärtigen Amt Deutschlands als „patriarchalisches Präsidialsystem mit traditionellen Konsultationsmechanismen" definiert. Es handelt sich um eine Kombination aus traditionellen und modernen Elementen, wobei die Regierung versucht, einen starken Modernisierungskurs mit der Erhaltung der islamischen und regionalen Traditionen zu konsolidieren.

Im November 2004 starb der Präsident der VAE, Sheikh Zayed Bin Sultan Al-Nahyan und wurde unter großer Anteilnahme der Bevölkerung beigesetzt.

Sheikh Zayed Bin Sultan Al-Nahyan von Abu Dhabi war bis zu seinem Tod im Jahr 2004 Präsident der VAE. Der Respekt, den die Bevölkerung ihm bis heute als „Vater der VAE" zollt, ist immer noch an den riesigen Postern abzulesen, die ihn hier und dort lachend neben Sheikh Maktoum Bin Rashid Al-Maktoum, bis zum seinem Tod 2006 Herrscher von Dubai, Vizepräsident und Premierminister der VAE, zeigen.

Während in Abu Dhabi und über die VAE jetzt der Sohn Sheikh Khalifa Bin Zayed Al-Nahyan regiert, hat in Dubai Sheikh Mohammed Bin Rashid Al-Maktoum die höchsten Titel und Ämter inne. Auch die übrigen Emirate haben jeweils ihren eigenen Herrscher sowie Ministerien, die in der Regel von Mitgliedern der jeweiligen königlichen Familie geleitet werden.

Höchste Regierungsinstitution ist der Oberste Rat, in dem jeder Emir vertreten ist. Er bestimmt den Kurs der Politik. Zudem gibt es ein Kabinett, dessen Ämter über die Emirate verteilt sind. Da der größte Teil der Bevölkerung in Abu Dhabi und Dubai lebt, halten ihre Repräsentanten die größte Anzahl der Kabinettsposten. Man kann davon ausgehen, dass sich Macht und Einfluss in diesen beiden Emiraten konzentrieren, denn sie sind die reichsten der VAE. Beratende Funktion übt der „Federation National Council" (FNC) aus. Die Hälfte der Mitglieder wird seit Ende 2006 durch indirekte Wahlen bestimmt. Im Rahmen der anhaltenden politischen Reformen in den VAE ist langfristig geplant, den Föderativen Nationalrat in eine vollständig gewählte Institution umzuwandeln.

Parallel zu den föderativen Institutionen hat jedes einzelne der sieben Emirate auch eine lokale Regierung. Die Komplexität der Regierungen variiert von Emirat zu Emirat, abhängig von Faktoren wie Bevölkerung, Fläche und dem Grad der Entwicklung.

Bundeskanzlerin Angela Merkel beim Besuch der Vereinigten Arabischen Emirate.

Abgesehen von den beschriebenen föderativen und lokalen Institutionen existiert zusätzlich eine traditionelle, Majlis genannte Versammlung, eine Audienz für Bürger. Grundlage ist das ungeschriebene Recht der Bevölkerung auf freien Zugang zu seinem Herrscher und auf freie Meinungsäußerung. Sowohl die einzelnen Emire als auch deren Vertreter und Minister, also andere hochrangige Royals, halten regelmäßig Majlis-Sitzungen ab. Diese Zusammenkünfte werden beispielsweise von traditionell denkenden Stammesangehörigen besucht, die dort direkt ihre Anliegen oder Beschwerden vortragen, anstatt den Weg über die nach dem modernen westlichen Vorbild strukturierten Behörden zu gehen. Auf diese Weise haben die bewährten Methoden traditioneller Herrschaft ihre Wichtigkeit beibehalten und spielen in der Fortentwicklung des politischen Systems eine Kernrolle.

An der Promenade des Suk Madinat in Jumeirah reihen sich die Restaurants aneinander.

BEVÖLKERUNG UND GESELLSCHAFT

Kaum vorstellbar, dass noch Mitte der 60er Jahre ein Großteil der Bevölkerung als Nomaden durch die Region zog. Die Bürger der Emirate, also diejenigen mit emiratischer Staatsbürgerschaft, sind überwiegend beduinischer Herkunft. Insgesamt machen sie etwa 20 % der Bevölkerung aus.

Die übrigen 80 % sind Ausländer, die zum Teil schon lange oder für befristete Zeit als Fremdarbeiter (Expatriates) in den VAE leben. Sie stammen vom indischen Subkontinent, aus dem Iran, aus Jordanien, von den Philippinen, aus Sri Lanka, Großbritannien, Nepal und dem Libanon sowie aus zwei

FOLGENDE DOPPELSEITE:
Die Falkenjagd ist in der Oberschicht ein beliebtes Hobby.

524 Vereinigte Arabische Emirate

Vereinigte Arabische Emirate 525

Frauen halten immer mehr Einzug in das öffentliche Leben der Emirate, so untersteht die Leitung der Falkenklinik in Abu Dhabi der deutschen Tierärzin Dr. Margit Gabriele Müller.

bis drei Dutzend weiteren Ländern. Darunter befinden sich ca. 8000 Deutsche. Die Bevölkerung wuchs während der letzten Dekade um etwa 5 % im Jahr, eine Folge der hohen Geburtenrate und der steigenden Anzahl von Expatriates.

Die Arbeitswelt scheint unter den verschiedenen ausländischen Gemeinden aufgeteilt: Die niedrigsten Jobs bzw. harte körperliche Arbeit verrichten meistens Bangladescher, Inder, Pakistani und Ceylonesen aus den unteren Kasten ihres Heimatlandes. Krankenschwestern, Haus- und Kindermädchen stammen von den Philippinen wie auch ein Großteil des Hotelpersonals. Das untere und mittlere Management rekrutiert sich überwiegend aus anderen arabischen Ländern und Mittelasien, das obere sowie Techniker und Ärzte aus Europa und den USA. Im Konsumgüterhandel sind überwiegend Inder tätig, die mit ihren Familien bereits seit Jahrzehnten in den VAE wohnen.

Man darf behaupten, dass es Ausländer waren und immer noch sind, die für das Wirtschaftswunder in den Emiraten gesorgt haben, denn ohne ihren Wissenstransfer und Arbeitseinsatz hätten es die VAE trotz ihrer immensen Einkünfte dank Erdöl- und Gasressourcen kaum zu ihrer heutigen modernen Infrastruktur gebracht. Geld allein nützt nichts, wenn Bildung und Initiative fehlen.

Der Versuch Dubais im Jahr 1996, den Ausländeranteil auf dem Arbeitsamt zu verringern, schlug fehl. Die 250 000 Ausländer, die man des Landes verwies, fehlten plötzlich an allen Ecken und Kan-

Die Wirtschaftsministerin der Vereinigten Arabischen Emirate, Scheicha Lubna Al-Kasimi

ten. Dies ist wörtlich zu nehmen, denn Hotels litten plötzlich unter Personalnot, und auf Baustellen kamen die Arbeiten nicht voran. Nur die wenigsten Posten konnten durch Einheimische besetzt werden. Inzwischen sind die Regierungen bemüht, die Einheimischen durch ein gutes Ausbildungsangebot und Prämien zum Arbeiten zu bewegen, wobei sie unter den Frauen mehr Erfolge verbuchen können als unter den Männern.

Frauen besetzen bereits seit längerer Zeit Posten im mittleren und höheren Management, sowohl im öffentlichen als auch im privaten Sektor. Von den ausländischen Frauen sind sie gut zu unterscheiden durch ihre Abbaya, wie das lange schwarze Gewand genannt wird. Sie tragen diesen „National Dress" mit Stolz, um sich als Emirater erkennbar zu machen. Komplett verschleierte Frauen sind indes sehr selten.

Junge einheimische Frauen demonstrieren gern die emanzipatorische Phase, in der sie sich befinden. Dazu gehört eine gute Ausbildung, sowohl im Ausland als auch auf einer der lokalen Universitäten. In ihrem Beruf arbeiten sie nicht selten mit großem Erfolg. Ein Vorbild ist sicherlich Scheicha Lubna Al-Qaimi, Nichte des Herrschers von Sharjah, die als Informatikerin und erste Frau in diesem arabischen Land einen Kabinettsposten besetzt. Sie ist Wirtschaftsministerin der VAE.

Ein Grund für den eifrigen Arbeitseinsatz für die Karriere ist die Tatsache, dass der größte Teil der Ehen arrangiert wird. Potenzielle Ehegatten lernen sich über Fotos und Handy näher kennen, wobei man sich heutzutage auch vor der Hochzeit trifft, und sei es nur im Chatroom. Beide können die Hochzeit ablehnen, wenn sie der Meinung sind, dass der von den Eltern ausgesuchte Partner nicht zu ihnen passt. Frauen machen das immer häufiger, indem sie an ihrer Karriere arbeiten und die Vermählung aufschieben, bis sie Ende 20 sind. Für konservative Mitglieder der Gesellschaft gelten sie dann bereits als alte Jungfern.

Männer sind häufig weniger die autokratischen Patriarchen, als es den Anschein hat. Oft sind es die Frauen, die das Sagen in der Ehe haben, was dem großen Selbstbewusstsein, das die Männer in der Öffentlichkeit zeigen, widerspricht. Dieses Selbstwertgefühl lässt sie auch gern mal arrogant erscheinen, müssen sie sich doch bei Geschäftskontakten mit der Außenwelt als gewieft, kosmopolitisch und offen gegenüber verschiedenen Einflüssen zeigen, während sie gleichzeitig ihr stolzes Be-

Selbst die großartig angelegten Golfplätze befinden sich vor einer atemberaubenden Kulisse.

duinenerbe nicht vernachlässigen dürfen und wollen. Diesen Widerspruch, der zur Unsicherheit führt, tragen sie zwar nicht unbedingt mit nach Hause, aber die Rolle des traditionellen Patriarchen ist Veränderungen unterworfen und könnte sich in der modernen Welt der VAE immer mehr dem westlichen Verständnis von Gleichberechtigung in der Ehe annähern.

Sowohl im geschäftlichen als auch im privaten Bereich spielt „wusta" eine bedeutende Rolle, was sich mit „Verbindungen haben und nutzen" übersetzen lässt. Das richtige Netzwerk ist wichtig. In den VAE bedeutet dies, in den richtigen Stamm hineingeboren zu sein.

Je mehr Respekt der Herkunft gezollt wird, desto reibungsloser funktionieren geschäftliche Deals und desto eher bekommt man den besten Platz zugewiesen. Wusta funktioniert ohne Worte: Diejenigen, die es haben, reden nicht darüber. Diejenigen aber, die sich damit brüsten, haben es in der Regel nicht.

LEBENSSTIL

Emirater und Ausländer haben zumindest im privaten Bereich wenig miteinander zu tun. Es sei denn, es handelt sich bei Letzteren um Bedienstete. Der einheimische Haushalt ist in der Regel das Resultat einer arrangierten Ehe, häufig unter Verwandten. Eine Vermählung zwischen Cousins ersten Grades ist nicht ungewöhnlich.

Der Al-Arsah-Suk in Sharjah

Die meisten Familien haben Haushaltshilfen – eine oder mehrere Frauen aus Südostasien, die als Haus- und Kindermädchen, Putzfrau und Köchin arbeiten. Innerhalb des Haushalts herrscht meistens Geschlechtertrennung, Männer und Frauen haben ihren eigenen Bereich. Nicht selten leben bis zu einem Dutzend Familienmitglieder unter einem Dach.

Ganz anders leben die Gastarbeiter vom indischen Subkontinent, aus Südostasien oder China, die für kleinen Lohn in den VAE tätig sind. Dieser ist allerdings noch immer deutlich höher als das, was sie daheim verdienen können, wenn überhaupt. Sie teilen sich meist einfache Zimmer mit einem oder auch mehreren Arbeitskollegen. Es handelt sich um Bauarbeiter, Hausmädchen, Taxifahrer, Aushilfs- oder Reinigungskräfte, die eifrig ihren Lohn sparen, um die Familien daheim zu versorgen, und die darauf hoffen, dass sie es zu genügend Geld bringen, um im Heimatland ein Haus bauen oder ein eigenes Business starten zu können.

Dem gegenüber stehen Fachkräfte aus Ländern des Mittleren Ostens oder aus Indien, die gut bezahlte Arbeitsstellen im IT-Business, im Dienstleistungssektor, in den Medien oder im öffentlichen Dienst innehaben. In den letzten Jahren haben sich, vornehmlich in Dubai, viele junge Westler im Medien-, Tourismus- und Gastwirtschaftsbereich etabliert, um Erfahrungen zu sammeln und ein modernes, multikulturelles Leben zu führen, das die Nachteile, die es mit sich bringt, wettmacht: lange Arbeitszeiten und wenig Ferien. Sie verdienen oft gut genug, um sich ein Auto leisten oder sich abends ins Vergnügen stürzen zu können, vor allen Dingen im liberalen Dubai.

Eine der Moscheen des Emirates Sharjah liegt direkt am Al-Qasba-Kanal.

Während des Ramadan verteilt der Rote Halbmond unter den Bedürftigen des Emirates Sharjah Nahrungsmittel für das traditionelle Fastenbrechen nach Sonnenuntergang.

Ausgehmöglichkeiten sind in Abu Dhabi noch etwas eingeschränkt. In Sharjah herrscht strenges Alkoholverbot, weshalb man sich diesbezüglich ins nahe gelegene Dubai aufmacht. Zwanglose Treffpunkte für junge Araber sind vor allen Dingen die großen Shopping-Malls, aber auch große Sportveranstaltungen.

RELIGION

Staatsreligion ist der Islam. Die meisten Emirater sind Sunniten, darunter Wahhabiten, die allerdings deutlich weniger streng und konservativ denken als die Saudis und unter anderem den Frauen mehr Freiheiten einräumen als die Glaubensbrüder im Nachbarland. Es gibt auch kleinere Gemeinden von Ibaditen, zum Teil aus Oman, und Schiiten, zum Teil aus dem Iran. Andere Religionen werden toleriert.

Es gibt in Dubai Hindu- und Sikh-Tempel sowie auch christliche Kirchen. Dubais Sheikh Mohammed machte unlängst in einem „Spiegel"-Interview klar, dass Religion innerhalb des von oben verordneten Schaffens von Arbeitsplätzen und Aufstiegschancen nur einen „privaten" Platz hat: „Ich weiß nicht, wer in meinem Staat Sunnit oder Schiit ist, und es interessiert mich auch nicht. Wer gut zu seinem Nachbarn ist und hart arbeitet, ist in Dubai willkommen."

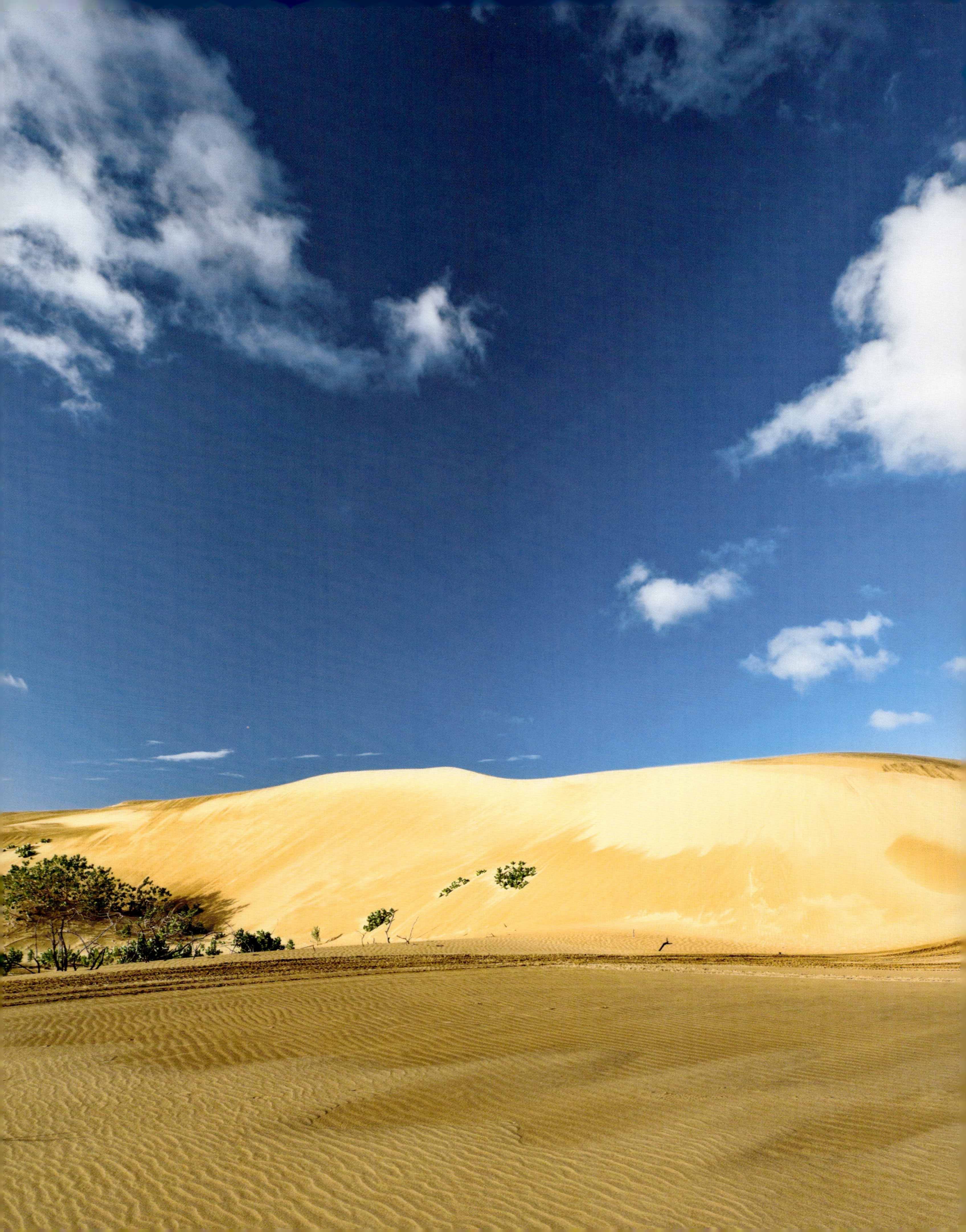

BILDUNG

Die Regierungen der VAE haben längst erkannt, welche Bedeutung der Ausbildung ihrer Bürger zukommt, weshalb die Bildungspolitik höchste Priorität genießt. 2006 wurden 36,7 % des föderalen Haushalts für Bildung ausgegeben. Grund dafür ist unter anderem die zukünftige Reduzierung ausländischer Fachkräfte und die Besetzung der entsprechenden Stellen mit eigenen. Die Hochschulen in den VAE streben aktiv die Kooperation mit ausländischen Spitzenuniversitäten an. Mittels einer großzügigen Stipendienvergabe sollen die Studierenden zu Auslandsaufenthalten ermuntert werden.

Auch im Schulbereich setzt sich zunehmend die Privatisierung der Bildungsstätten durch und lässt damit einen erhöhten Wettbewerb zu. Zudem wird versucht, durch Integration emiratischer Kinder in internationale Schulen, darunter auch die Deutsche Schule in Abu Dhabi, eine Verbesserung des Schulniveaus durchzusetzen. Auch im Berufsbildungsbereich wird durch eine Mischung von staatlichen Investitionen und internationaler Zusammenarbeit eine Verbesserung des Ausbildungsniveaus angestrebt.

Die staatliche Universität Al-Ain wurde 1977 gegründet. Dort sind ca. 17 000 Studenten immatrikuliert, davon über 70 % Frauen. Außerdem gibt es die staatlichen „Zayed"-Universitäten in Abu Dha-

LINKE SEITE:
Die Wüste ist in den VAE allgegenwärtig.

UNTEN:
Auch die Universität von Sharjah ist in einem prunkvollen Gebäude untergebracht.

bi und Dubai, auf der ausschließlich Frauen studieren dürfen, sowie 12 „Higher Colleges of Technology (HCT)" in den verschiedenen Emiraten, getrennt nach Geschlechtern. Hinzu kommt eine Anzahl privater Universitäten in den VAE, darunter die „American Universities of Sharjah and Dubai", die „Université Paris Sorbonne" in Abu Dhabi und die „Abu Dhabi University". In Dubai wurde im Frühjahr 2007 ein Zehn-Milliarden-Fonds für eine neue Wissensstadt aufgelegt, die zusammen mit Spitzenuniversitäten die historischen Glanzzeiten des arabischen Volkes wiederbeleben soll.

Der Innenbereich des Terminals im Flughafen der Vereinigten Arabischen Emirate

WIRTSCHAFT

Die VAE besitzen etwa 10 % der Ölreserven der Welt. Der größte Teil befindet sich in Abu Dhabi, insgesamt etwa 100 Millionen Barrel, deren Förderung dem größten Emirat Tageseinnahmen von etwa einer Milliarde Dollar beschert. Außerdem besitzt es 5 % der Weltgasreserven. Öl- und Gasindustrie tragen etwa 28 % des Bruttosozialproduktes der VAE bei. Das Bruttoinlandsprodukt pro Kopf entspricht 38 613 US-Dollar.

536 Vereinigte Arabische Emirate

Vor der Küste der Vereinigten Arabischen Emirate wird eine Regatta mit den klassischen Segelbooten der Region veranstaltet.

Aufgrund der Wahrscheinlichkeit, dass die Ölreserven spätestens in 100 Jahren verbraucht sind, beschäftigen sich die VAE schon lange damit, ihre Wirtschaft zu diversifizieren. Allen voran Dubai, dessen Ölexporte nur noch 6 % zum BIP beitragen. Den Rest teilen sich Industrie und Handel, Bauwirtschaft und Tourismus.

Hatte sich Abu Dhabis Wirtschaft bis 2004 der Öl- und Gasindustrie verschrieben, weht seit dem Regierungsantritt Sheikh Khalifas ein frischer Wind auf dem Bausektor. So wurden Gesetze zum Grundbesitz neu formuliert, um ausländische Investoren anzulocken und einige Megabauprojekte zu lancieren. Innerhalb der VAE funktioniert ein höchst effektiver Länderfinanzausgleich. Dies bedeutet, die Milliarden der reichen Staaten Abu Dhabi und Dubai schwappen über die Grenzen zu den ärmeren, um ihnen die Möglichkeit zu geben, ihre Infrastruktur zu modernisieren.

Erdölraffinerien findet man auf der Arabischen Halbinsel überall.

Fischerboote liegen vor der Küste

INFRASTRUKTUR UND VERKEHR

Das rasante Wirtschaftswachstum der Emirate spiegelt sich in einer der fortschrittlichsten Infrastrukturen für Transport und Verkehr im gesamten Nahen und Mittleren Osten wider. Größer, höher, spektakulärer ist die Devise. Vor allem in Abu Dhabi und Dubai wachsen riesige Infrastrukturprojekte. Abu Dhabi investiert in den kommenden vier bis fünf Jahren insgesamt rund 100 Milliarden US-Dollar in diese Projekte.

In Dubai wird mithilfe neuester Bautechnologie bald das höchste Gebäude der Welt, gleichzeitig sein neues Wahrzeichen, fertiggestellt, der Burj Dubai. Es soll mindestens 800 m hoch werden, wobei Abu Dhabi bereits ein Gebäude mit mehr als 1 km Höhe in Planung hat.

Neben Großinvestitionen in Energie und Industrie plant das Emirat auch einen neuen Flughafen, einen der weltgrößten Seehäfen, eine Industriezone in Taweelah, die Mohammed Bin Zayed City, die Khalifa Citys A und B sowie die riesigen neuen Stadtteile auf Saadiyat Island, Reem Island, Lulu Island und Al-Raha Beach. Dies sind u. a. Antworten auf die rasant steigenden Bevölkerungszahlen in der Hauptstadt sowie der Versuch einer stärkeren Aktivierung des Tourismus.

Ebenfalls geplant ist der Bau der Metro Abu Dhabi mit einer Ringlinie mit 19 Stationen. In weiterer Zukunft soll eine Metro bis zur Grenze des Emirates Dubai führen und mit der roten Linie der Metro Dubai verbunden werden.

Dubai hält mit. Auch hier sind in den letzten Jahren riesige Infrastrukturprojekte abgeschlossen worden, wie Dubai Marina oder die Medienstadt, die dem jährlichen Bevölkerungswachstum von rund 20 % entgegenkommen. Es entstehen weitere ganze Städte an verschiedenen Stellen des Emirats, die in den nächsten Jahren mehrere Millionen neue Einwohner beherbergen sollen. Am spektakulärsten, jedenfalls aus der Luft gesehen, sind die künstlichen Inseln, wie die drei Palmen und The World, deren Einrichtungen sich eher am zukünftigen Tourismus orientieren. Sie verlängern Dubais Küste um mehrere 100 km.

Vereinigte Arabische Emirate

Zur Entspannung der Verkehrsprobleme wurde bereits ein neues Bussystem eingerichtet, und die Metro Dubai ist im Bau. Die Eröffnung der ersten Teilstrecken ist für 2009 und der vollständige Betrieb für 2012 geplant. Die Yellow Lines, derzeit in Entwicklung, werden u. a. die Palm Islands bedienen. Im Juli 2007 wurde bereits das automatisierte Maut-System Salik eingeführt, um Entlastung für Dubais Hauptstraßen zu schaffen. Das System nutzt die neueste Technologie und erlaubt den freien Fluss des Verkehrs ohne Unterbrechung. Bei jeder Überquerung eines Salik Toll Gate werden per Funk (Radio Frequency Identification) die Daten des Fahrzeugs aufgenommen und DHS 4 (etwa 0,63 Euro) vom Konto abgezogen.

Der Bau einer Bahnlinie, die die Golfstaaten verbindet, wird diskutiert. In diesem Zusammenhang gab es auch Gespräche mit der deutschen Regierung über den Kauf eines deutschen Bahnsystems. Die Strecke soll knapp 2000 km lang sein und von Kuwait über Saudi-Arabien, eventuell Bahrain, Qatar und die VAE verlaufen und schließlich in Oman enden.

Alle Hauptstädte der Emirate sowie Al-Ain unterhalten internationale Flughäfen. Teilweise sind die Routen auf die Nachbarländer beschränkt. 40 km von Dubai entfernt entsteht gerade der größte Flughafen der Welt, Dubai World Central International Airport.

Die nationale Airline des Emirats Abu Dhabi ist aus der früheren Gulf Air entstanden, die über Drehkreuze in Bahrain und Oman verfügte. Seit 2003 besitzt Abu Dhabi eine eigene Fluggesellschaft, Etihad Airways. Die in Dubai ansässige Airline Emirates wurde 1985 gegründet und ist heute die am schnellsten wachsende Fluglinie der Welt. Beobachter gehen davon aus, dass Emirates bis zum Jahre 2018 zur größten Airline der Welt anwachsen wird. Im Emirat Sharjah sitzt der führende Low Cost Carrier der Region, Air Arabia.

In den VAE werden noch heute einige der Kamelrennen mit Kindersklaven aus Pakistan und Indien als Reiter veranstaltet.

Computersimulation des Arts Centre Abu Dhabi im neuen Kulturviertel „Saadiyat Island" in Abu Dhabi. Das weltgrößte Kulturzentrum soll auf 27 Quadratkilometern entstehen.

KUNST UND KULTUR

Das hoch geschätzte Beduinenerbe der VAE diktierte noch bis vor wenigen Jahren ausschließlich ihre populären Kunstformen: traditioneller Tanz, Musik und Lyrik. Aber es entwickeln sich neue Perspektiven für den Kunst- und Kultursektor. Seit einigen Jahren bereits unternimmt das Emirat Sharjah, bzw. sein Herrscher Sheikh Sultan Bin Mohammed Al-Qasimi, große Anstrengungen, die Kunstszene modern zu beleben, um Malerei, Theater und Literatur attraktive Plattformen zu bieten.

Alle zwei Jahre findet dort unter aktivem Einsatz von Sheikha Hoor Al-Qasimi, der Tochter des Herrschers, eine für islamische Augen höchst avantgardistische Veranstaltung statt. Wenn man die Fotomontage mit George W. Bush beim Geschlechtsverkehr mit Osama bin Laden auf der Gulf Art Fair gesehen hat, fragt man sich unwillkürlich, weshalb noch keine Fatwa über die Kunstbeflissenen des Emirats verhängt wurde.

In Dubai hat sich mit „The Third Line" eine der progressivsten Kunstgalerien im Nahen Osten etabliert. Hier wird unter der Architektin Zaha Hadid gerade ein Opernhaus für eine Milliarde Dollar gebaut. Mit den drei größten deutschen Museen als Partner ist ein „Universalmuseum" in Planung. Abu Dhabi indes übertrifft in dieser Hinsicht alles: Auf Saadiyat Island, der „Insel des Glücks", entsteht auf 27 Quadratkilometern ein gigantisches Kulturzentrum unter der Federführung weltberühmter Architekten.

Frank Gehry baut eine Filiale des New Yorker Guggenheim Museum, Jean Nouvel eine Dependance des Louvre, Tadao Ando das Maritime Museum, Zaha Hadid das Performing Arts Centre, dazu Ausbildungs- und Arbeitsstätten für Kunstschaffende in Zusammenarbeit mit der Sorbonne und Yale Universitiy. Als Erstes soll im Jahr 2010 das neue Sheikh Zayed National Museum von Norman Forster & Partner eröffnet werden.

Lyrik

Die Klassiker der arabischen Literatur, von den Dichtern der Beduinen auf der Arabischen Halbinsel komponiert und aus dem Gedächtnis vorgetragen, sind die „Sieben Oden". Sie sind frühestes Zeugnis der vorislamischen oralen Tradition und gehen auf das 6. und 7. Jahrhundert zurück. Sie wandeln vier Standardthemen in immer neuen bildreichen Vergleichen ab: ein amouröses Präludium, in dem der Dichter seine ferne Geliebte beweint, der erotische Lobpreis ihrer körperlichen Vorzüge, die im

Einzelnen meist dann mit jenen des eigenen Kamels verglichen werden, und Schlachtenschilderungen, die die Tapferkeit des eigenen Stammes unterstreichen sollen. Zugleich sind sie die ersten Gedichte, in denen der Reim seine Anwendung findet. Gesungene bzw. gesprochene Poesie spielt in der uralten Beduinenkultur der VAE immer noch eine höchst bedeutende Rolle.

Dubais Herrscher Sheikh Mohammed wird in dieser Hinsicht als Künstler hoch geschätzt. Traditionell galt ein Lyriker, der eloquent sein Volk zu rühmen wusste, während er Mängel und Missetaten anderer Stämmen besang bzw. besprach, als großer Gewinn. Berühmte moderne Lyriker der VAE sind u. a. Sultan Al-Qawais und Dr. Ahmed Al-Madani.

So soll das Louvre Abu Dhabi Museum des Architekten Jean Nouvel dereinst aussehen.

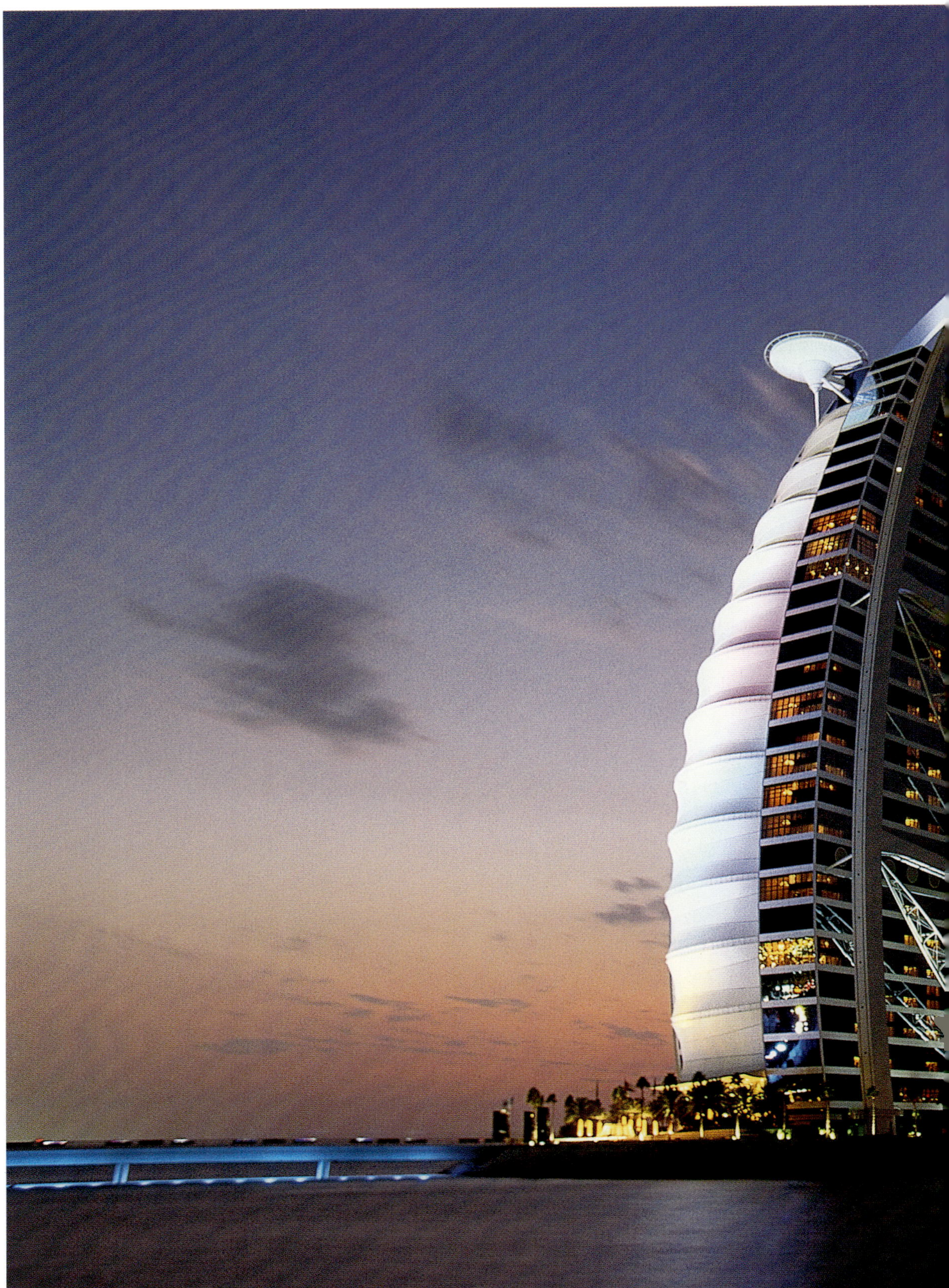

Man muss schon eine Weile sparen, bis man sich zum Golfspielen auf dem Hubschrauberlandeplatz dieses Hotels verabreden kann.

Vereinigte Arabische Emirate

Aufführungen traditioneller arabischer Musik kann man in den kulturhistorischen Stätten genießen.

Musik und Tanz

Traditionell begleitete Musik den Tagesrhythmus in den VAE. Es gab Lieder für alle möglichen Arbeiten, vom Wasserholen über das Ziehen von Booten an den Strand bis zum Tauchen nach Perlen. Sowohl die Lieder als auch die Tätigkeiten sind heutzutage weitgehend verschwunden. So auch das traditionelle Ensemble, das aus vier bis sechs Instrumenten besteht: Laute, Zither, Rohrflöte, Geige, Schellen und Bechertrommel. In Hotelrestaurants bzw. -lobbys sind die Musikgruppen noch hin und wieder zu erleben. Bedeutend größeren Erfolg, zumindest unter Nichtemiratern, verzeichnen philippinische Bands, die alles von den Beatles über Freddy Mercury bis zu Tokio Hotel perfekt covern können.

Ganz verschwunden sind die traditionellen Musik- und Tanzformen aber nicht. Vor allen Dingen auf Hochzeiten oder islamischen Festen wie Eid Al-Fitre, dem Fastenbrechen am Ende des Ramadan, kommen sie zum Vorschein. Klatschen und rhythmisches Schlagen von Trommeln begleiten Männertänze. Jeder kann nach Belieben mitmachen, wobei sich in der Regel eine Reihe von Männern formt, die mit Stöcken in der Hand dem Rhythmus folgen.

Höchst selten in der Öffentlichkeit zu sehen, aber auf Hochzeiten durchaus üblich sind die Tänze junger Mädchen, die ähnlich Headbangern ihre langen Haare kreisen lassen und den Körper zur Musik schwingen. Im Dubai Museum sind derartige Vorführungen in audiovisuellen Präsentationen zu sehen.

UMWELT

Es scheint nicht nur so, dass die VAE in ihrer Hochgeschwindigkeitsentwicklung die Umwelt um jeden Preis malträtieren. Energieverschwendung, das Zupflastern der Wüste mit modernen Städten, zu hohe Grundwasserentnahme oder die Neugestaltung der Küstenregion durch künstliche Inseln sind Tatsachen. Aber das Umweltbewusstsein ist bereits erwacht. Unter anderem ist dies daran zu erkennen, dass Straßen picobello sauber sind, Einweg-Plastikbeutel kaum noch in der Wüste herumfliegen und Schutzgebiete für arabische Fauna und Flora eingerichtet wurden.

Sowohl die föderalen als auch die lokalen Regierungen haben zahlreiche Maßnahmen ergriffen, um Umweltverschmutzung durch Industrie, Verkehr und Müll zu verringern, Umweltschutz-Standards denen von Europa und den USA anzupassen, beispielsweise beim Import und der Benutzung von Pestiziden, Umweltkampagnen für die lokale Bevölkerung zu lancieren und Umweltpreise zu vergeben. Im Jahr 2005 unterschrieben die VAE das Kyoto-Protokoll.

Als Vorbild dient der 2004 verstorbene Sheikh Zayed von Abu Dhabi, der posthum als „Champion of the Earth" ausgezeichnet wurde. Der Preis galt seinem lebenslangen Einsatz für den Schutz der Umwelt im Emirat sowie für seinen Beitrag zu Landwirtschaft, Aufforstung und Tierschutz. Eine seiner größten Leistungen war die Begrünung der Wüste. Während seiner Regierungszeit wurden 100

Insbesonders abends ist das Panorama am Wasser traumhaft.

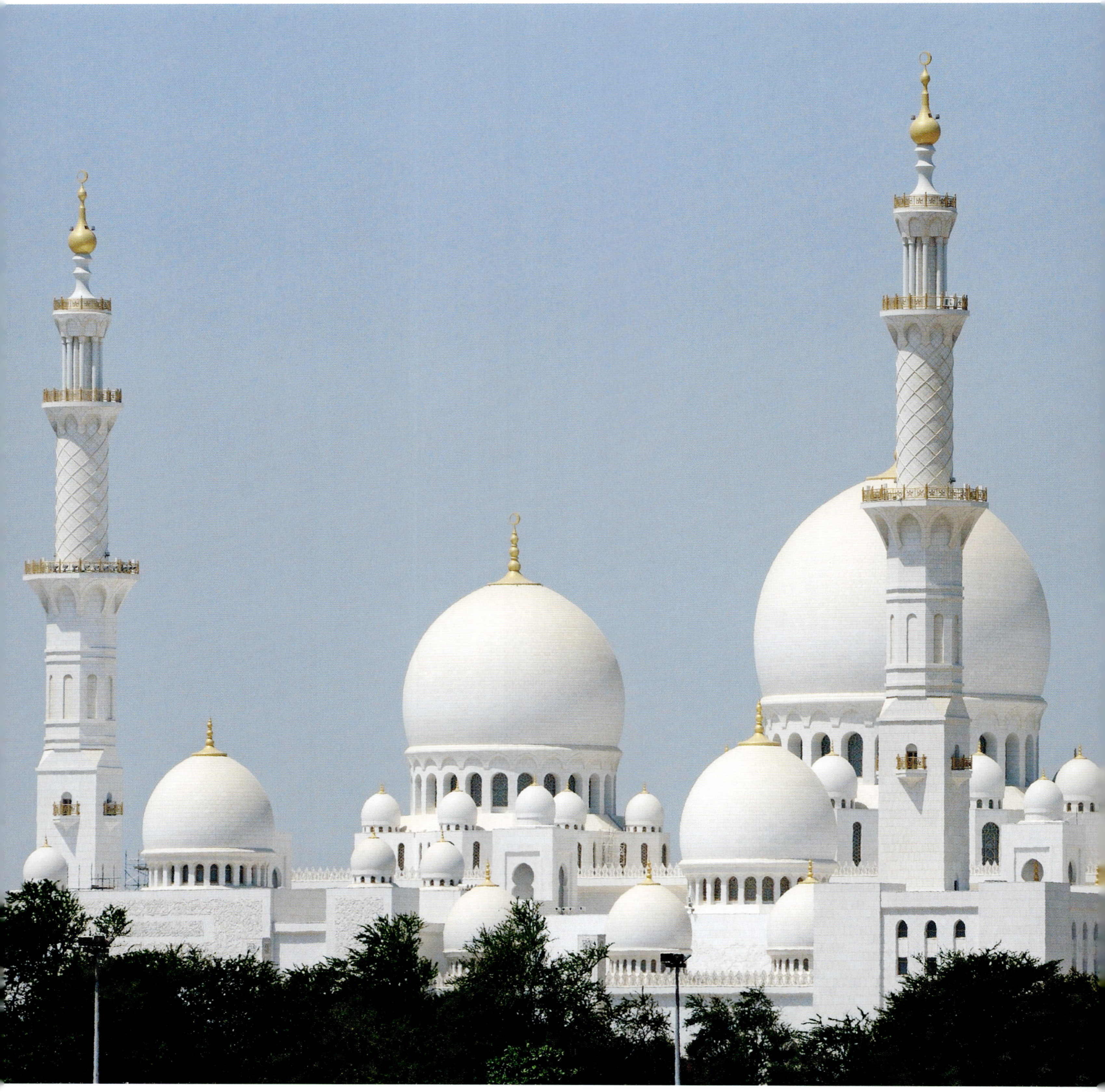

Millionen Bäume gepflanzt, die Jagd wurde verboten und ein Schutzgebiet auf der Insel Sir Bani Yas für die fast ausgestorbene Arabische Oryxantilope und Sandgazelle eingerichtet.

In Dubai wurde die „Dubai Desert Conservation Reserve" angelegt, ein Schutzterritorium, das etwa 5 % der Landesfläche des Emirats entspricht. Es dient ebenso als Nationalpark wie als Luxusresort, in dem Gäste die erfolgreiche Zucht von Oryx erleben können. Zudem gibt es in Dubai das „Ras Al-Khor Wildlife Sanctuary", vornehmlich für Wasser- und Zugvögel. Besonders beliebt sind hier die rosa Flamingos, die in dem Schutzgebiet brüten. Ein weiteres Zuchtgebiet nationaler Fauna ist der „Sharjah Desert Park" sowie in Zukunft die Al-Wasit-Lagunen.

EMIRAT ABU DHABI

Das südlichste Emirat ist größer als die übrigen sechs zusammen. Mit 67 000 Quadratkilometern nimmt es 85 % der Gesamtfläche der VAE ein. Bis auf den Felsenaufbruch des Jebel Hafit mit 1240 m Höhe im Osten des Landes bei Al-Ain besteht es, abgesehen von den urbanisierten und landwirtschaftlichen Regionen, nur aus platter Wüste. Diese kann sich allerdings im Dünenmeer des Rub Al-Khali bis zu 300 m hoch aufwölben. Seine circa 400 km lange Küste am Arabischen bzw. Persischen Golf erstreckt sich im Westen vom saudi-arabischen Korridor vor der Halbinsel Qatar bis zum Emirat Dubai. Die Küstenregion besteht überwiegend aus Sabkha, Salzmarschen. In der gleichnamigen Hauptstadt, auf einer Insel gelegen, wohnt der größte Teil der 1,7 Millionen Bewohner Abu Dhabis.

Die Sheikh Zayed Bin Sultan Al-Nahyan-Moschee strahl in blendendem Weiß.

Das Emirat gliedert sich in drei Regionen: Abu Dhabi, Eastern und Western Region. Im Osten mit seinen großen Grundwasservorkommen und Quellen wird extensiv Landwirtschaft betrieben. Die größte und einzige Stadt neben der Kapitale, Al-Ain, gilt als Speisekammer des Emirats. Sie liegt an der Grenze zu Oman und teilt sich mit diesem die ehemalige Oase Buraimi. Der Grenzposten zum Sultanat Oman liegt etwa 30 km weiter ostwärts. Al-Ain ist auch Universitätsstadt mit etwa 17 000 Studenten. In der westlichen Region befinden sich zahlreiche Ölfelder und Raffinerien. Hier liegen auch die Liwa-Oasen, ebenfalls dank Grundwasser und Quellen ein Gebiet mit großen landwirtschaftlichen Betrieben.

Stadt Abu Dhabi

Die Stadt erstreckt sich auf einer keilförmigen Insel, die durch die Al-Maqta-Brücke mit dem Festland verbunden ist. Neben der Brücke erhebt sich die mächtige Sheikh Zayed Bin Sultan Al Nahyan-Moschee mit 22 000 Quadratmetern Grundfläche. Der Flughafen ist etwa 30 km entfernt und mit der Stadt durch eine Autobahn verbunden. Eine Besonderheit des Emirats sind Baum- und Palmenreihen entlang penibel gepflegter Straßen.

Das alte Fort von Al-Ain ist eine der Sehenswürdigkeiten in Abu Dhabi.

Die Stadt ist sehr großzügig gebaut. Ohne Auto bzw. Taxi kommt man nicht weit. Das Zentrum verläuft im Prinzip entlang der Hamdan Street, parallel dazu am Meer die 5 km lange, zehnspurige Corniche Road, die sich von Hochhäusern gesäumt fast über die gesamte Länge der Stadt zieht. Ihre Promenade ist beliebte Bummel- und Laufstrecke, die Parks Treffpunkte für Familienpicknicks. Diese dauern oft bis spät in den Abend, wenn die schwüle Hitze etwas nachlässt. Die größte Attraktion der Stadt ist zurzeit der „Emirates Palace", der von der deutschen Hotelgruppe Kempinski gemanagt wird.

Allgegenwärtig sind Name und Konterfei von His Highness Sheikh Zayed Bin Sultan Al-Nahyan. Sie prangen von Plakaten, hohen Granitplatten und überdimensionalen Ölbildern. Meist strahlt der ehemalige Herrscher einem Glücksboten gleich und hat die Hand zum Willkommensgruß erhoben. Der Emir Abu Dhabis und Präsident der Vereinigten Arabischen Emirate hatte allen Grund zum Lachen. Laut verlässlichen Schätzungen beherbergt der arabische Wüstenstaat 5 % der Weltgas- und 9 % der Weltölreserven. Zurzeit werden pro Tag 2,4 Millionen Barrel Öl gefördert.

Dank Sheikh Zayeds Visionen wurden die Staatseinkünfte investiert, um Abu Dhabi und seine Bewohner mit einer hervorragenden Infrastruktur zu versorgen. Aus dem Nichts – sieht man von einer kleinen Festung sowie zwei Handvoll Häusern ab – wuchs eine moderne Millionenstadt.

Die Vollendung seines letzten Megaprojektes hat er indes nicht mehr erlebt. Sein Sohn und jetziger Regent Sheikh Khalifa eröffnete im Februar 2005 den Emirates Palace. Von Staats wegen willkommen sind jetzt auch ausländische Immobilieninvestoren. Ausländer dürfen Wohnungen und Villen auf 99 Jahre leasen.

Herrschaftliche Paläste stehen in der City von Abu Dhabi.

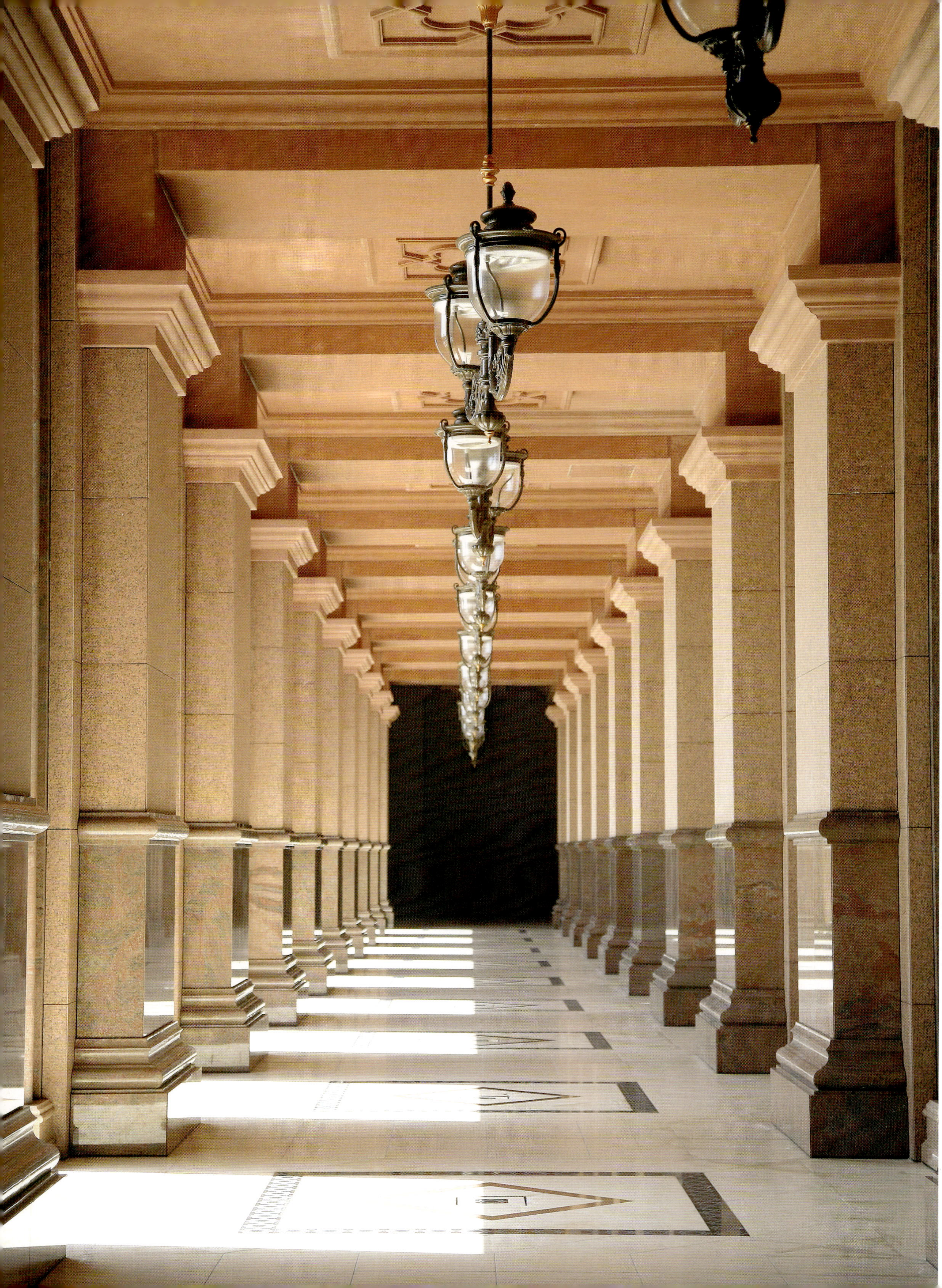

Geschichte

Niemand war überraschter als Sheikh Zayed selbst, als britische Amateurarchäologen im Dienste einer Erdölgesellschaft in den 50er Jahren auf ihrer Suche nach dem schwarzen Gold auf der winzigen Insel Umm Al-Nar vor der Hauptstadt Überreste einer uralten Kultur fanden. Bei der Untersuchung der Funde durch ein eilig herbeigerufenes dänisches Team entpuppte sich der Ort als 5000 Jahre alte Begräbnisstätte. Weitere Ausgrabungen erbrachten den ersten Beweis für die Domestizierung des Kamels in jener Zeit sowie Indizien dafür, dass das damalige Volk mit Mesopotamien und dem indischen Subkontinent Handel trieb.

Der Fund bestand aus fein gearbeiteten Tonwaren, Steingefäßen, Perlen und Kupferdolchen, deren Stil unbekannt war. Eine Vase mit der Zeichnung eines buckeligen Stieres gab schließlich Aufschluss, denn ähnliche Abbildungen kannte man aus der Zeit um 2600 v. d. Z. aus Belutschistan. Ein Siegel aus Mesopotamien sowie Halbedelsteine aus Indien belegten die Handelsbeziehungen. Die Frage blieb, was hatten die Inselbewohner gegen die Schätze aus fernen Ländern eingetauscht? Des Rätsels Lösung brachten Kupferdolche und Spuren von Kupferschmieden in der ausgegrabenen Siedlung.

LINKE SEITE:
Weite Gänge führen durch das Emirates Hotel in Abu Dhabi.

UNTEN:
Touren durch die endlosen Weiten der Wüste gehören zum Standardprogramm für Touristen in Abu Dhabi.

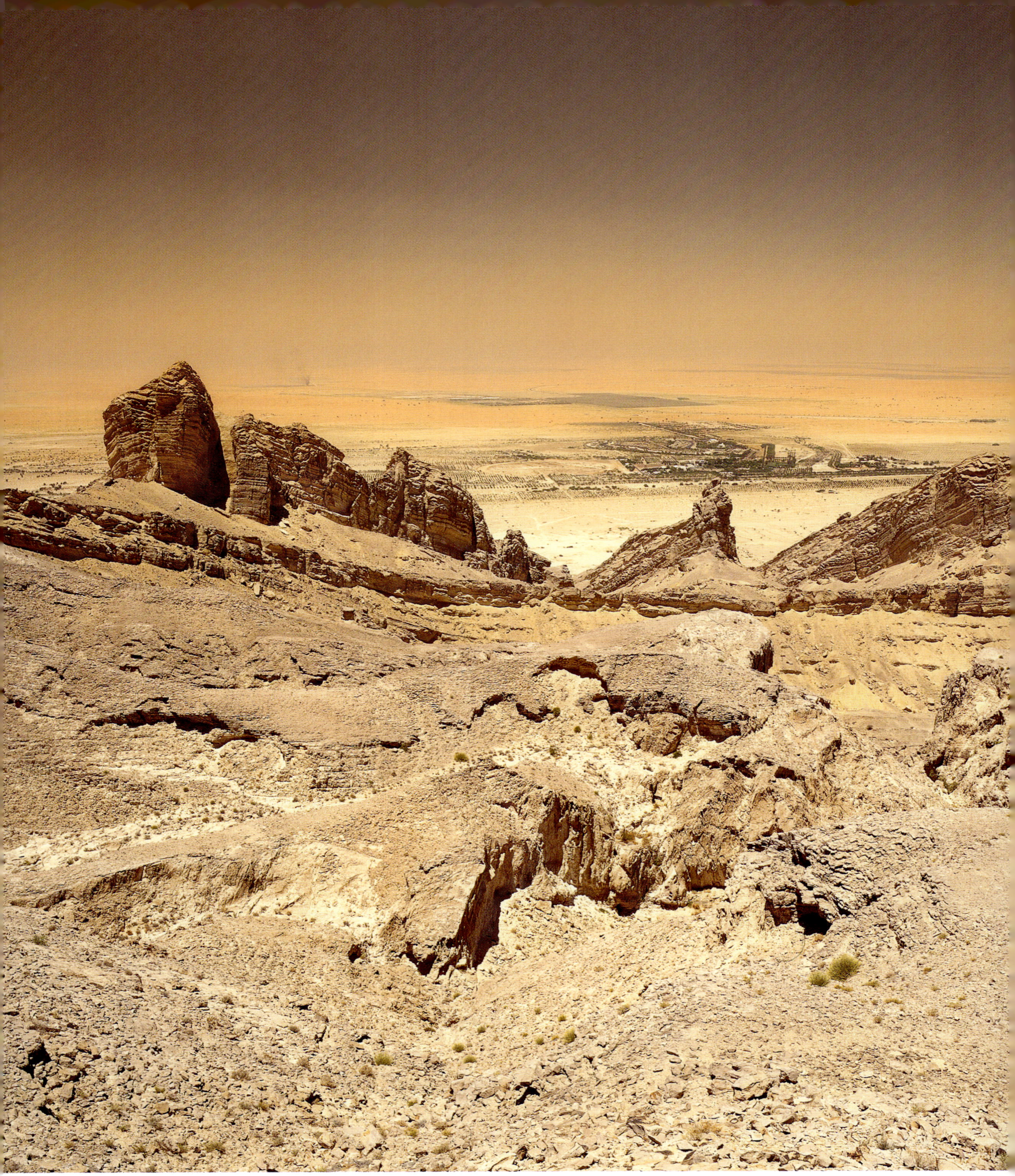

In Mesopotamien indes war auf Tonscherben vom Kupferland Mangan die Rede. Umm Al-Nar war offensichtlich Exporthafen für das Metall, das im Hajar-Gebirge abgebaut wurde. Es liegt ungefähr 150 km entfernt von der Küste inmitten der Wüste. Das einzige Lasttier, das diese trockene Strecke leicht überbrücken konnte, war das Kamel. Diese Schlussfolgerung ist zwar kein hundertprozentiger Beweis für deren Domestizierung, aber Altertumsforscher akzeptieren diese Annahme. Nicht zuletzt deshalb, weil wilde Kamele der wasser- und graslosen Insel kaum einen Besuch abgestattet hätten. Die weitere Geschichte bis zur Gründung von Abu Dhabi liegt noch weitgehend im Dunkeln.

Abu Dhabi heißt übersetzt „Land der Gazelle". Der Name geht zurück ins 18. Jahrhundert, als ein Zweig des mächtigen Bani-Yas-Stammes, die Al-Bu Falah, einer Gazelle folgten und dabei auf der Insel, auf der sich heute die Hauptstadt befindet, Süßwasser fanden. Während sich dieser Teil des Beduinenstammes 1761 dort niederließ, blieb das Machtzentrum zunächst in den Liwa-Oasen, in denen die Al-Nahyan-Dynastie ihre Basis hatte. Die Herrscherfamilie zog erst 1793 an die Küste.

Aufgrund des hohen Wildbestandes und einer guten Wasserversorgung wuchs der Ort schnell und erlebte seine erste Blüte zur Zeit des Perlenhandels im späten 19. Jahrhundert. 1892 entschied sich Sheikh Zayed Bin Mohammed Al-Nahyan dazu, sich unter das Protektorat der Briten zu begeben, und schloss sich den Trucial States an. Der Zusammenbruch der Perlenfischerei aufgrund der japanischen Produktion von Zuchtperlen sorgte für den wirtschaftlichen und machtpolitischen Abstieg des Landes.

Die Situation änderte sich schlagartig, als 1958 das erste Öl entdeckt wurde. Bis dahin bestand Abu Dhabi aus nicht viel mehr als dem Fort Al-Hosn, ursprünglich 1795 erbaut, sowie Lehmhäusern und Palmenhütten. Etwa 5000 Menschen lebten dort höchst ärmlich und ernährten sich überwiegend vom Fischfang. 1966 übernahm Sheikh Zayed nach einem Coup die Regierungsgeschäfte von seinem reformunwilligen Bruder, vier Jahre nachdem das erste Barrel Öl vom Umm Shaif Offshore Field exportiert wurde.

Heutzutage erinnert fast nichts mehr an die Zeit vor dem Ölboom. Das Fort Al-Hosn steht noch da, umrundet von Wolkenkratzern und dazwischen kleinen Moscheen. Es wurde, nachdem es der Spitzhacke zum Opfer gefallen war, 1985 nach alten Plänen wieder aufgebaut und eröffnet. Jetzt wird es nach seinem weißen Putz White Fort genannt. Oder auch Palace Fort, weil es einst Fürstenresidenz der Al-Nahyan-Dynastie war. Benachbart liegt die Kulturstiftung, in deren erstem Stock Relikte und Kunsthandwerk aus der Vor-Öl-Epoche ausgestellt sind. Im Freilichtmuseum „Abu Dhabi Heritage Village" am Rande der Stadt werden traditionelle Sitten und Gebräuche des Emirats live demonstriert.

Die Landschaft von Al-Ain ist faszinierend.

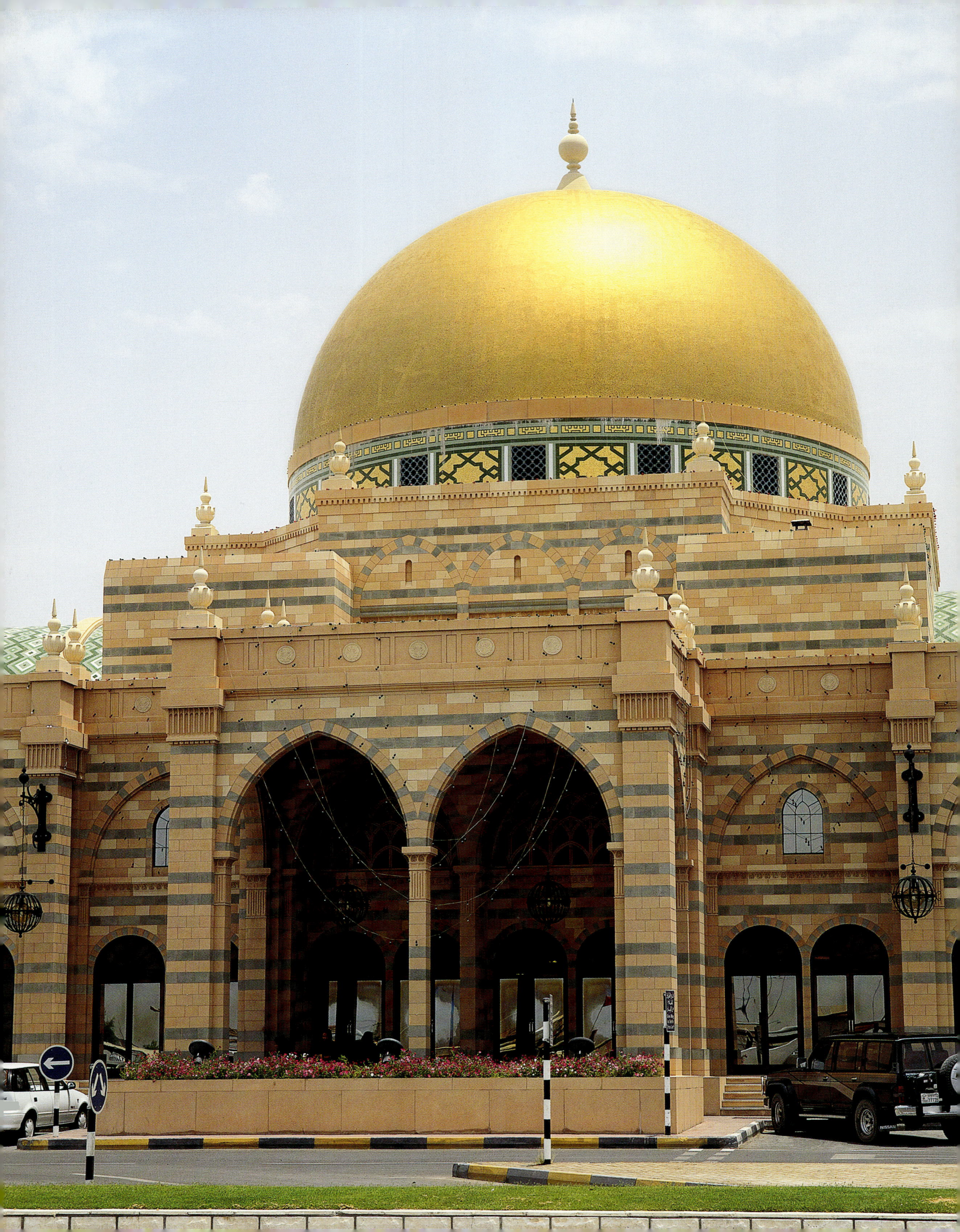

Emirates Palace und Projekte

Das Hotel stellt in Größe und Ausstattung alles bisher in Abu Dhabi Vorhandene in den Schatten. Mit 114 Kuppeln, einer 1000 m langen, von Säulen und Rundbogen geschmückten Fassade sowie penibel manikürtem Garten und einer Pool- und Strandlandschaft ist es zur der Sehenswürdigkeit des Landes schlechthin geworden. „Verschwenderisch viel Platz" bekommt in diesem Monumentalbauwerk ganz neue Dimensionen. Schätzungsweise 50 % der bebauten Fläche bringen keine Umsätze. Dies sind Flure, breit wie ein Tennisplatz, mit Marmor belegte Riesen-Lounges, Wandelhallen, Innenhöfe und Entrees.

Das Hotel ist Prestigeobjekt eines Landes, das der Welt den puren Luxus demonstrieren und verwöhnte Feriengäste ins Land locken will. Die Institution der Abu Dhabi Tourism Authority im September 2004 steht für ihr Engagement, Tourismus und touristische Einrichtungen zu fördern. Längst sind weitere Luxushotels und Golfplätze in Arbeit, und manche Projekte auf einigen, vorher unbewohnten, vorgelagerten Inseln werden in den nächsten Jahren abgeschlossen. Beispielsweise auf Lulu Island, einem langen Sandhaufen mit Palmen, der sich 500 m vor der Stadt erstreckt, oder auf Saadiyat Island, auf der ein Mega-Kulturzentrum mit Dependancen des New Yorker Guggenheim Museum und des Pariser Louvre entsteht. Die azurblauen Gewässer vor dem weißen Pudersandstrand sind vor Wellen geschützt und eignen sich herrlich zum Baden.

OBEN:
Innenansicht des Emirates Palace Hotel. Das Hotel hat eine 60 m hohe Kuppel, weitere 113 vergoldete kleinere Kuppeln und verfügt über 302 Zimmer.

LINKE SEITE:
Die 17 m hohe goldene Kuppel überragt den Al-Majarrah-Suk in Sharjah weithin sichtbar.

Die alten Bewässerungskanäle in der Oase Al-Ain sind noch heute in Funktion.

Al-Ain

Entlang der begrünten Autobahn nach Al-Ain liegen Baumschulen und großflächige Plantagen. Dort wachsen Tomaten, Paprika, Auberginen und Gurken, sogar Erdbeeren. Al-Ain heißt auf Arabisch „Quelle". Einst war der Ort das größte von sechs Dörfern in der Oase Buraimi, die sich über 200 Quadratkilometer ausdehnt. Der Name Buraimi bezieht sich heute ausschließlich auf den Teil, der zu Oman gehört.

Nahrungsgrundlage jeder Siedlung war ein eigenes Aflaj-System, wie die antike Bewässerungsmethode heißt. Dabei fließt Wasser aus natürlichen Reservoirs im Gebirge durch unterirdische Tunnel in die Ebene und wird über Kanäle in Dattelhaine und Äcker geleitet. Dieses effektive System ist im großen Dattelpalmenhain nahe des Fort Jahili noch zu sehen. Die mächtige Festung fungierte als Kinderstube für Sheikh Zayed. Damals war die Stadt ein wichtiger Rastplatz für Karawanen. Die Sammlung im Al-Ain-Museum stellt das damalige Leben in der Wüste vor. Zudem enthält sie Funde von Ausgrabungsstätten in der Umgebung.

Am Rande von Al-Ain erheben sich die Berge des Jebel Hafit in den Himmel.

Vereinigte Arabische Emirate

RECHTE SEITE OBEN:
Muskatnüsse

RECHTE SEITE UNTEN:
Granatäpfel

UNTEN:
Der Verkauf der Kamele sieht manchmal recht brutal aus, aber die Tiere sind zu wertvoll, als dass man ihnen Schaden zufügen würde.

Heute, modern bebaut und fein gepflegt, ist Al-Ain Heimat von 250 000 Einwohnern. Der Kamelmarkt gehört zu den touristischen Attraktionen, letztes Überbleibsel einer uralten Tradition. Früher im Dattelpalmenhain, jetzt am Rande der Stadt gelegen, stehen in der kühleren Jahreszeit bis zu 1000 Dromedare zum Verkauf. Die Händler reiten ihre Wüstenschiffe schon längst nicht mehr zum Markt. Die wertvollen Tiere überstehen die Reise auf dem Pick-up schneller und bequemer.

Mit Al-Ain hatte Sheikh Zayed seinen Traum vom irdischen Paradies verwirklicht. 1946 zum Gouverneur der Region berufen, entstand unter seiner Federführung der Plan zur Entwicklung der Oase. Inzwischen gilt sie als größte Grünfläche im südöstlichen Teil der Arabischen Halbinsel, von breiten Straßenbändern im Schachbrettmuster durchzogen und modern-arabisch bebaut. Sie ist die Obst- und Gemüsekammer des Emirats und produziert solche Mengen, dass Früchte in die Nachbarstaaten exportiert werden können. Hinzu kommt eine profitable Milchviehwirtschaft.

Ein großer Teil der Stadtbewohner sind Studenten. Die Universität war die erste in den VAE und gilt noch immer als eine der bedeutendsten. Sie steht nur Söhnen und Töchtern der Emirater offen, Letztere sind in der Stadt weit in der Überzahl.

Al-Ain geht fast nahtlos in den Ort Buraimi über. Es gibt zwar einen Zaun, aber der fällt nicht weiter auf, und der Grenzposten zu Oman liegt circa 30 km weiter östlich. Auffallend ist allerdings, dass sich die Architektur ändert, sind doch die Häuser des Sultanats mit traditionellen Stilelementen versehen (Weiteres siehe Oman).

Hili

Außerhalb der Stadt in Richtung Dubai liegen die „Hili Archaeological Gardens". Sie gelten neben Umm Al-Nar als bedeutendste Ausgrabungsstätte des Emirats. Hier wurden Überreste von Siedlungen und Rundgräber entdeckt, die die Präsenz einer Hochkultur vor rund 5000 Jahren belegen. Das Great Hili Tomb, ein aus glatten Steinquadern errichtetes, 2,5 m hohes Grab, besitzt über den beiden Eingängen Gravuren, die Umrisse von Menschen und Oryxantilopen zeigen. Das Grab ist denen von Umm Al-Nar ähnlich, aber bedeutend umfangreicher.

OBEN:
Bei Al-Ain liegt der Berg Jebel Hafit, die höchste Erhebung in Abu Dhabi.

Die soziale Organisation, die notwendig war, um solche Monumente zu errichten, also Felsblöcke aus dem 2 km entfernten Gebirge heranzuschaffen und mit Meißeln fein zu bearbeiten, muss bemerkenswert gewesen sein. Sie deutet auf eine reiche Gesellschaft hin, deren Wohlstand auf dem Abbau von Kupfer im Hajar-Gebirge und auf der Kontrolle des Kupferhandels basierte. Funde antiker Minen aus dem dritten Jahrtausend in den Bergen belegen diese Annahme.

Jebel Hafit

Nachts reckt sich am Horizont in kühnen Schwüngen eine Lichterkette in die Höhe. Sie entpuppt sich bei Tage als Teerstraße. Nur wenige Kilometer von Al-Ain entfernt hat die Erde vor Jahrmillionen eine bizarre Felsformation 1240 m hoch aufgeworfen, den Jebel Hafit. Vom Hotel auf dem Gipfel bietet sich bei klarer Sicht eine herrliche Aussicht auf die Stadt mit ihren Gärten und die kupferrot schimmernde Sandwüste in der Umgebung.

Aus den Gesteinsformationen lässt sich ein Teil der Entstehungsgeschichte der Arabischen Halbinsel ablesen. Vor etwa 38 Millionen Jahren entstanden unter dem Druck der Kontinentalplatten gewaltige Aufwölbungen. Was vorher unter der Oberfläche des Urmeeres lag, stülpte sich wie eine Blase nach oben. Die Wände, die nach Zusammenbruch der Blasenhöhle übrig blieben und sich durch den Druck schräg oder senkrecht aufgestellt hatten, waren bis zu einigen 100 m dick. In diesen von Lava durchdrungenen Kalksteinablagerungen sind Fossilien zu finden.

RECHTE SEITE:
Mann in Ras Al-Khaimah

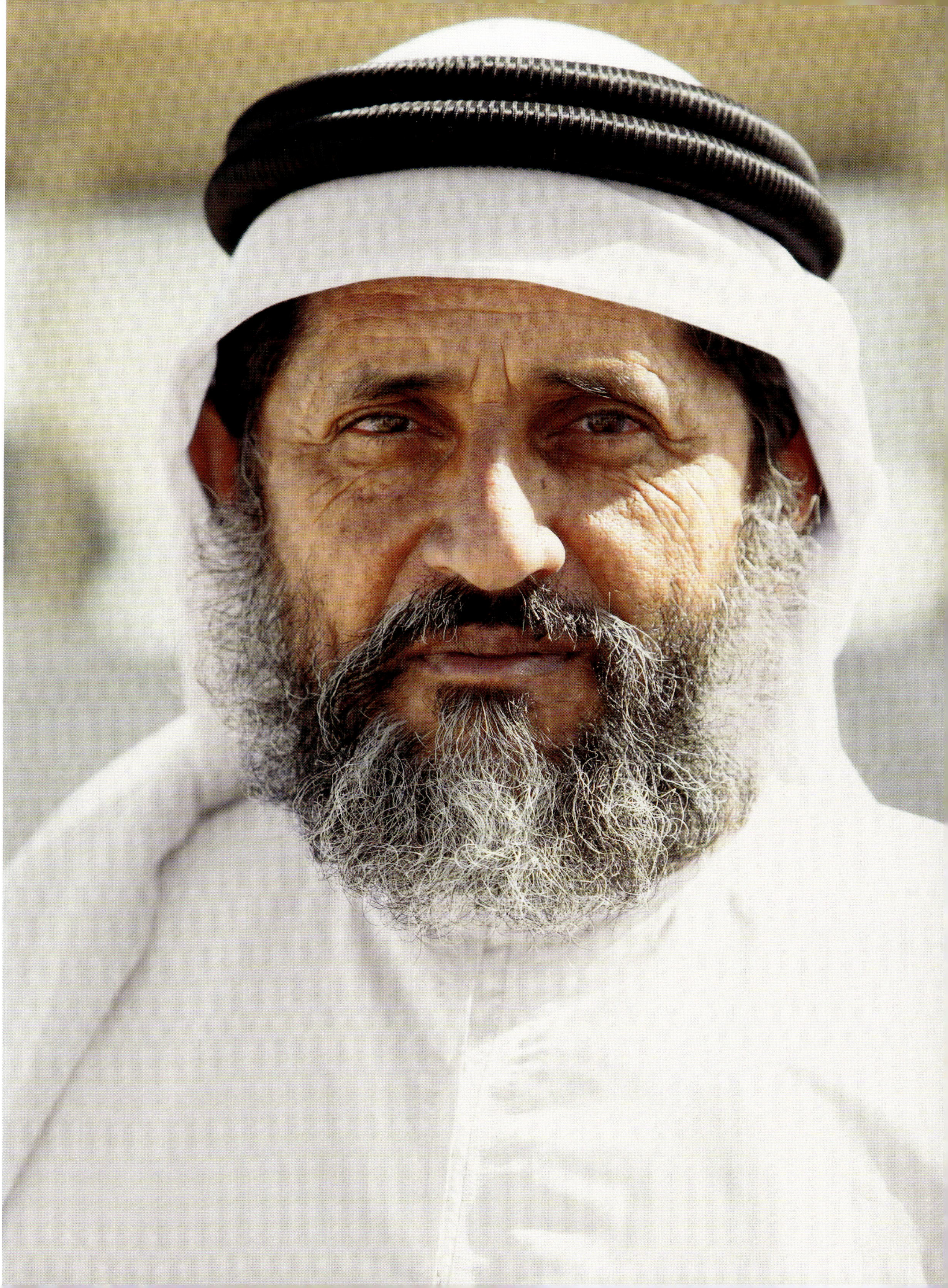

Inmitten des Hajar-Gebirges befinden sich die Hatta-Pools. In diesen Felsbecken sammelt sich das Oberflächenwasser der Bergbäche.

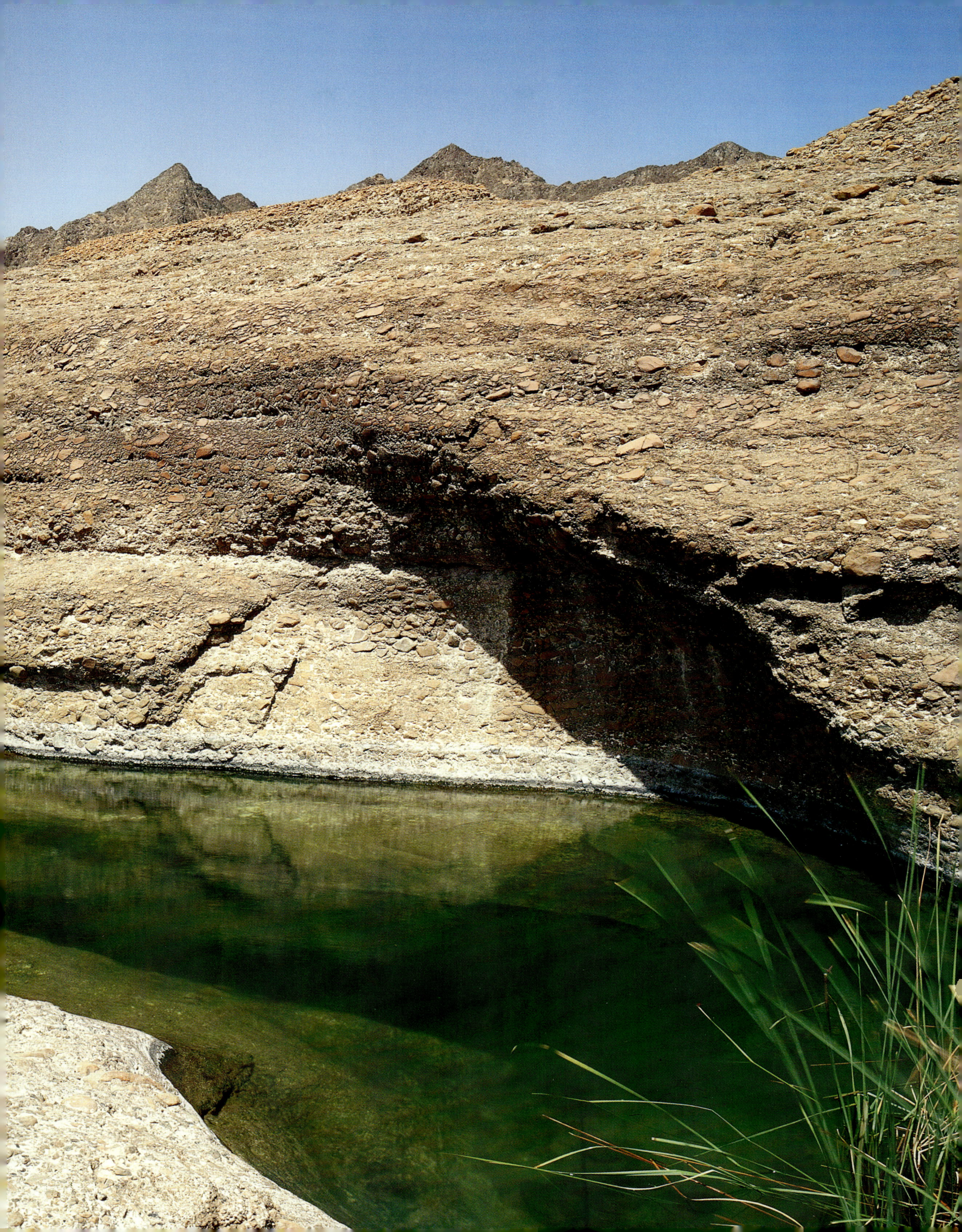

RECHTE SEITE:
Touristen können vor der Küste Dubais auch in klassichen Booten, den Daus, an einem Segeltörn teilnehmen.

UNTEN:
Einige der Daus liegen am Strand, sie geben nur noch eine schöne Kulisse ab, seetüchtig sind sie nicht länger.

Liwa-Oasen

Am Rande des Rub Al-Khali erstreckt sich eines der größten Oasensysteme der Arabischen Halbinsel. 15 von hohen Sanddünen umgebene Ortschaften reihen sich zwischen Dattelpalmen und Gemüsefeldern in einem großen Bogen von 50 km aneinander. In dem seit etwa 300 Jahren von Beduinen besiedelten Gebiet deutet nichts mehr auf ihre Geschichte und Traditionen hin. Als der englische Diplomatensohn Wilfred Thesiger als erster Europäer 1948 nach mühsamer Durchquerung des Leeren Viertels die Oasen erreichte, lebten dort Nomaden vom Stamme der Bani Yas und Manastir. Die Region ist Urheimat der Al-Nahyan-Dynastie. Sheikh Zayed hatte zu seiner Regierungszeit ein Büro in Palastgröße errichten lassen. Auch alle anderen Häuser stammen aus den letzten 30 Jahren. Größtes Dorf ist das neu gebaute Masirah.

Spektakulärste Attraktion ist die Wüste selbst. Kaum hat man die Dörfer verlassen, türmt sich ein gewaltiges Sandgebirge mit einem wunderbaren Farb- und Formenspiel auf. Manche Dünen sind hell wie geschlagene Butter, andere leuchten golden, wieder andere sind von einer zarten rosa oder orangefarbenen Schicht überzogen. Sogar sanftes Pistaziengrün schimmert in den Mulden. Wie von Riesenhand modelliert, sind die Konturen der Dünenkämme mal spitz, mal weich gerundet. Mal winden sie sich halbkreisförmig wie die Lehne eines Corbusier-Sessels, mal schlängeln sie sich wie drachenartige Fabeltiere. Die größten sind etwa 250 m hoch. Liwas Meer aus Sand ist das höchste auf der Arabischen Halbinsel.

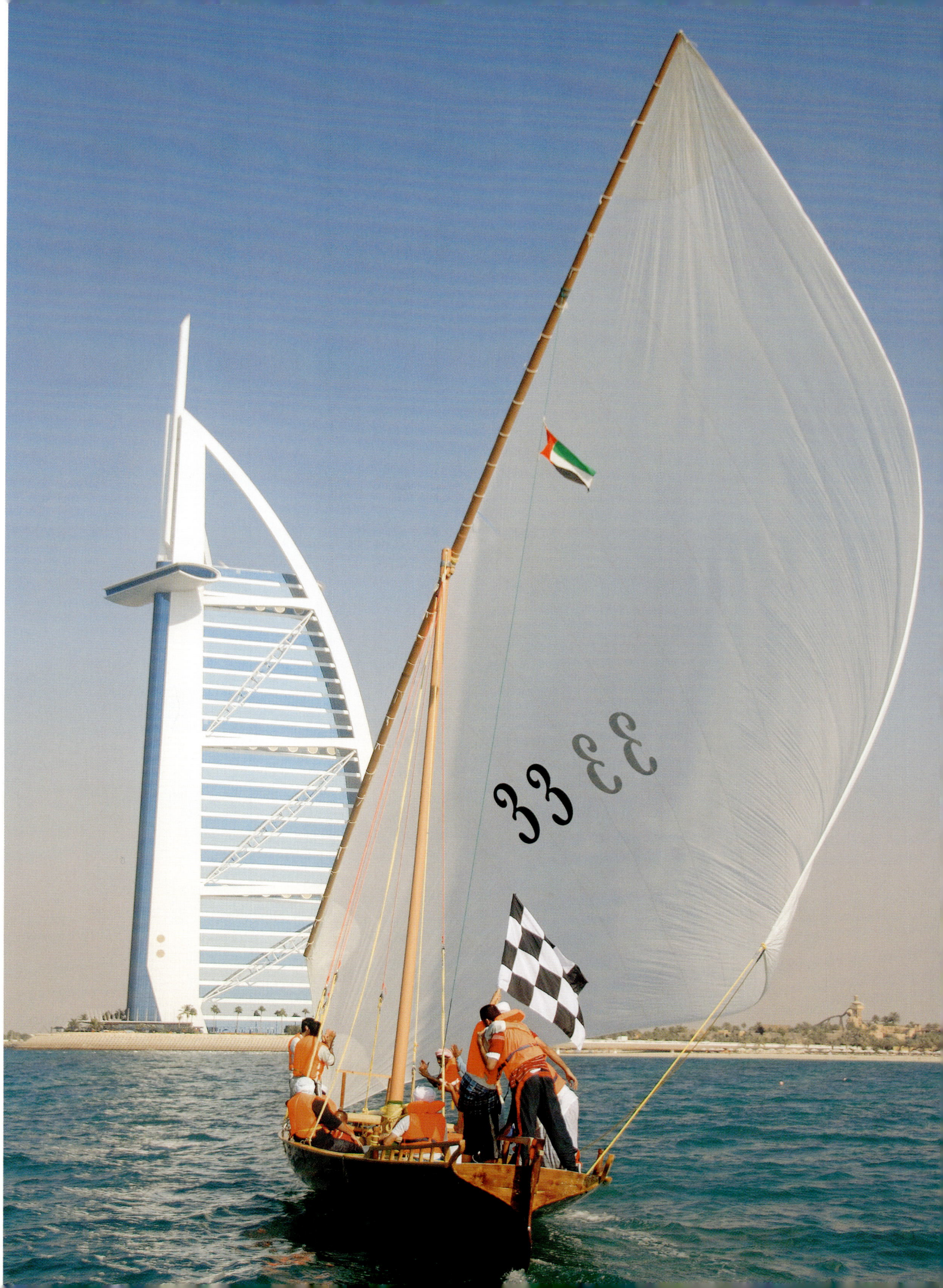
33

RECHTE SEITE:
Nach einem der seltenen Regenschauer im Bastakiya-Viertel in Dubai

UNTEN:
Im Rub Al-Khali verändern sich die Dünen täglich durch den Wind, der den Sand vor sich hertreibt.

EMIRAT DUBAI

„Tausendundeine Pracht" betitelte das Nachrichtenmagazin „Der Spiegel" seinen Artikel über die Scheiche am Golf, ihre Errungenschaften und Pläne. Mehr als jedes andere Emirat versteht Dubai, sich mit spektakulären Bauten und Projekten in Szene zu setzen. Spätestens seit Eröffnung des Hotel Burj Al-Arab, jenem geblähten Megasegel im Meer, sicherte sich das Emirat einen festen Platz auf der Weltkarte der Luxusverwöhnten. Frech kürten die Scheiche das Hotel zum 7-Sterne-Haus. Dann kam „The Palm Jumeirah", auf deren 17 künstlichen Wedeln Apartmentgebäude, Shopping-Malls, Hotels und Villen gewachsen sind.

Inzwischen gibt es bereits drei Palmen, die vor der Küste ihre Kronen weit ins Meer hineinschieben, und „The World". Letzteres ist ein Konglomerat von künstlichen Inseln, deren Formen Ländern und Kontinenten gleichen, jede einzelne nur im Paket zu kaufen. Auch die staatliche Airline Emirates macht ständig von sich reden. Kaum eine internationale Sportgroßveranstaltung, auf der ihr

Vereinigte Arabische Emirate 569

570 Vereinigte Arabische Emirate

Vereinigte Arabische Emirate

VORHERGEHENDE DOPPELSEITE:
Dubais Altstadt Bastakiya mit der großen Moschee im Hintergrund ist zu jeder Tageszeit ein wundervolles Panorama.

Name nicht großformatig an Plakaten, Stadionbannern, Satteln, Segeln oder Heckspoilern von Rennwagen prangt. Sie ist unter anderem Sponsor der FIFA, des HSV, des Arsenal Football Club, des AC Mailand und diverser internationaler Golfturniere sowie im eigenen Land Sponsor des Dubai World Cup (Pferderennen) und der Dubai Tennis Championship.

Dubai ist nach Abu Dhabi, an das es im Süden angrenzt, das zweitgrößte Emirat mit etwa 1,3 Millionen Einwohnern und 3885 Quadratkilometern Fläche. Seine ursprüngliche Küstenlänge beträgt 70 km. Mit all den künstlichen Landschaften vor der Küste verlängert sich die Küstenlienie um einige 100 km. In den anderen Scheichtümern besitzt Dubai drei Exklaven, die größte darunter ist Hatta im Osten auf Höhe der Hauptstadt. Erst dort erheben sich die Ausläufer des Hajar-Gebirges. Ansonsten ist das Emirat abgesehen von einigen Dünenregionen platt wie ein Pfannkuchen.

Geschichte

UNTEN:
Der Jachthafen am Jumeirah-Beach-Hotel in Dubai in der Abendsonne

Ausgrabungen in Jumeirah und Al-Qusais beweisen, dass die Küste vor 4000 Jahren auch hier besiedelt war. Die reichhaltige Sammlung von Funden ist im Dubai Nationalmuseum zu sehen. Die Stadt Dubai hat sich aus einem Fischerdorf entwickelt, das im 18. Jahrhundert von einem Zweig des ursprünglich in Abu Dhabi beheimateten Bani-Yas-Stammes bewohnt wurde und sich Anfang des

19. Jahrhunderts durch den Zuzug weiterer 800 Mitglieder des Clans rasch vergrößerte. Einer der Stammesführer, Maktoum bin Butti, wurde Begründer der Dynastie, die bis heute das Emirat regiert. Ohne produktives Hinterland, also ohne fruchtbare Oasen, orientierte sich das Leben der Bewohner am Meer und seinen Produkten. Sie verdienten ihren Lebensunterhalt mit Fischen, Perlentauchen und Seehandel und betätigten sich auch als Seeräuber.

Seine führende Position als Handelshafen und Re-Export-Zentrum der VAE hat Dubai u. a. einem politischen Umschwung in Persien zur vorletzten Jahrhundertwende zu verdanken. Bis dahin gehörte die arabische Enklave Lingah jenseits des Golfes zu den wichtigsten Umschlaghäfen des Nahen und Mittleren Ostens. Im Jahre 1902 war es mit der Zollfreiheit vorbei. Die persische Regierung verbot den freien Handel und setzte der arabischen Regentschaft ein Ende. Lingahs Abstieg bedeutete gleichzeitig Aufstieg für das zollfreie Dubai, dessen Wirtschaft bereits aufgrund emsigen Treibens eingewanderter Unternehmer aus Persien, Indien und Belutschistan florierte. Der Suk von Deira gehörte mit 250 Läden zu den größten der Golfküste.

Die Übersiedler aus Lingah unterhielten weiterhin ihre engen Handelsbeziehungen nach Indien und sorgten für frischen Wind in Dubais Wirtschaft. Sie ließen sich auf der südlichen Seite des Dubai Creeks nieder und nannten das neue Viertel Bastakiya, nach der südpersischen Region Bastak. Heute ist Bastakiya eines der ältesten noch erhaltenen Viertel der Stadt. Seine Lehmhäuser mit stattlichen

Skyline von Dubai vom Dubai Creek aus gesehen

Windtürmen wurden restauriert. Am Rande steht das Al-Fahidi-Fort, in dem das Nationalmuseum untergebracht ist.

Bereits am Ende des 19. Jahrhunderts hatte die Bombay & Persia Steam Navigation Company Dubai als Anlaufhafen für ihre Postschiffe gewählt. Diese wiederum erleichterten den Indern und anderen Völkern des Subkontinents die Überfahrt zur Arabischen Halbinsel. Sie ließen sich in immer größerer Zahl in Dubai nieder und haben bis heute Textil-, Gewürz- und Goldhandel in der Hand. Während der Perlenhandel mit dem Aufkommen von japanischen Zuchtperlen in der Bedeutungslosigkeit versank, spielt das Edelmetall bis heute eine wichtige Rolle. Mehr als 250 Tonnen werden jährlich importiert und in Schmuck, Villen, Hotels, Möbeln und Armaturen verarbeitet. Neben Hongkong und der Schweiz gehört Dubai zu den größten Goldmärkten der Welt.

Die Erschließung von Ölquellen Ende der 1960er Jahre brachte in kurzer Zeit unvorstellbaren Reichtum ins Land. 1971 schloss sich Dubai den VAE an. In den Aufbau einer modernen Infrastruktur floss viel Geld. Straßen wurden gebaut, Hochhäuser schossen aus dem Boden, Schulen und Krankenhäuser wurden eingerichtet. In den 1980er Jahren, als sich das Scheichtum langsam dem Tourismus öffnete, war bereits das Fundament der heutigen Metropole gelegt.

Im Januar 2006 übernahm Sheikh Mohammed Bin Rashid Al-Maktoum nach dem Tod seines Bruders Sheikh Maktoum die Regierungs- und Wirtschaftsgeschäfte sowie gleichzeitig das Amt des Pre-

Das Aquarium im Atlantis-Hotel auf der künstlichen Insel „The Palm" fasst 11 Millionen Liter Wasser. Einen Teil der Suiten trennt nur eine Glasscheibe vom Wasser.

mierministers der VAE. Von Bewunderern gern „Sheikh Mo" genannt, hat ihn die Londoner Tageszeitung „The Times" gerade zum „einflussreichsten Business-Leader der arabischen Welt" gekürt. Er verkörpert genau das, was Einfluss und Macht in dieser Region zustande bringen kann: eine tiefe Verwurzelung in Tradition und Geschichte und gleichzeitig Weltoffenheit.

Die großzügige Lobby des Burj Al-Arab-Hotels in Dubai

Vereinigte Arabische Emirate

Dubai-City

Kontinuierlicher Ausdehnung und Modernsierung unterworfen, bietet die Stadt nur in den kleinen Vierteln Deira und Bastakiya am Dubai Creek einen Hauch traditionellen Händlerlebens. Der duftende Gewürz-Suk in Deira beschränkt sich auf zwei Gassen. Bemerkenswert ist der überdachte Goldmarkt, auf dem in Dutzenden Shops schier unglaubliche Vermögen lagern. Etwa 500 Händler sind damit beschäftigt, ihre Preziosen an den Mann bzw. die Frau zu bringen. An der Beduinen-Tradition, Einkünfte in Goldschmuck anzulegen, scheint sich noch nicht viel geändert zu haben.

Entlang des Meeresarmes, der sich 12 km ins Landesinnere zieht, reihen sich am Kai eindrucksvolle Holzschiffe in Zweier- und Dreierreihen auf. Vor den Hochhäusern erscheinen sie wie ein Anachronismus: Relikte aus der Vergangenheit, die noch heute einen wesentlichen Teil des Handelsverkehrs im Golf ausmachen. Sie transportieren bis zu 500 Tonnen Fracht nach Pakistan, Indien und Ostafrika. Ein Teil der Schiffe gehört zur traditionellen Fischfangflotte des Golfes.

Die Gestalt der Daus bzw. Boom, Sambouk oder Jalibout, wie die Schiffe je nach Größe genannt werden, hat sich, wie alte Bilder beweisen, in 2000 Jahren kaum verändert. Allerdings besitzen die neueren Schiffe einen holzverschalten Rumpf aus Kunststoff. Unlängst wurde am Creek eine Werft eingerichtet, in der Holzschiffe ohne Vorlage von Zeichnungen nach alter Tradition gebaut werden.

OBEN:
Eine Fähre auf dem Weg von Deitra nach Bur Dubai

LINKE SEITE:
Ein Kamelpfleger

Bei dieser Regatta begegnen sich faszinierende moderne Architektur und traditionelle Segelboote.

Das alte Handwerk der Schiffsbauer war schon fast ausgestorben.

Zwischen den beiden Stadtvierteln verkehren Abras, kleine offene Fährboote. Das geht schneller, als den weiten Weg über die Al-Maktoum-Brücke zu nehmen. In Bastakiya wurde ein Komplex traditioneller Wohnhäuser mit Windtürmen restauriert. Darin untergebracht sind jetzt u. a. ein kleines Boutique-Hotel und eine Galerie. Bis Mitte des 20. Jahrhunderts wohnten in den mehrstöckigen Lehmgebäuden wohlhabende Kaufmannsfamilien aus Indien und dem Iran.

Dahinter erhebt sich in Schneeweiß der „New Diwan", das Verwaltungsgebäude des Herrschers. Die beiden Windtürme am Eingang des 1990 erbauten Gebäudes sind nur noch Schmuck. Es ist am besten von der anderen Seite des Creeks aus zu sehen. Die große Moschee mit ihrem 70 m hohen Minarett ist als eine der wenigen im arabischen Raum auch von Nicht-Moslems zu besichtigen. Dreimal in der Woche bietet das „Centre of Cultural Understanding" Führungen an, bei denen nicht nur das ornamentale Design des Interieurs, sondern auch Grundlagen islamischer Religionsausübung erläutert werden.

Im Viertel Shindagah, näher an der Creek-Mündung, steht noch der alte Palast der Al-Maktoum-Dynastie, der vom Großvater des jetzigen Emirs bewohnt wurde. Seine circa 40 Räume beherbergen heute Ausstellungen und Sammlungen. Angeschlossen ist das Freilichtmuseum des Heritage und Diving Village. Alles ist im alten Stil neu errichtet, und hier werden Besucher über traditionelle Gebräuche und Tätigkeiten wie Töpfern, Weben und Perlentauchen informiert.

Fast alles, was südlich vom Zentrum am Creek steht, ist in den letzten 20 Jahren entstanden. Erster Wolkenkratzer war das World Trade Center, auf dem Sheikh Rashid, Vater von Sheikh Mo, während der Bauarbeiten noch herumgeklettert ist. Der Turm erscheint geradezu mickrig, wenn man ihn mit den Emirates Towers am Anfang der Sheikh Zayed Road vergleicht. Die Straße führt durch das neue Geschäftszentrum, in dem sich beiderseits der zehnspurigen Avenue Wolkenkratzer im Schulterschluss aufreihen. Im Hintergrund steht unübersehbar der neue Burj Dubai mit seinen 800 m Höhe.

An der Küste erstreckt sich Jumeirah mit der prachtvollsten Moschee des Emirats, einem Hotel neben dem anderen und vielen Shopping-Malls. Architektonisch spektakulär ist hier nicht nur der Burj Al-Arab, sondern auch das wie eine große Welle gebaute Jumeirah Beach Hotel und der daran anschließende Komplex Madinat Jumeirah. In Letzterem sind zwei Hotels, viele Restaurants, Villen, ein Basar und eine Lagune untergebracht: ein bisschen Venedig, ein bisschen altes Arabien, ein bisschen Disneyland.

Hochhäuser dicht an dicht recken sich um das künstliche Hafenbecken von Dubai Marina. Vor der Küste liegt The Palm Jumeirah, im Hinterland dehnen sich Golfplätze. Noch etwas weiter liegt der Jebel Ali Port, dahinter entsteht „Dubai Waterfront" mit „The Palm Jebel Ali" davor. Etwa auf gleicher Höhe landeinwärts befindet sich „Dubai World Central" im Bau, ein Großflughafen, der bei seiner Fertigstellung im Jahr 2030 etwa 120 Millionen Passagiere und 120 Millionen Tonnen Fracht bewältigen soll. Die erste Start- und Landebahn war bereits 600 Tage nach Baubeginn im November 2007 fertig.

Zu den Attraktionen der VAE gehören auch die Touren mit allradbetriebenen Jeeps durch die Wüste.

Burj Al-Arab

Der Hotelturm erfüllt alle Klischees des modernen Felix Arabia: pompös, extravagant und überwältigend. Exponiert auf einer künstlichen Insel wölbt sich das gigantische Segel aus Glas und Stahl 321 m hoch. Etwa eine Milliarde Dollar haben die Besitzer, darunter die Al-Maktoum-Familie und Emirates, für den Bau ausgegeben.

Das Geld ist gut angelegt, mit der Eröffnung des architektonischen Spektakels machte sich das kleine Dubai weltweit bekannt. Die Innenausstattung findet weltweit kaum ihresgleichen. Auf 56 Stockwerken verteilen sich ganze 202 Duplex-Suiten, keine davon kleiner als 170, die größte 780 Quadratmeter.

Für das Dekor und Mobilar wurden Megatonnen von Marmor, Granit und Kristall und sicherlich mehr als der Jahresertrag einer ergiebigen Goldmine verarbeitet. Die Lobby ist 180 m hoch, mit Blattgold und Halbedelsteinen ausgeschmückt und beherbergt eine 50 m hohe computerisierte Fontäne, die rhythmisch Wassersäulen in die Luft wirft.

Als besonderer Clou wirken zwei der sechs Hotelrestaurants. Das Al-Muntaha im Space-Age-Design schwebt in 200 m Höhe und das Al-Mahara schwimmt unter Wasser. Zumindest erscheint es so, wenn man mit dem U-Boot von Captain Nemo in die Tiefe fährt.

Im Zentrum des Restaurants reicht ein gigantisches rundes Aquarium bis zur Decke. Da hat man das Seafood nicht nur auf dem Teller, sondern die noch aktiven Artgenossen im Blickfeld.

Die Windtürme leiten kühlere Luftströmungen in das Innere der Gebäude ab. Seit Jahrhunderten wird dieses komplizierte Belüftungssystem in den arabischen Ländern genutzt.

Shopping

Was Dubai an Sehenswürdigkeiten fehlt, macht es durch seine riesigen Shopping-Malls wieder wett, wobei manche der Dutzenden Einkaufszentren durchaus sehenswert sind. Allen voran die „Mall of the Emirates" mit dem Khan Murjan-Suk im Stil des 14. Jahrhunderts und dem künstlichen, überdachten Skihügel. Ein weiteres Einkaufsparadies ist Festival City mit viel Unterhaltungsbeiwerk oder die Ibn Battuta Mall, die mit 250 Shops der mittelalterlichen Welt der Seefahrer gewidmet ist.

Ein anderes Einkaufszentrum erinnert an venezianische Palazzi und Piazzi. Während des vierwöchigen „Shopping Festival" im Frühjahr fallen die Preise von fast allen Modelabels, und große Preisausschreiben werden veranstaltet, bei denen mal kiloweise Gold, mal ein Porsche, mal ein Cayenne, mal ein Ferrari inklusive Transport bis vor die Haustür als Hauptgewinn winkt.

Sport

Kaum ein Wochenende vergeht im Winterhalbjahr ohne größere Sportveranstaltung, seien es Kamelrennen, Powerboat Races, Dau-, Windsurfing- oder Kite-Regatten, Golfturniere, Fußball- oder Rugbyspiele. Wichtigster internationaler Event ist der Dubai World Cup, mit 6 000 000 Dollar Preisgeld das weltweit höchstdotierte Pferderennen. Schirmherr, Sponsor und Besitzer des erfolgreichen Godolphin Rennstalles ist Sheikh Mohammed.

Tennisliebhaber treffen sich alljährlich zu den Dubai Open, an dem die besten Spieler der Welt teilnehmen. Beide Veranstaltungen locken die Schönen und Reichen der Welt, für die große Galas gegeben werden, nach Dubai.

Unterhaltung

Seit vielen Jahren bereits ist das liberale Emirat für sein Nachtleben bekannt. Ob Bars, Discos oder Clubs, die Auswahl ist vielfältig. Auch im Bereich der leichten Unterhaltung ist Dubai bislang unter den Scheichtümern führend. International bekannte Tanz- und Theatertruppen treten auf, Musicals werden aufgeführt und weltberühmte Popstars gastieren. Auch das Internationale Filmfestival, 2004 ins Leben gerufen, lockt Showgrößen aus Hollywood und Bollywood an. Selbst die Klassik fehlt nicht. Ob Oper, Konzert oder Ballett, sie werden in der Regel von berühmten Namen begleitet.

Unterhaltung für die ganze Familie bieten zahlreiche Themenparks, beispielsweise der 220 000 Quadratmeter große „Za'abeel Technology Theme Park", in dem in futuristischem Ambiente interaktive Ausstellungen zu Kommunikationstechnologie, Industrietechnik und alternativen Energien präsentiert werden. Großartig ganz im Sinne des Wortes ist auch „Wild Wadi", das den Fluten eines reißenden Flusses nachempfunden wurde und mit 24 nassen Attraktionen aufwartet, darunter eine 50 m lange Wasserrutsche. Im „Global Village" präsentieren 40 Länder ihre berühmtesten Baudenkmäler in Miniaturformat.

Die Moschee am Al-Qasba-Kanal in Scharjah könnte auch aus den Erzählungen von 1001 Nacht stammen.

Exklave Hatta

Von der Hauptstadt etwa 100 km gen Osten liegt zwischen dunklen Felsenhügeln die Oase Hatta mit dem Hajar-Gebirge im Hintergrund. Um diese Exklave zu erreichen, führt die gut ausgebaute Straße einige Kilometer durch Oman, was allerdings nur an Schildern, nicht an Grenzposten offenbar wird. Hatta ist ein stiller gepflegter Ort, dessen größte Attraktion das Hatta Fort Hotel und das Heritage Village sind. Sie sind beliebtes Wochenendziel für westliche Expats, nicht zuletzt, weil die Luft hier deutlich trockener ist als an der Küste.

Das Heritage Village besteht aus einem nachgebauten Bergdorf mit Befestigungsanlage, traditionellem Audienzhaus und „Barasti" genannten Hütten. In ihnen sind kleine Sammlungen traditionellen Handwerks, wie Weberei, Töpferei oder Schmiedekunst, zu sehen. Am Wochenende demonstrieren Beduinen Gesang und Tanz.

Aufgrund des komfortablen Resorts mit Pool wird Hatta gern als Ausgangspunkt für Tagestouren zum Dünensurfen oder Oasenhopping in der Wüste gewählt. Von hier aus starten auch Touren zum Wadi Bashing (Wadi-Touren mit Geländewagen) oder zum Baden in den Hatta Pools, die aus natürlichen Wasserbassins und kleinen Wasserfällen bestehen, wenn diese nicht gerade ausgetrockne sind. Die Region der Pools befindet sich etwas versteckt auf omanischem Gebiet, aber auch hier gibt es auf der Fahrt keine Passkontrollen.

Al-Maha-Ökotourismus-Resort

Mitten in der Wüste gelegen, verbinden sich auf 25 Quadratkilometern Naturreservat und Luxushotel. Nur 2 % der Fläche sind mit zeltartigen Villen, Pools und Restaurants bebaut. Auf dem Terrain wurde die vom Aussterben bedrohte Oryxantilope wieder angesiedelt und kann hier von den Gästen beobachtet werden. Die angebotenen Aktivitäten basieren auf alten Beduinen-Traditionen: Reiten auf Araberpferden und Kamelen, Falkenjagd und Wüstensafaris.

EMIRAT SHARJAH

Dubais Nachbaremirat, die Entfernung von Hauptstadt zu Hauptstadt beträgt nur 5 km, war Mitte der 1970er Jahre das erste Scheichtum, das unter anderem auf Tourismus setzte. Allerdings bedurfte es wegen knapper Bodenschätze bald eines kapitalkräftigen Partners. Saudi-Arabien griff ein, beglich Schulden, baute eine riesige Moschee und drängte auf Alkoholverbot und rigide Kleidervorschriften, was den florierenden Tourismus bald zum Erliegen brachte.

Sharjah spezialisierte sich auf Bildungsstätten, gründete die „American University" und die „University of Sharjah" und baute ein kulturelles Zentrum auf. Mit 2590 Quadratkilometern und etwa 700 000 Einwohnern ist es das drittgrößte Emirat und das einzige, das sowohl an der Ost- als auch

Im Emirat Sharjah befindet sich das alte Fort Al-Hisn Al-Qadim.

Der Sherjah-Suk ist eine der meistfotografierten Sehenswürdigkeiten des kleinen Emirates.

an der Westküste Territorien besitzt. Insgesamt verfügt es über fünf Gebiete. Das größte mit der gleichnamigen Hauptstadt umfasst das Teilstück Ajman.

Mit Port Khalid in Sharjah-Stadt und Khor Fakkan im Osten verfügt Sharjah über zwei Tiefwasserhäfen. Um sich den Weg durch die viel befahrene Straße von Hormuz zu sparen, haben viele Reedereien ihren Standort in Khor Fakkan. Ihre Waren werden dort gelöscht und über Land zu den Flughäfen und Häfen im Westen transportiert.

Zwar sind die Ölreserven in Sharjah kaum der Rede wert, dafür wurden große Gasfelder entdeckt. Einen geraumen Teil der Wirtschaft nehmen inzwischen der Industriesektor und der Frachtverkehr ein. Knapp die Hälfte der Einnahmen aus der Industrieproduktion der VAE – Metallwaren, chemische und mineralische Produkte – stammt aus Sharjah. In zwei Freihandelszonen wickelt das Scheichtum circa 65 % des See- und Luftfrachtverkehrs ab.

Im Wachstum begriffen sind der Tourismus und der Immobiliensektor. 2010 soll das neue Wohn- und Freizeitareal mit insgesamt 500 ha auf den Nujoom Islands fertiggestellt sein. Ausländer sind willkommen, sich dort einzukaufen. Auch Landwirtschaft spielt eine bedeutende Rolle. Knapp 10 000 ha um die Oasen Dhaid, Mileiha und Fili werden von circa 4000 Farmen bewirtschaftet. Angebaut werden überwiegend Obst und Futtergräser.

Geschichte

Aus der einst einflussreichsten Seefahrerdynastie der Region, den Al-Qasimi, stammen die heutigen „Royals" von Sharjah. Bereits im 18. Jahrhundert hatten sie aufgrund ihrer großen Flotte, ihrer Navigationskenntnisse und ihres kaufmännischen Geschicks großen Einfluss als Seemacht. Erst die Briten kamen ihnen in die Quere. Diese vertrugen sich allerdings zunächst fast ein Jahrhundert lang mit den Al-Qasimi, bis sie zu Beginn des 19. Jahrhunderts hegemoniale Ansprüche in der Golfregion stellten.

Die Al-Qasimi hatten in der Zwischenzeit Stützpunkte in Ras Al-Khaimah und Sharjah errichtet, von denen aus sie ihre Befehlsgewalt auf die Inseln und Häfen beiderseits der Halbinsel ausdehnen konnten. Die Straße von Hormuz war für die Handelsrouten der British East India Company von und nach Indien von großer strategischer Bedeutung. Gleichzeitig sahen die Briten die Rivalitäten der Al-Qasimi mit ihrem Verbündeten, dem Sultan von Oman, als Gefahr. Und umgekehrt. Für Attacken auf britische Schiffe wurden von da an immer die Al-Qasimi beschuldigt, weil es aufgrund der Konstellationen politisch so am besten passte.

Schnell waren die Araber als Piraten verschrien, was aber nur ein Teil der Wahrheit war. Die Briten wiederum, durch die Überfälle in ihrem Handel stark beeinträchtigt, schlugen 1809 zurück und zer-

Im Al-Majarra-Suk bekommt man in alt wirkendem Ambiente alles, was das Herz begehrt.

Vereinigte Arabische Emirate 587

störten alle Stützpunkte. Friedensverträge wurden eingeleitet, gleichzeitig formierte sich auf der Seite der arabischen Stämme eine Allianz gegen die potenzielle Bedrohung durch die Briten. Diese, durch den Pakt alarmiert, holten 1819 mit omanischer Unterstützung ein zweites Mal aus und legten Ras Al-Khaimah, Hauptsitz der arabischen Seefahrer und Flotte, und 880 Schiffe in Schutt und Asche.

Der anschließende Friedensvertrag wurde nicht von allen Beteiligten eingehalten, schließlich brach 1866 das Reich von Sharjah, Ras Al-Khaimah und Fujairah auseinander. 1921 erfolgte die offizielle Unabhängigkeit des nördlichsten Emirats. Sharjah hatte sich indes bereits 1835 dem Friedensvertrag zwischen den Briten und den Scheichtümern Abu Dhabi, Ajman und Dubai angeschlossen und behielt eine führende Rolle.

1932 entstand hier der erste Flughafen in der Region. Seehandel, Fischerei und Perlentauchen waren bis in die 1950er Jahre Haupterwerbszweige der Einwohner. Dann verlor Sharjah durch Versandung seines Meeresarmes immer mehr an wirtschaftlicher Bedeutung zugunsten von Dubai. Dorthin verlagerte sich entsprechend der Handel, die Briten zogen nach und etablierten 1953 ihre Repräsentanten.

In den 1970er Jahren erfuhr die Stadt durch die Entdeckung von Öl- und vor allen Dingen Gasreserven eine rasante Entwicklung, die allerdings Ende der 1980er Jahre fast zum Erliegen kam, da sich die Wirtschaft im Gegensatz zu Dubai und Abu Dhabi nicht als das entpuppte, was man zu hoffen gewagt hatte. Herrscher ist seit 34 Jahren Sheikh Sultan bin Mohammed Al-Qasimi, seit er seinen Bruder ins Exil schickte.

Die Zugänge zum großen Markt in Sherjah sind reichhaltig verziert.

Querelen zwischen den Golfdynastien mögen dazu geführt haben, dass es Saudi-Arabien und nicht Abu Dhabi war, das Sharjah unter die Arme griff. Eine Folge davon ist bis heute das Alkoholverbot im Land und eine Kleiderordnung, die u. a. das Tragen von bauchfreier Kleidung untersagt. Doch das Nachtleben von Dubai liegt ja nur wenige Kilometer entfernt.

Vereinigte Arabische Emirate **589**

Sharjah-Stadt

Hochhäuser, Lagunen und Parks dominieren die Stadt. Es ist wahrscheinlich auf die konservative Einstellung der Regierung und wohl auch auf den zeitweiligen Mangel an Budget für großräumige Entwicklung zurückzuführen, dass in Sharjah noch ein großer Teil seines traditionellen architektonischen Erbes vorhanden ist und renoviert wurde. 1998 würdigte die UNESCO die diesbezüglichen Anstrengungen des Scheichtums, die auch die Einrichtungen von Museen mit Kulturgut einschlossen, mit dem Titel „Kulturhauptstadt der arabischen Welt".

Von Dubai kommend fällt als Erstes eines der meistfotografierten Gebäude der VAE ins Auge, der relativ neue Blue Suk. Er ähnelt einem lang gestreckten Bahnhof aus der Belle Époque, mit blauem Tonnendach und Windtürmen auf dem Dach. Er beherbergt unter anderem den Goldmarkt.

Daneben erhebt sich einer der größte Sakralbauten der VAE, die König-Faisal-Moschee, gestiftet vom König von Saudi-Arabien. Sie ist mit Terrassendächern, schlanken Minaretten und einer spitzen Kuppel geschmückt. Das maritime Herz von Sharjah bildet die Khalid-Lagune, aus deren Mitte eine mehrere Meter hohe Fontäne schießt. Der zum Teil künstlich ausgehobene See ist ein Wasserpark mit mehreren Inselchen, auf denen verschiedene Freizeiteinrichtungen untergebracht sind.

Entlang der Corniche Road am Souk Bassin reihen sich beiderseits überdachte Märkte auf: für Fisch, Gemüse und Obst, Haushaltswaren, Pflanzen und Tiere. Das Al-Hosn-Fort, ursprünglich 1820 erbaut, in den 1990er Jahren wegsaniert und 1997 wieder aufgebaut, ist jetzt Teil der „Heritage Area". Dazu gehört auch der im alten Stil neu errichtete Alte Suk mit einem Café und kleinen Souvenirläden und Kunstgalerien.

Angeschlossen ist die „Art Area" mit historischen Häusern, die das „Sharjah Art Museum", eine Kunstschule und die „Very Fine Art Studios" beherbergen sowie das „Museum for Arabic Calligraphy", in dem hochklassige Arbeiten gezeigt werden, die von persischen, arabischen und türkischen Künstlern stammen. Im Atelier kann man junge Schriftkünstler bei der Arbeit beobachten.

Kalligrafie

Ornamentale Ausschmückung hat in islamischen Ländern lange Tradition. Es ist eine Kunstform, die auf dem streng ausgelegten Gebot „Du sollst dir kein Bildnis machen" basiert. Ein Gesetz, das jede Art von Abbildungen verbietet. Daraus entstand auch ein anderes Genre, die Kalligrafie oder Schönschrift. Diese dient nicht nur zur Vermittlung des Inhalts, sondern auch als Dekoration. Bereits im 7. Jahrhundert, also unmittelbar nach Zusammenstellung der Offenbarungen Gottes zum Koran durch Mohammed, wetteiferten Schreibkünstler in der ästhetischen Darstellung heiliger Texte. So entwickelte sich die moderne arabische Schrift.

Die Kalligrafie, die als dekoratives Element die sonst bilderlosen Bauwerke schmückt, gehört zu den angesehensten Künsten der islamischen Welt. Da es in den VAE im Gegensatz zu anderen islamischen Ländern keine bedeutenden historischen Monumente gibt und bislang nur wenige Bauwerke existieren, die in der heutigen Zeit unter Berücksichtigung traditioneller Architektur errichtet wurden, mangelt es in dieser Region an den unvergleichlich ausdrucksvollen Schriften als Dekorationselement.

Sharjah Islamic Museum

2008 mit einer Sonderausstellung aus dem Museum für Islamische Kunst in Berlin eröffnet, stellt die in den VAE einzigartige Sammlung auf 10 000 Quadratmetern Wissenschaft und Künste des Islams vor. Die Abu-Bakr-Galerie im Erdgeschoss führt in den Islam mit seinen Prinzipien ein und zeigt kostbare Koranausgaben und religiöse Manuskripte sowie historische Fotografien von der Pilgerreise nach Mekka. Zentrales Kunstwerk ist ein 6 m langer Samtvorhang, der einst die Tür der Kaaba bedeckte. Im oberen Stockwerk finden sich islamische Keramiken, Metallarbeiten, Glas, Textilien und Kleinkunst aus den Anfängen der islamischen Zivilisation bis in die Neuzeit.

Das archäologische Museum in Sharjah zeigt unter anderem allerlei Gebrauchsgegenstände, die bei Ausgrabungen zutage gefördert wurden.

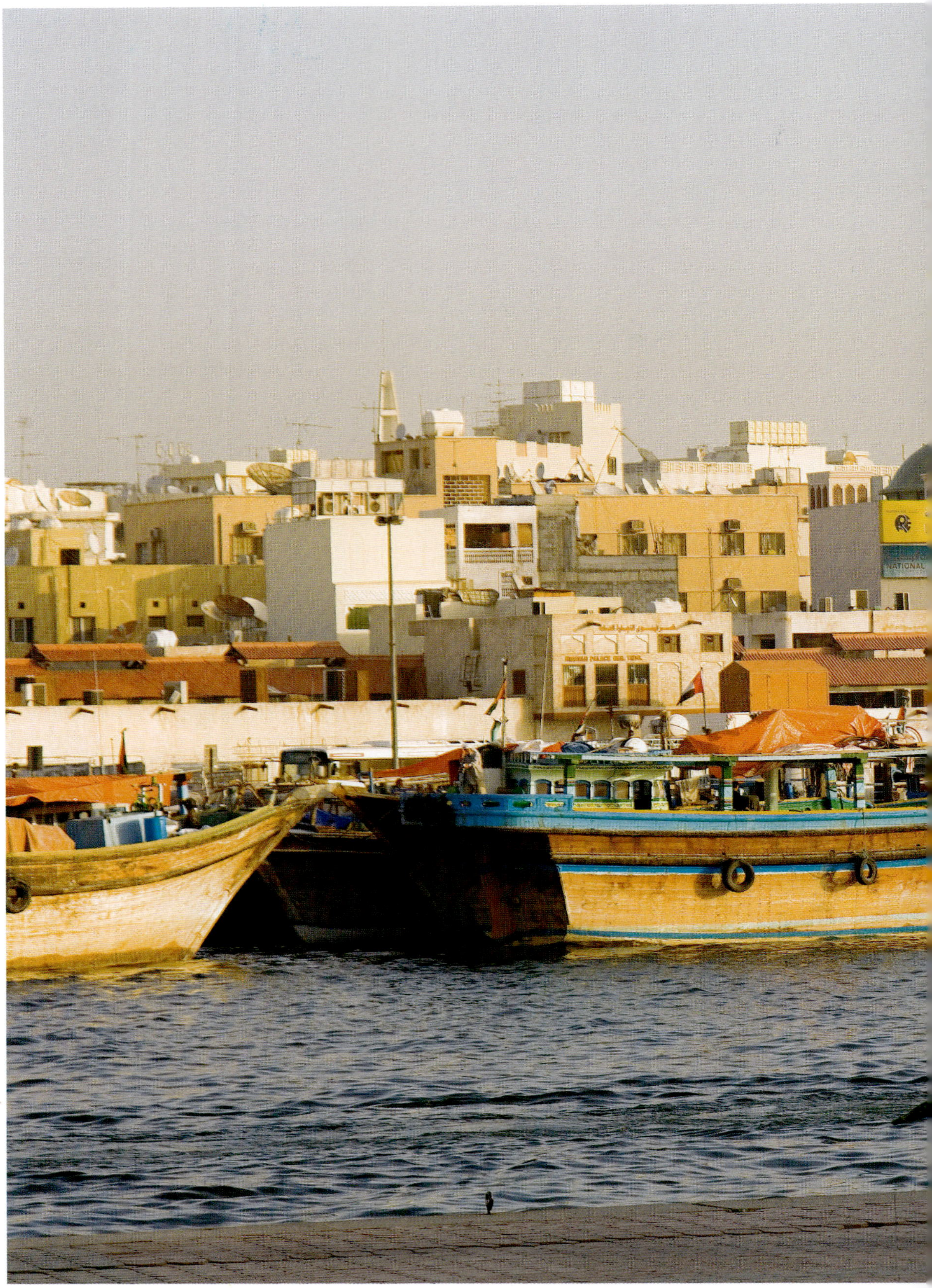
NATIONAL

Während auf der einen Seite die VAE ihren enormen Reichtum in modernen Skylines präsentieren, so gibt es doch auch noch die sehr traditionellen Suks in der Altstadt von Dubai.

OBEN:
Viele der kleinen Geschäfte in den VAE sind fest in pakistanischer oder indischer Hand.

Dhaid und Meihla

Circa 50 km südlich von Sharjah-Stadt liegt der Oasenort Dhaid. Er ist zusammen mit Fili und Meihla die Obst- und Gemüsekammer des Scheichtums mit insgesamt 10 000 ha bewässertem Ackerland. Ein Teil der Flächenbewässerung erfolgt durch antike Aflaj-Bewässerungssysteme. Die altpersische Bewässerungsanlage von Al-Dhaid war eine der größten im Land. Ihr verdankte die Oase ihre frühere Schlüsselposition. Sie lag am Schnittpunkt von mehreren Handelswegen.

Heute werden in großem Stil Kohl, Salat, Bohnen, Zwiebeln, Blumenkohl, Kürbisse und anderes Gemüse angebaut. Im Winter gedeihen auch Erdbeeren. Die Produktionsfirma gilt als Pionier in Sachen Erdbeeranbau in der Wüste. Sie begann Mitte der 1980er Jahre mit Importen von Ablegern aus Kanada. Mehrere 100 t kommen heutzutage auf den Markt bzw. werden verpackt für den Export in alle Welt.

Süßwasserressourcen im Wüstenboden ermöglichten bereits vor Tausenden Jahren, dass hier Menschen siedeln und sich ernähren konnten. Das beweisen Ausgrabungen in der Oase Meihla. Ein irakisches Forscherteam legte von 1972 bis 1973 das Fundament eines Palastes frei und fand Scherben einer Amphore, die das Siegel der griechischen Insel Rhodos trug. Spätere Ausgrabungen brachten Gräber und einen 2000 Jahre alten Brunnen zutage, in dem zahlreiche Eisenwaffen lagen.

Ad-Dhour

Direkt an der Hauptstraße nach Ras Al-Khaimah liegen etwas erhöht Überreste einer mehr als 2000 Jahre alten Siedlung. Zu erkennen sind Mauern, die einst Zimmer, Vorratsräume und Bäder umschlossen. Archäologen fanden hier Scherben von Glas- und Töpferwaren aus dem römischen und nabatäischen Reich, aus Mesopotamien, dem Industal und China, was auf regen Handelsverkehr schließen lässt.

Durch den Fund von zwei Münzen, die aus der Region des heutigen Kuwait stammen, konnte die Blütezeit von Ad-Dhour bestimmt werden. Sie lag um das 2. Jahrhundert v. d. Z. herum. Auch Ruinen einer Befestigungsanlage, Gräber und ein Tempel mit aramäischer Inschrift, die den Sonnengott erwähnt, wurden ausgegraben. Damals lag Ad-Dhour noch an der Küste, jetzt erstrecken sich mindestens 3 km Salzwüste bis zum Meer. Wind, Wellen und Strömungen haben dafür gesorgt, dass die schützende Bucht, in der Handelsschiffe einst einen sicheren Hafen fanden, versandete.

Der Cultural Palace in Sharjah

Diese Gebäude im Emirat Ajman sind noch ganz der uralten traditionellen Bauweise verpflichtet.

EMIRAT AJMAN

Vollständig von Sharjah umschlossen ist Ajman, das mit 259 Quadratkilometer Fläche kleinste Emirat der VAE. Derzeit hat Ajman 270 000 Einwohner. Zum Regierungsbereich gehören die Exklaven Masfur bei Hatta sowie Manama bei Dhaid. Das Emirat besitzt keine Ölreserven, weshalb seine Entwicklung bis vor wenigen Jahren nur sehr langsam voranging.

Neben den Einkünften aus Fischerei und Perlenhandel war Ajman führend im Bau von Holzschiffen, Daus. Sheikh Humaid Bin Rashid Al-Nuaimi, seit 1981 an der Macht, ließ das alte Fort im portugiesischen Stil renovieren und zu einem sehenswerten Museum umbauen. Es spiegelt sehr detailreich die Lebensweise alter Zeiten wider. Inzwischen besitzt Ajman die größte Schiffswerft für Stahlschiffe in den VAE, gleichzeitig ist seine Fabrik einer der größten Stahlerzeuger. Im Osten des Khor Ajman liegen Dauwerften, die zwar viel von ihrer einstigen Bedeutung verloren haben, aber noch immer ganz traditionell Holzschiffe in verschiedenen Größen bauen, allerdings längst unter Einsatz von Maschinen und Glasfaser-Harz.

Seit einigen Jahren etablieren sich immer mehr Industriebetriebe in Ajman. Auch eine Freihandelszone wurde eingerichtet, und mit neuen Hotels und Wohneinheiten sollen in Zukunft mehr Bürger der VAE, Expatriates und Touristen ins Land gelockt werden. Für diese wird landeinwärts in der Wüste Emirates City mit 72 Hochhäusern angelegt, das erste Projekt dieser Art im Scheichtum.

EMIRAT UMM AL-QAIWAIN

Mit 777 Quadratkilometern ist es das zweitkleinste Emirat der VAE und mit einer Einwohnerzahl von etwa 70 000 das bevölkerungsärmste. Es wird seit 1981 von Sheikh Rashid Bin Ahmed Al-Mualla regiert. Bislang gilt es mit seiner Lagune Al-Beidah, Sandbänken und kleinen vorgelagerten Inseln als Natur- und Wassersportparadies. Da das Emirat über keine Ölreserven verfügt, spielen Fischerei und Landwirtschaft die wichtigste wirtschaftliche Rolle. Am neuen Hafen wurde eine Freihandelszone eingerichtet, um Handelsbetriebe anzusiedeln.

An seinem alten, einst befestigten Stadtzentrum auf der Halbinsel nagt der Zahn der Zeit, südlich davon wurden bereits Modernisierungsmaßnahmen durchgeführt. Neue Villen und Wohnhäuser stehen in starkem Kontrast zum ärmlichen Rest. Das Fort, 1768 erbaut, wurde renoviert und zum Museum umfunktioniert. Ausgestellt ist eine Sammlung zur Geschichte des Emirats. In der Nachbarschaft sind noch einige alte Korallensteinhäuser und Windtürme zu sehen.

In Zukunft soll an der Emirates Road die Retortenstadt Madinat Al-Salam entstehen, mit einem Areal von 2000 ha und Wohneinheiten für eine halbe Million Menschen. Um 2020 soll sie fertig gestellt sein. An der Straße nach Falaj Al-Moalla stand vor etwa 2500 Jahren auf einem Hügel die Siedlung Tell Abrak. Das Fundament eines Wehrturmes mit 40 m Durchmesser soll noch 2000 Jahre älter sein.

Der Scheich von Ajman geht selten ohne sein bewaffnetes Gefolge aus.

EMIRAT RAS AL-KHAIMAH

Auf seinen 1680 Quadratkilometern Fläche bietet Ras Al-Khaimah eine bemerkenswerte Vielfalt an Berg- und Wüstenregionen, Stränden und landwirtschaftlich genutzten Gebieten, einer Stadt, Fischerdörfern und Oasen. Das nördlichste Emirat mit 210 000 Einwohnern erstreckt sich fast bis an die Spitze der Musandam-Halbinsel an der Straße von Hormuz und grenzt im Osten, unterbrochen vom Emirat Fujairah sowie einem Teil von Sharjah, an Oman. Etwa 80 % der Bevölkerung lebt in der gleichnamigen Hauptstadt.

Bislang eher ruhig und beschaulich, ist man auch in diesem Scheichtum dabei, auf den rasanten Zug der Entwicklung von Wohn- und Freizeitstädten aufzuspringen, um Investitionen im Bau- und Im-

Schon kleine Jungs werden frühzeitig im Umgang mit den Kamelen geschult.

mobiliensektor zu generieren. Man setzt auf potenzielle Zweit- und Drittwohnungsbesitzer und auf Touristen, deren Zahl sich bis 2015 auf 2,5 Millionen erhöhen soll. Eines der größten Projekte ist „Mina Al-Arab" südlich der Hauptstadt am Strand, wo auf etwa drei Millionen Quadratmetern 3500 Apartments und 400 Villen entstehen, dazu 11 Hotels, ein Freizeit- und Wasserpark, ein Jachthafen, ein Thalasso-Therapiezentrum, ein Suk und ein Naturschutzgebiet am Khor Qurm.

Weitere ähnliche Projekte, zum Teil schon in der Bauphase bzw. im Kern fertiggestellt, sind „Al-Hamra" und „Mangrove Island" sowie „Saraya Island" und „Al-Marjan Island" auf vorgelagerten künstlichen Inseln. In den Westhängen des Hajar-Gebirges wird das Jebel Jais Mountain Resort gebaut, für das nicht nur eine Schneepiste und Seilbahn geplant sind, sondern auch ein Zentrum für Paragliding und Bergsteiger.

Vereinigte Arabische Emirate

Die Beach Resort Hotels in Ras Al-Khaimah sorgen trotz der Trockenheit in der Region für üppige Vegatation in ihren Gärten.

Wirtschaft

Traditionell sind Fischerei und Überseehandel die Haupterwerbszweige in Ras Al-Khaimah. Der Handel, insbesondere der lokale, profitiert nicht zuletzt von der Landwirtschaft, die dank größerer Niederschläge als in den übrigen VAE großräumigen Anbau von Feldfrüchten und Viehzucht zulässt. Dank reicher Mineralvorkommen in den Bergen ist das Emirat größter Zementproduzent der VAE und produziert zudem Ziegel, Glas und Keramik. Einnahmen aus der Erdölindustrie spielen eher eine bescheidene Rolle, weshalb mit der Einrichtung von Freihandelszonen sowie durch oben genannte Projekte das Investitionsklima verbessert werden soll.

Geschichte

Ausgrabungen an der südlichen Golfküste belegen, dass die Region bereits im 5. Jahrtausend v. d. Z. von einer bislang unbekannten Zivilisation besiedelt war und in dieser sogenannten Ubaid-Periode (5500–3800 v. d. Z.) Handelsbeziehungen zu Mesopotamien unterhielt. In Shimal, Khatt und im Wadi Al-Qawr wurden Gräber aus der späten Bronzezeit sowie Handwerks- und Jagdutensilien, Keramiken, Tonscherben und Muschelschmuck gefunden. Nördlich der Hauptstadt lag einst die Hafenstadt Julfar, von berühmten Weltreisenden wie Ibn Battuta und Marco Polo gepriesen.

Von frühislamischer Zeit bis ins 17. Jahrhundert war Julfar ein Zentrum des Perlenhandels. Seine Kaufleute segelten von hier aus bis nach China. Nach portugiesischer und britischer Fremdherrschaft, die sich vornehmlich auf den maritimen Handel und seine Stützpunkte sowie auf den Aufstieg der lokalen Seefahrerdynastie Al-Qasimi und ihre Niederlage gegen die Briten (siehe Sharjah) auswirkte, wurde 1820 in Ras Al-Khaimah der Friedensvertrag zwischen den Briten und Scheichtümern geschlossen.

Sheikh Sultan Bin Saqr Al-Qasimi wurde von der britischen Krone als Herrscher der Küstenregion akzeptiert. Nach seinem Tod im Jahr 1866 brach das Reich auseinander. Endgültige Unabhängigkeit von den übrigen Emiraten erlangte Ras Al-Khaimah im Jahr 1921. Den VAE trat es erst 1972 bei, ein Jahr später als die anderen Emirate.

Sein heutiger Herrscher Sheikh Saud Saqr Bin Muhammed Al-Qasimi ist seit 1948 an der Macht und damit dienstältester Emir der VAE. Sein Sohn, der Kronprinz Sheik Saud Bin Saqr wurde 2003 zum stellvertretenden Regenten ernannt.

Ras Al-Khaimah City

Der Name des Emirats und der Stadt soll von den bizarren Felsengipfeln des Jebel Hajar abgeleitet sein. Er bedeutet „Spitze des Zeltes". Bis vor 20 Jahren bestand die Stadt nur aus einer Siedlung auf

Das Fort Dhayah in Ras Al-Khaimah wurde im 16. Jahrhundert mit Blick auf den Golf errichtet.

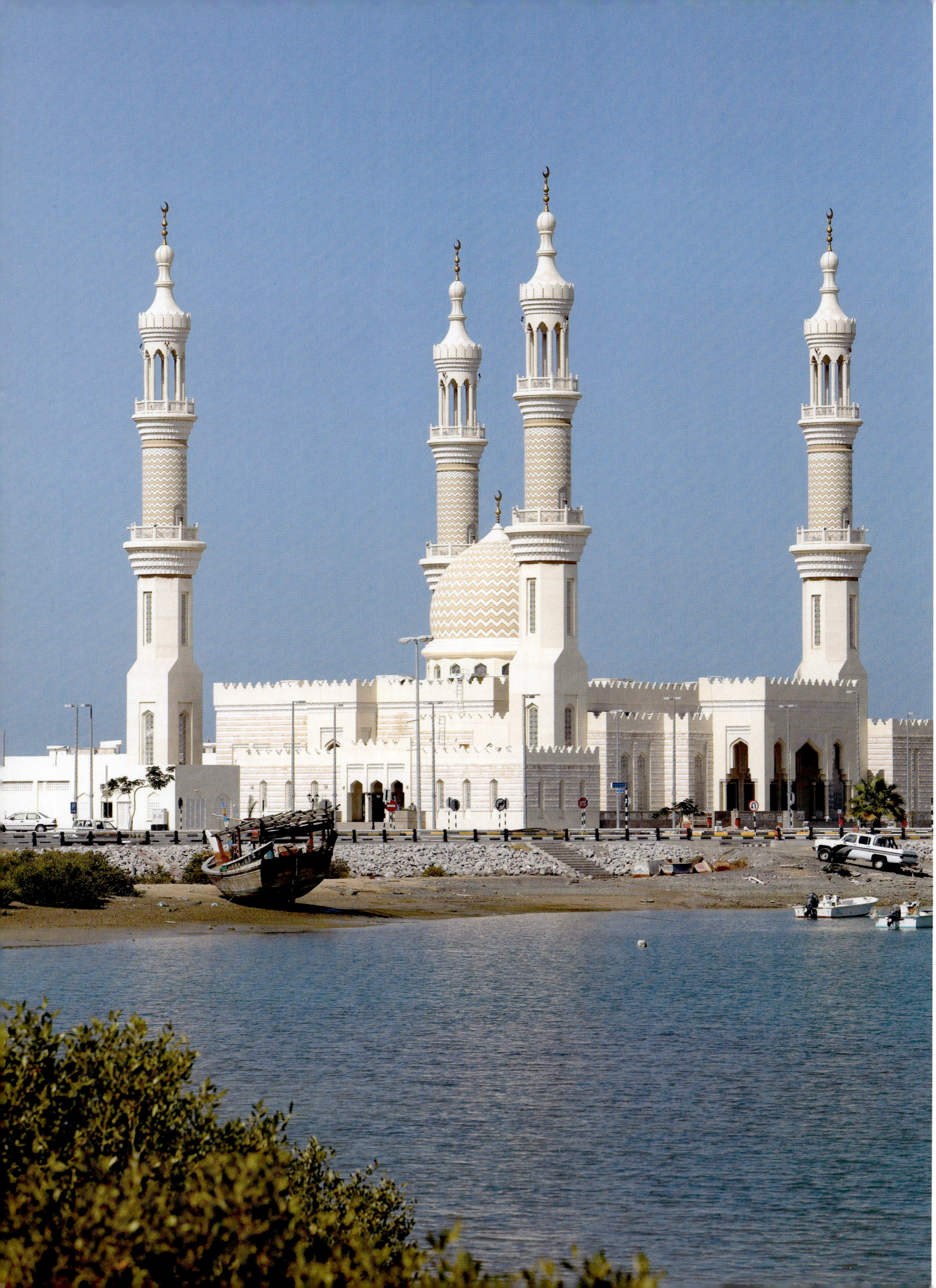

der Halbinsel, die sich schützend um den gleichnamigen Meeresarm legt. Inzwischen ist die Stadt großflächig gewachsen, vor allen Dingen im Norden, wo das Viertel Al-Nakheel das Geschäftszentrum beherbergt. Beide verbindet eine lange Brücke.

Einzige Sehenswürdigkeit der Stadt ist ihr Nationalmuseum im imposanten Fort aus dem 18. Jahrhundert, das von einem schönen Windturm gekrönt wird. Die Anlage diente bis in die 1970er Jahre als eine Residenz der Al-Qasimi. Ein Teil der Ausstellung über Geschichte und Kultur des Emirats besteht aus Tonscherben aus dem südlichen Mesopotamien, die Handelsbeziehungen vor 6000 Jahren beweisen.

LINKE SEITE:
Die vier Minarette der Moschee in Ras Al-Khaimah überragen die Kuppel deutlich.

UNTEN:
Auf dem Viehmarkt präsentiert man schonmal seine neuesten Errungenschaften

Die Oase Bitnah liegt im Emirat Fujairah an der Straße nach Masafi.

Berge und Ostküste

Nördlich der Stadt zweigt eine Piste entlang des Wadi Bi in den Jebel Hajar ab. Die Schotterstraße schlängelt sich durch das breite trockene Flussbett, dann kahle dunkle Berge bis zum 1500 m hohen Pass hinauf und durch eine enge Schlucht wieder nach unten, wo sie bei Dibba an der Ostküste endet. Insgesamt ist dies die mit Abstand spektakulärste Strecke der VAE. Dibba ist nördlicher Grenzort zum Emirat Fujairah. Der Ort wird jeweils zu einem Drittel von Fujairah, Sharjah und Oman regiert.

In den frühen Tagen des Islams war die mit einem schönen Naturhafen gesegnete Siedlung Hauptstadt von Oman. Im Jahr 633 wurde hier die entscheidende Schlacht zwischen heidnischen Rebellen und Truppen des Kalifen von Mekka ausgetragen. Der Kalif siegte und brachte den Islam endgültig ins Land. Der große Friedhof, auf dem Hunderte kleiner Schiefertafeln liegen, soll Kampfplatz gewesen sein.

EMIRAT FUJAIRAH

Geprägt von der eindrucksvollen Bergkulisse des Hajar auf der einen und kilometerlangen Stränden auf der anderen Seite, dehnt sich das einzige Emirat ohne Zugang zum Golf über eine Fläche von 1175 Quadratkilometern an der Küste des Golfes von Oman aus. Erst 1976 wurde die geteerte Straße zwischen Fujairah-Stadt und Sharjah bzw. Dubai eröffnet. Bis dahin bestanden kaum Verbindungen über Land zu den Emiraten jenseits des bis zu 2087 m hohen Gebirges. Das Territorium schließt drei Enklaven von Sharjah ein.

Bislang ohne Erdöl und Erdgasreserven, ist die Wirtschaft von Subventionen seitens Abu Dhabi abhängig. Allerdings garantieren Fischfang und Landwirtschaft sowie der Tourismus, der in den letzten Jahren weiter ausgebaut wurde, stetige Einnahmen. Von großer Bedeutung ist auch der Hafen, in dem Güter aus dem südlichen Asien umgeschlagen und über Land in die Handelsmetropolen der Westküste transportiert werden. Innerhalb der VAE ist Fujairah zweitwichtigster Containerhafen.

Die 80 000 Bewohner des Emirats gehören überwiegend zum Stamm der Sharqiyin. Im 16. Jahrhundert mussten sich diese freiheitsliebenden Sippen der Portugiesen erwehren. Darin waren sie

Das Fort von Fujairah wurde 1670 errichtet.

Im Gegensatz zur spanischen Variante kämpfen beim Stierkampf in Fujairah nicht ein Stier und ein Torero gegeneinander, sondern zwei Stiere, bis einer der gewaltigen Kolosse zu Boden geht.

nicht unbedingt erfolgreich, denn ihre Häfen wurden von den Fremden eingenommen und Wachtürme zu Forts ausgebaut. Die Ruinen sind noch immer entlang der Küste zu sehen. 1903 erklärte sich Fujairah, damals Teil von Sharjah, unabhängig, wurde von den Briten aber erst 1952 als siebter der Trucial States anerkannt.

Einzig sehenswertes historisches Monument ist das 250 Jahre alte Awhala-Fort am Rande eines schönen Dattelpalmenhains in Fujairah City. Es diente früher als Residenz der Regenten. Die Festung besteht aus drei jeweils zweistöckigen Hauptgebäuden, von denen zwei im kegelförmigen Baustil errichtet wurden und mit einer massiven hohen Mauer miteinander verbunden sind. Die pyramidenförmigen Aufbauten dienten früher als Schießscharten und Aussichtsturm.

Die Ruinen der alten Stadt um das Fort herum sind zum Teil renoviert. Im benachbarten Museum sind Ausgrabungsfunde aus Dibba, Bithna und Baidyah zu sehen, die von der 3000-jährigen Besiedlung der Region zeugen. Eine Besonderheit von Fujairah stellt die Stierkampfarena dar. Im Winterhalbjahr messen sich jeden Freitagnachmittag Stiere im harmlosen Kampf ohne Blutvergießen. Verloren hat der Bulle, der nach einiger Zeit Reißaus nimmt. Auch wenn die einheimischen Zuschauer das tierische Spektakel lautstark begleiten, gewettet wird nicht. Es geht rein um die Ehre.

Bei Badiyah steht eine schlichte kleine Moschee mit vier flachen Kuppeln. Sie gilt als die älteste der VAE, wobei ihr von Fachleuten geschätztes Alter irgendwo zwischen 800 und 1300 Jahren liegt. Höchst malerisch erhebt sich die imposante Festung von Bithna im Wadi Ham auf der Strecke nach Sharjah. Von Dattelpalmen und Felsen umgeben, sicherte das Fort einst den Karawanenweg von Fujairahs Häfen an den Golf.

Ein Stück weiter gen Westen hat sich beim Ort Masafi der Freitagsmarkt als lokale und touristische Attraktion etabliert. Inzwischen findet er an jedem Tag der Woche statt. Verkauft werden Haushaltswaren und Handarbeiten, Teppiche und Töpferwaren, Blumen, Gemüse und viele Früchte. Mindestens genauso berühmt ist Masafi für sein Tafelwasser, das im Bergdorf aus Quellen abgefüllt wird.

608 Unter Kamelen

UNTER KAMELEN

Einer der größten Kamelmärkte der Arabischen Halbinsel befindet sich am Rande von Al-Ain. Im Winterhalbjahr stehen nicht selten mehrere Tausend Kamele zum Verkauf. Nichts könnte besser veranschaulichen, wie das Zeitalter der Technik vor traditionellen Sitten und Gebräuchen keinen Halt gemacht hat. Während früher die Beduinen auf ihren Höckertieren zum Markt ritten, werden die Wüstenschiffe heute auf Lastwagen und Pick-ups transportiert. Es ist ein recht lustiges Bild, wie die Tiere zu viert oder fünft, quer zur Fahrrichtung, auf der offenen Ladefläche stehen.

Seit mehr als 30 Jahren steht Omar Said Bawazier als Kamelhändler auf dem Markt. Von ihm erfährt man, dass die Kamele aus verschiedenen Ländern stammen wie Oman, Saudi-Arabien, Qatar, sogar aus Pakistan, Sudan, Jordanien und Jemen. Wie bei uns Rinder unterscheidet man Rassen. Sie heißen Shahin, Zabiyan, Sohan, Nuzaifar, Elouse oder Hamlul. Omanische Kamele erzielen in der Regel die besten Preise. Sie kosten umgerechnet bis zu 7000 Euro und können bis zu 90 Jahre alt werden.

Zum Verkauf stehen aber auch ausgediente Rennkamele. Sie sind zum Schlachten und Verzehr. Bauchlappen zählen zu den Delikatessen in der traditionellen arabischen Küche. Die meisten der

LINKE SEITE:
Kamele gelten als Fortbewegungsmittel, Geldanlagen oder auch als Attraktionen.

Kamelmarkt in Al-Ain

feilgebotenen Tiere indes werden zur Milchproduktion eingesetzt. Kamelmilch ist noch immer Bestandteil der Ernährung, vornehmlich in Beduinen-Familien. Sie glauben zudem, dass die Milch Diabetes und andere Krankheiten, die damit in Verbindung stehen, heilen kann.

Tatsache ist, dass Kamele einzigartige Eigenschaften besitzen, die sie dazu befähigen, ein Leben in der Wüste zu führen, das sie früher als Reit- und Transportmittel unentbehrlich machte. So besitzen sie eine körpereigene Klimaanlage. Sie können ein eigenes Mikroklima um sich herum aufbauen,

Sanddünen mit Kamelreiter bei
El Mudam in Abu Dhabi

was sie befähigt, auch bei hohen Temperaturen zu laufen, ohne einen Hitzschlag zu bekommen. Zudem besitzen sie eine Art Entsalzungsanlage, weswegen sie brackiges Wasser vertragen. Einst waren Kamele auf Quellen in der Wüste angewiesen, deren Wasser nicht salzfrei ist.

Für viele Araber, besonders solche mit Nomadenerbe, nehmen Kamele einen ganz besonderen Platz ein. Die Verbindung zwischen Kamel und Beduinen war früher so eng, dass der Mann seine Tiere am Fußabdruck erkennen konnte. Man könnte sie jetzt, wo sie kaum noch praktischen Nutzen haben, mit unseren Haustieren wie Hund oder Katze vergleichen. Das Kamel ist sozusagen Freund und Stolz des Mannes.

Weil man sie nicht in der Stadtvilla oder Wohnung halten kann, besitzen die Inhaber in der Wüste ein Stückchen Land, das sie gern am Wochenende oder in den Ferien besuchen. Wie bei uns der Schrebergarten letztendlich als Ersatzfunktion für früheres bäuerliches Leben herhält, sind diese umzäunten Areale, in denen auch Ziegen und Schafe stehen können, letzte Relikte des Beduinen-Lebens.

Die Generation, die das Nomadenleben vor Förderung der Erdöls noch kannte, ist naturgemäß am Aussterben. Ihre Söhne, Enkel und Urenkel haben längst nichts mehr mit dem „way of life" der Wüstenaraber gemeinsam. Für Ethnologen und Historiker mag das ein tragisches Schicksal sein. Die uralte Völkergemeinschaft der Bedu, von badawa abgeleitet, was so viel heißt wie „nicht städtische Lebensform", verschwindet. Nach Tausenden Jahren mit wenig veränderten Lebensgewohnheiten wurde sie innerhalb weniger Dekaden in das Zeitalter der Technik katapultiert, wo ihre Eigenarten, ihr Wissen und ihre Gepflogenheiten, mit denen sie in der Wüste überleben konnten, verlieren.

Selbst im Schatten der Hochhäuser Dubais stehen die Kamele.

Einer der ersten Europäer, der in den 1940er Jahren monatelang mit Beduinen durch die Wüste zog, war Wilfred Thesiger. In seinem Buch „Arabian Sands" drückte er sich bereits höchst drastisch zu diesen zukünftigen Veränderungen aus: „Es erscheint mir tragisch", schrieb er, „dass sie, als Ergebnis von Umständen, die außerhalb ihrer Kontrolle lagen, ein parasitisches Proletariat bilden und in den verkommenen Barackenlagern der Ölfelder herumhängen, in einem der sterilsten Länder der Welt. All ihre besten Eigenschaften bewirkte die Wüste: ihren tief religiösen Instinkt, der Ausdruck im Islam fand; ihren Sinn für Kameradschaft, der sie verbindet als Mitglieder eines Glaubens; der Stolz auf ihre Rasse, ihre Großzügigkeit und ihren Sinn für Gastfreundschaft, ihre Würde und ihre Achtung vor der Würde anderer Mitmenschen, ihren Humor, ihren Mut und ihre Geduld; die Sprache, die sie sprechen, und ihre leidenschaftliche Liebe für die Poesie. Aber die Araber sind eine Rasse, die ihr Bestes nur unter extrem entbehrungsreichen Umständen hervorbringt und welches zunehmend verfällt, wenn die Lebensbedingungen leichter werden."

Aus traditionellem Kräftemessen zwischen Kamelen hat sich das Kamelrennen entwickelt, das heutzutage sehr professionell und unter Einsatz wertvoller Prämien freitags früh im Winterhalbjahr ge-

Die Beduinen haben immer schon eine sehr innige Beziehung zu den Kamelen gehabt.

614 Unter Kamelen

Die Sitzhaltung hinter dem Höcker ist sicherlich gewöhnungsbedürftig.

Unter Kamelen 615

Für die Reiter bei den Kamelrennen ist in erster Linie das Gewicht relevant.

pflegt wird. Jede Stadt hat mindestens eine, wenn nicht mehr Kamelrennbahnen, die im Gegensatz zu den Ovals für Pferderennen elf Kilometer lang sind. Was den Sport für Europäer nicht unbedingt spannend macht. Kaum gestartet, verschwinden die Tiere in einer Staubwolke am Horizont. Man kann sie allerdings auf Großleinwänden weiter beobachten.

Geradezu hysterisch erscheint das Getue der Trainer, die auf Geländewagen oder Bussen festgebunden an der Innenseite der Rennbahn mitfahren. Sie sind über Funk mit den Jockeys verbunden. Dem Inhaber des Kamels gebührt die Ehre. Die Gewinnprämien in Form von beispielsweise Geländewagen oder Gold gehen an die Trainer. Diese machen sie in der Regel zu Geld, was wiederum den Jockeys und ihren Familien zugutekommt. Gewettet wird nicht. Das widerspricht islamischen Gepflogenheiten, was das ganze Event fast langweilig macht. Interessant sind allerdings die Logengäste der Tribünen, darunter nicht selten Mitglieder der königlichen Familie.

Rennkamele unterscheiden sich von ihren normalsterblichen Artgenossen. Sie sind schlanker, haben kleinere Füße und ein schmales Maul. Araber sagen, ein gutes Rennkamel muss eine Mokkatasse darin halten können. Beim normalen Kamel kann man eine Suppenschüssel zwischen den Lippen versenken. Rennkamele werden auf speziellen Farmen gezüchtet und nach modernsten Methoden trainiert. Beispielsweise stehen Laufbänder und Swimmingpools zur Muskelkräftigung zur Verfügung.

Wer das Glück hat, auf so eine Farm eingeladen zu werden, lernt, dass Kamele Liebe im Sitzen machen und ohne menschlichen Support nichts funktioniert. Das hat vornehmlich mit dem Größenunterschied zwischen Hengst und Stute zu tun und damit, dass beide sehr wählerisch in puncto Partner sind. Paarungszeit ist der Zeitraum von November bis Dezember, was laut Beduinen-Meinung die kräftigsten Fohlen ergibt. Die Tragezeit beträgt 15 Monate. Nach der Geburt läuft das Fohlen ein Jahr mit der Mutter, wird dann, wenn es entsprechende Anlagen zeigt, aussortiert und zwei Jahre auf Rennen trainiert. Es sind übrigens ausschließlich Stuten, die auf Rennen laufen.

Royals, die Kamelfarmen besitzen, betreiben diese in der Regel aus purer Liebhaberei. Damit Geld zu machen, wäre unter ihrer Würde. Zwar können erfolgreiche Rennkamele bis zu einer Million Euro wert sein, aber man verkauft sie nicht. Sie werden verschenkt. An Freunde, Geschäftspartner oder jemanden, der einem einen Dienst erwiesen hat oder dem man sich erkenntlich zeigen will.

FOLGENDE DOPPELSEITE:
Ohne Kamele sind die Länder auf der arabischen Halbinsel kaum vorstellbar.

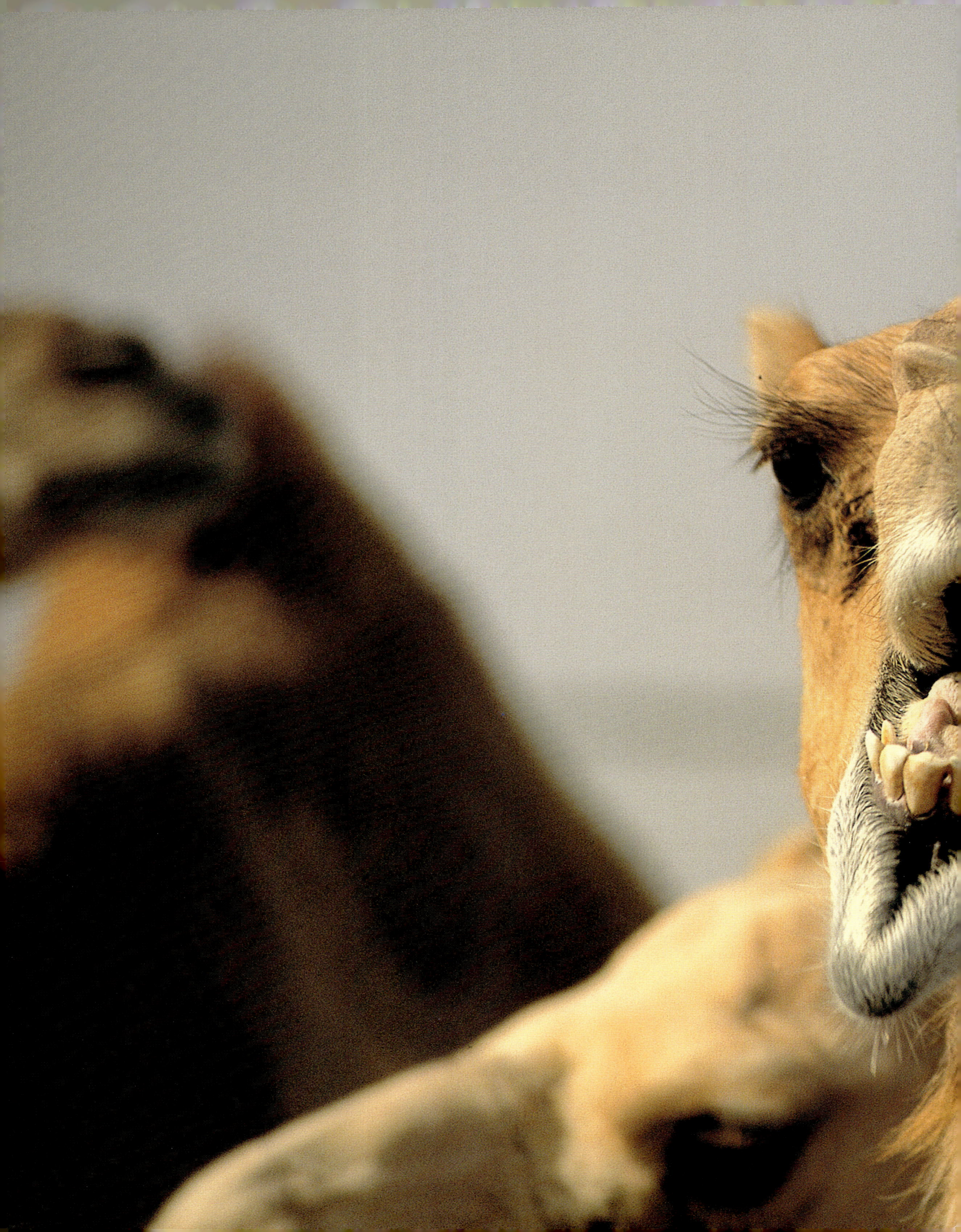

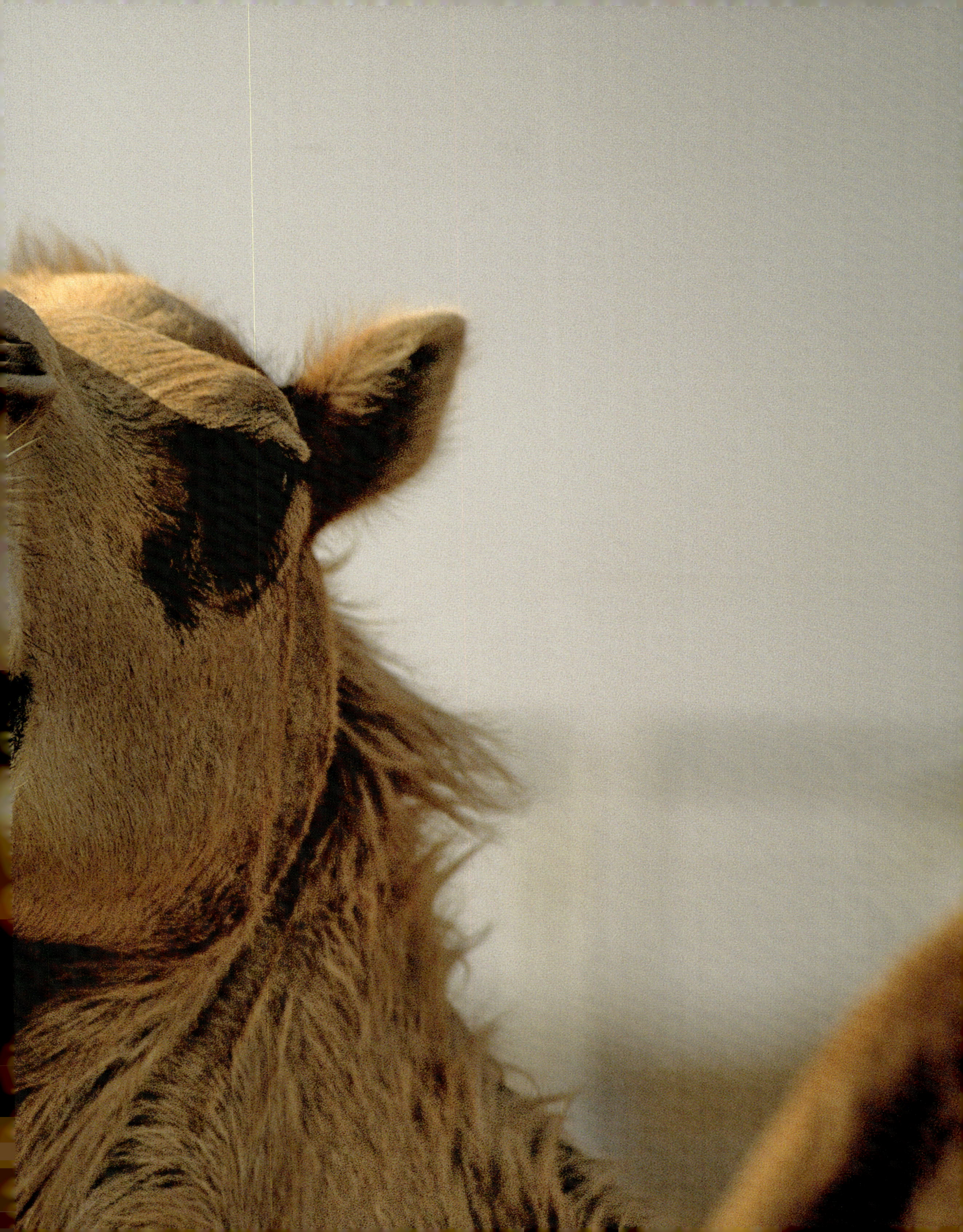

Der Trainer bereitet seinen jungen Jockey auf das entscheidende Rennen vor.

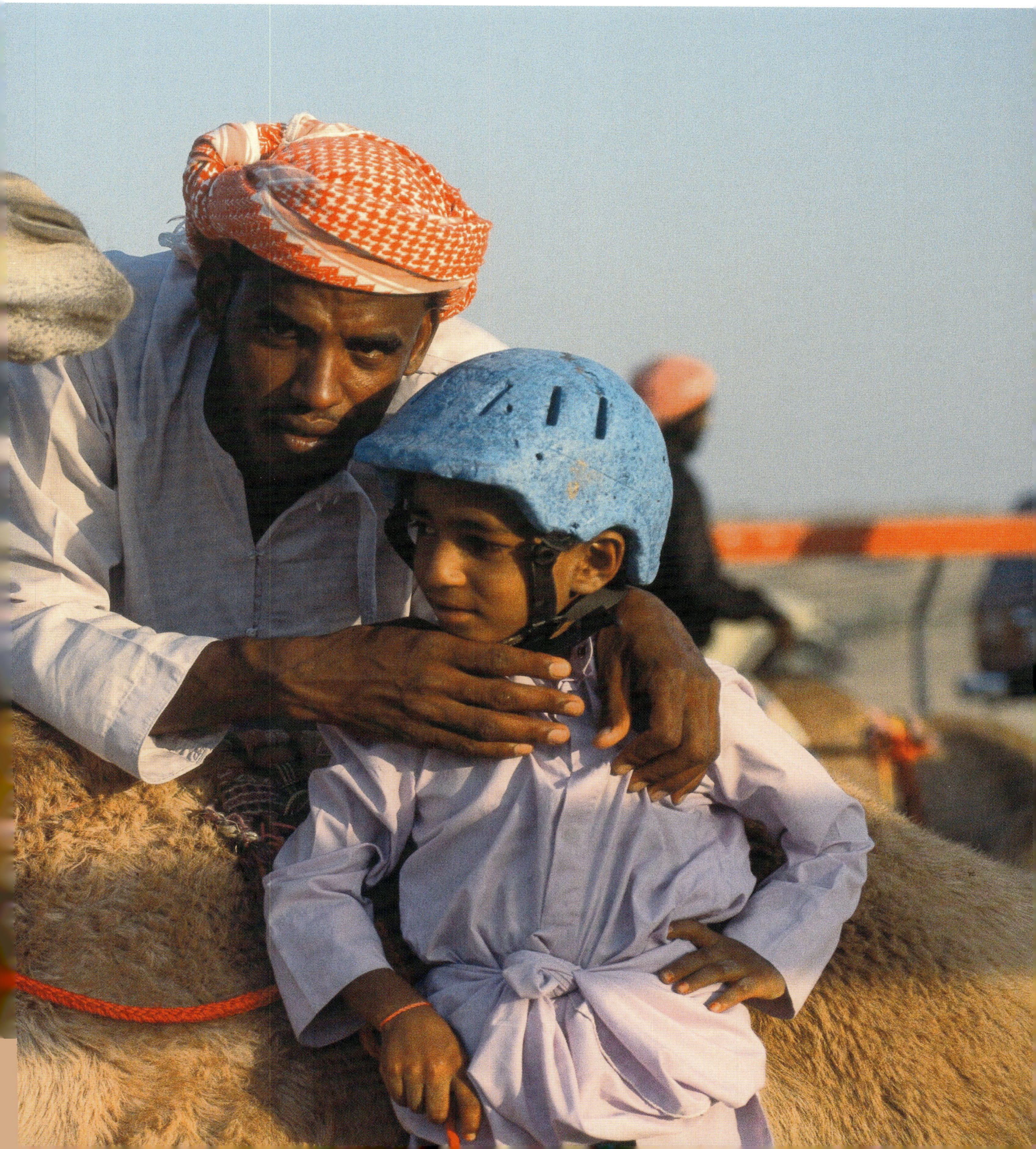

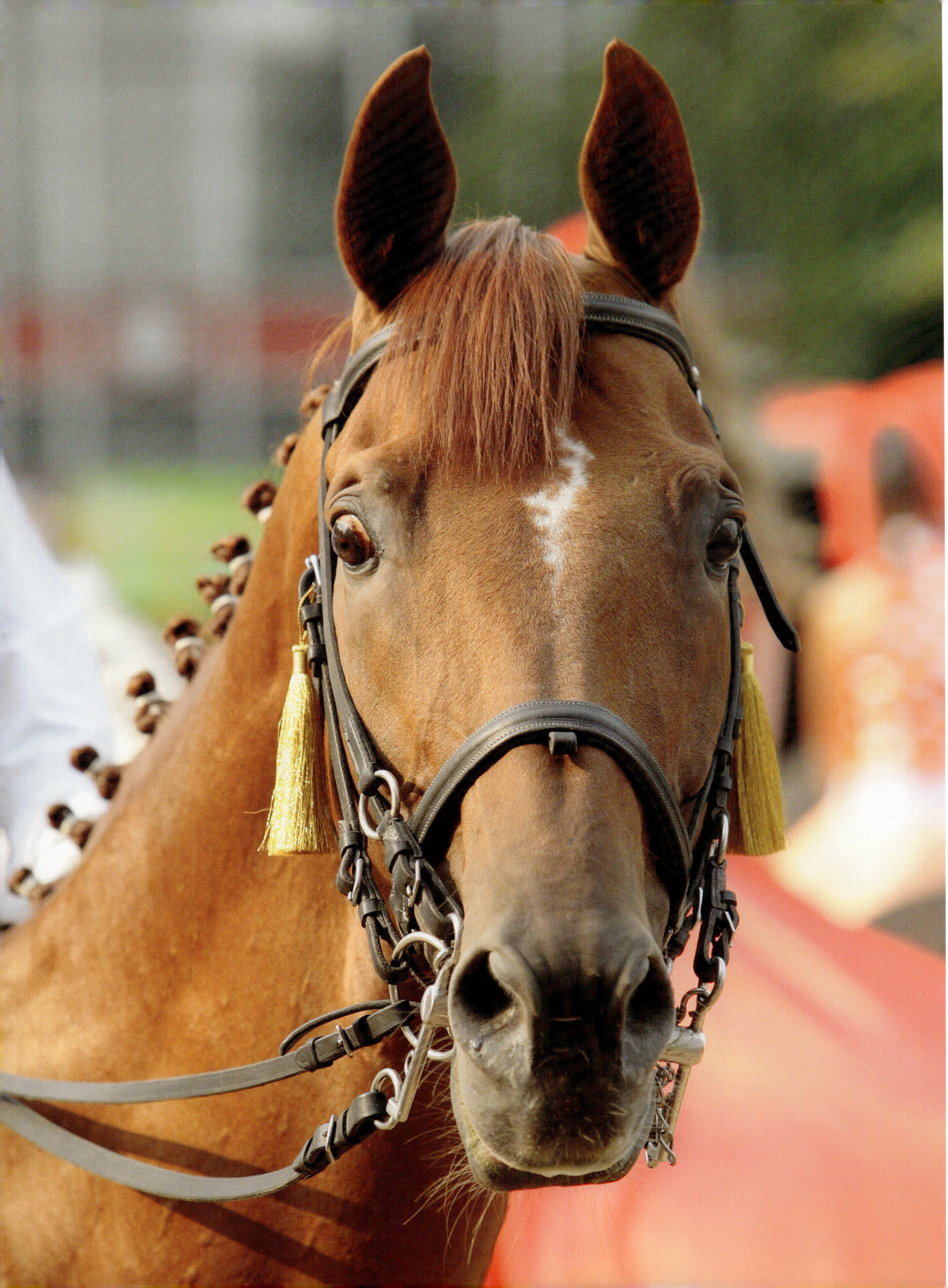

DER VOLLBLUTARABER

Dr. Dr. Johannes Flade, Fliemstorf

LINKE SEITE:
Arabische Halbblüter und Araber werden vom Arabischen Vollblüter unterschieden, da sie alle einen Anteil an Fremdblut aufweisen.

Das äußere Bild und die inneren Werte des heutigen Arabischen Vollblutpferdes sind ein biologisches Meisterwerk, das nomadisierende arabische Stämme der Menschheit als einzigartiges Kulturgut geschenkt haben. Es ist zweifellos eine Krönung der Haustierart „Pferd", die sich nur aus den engen Beziehungen zwischen Mensch und Pferd im Nomadentum ergeben konnte. Die natürliche Anmut und Grazie einer Araberstute, der kraftvolle, energische Ausdruck des Araberhengstes haben von alters her die Menschen bezaubert und ihr besonderes Interesse gerade an dieser Rasse geweckt.

Allgemein bekannt und vielfach beschrieben sind das gutartige Temperament und der liebenswürdige Charakter des Vollblutarabers, die besonders in seiner Zuneigung zum Menschen zum Ausdruck kommen, gepaart mit gutem Gedächtnis, großem Lernvermögen sowie hoher Leistungsbereitschaft. Wir wissen, dass das Arabische Vollblutpferd in seiner heutigen Gestalt und mit seinen

UNTEN:
Der Vollblutaraber gilt als die schönste und älteste aller Pferderassen.

Ein Vollblutaraber in voller Geschwindigkeit

Eigenschaften das Ergebnis einer wenigstens 1400-jährigen Selektion, vorwiegend im Inneren der Arabischen Halbinsel, ist. Sie erfolgte, wie auch schon bei seinen Ursprungsrassen, durch die Jahrtausende wirkende spezifische klimatische Umwelt und durch den Menschen, zu dessen unmittelbarem Lebensbereich es bis zur Mitte unseres Jahrhunderts als Gebrauchspferd gehörte.

Da die Haltung von Pferden unter den natürlichen Bedingungen Innerarabiens und seiner Randgebiete auf große Schwierigkeiten stößt, vor allem infolge des täglichen Wasserbedarfs, sind dort Pferdezucht und -haltung bis heute immer nur auf einen kleinen Kreis vermögender Beduinen begrenzt. Bei allen nomadisierenden Stämmen wurden und werden, im Gegensatz zu den Nomadenviehzüchtern Mittel- und Zentralasiens, weder Milch noch Fleisch des Pferdes zu Nahrungszwecken verwendet. Das Pferd wurde von jeher nur als Reittier für die Jagd sowie für Raub- und Kriegszüge genutzt.

Selbst in so bedeutenden Schlachten wie der von Bekr (634) brachte Mekka neben 700 Kamelen nur 100 Pferde zum Einsatz. Der Kalif Omar II. (682/83 bis 720) hielt auf den für die Remontierung der Armee vorgesehenen Weideflächen zwar 30 000 Kamele, aber nur 300 Pferde. Das geringe Vorhandensein von Pferden auf der Arabischen Halbinsel zu Zeiten des Propheten Mohammed (570 bis 632) war also keine Grundlage für den Aufbau schlagkräftiger Reiterheere.

Erst die Eroberung des pferdereichen Iran Anfang des 8. Jahrhunderts schaffte die Voraussetzung für das Auftreten der Araber in großen berittenen militärischen Einheiten und damit für ihren Siegeszug

Ein Araber-Schimmel wird von einem Mitarbeiter bei einer Araber-Show in Qatar vorgeführt.

unter der grünen Fahne des Propheten. Das iranische Pferd hat also die entscheidende Grundlage des späteren Vollblutarabers gebildet. Es muss jedoch berücksichtigt werden, dass bei seiner Herausbildung auch Einflüsse anderer Pferderassen, so aus Mittelasien und dem Vorderen Orient, vorhanden waren, die sich schon allein aus den bestehenden vielseitigen Handelsbeziehungen ergaben.

Neben diesen hier nur angedeuteten züchterischen Vorgängen haben vor allem die extremen natürlichen Verhältnisse, die meist nur kümmerliche Ernährung bei spontanen hohen Dauerleistungsanforderungen, aber auch die enge Bindung an den Menschen, seine Wohnstätte und sein sonstiger Lebensbereich den Typ des Vollblutarabers geformt. Die Pferde blieben meist in der Nähe der Zelte. Die Stute mit Fohlen, auch das junge, abgesetzte Fohlen, suchten die Nähe des Menschen besonders. Sie wurden so zu „Familienangehörigen", mit denen die Beduinen Zeltnähe und Zelt teilten.

Die angeborene soziale Verhaltensweise, der triebartige Drang nach Zusammenhalt auch mit artfremden Lebewesen, denen das Pferd unterliegt, spielten hierbei eine dominierende Rolle und ermöglichten die-

Die Vollblutaraber sind sehr temperamentvolle Pferde.

sen hautnahen Kontakt mit allen seinen positiven Folgen. Allerdings kann das Pferd den Menschen nur in seinen Lebenskreis einbeziehen, wenn sich dieser „pferdlich" verhält – und das ist eben besonders den Nomaden im jahrtausendelangen Umgang mit dem Pferd von Kindesbeinen an zu eigen.

Die anspruchsvolle Individualität des Vollblutarabers hat hierin ihren Ursprung. Sie zeichnet sich unter anderem durch Sanftmut, Fähigkeit zur Toleranz, Zugänglichkeit und Gehorsam gegenüber ihm bekannten Menschen, Unerschrockenheit, Mut und Reaktionsschnelligkeit aus. Solche Eigenschaften werden zuverlässig vererbt, auch bei Paarung des Vollblutarabers an andere Pferderassen. Besonders diese, für den unmittelbaren Gebrauch wie auch für die moderne Sportpferdezucht so wertvollen und geschätzten Verhaltensweisen und Kennzeichen, haben sich im engen Zusammenleben und intensiven Umgang des Beduinen mit seinem Pferd herausgebildet. Er betrachtete und behandelte es als Hausgenossen, der das meist schwere Los der Familie mit ihr teilt und dessen deshalb oft erbärmlicher Zustand seine wahren Werte nicht erkennen lässt, ganz zu schweigen von seiner faszinierenden Schönheit, die ja erst unter angemessenen Ernährungs- und Haltungsverhältnissen in ihrem ganzen Umfang sichtbar wird.

Heute werden Arabische Vollblüter überwiegend als Freizeit- und Showpferde genutzt.

Vollblutaraber werden seit dem 7. Jahrhundert auf der arabischen Halbinsel gezüchtet.

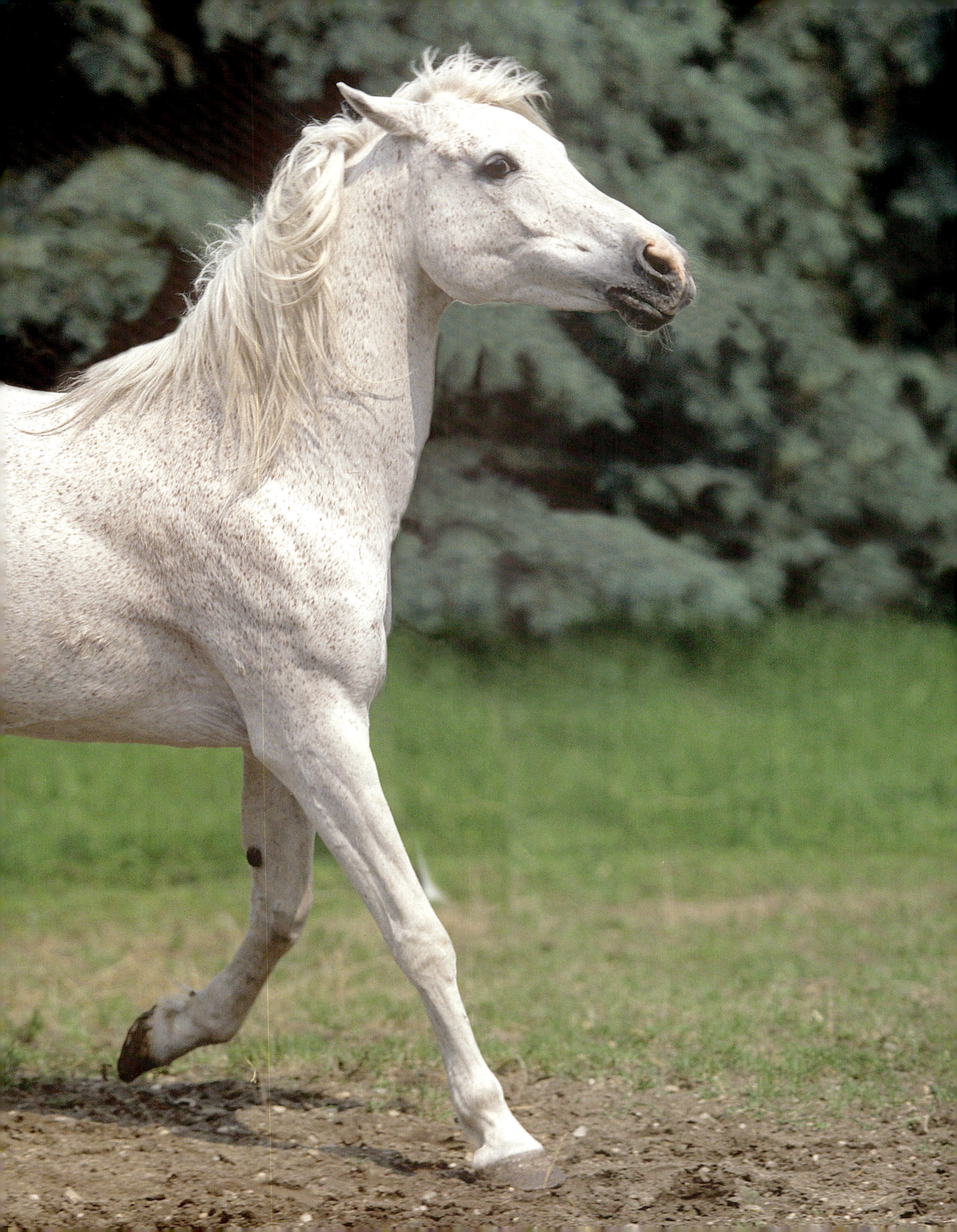

Das Arabische Pferd gilt als die älteste Haustier-Zuchtrasse der Welt.

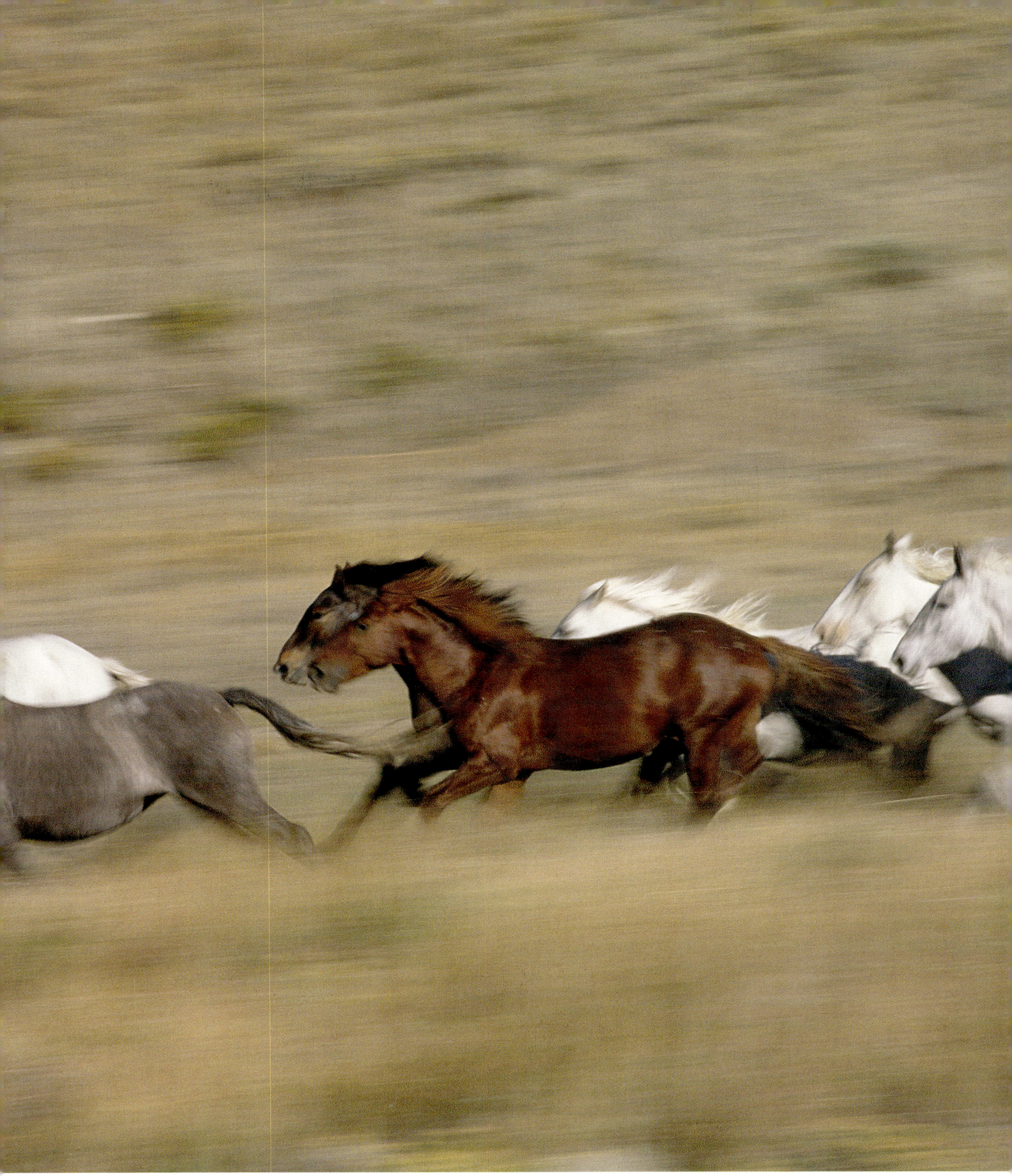

Ein Reiter galoppiert auf seinem Araber-Rennpferd neben den Radprofis auf der fünften und letzten Etappe der Qatar-Rundfahrt in Doha.

Hinzu kommt, dass durch die weit über ein Jahrtausend erfolgte Auslese (ohne Berücksichtigung der Vorläuferrassen) auf Reiteignung beim Arabischen Vollblüter eine weitgehende Konsolidierung des Exterieurs eingetreten ist, gekennzeichnet unter anderem durch mittleren Größenwuchs, Quadratformat, perfektes Gleichgewichtsverhalten, das leise und elastische Aufsetzen der Füße (= natürliche Kadenz), besonders ausgewogenen Bewegungsablauf im Galopp, große Ausdauer unter schlechten Bedingungen, ausgezeichnete Qualität von Gelenken und Hufen. Auch diese Merkmale werden durchschlagend vererbt, so allerdings auch die, gemessen an den Anforderungen an das moderne Warmblutpferd, geringere Körpergröße.

Zugleich hat die äußere Umwelt dazu beigetragen, dass das Arabische Vollblutpferd in geradezu idealer und vollkommener Weise den biologischen Möglichkeiten der Haustierart „Pferd" Rechnung trägt. Hierzu gehören zum Beispiel Anspruchslosigkeit an Haltung und Ernährung, Fruchtbarkeit, Langlebigkeit und Konstitution, wobei der relativ späte Wachstumsabschluss mit etwa fünf bis sieben Jahren zu berücksichtigen ist. Hinzu kommen maximale Leistungen der Sinnesorgane, die die allgemein große Sensibilität des Vollblutarabers ausmachen.

So sind beispielsweise große Sehstärke in der Dämmerung, Erfassen eines großen Blickfeldes (durch die Anordnung der Augen im Schädel), Witterungsfähigkeit für entfernte oder verdeckte Wasserstellen, zuverlässige Erinnerung an Einzelpersonen, Differenzierung zahlreicher Verhaltensweisen des Menschen, besonders ausgeprägtes Heimfindevermögen und optisch-motorisches Gedächtnis sowie vorsichtiges Verhalten bei unsicheren Bodenverhältnissen, weiterhin auch das Empfinden für nahende Unwetter, gekoppelt mit geeigneten Maßnahmen (Flucht, Hinwerfen) zur eigenen Sicherheit, charakteristisch

Für den Beduinen unserer Zeit spielt das Pferd kaum noch eine Rolle. Die ehemalige Zucht der Nomaden ist in Gestüten Vorderasiens und Ägyptens konzentriert, seit dem 10. Jahrhundert auch in Europa und später in anderen Erdteilen. Die Rasse „Arabisches Vollblut" ist dabei von überragender Bedeutung für die Vergangenheit und Gegenwart der Pferdezucht, vor allem der Herausbildung des Englischen Vollblutes und damit der modernen Warmblutzucht.

Passion und Interesse zahlreicher Züchter haben in den letzten Jahren zu einer beträchtlichen Erhöhung des Bestandes an Vollblutarabern außerhalb des Originalzuchtgebietes geführt, der heute mit etwa 200 000 Tieren angegeben wird, während die Arabische Halbinsel einschließlich ihrer Randgebiete nur noch knapp 2000 Vollblutaraber nachweisen kann. Zahlreiche Verbände und Organisationen, an ihrer Spitze die World Arabian Horse Organization (= WAHO), widmen sich diesem Denkmal des Nomadentums, das heute zu den Schätzen der Weltkultur gehört und dessen Pflege und Förderung deshalb ein internationales Anliegen ist.

Mit einigen Stichworten sollen Exterieur und Interieur des Vollblutarabers nachstehend kurz skizziert werden: Er ist mit einer Widerristhöhe von etwa 147 bis 155 cm knapp mittelgroß und liegt damit etwa 15 bis 20 cm unter dem Maß eines Sportpferdes unserer Warmblutrassen. Die Tiere sind durch kurze Körperlinien gekennzeichnet, die Rumpflänge entspricht der Widerristhöhe oder ist kürzer; statt der bei anderen Rassen üblichen acht bis neun Rippenpaare sind beim Vollblutaraber oft nur sieben, statt der sechs Lendenwirbel meist fünf und in der Regel nur 16 Schweifwirbel anstelle von 18 vorhanden.

Die größten Populationen arabischer Pferde finden sich heute in den USA, Großbritannien, Ungarn, Polen und Deutschland.

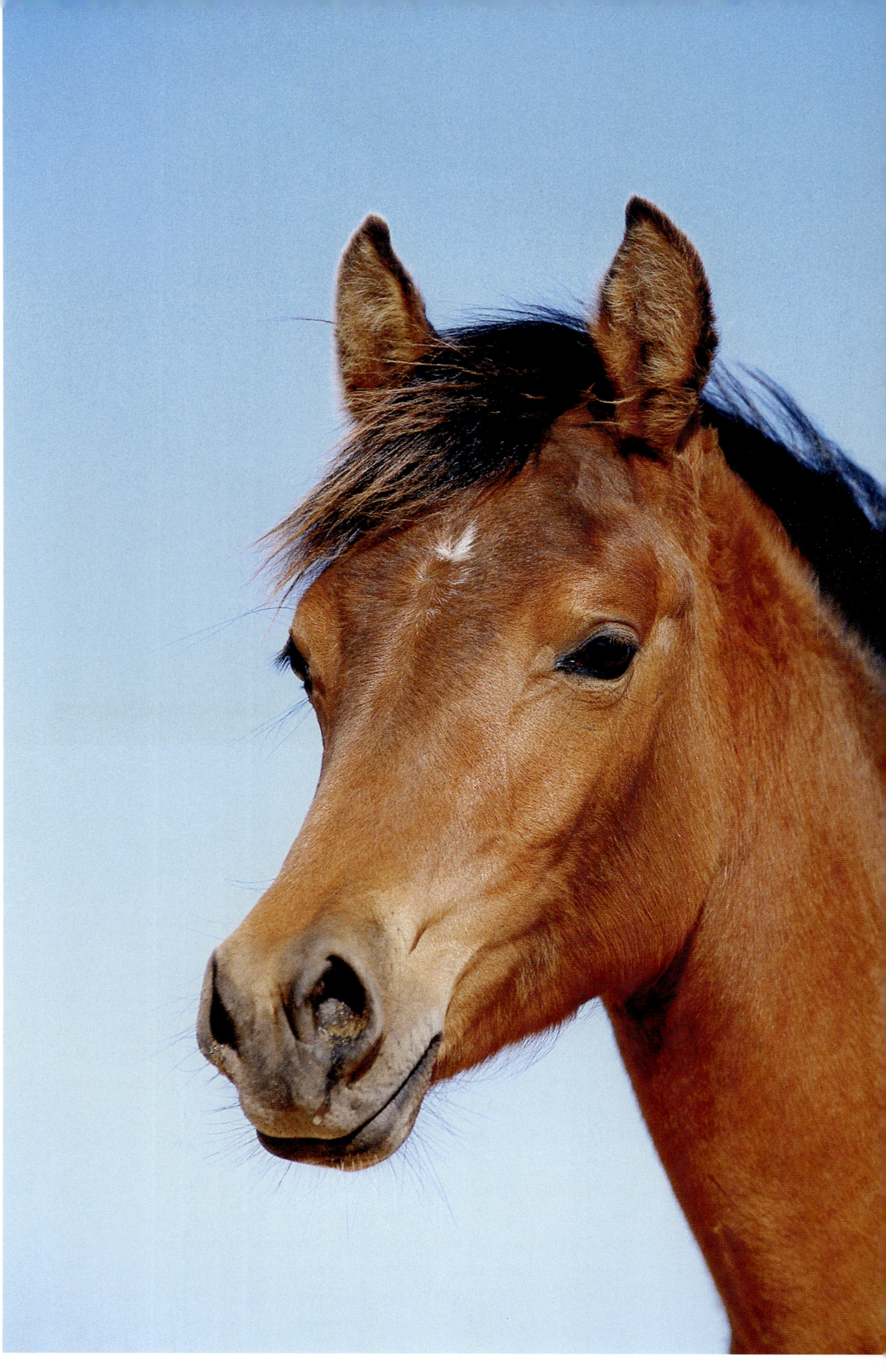

RECHTE SEITE:
Eine bildhübsche Araberstute

Charakteristisch ist unter anderem der relativ kleine, im Maulteil kurze und hechtartig verjüngte, im Stirnteil breite Kopf mit breit und weiter unten sitzenden großen Augen und besonders ausgeprägten Merkmalen in der Nüsternpartie. Die Ganaschen sind groß und liegen weit auseinander. Der Kopf ist ein Hauptkriterium für den Rasse- und Geschlechtstyp. Besonders kennzeichnend sind weiterhin die langen, seidigen Mähnen- und Schweifhaare sowie die dünne, eng anliegende und stets vollpigmentierte blauschwarze Haut, die jede Ader sichtbar macht. Die Hufe sind klein und hart, die Bewegungen in allen drei Grundgangarten ungebunden und in einwandfreier Fußfolge.

Die physiologischen Besonderheiten, um derentwillen der Vollblutaraber besonders geschätzt wird, liegen in seinen hervorragenden konstitutionellen Eigenschaften, wie gute Futterverwertung, Anspruchslosigkeit und Genügsamkeit, rasches Regenerationsvermögen nach großen Strapazen, hohe und sichere Fruchtbarkeit, große Ausdauer und lange Zucht- und Nutzungsdauer. Im Verhältnis zu anderen Pferderassen ist er spätreif, aber zugleich auch sehr langlebig. Seine schon erwähnten speziellen Verhaltensweisen vervollständigen das Bild dieser attraktiven, liebenswerten und dem Menschen so vertrauenden Pferde, die aufgrund ihrer großen Sensibilität aber auch unseres besonderen Verständnisses und unserer Fürsorge bedürfen.

Alle durch den Vollblutaraber beeinflussten Pferderassen haben dessen Merkmale und Eigenschaften in mehr oder weniger großem Maße übernommen. Das gilt in Sonderheit für die zu den „Arabern" gehörenden Populationen wie dem Shagya-Araber, dem Anglo-Araber oder dem Halbblut-Araber; sie sind als selbständige Rassen durch die oben genannte WAHO anerkannt und werden durch

LINKE SEITE:
Nach ihrer Herkunft unterscheiden Züchter u. a. zwischen ägyptischen, russischen, polnischen oder auch spanischen Arabern.

RECHTE SEITE OBEN:
Das Stockmaß der Vollblutaraber liegt zwischen 140 und 156 cm.

RECHTE SEITE UNTEN:
Charakteristisch sind ein hoher Schweifansatz und ein – von der Seite gesehen – eher quadratisches Format.

UNTEN:
Gegensätze – Volblutpferde an einer Formel-1-Strecke

einschlägige nationale Verbände oder internationale Institutionen (beispielsweise die Internationale Saga-Araber-Gesellschaft) züchterisch betreut.

Die Problematik der heutigen Verwendung des Vollblutarabers außerhalb der Reinzucht liegt grundsätzlich in der Beherrschung des Widerspruchs zwischen seiner zu geringen Körpergröße einerseits und seinen vorzüglichen anderen Merkmalen und Eigenschaften andererseits. Innerhalb der Reinzucht gilt es vor allem, die fehlenden Möglichkeiten der harten Selektion durch Klima, ungünstige Ernährungs- und Haltungsverhältnisse bei zugleich geforderten, untrainierten Maximalleistungen im Originalzuchtgebiet auszugleichen. Das geschieht bei uns durch Dauerleistungs- und Rennprüfungen sowie andere reiterliche Forderungen.

Da diese Maßnahmen nur Teile der Selektion im Herkunftsgebiet ersetzen können, bleibt die Beurteilung des Einzeltieres, vor allem hinsichtlich des Typs sowie der Nachweis seiner Abstammung, von entscheidender Bedeutung für die Weiterführung der Zucht. Dem dienen Schauen, Körungen und andere Formen der Zuchtanerkennung sowie eine sorgfältige Zuchtbuchführung. Dabei wird zusätzlich auch dem Rückgriff auf die Familien und Blutlinien aus dem Originalzuchtgebiet Bedeutung beigemessen, wie sie sich beispielsweise der Asyl-Club als internationale Gemeinschaft zur Pflege und Erhaltung des Asyl-Arabers zur Aufgabe gemacht hat. Insgesamt gilt bei allen Bemühungen um Erhalt und Fortschritt der Zucht, dass nur konsequente Selektion, die bekanntlich großen Sachverstand und oft auch viel Geld erfordert, zu diesem Ziel führen kann.

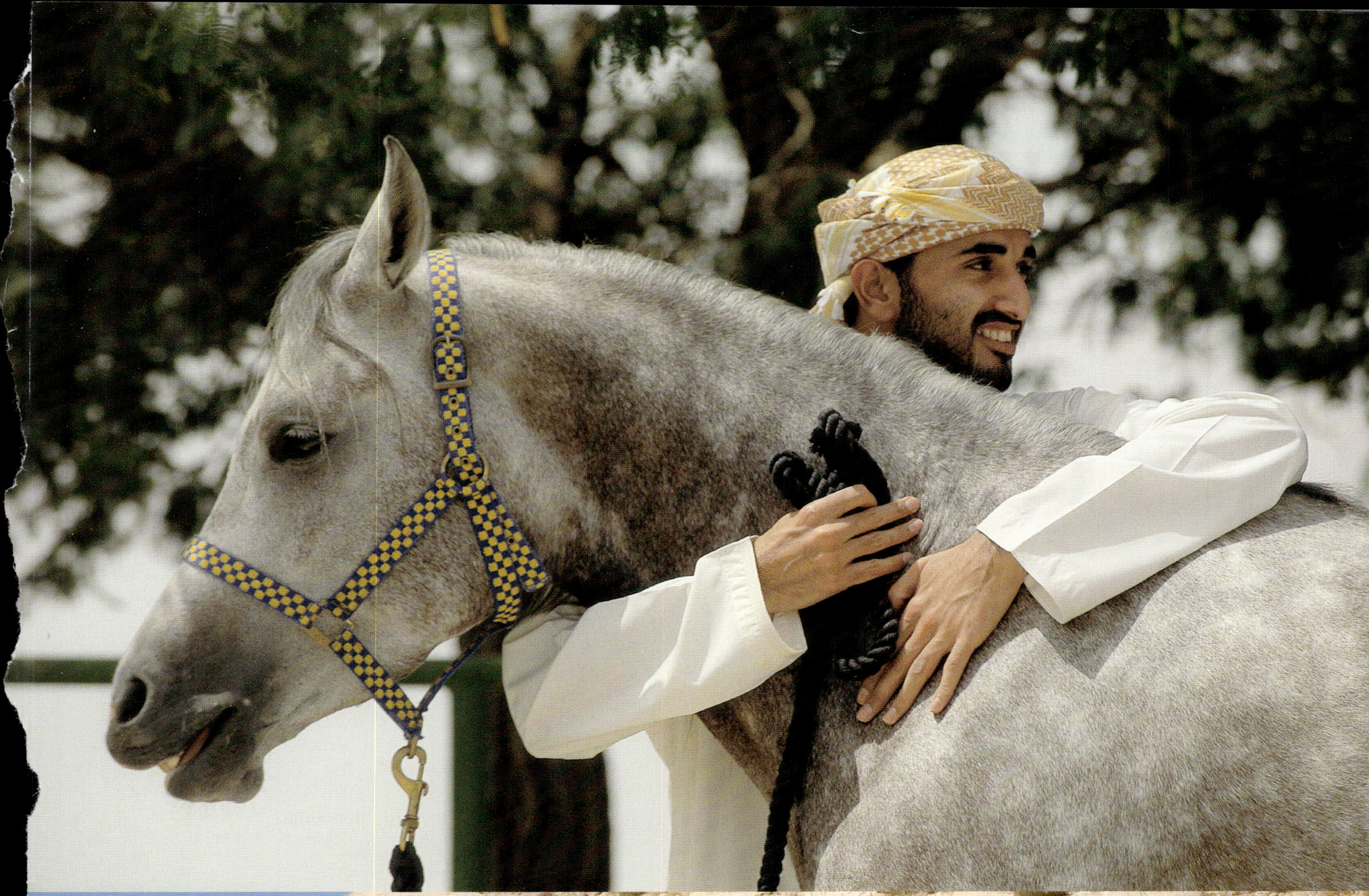

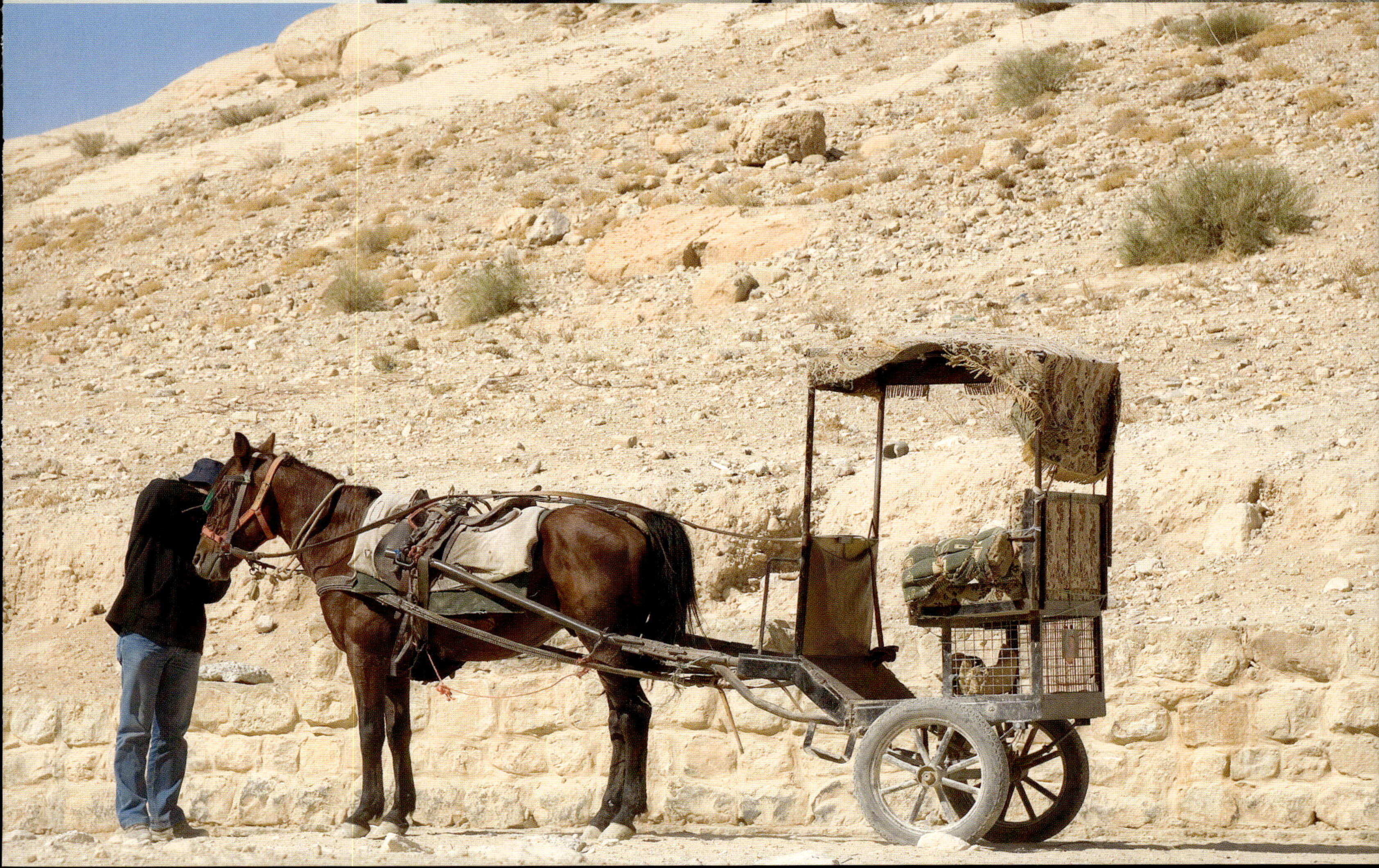

Bildnachweis

Umschlagabbildungen: U 1 oben: Bildagentur Huber/R. Schmid; unten: Westermann, J. U 4 oben links: Westermann, J.; oben rechts: Bildagentur Huber/Gräfenhain; unten links: bigstockphoto.com; unten rechts: Fotolia.com/Annie Montero Abad.

Bigstockphoto.com: S. 17, 44/45, 143, 144, 148, 258/259, 276, 315, 363, 379, 394, 402, 403, 415 oben/unten, 417, 458, 459, 463, 497, 561 unten, 566, 567, 578/579, 591, 595.

Bildagentur Huber: S. 26: M. Bortoli, S. 29: Leimer, S. 57: Bernhart, S. 91: Orient, S. 98/99: R. Schmid, S. 112: Bernhart, S. 119: Hallberg, 120/121: Hallberg, S. 124: Hallberg, S. 128: Hallberg, S. 132/133: Hallberg, S. 172/173: Gräfenhain, S. 193 Gräfenhain, S. 204/205: Gräfenhain, S. 213: Orient, S. 222: Gräfenhain, S. 223: Gräfenhain, S. 226/227: Gräfenhain, S. 228/229: Gräfenhain, S. 242/243: Pavan Aldo, S. 273: R. Schmid, S. 281: Bernhart, S. 283: R. Schmid, S. 286: R. Schmid, S. 290: Bernhart, S. 295: Bernhart, S. 298/299 Bernhart, S. 301: R. Schmid, S. 302: Orient, S. 304: R. Schmid, S. 306: Bernhart, S. 316: Bernhart, S. 320: R. Schmid, S. 321: R. Schmid, S. 337: Bernhart, S. 339: R. Schmid, S. 345: Hallberg, S. 346/347: Bernhart, S. 352/353: R. Schmid, S. 366: R. Schmid, S. 374/375: Bernhart, S. 380/381: Gräfenhain, S. 385: Hallberg, S. 386/387: Gräfenhain, S. 388: Gräfenhain, S. 389: Gräfenhain, S. 392/93: Gräfenhain, S. 396: Gräfenhain, S. 501: Hallberg, S. 505: G. Simeone, S. 506/507: Gräfenhain, S. 509: R. Schmid, S. 518/519: F. Damm, S. 522/523: R. Schmid, S. 528: Leimer, S. 529: R. Schmid, S. 530: R. Schmid, S. 546: R. Schmid, S. 547: G. Simeone, S. 569: G. Simeone, S. 570/571: R. Schmid, S. 572: R. Schmid, S. 573: R. Schmid, S. 575: G. Simeone, S. 576: Hallberg, S. 577: R. Schmid, S. 584: R. Schmid, S. 588/589: Pavan Aldo, S. 592/593: G. Simeone, S. 598/599: Pavan Aldo, S. 609: R. Schmid, S. 610/611: R. Schmid, S. 612: G. Simeone, S. 613: Bernhart, S. 621/622: Bernhart, S. 624: R. Maier, S. 628/629: R. Maier, S. 635: Maier.

Fotolia.de: S. 418: Annie Montero Abad, S. 419: diak, S. 434/435: Tomas Kriha, S. 627: Beate Konstantinou.

INTERFOTO: S. 12/13 Bernd Spreckels.

iStockphoto.com: S. 280, 303, 326/327, 334/335, 350/351, 368/369, 371, 376, 377, 397, 420/421, 424, 426, 427, 429, 438, 439, 440, 446, 450, 460/461, 462, 464/465, 466, 468, 469, 470, 471, 472/473, 474/475, 476, 477, 478, 479, 480, 482/483, 484, 485, 486, 487, 488/489, 490, 491, 492/493, 494, 495, 496, 500, 502/503, 532, 539, 550, 551, 552, 553, 558, 559, 561 oben, 582/583, 605, 622, 626, 633, 637 unten.

mauritius images: S. 20: Walter Bibikow, S. 22: imagebroker, S. 23: imagebroker, S. 24/25: Raimund Linke, S. 28: Urs Flüeler, S. 31: Martin Baumgärtner, S. 39: imagebroker, S. 40: CuboImages, S. 42: imagebroker, S. 63: CuboImages, S. 88: CuboImages, S. 89: imagebroker, S. 101: Westend61, S. 106/107: Walter Bibikow, S. 109: imagebroker, S. 110: Peter Widmann, S. 117: Walter Bibikow, S. 123: Walter Bibikow, S. 127: Walter Bibikow, S. 135: Walter Bibikow, S. 145: CuboImages, S. 146: CuboImages, S. 147: CuboImages, S. 149: CuboImages, S. 170: Jose Fuste Raga, S. 220: Torino, S. 257: Walter Bibikow, S. 263: Walter Bibikow, S. 268/269: Walter Bibikow, S. 270: Walter Bibikow, S. 271: Walter Bibikow, S. 274/275: Walter Bibikow, S. 294: John Warburton-Lee, S. 296: imagebroker, S. 308/309: John Warburton-Lee, S. 318/319: John Warburton-Lee, S. 322/323: imagebroker, S. 332: Walter Bibikow, S. 333: Walter Bibikow, S. 336: Walter Bibikow, S. 340/341: Jose Fuste Raga, S. 344: Walter Bibikow, S. 362: John Warburton-Lee, S. 370: Walter Bibikow, S. 378: imagebroker, S. 382: Walter Bibikow, S. 383: CuboImages, S. 384: Walter Bibikow, S. 390/391: Walter Bibikow, S. 395: Walter Bibikow, S. 401: Walter Bibikow, S. 408/409: imagebroker, S. 414: Walter Bibikow, S. 481: age, S. 508: imagebroker, S. 511: CuboImages, S. 512/513: imagebroker, S. 526: imagebroker, S. 534/535: imagebroker, S. 548/549: imagebroker, S. 560: imagebroker, S. 562: imagebroker, S. 563: Peter Widmann, S. 568: age, S. 574: imagebroker, S. 584: Peter Widmann, S. 586: Photo Researchers, S. 587: Joachim Fichtner, S. 594: Peter Widmann, S. 596: age, S. 597: Adolf Martens, S. 600: Peter Widmann, S. 601: Peter Widmann, S. 602: Peter Widmann, S. 603: Peter Widmann, S. 623: Rene Mattes, S. 630/631: Uppercut Independent, S. 636: Walter Bibikow.

picture-alliance: S. 9: epa Jorge Ferrari, S. 10/11: 91009/KPA/Hackenberg, S. 16: 91009/KPA/Hackenberg, S. 18: Sander/Volker Bannert, S. 19: Dietmar Jedziny, S. 21: 91009/KPA/Hackenberg, S. 27: Scholz, S. 34: epa/Ali Haider, S. 35: epa/Nabil Mounzer, S. 36/37: epa/Ali Haider, S. 38: akg-images, S. 41: akg-images, S. 46: Wolfgang Thieme, S. 47: Wolfgang Thieme, S. 51: Philippe Lissac/GODONG, S. 52: Tim Brakemeier, S. 53: epa/Raed Qutena, S. 56: epa/Ali Haider, S. 58: Abaca/158632/Golnaz, S. 59: chromorange, S. 60/61: Wolfgang Thieme, S. 62: epa/Raed Qutena, S. 66/67: Xinhua/Noufal Ibrahim, S. 68: epa/Raed Qutena, S. 69: Peer Grimm, S. 70: AFP, S. 71: Maxppp/Rami Swidan, S. 72: ep/Nabil Mounzer, S. 73: Leemage, S. 76: AFP Levy, S. 77: epa/Str, S. 80: epa/Ali Ali, S. 81: epa, S. 82: epa Tannen Maury, S. 83: epa/Nabil Mounzer, S. 86/87; Peter Kneffel, S. 90: Cameraphoto, S. 92: Johannes Eisele, S. 93: epa/Raed Qutena, S. 94/95: epa/Wolberg, S. 96/97: Pascal Deloche/GODONG, S. 100: Dietmar Jedziny, S. 104: Pascal Deloche/GODONG, S. 105: epa/Mohamed Messara, S. 108: Sven Simon, S. 111: epa/Raed Qutena, S. 115: epa Ahmad Yusni, S. 116: epa/efe/Jorge Zapata, S. 122: epa/Mazen Mahdi, S. 125: Jens Büttner, S. 126: Oliver Multhaup, S. 127: epa/Kerim Okten, S. 130/131: epa/Noushad Thekkayil, S. 260: Hady Khandani, S. 261: epa/Raed Qutena, S. 262: Farnsworth, S. 264: epa/afp, S. 265: afp, S. 266: epa/Raed Qutena, S. 267: Hady Khandani, S. 277: Jörg Hackemann, S. 282: epa/Mike Nelson, S. 284: KPA/Hackenberg, S. 285: Udo Bernhart, S. 287: epa/Thekkayil, S. 288: Udo Bernhart, S. 289: epa/Ali Haider, S. 291: 91009/KPA/Hackenberg, S. 300: Tim Brakemeier, S. 305: DB/Anne-Beatrice Clasmann, S. 310: KPA/Hecht, S. 311: Udo Bernhart, S. 312: 91009/KPA/Hackenberg, S. 313: epa/David Cheskin, S. 314: Ingo Wagner, S. 317: Sander/Volker Bannert, S. 324: epa Hamid Alqasmi, S. 325: chromorange, S. 329: Xinhua/Landov 4882736 (080414), S. 330/331: ZB/Karlheinz Schindler, S. 338: 91009/KPA/Hackenberg, S. 342/343: 91009/KPA/Hackenberg, S. 348: Thomas Huth/HELGA LADE Fotoagentur, S. 349: Röhl/Helga Lade, S. 354: 91009/KPA/Hackenberg, S. 358: 91009/KPA/Hackenberg, S. 359: 91009/KPA/Hackenberg, S. 360: 91009/KPA/Hackenberg, S. 364/365: 91009/KPA/Hackenberg, S. 372: 91009/KPA/Hackenberg, S. 373: Jörg Hackemann, S. 404: Peer Grimm, S. 405: DPPI Millereau, S. 406: Tim Brakemeier, S. 407: Fred de Noyelle/GODONG, S. 410: Fred de Noyelle/GODONG, S. 411: Fred de Noyelle/GODONG, S. 412: Sea & See/Simon Palfrader, S. 413: Abaca 81211, S. 422: epa/Chris Helgren Pool, S. 423: Martin Athenstädt, S. 425: AFP, S. 428: epa/afp/Mahmoud Mahmoud, S. 430/431: Peer Grimm, S. 432: Peer Grimm, S. 433: epa/Mike Nelson, S. 436/437: epa Nabil Mounzer, S. 441: Tim Brakemeier, S. 442/443: Tim Brakemeier, S. 444/445: Peer Grimm, S. 447: Mehmet Biber, S. 448: Anne-Beatrice Clasmann, S. 449: Rainer Jensen, S. 451 oben: epa/Mike Nelson, S. 451 unten: Waseem Obeida, S. 452: Lehtikuva/Roni Rekomaa, S. 453: Karlheinz Schindler, S. 454/455: Peer Grimm, S. 456/457: Fred de Noyelle/GODONG, S. 467: epa/Jamal Nasrallah, S. 498/499: Peter Kneffel, S. 516: Tim Brakemeier, S. 520: epa/Wam, S. 521: Peer Grimm, S. 527: Peer Grimm, S. 531: epa/Jorge Ferrari, S. 538: epa HO, S. 542: DB, S. 543: DB, S. 557: Peter Kneffel, S. 604: 91009/KPA/Hackenberg, S. 606/607: 91009/KPA/Hackenberg, S. 625: Gero Breloer, S. 632: Gero Breloer, S. 634: OKAPIA KG.

Spierenburg, P., Hamburg: S. 8, 14/15, 32/33, 48/49, 54/55, 78/79, 102/103, 136/137, 278/279, 292/293, 356/357, 361, 367, 398/399, 510, 514, 515, 517, 524/525, 533, 536/537, 540/451, 544/545, 554/555, 556, 564/565, 580/581, 608, 614/615, 616/617, 618/619, 637 oben.

Westermann, J., München: S. 50, 63, 74/75, 84/85, 139, 140/141, 142, 150/151, 152, 153, 154, 155, 156, 157, 158/159, 160, 161, 162, 163, 164, 165, 166/167, 168, 169, 171, 174/175, 176, 178, 179, 180, 181, 182/183, 184, 185, 186/187, 188 oben/unten, 189, 190, 191, 192, 194, 195, 196, 197, 198, 199, 200/201, 202, 206/207, 208/209, 210, 211, 212, 214, 215, 216, 217, 218 oben/unten, 221, 224, 225, 230, 231, 232, 233, 234, 235, 236, 237, 238, 239, 240, 241, 244, 245, 246/247, 248, 249, 250, 251, 252, 253, 254/255.